깊이와 넓이

4막16장

깊이와 넓이
4막16장

휴머니스트

# 깊이와 넓이, 그 신비로운 유혹

깊이 가는 길은 혼자 가는 길이고, 넓게 가는 길은 같이 가는 길이다. 끝간 데 없이 깊고 좁은 동굴 속으로는 혼자 들어가야 한다. 그래야 한 발 한 발 내딛는 긴장과 정신 집중의 쾌감을 만끽한다. 끝간 데 없이 좌우로 넓게 펼쳐진 푸른 초원의 지평선을 향해갈 때는 누군가와 손잡고 가야 한다. 그래야 동행의 즐거움과 나눔의 기쁨이 있다.

공부하기와 글쓰기에도 깊이 가는 법과 넓게 가는 법이 있다. 깊이 가는 법은 명상과 고뇌의 연속으로 이루어지고 독창적으로 주제를 풀어가는 길이다. 넓게 가는 법은 정보와 지식의 교환으로 이루어지고 협조적으로 소재를 얻어가는 길이다.

깊이와 넓이를 한 사람이 모두 갖추는 것은 사실 무모한 일이다. 편집자가 책 제목과 책 구성의 의도로 '깊이와 넓이'를 제시했을 때, 내 능력으로는 무모하다는 것을 알았다. 무척 망설였다. 하지만 그 말에는 설명할 수 없는 매력이 있었다. '신비로운 유혹'이 나를 끌어당기고 있었다. 모험을 택했다.

물론 오늘의 세계가 제공하는 '문화 텍스트'들을 읽어내기 위해서는 깊이와 넓이가 함께 가야 한다는 시대적 요청이 있다. 하지만 넓게 가는 것은 같이 해야 하는 일이다. 학제적 연구가 필요하다. 재야 학자로서 지금의 내 상황은 '나 홀로 학제 연구'를 해야 하는 불리한 조건에 있지만, 조건을 한탄할 것이 아니라 일을 시작하는 쪽을 택했다.

내 안에서의 깊이와 넓이의 만남은 새로운 느낌과 깨달음을 안겨주었다. 지금까지 내 연구 태도는 주로 깊게 가는 쪽이었다. 독서에서도 다독보다는 정독을 선호해왔다. 지금도 정독이 다독을 불러온다는 것을 확신하는 편이다. 그런데 이번 글쓰기의 모험은 내게, 세태를 넓게 보는 것이 생각의 깊이를 가져온다는 것을 새삼 느끼게 했다. 텍스트를 넓게 읽는 것이 텍스트를 깊게 읽을 수 있는 계기를 마련해준다는 사실도 새삼 깨달았다. 그것이 결국 폭넓은 독자들과 진지하게 대화하는 길이라는 것도 알게 되었다.

물론 내 글이 모든 면에서 깊이와 넓이라는 요구를 만족시키지 못하리라는 것을 잘 알고 있다. 다만 모든 모험이 그렇듯이, 진지한 시도 그 자체만으로도 의미가 있다. 이 책에서 제시한 시대의 화두들과 새로운 개념들은 내 개인의 지속적인 탐구 대상이 될 것이다. 다른 연구자들의 작업에도 미진하나마 자극이 되기를 바란다. 그것들은 21세기를 사는 방식과 깊고 넓게 연관되기 때문이다.

이런 의미에서 이 책의 4막 16장은 모두 '열린 텍스트'다. 마치 '관객 참여 연극'이라는 쌍방향 소통을 시도하는 것과 같다. 텍스트는 그 자체로 의견들이 수시로 교환되는 아고라(Agora)다. 그 광장의 간이 무대 위에 지금은 나 홀로 생각의 편린들을 올려놓고 있지만, 언젠가 사람들이 하나 둘씩 모여 각자 자기 생각을 이야기하길 기대한다.

이 책이 열린 텍스트라는 것은 또 다른 이유 때문이다. 나와 편집자들은 '이상스런 도박'을 시도했다. 글쓰는 과정에서 그때그때 일어나는 문화 현상과 사건 들을 해석해서 수시로 책의 컨텐츠로 삽입하는 새로운 시도를 한 것이다. 마치 탈고 일자를 정해놓지 않은 글쓰기 작업 같았다. 그래서 마지막 순간까지 수없이 개고와 퇴고에 시달리기를 자청했다. 어떤 때는 편집자가 새로운 소재를 들고와 그것을 주제화하기를 요청했고, 어떤 때는 나 자신이 이미 편집 과정에 있는 글에 새로운 내용을 끼워넣기도 했다.

이런 도박도 어쩌면 깊이와 넓이라는 말이 가진 신비로운 유혹 때문이며, 한편 우리들 자신의 역량을 넘어서는 제목을 정한 데 대한 미안한 마음을 상쇄하기 위한 시도였는지도 모른다. 그러나 무엇보다도 시시각각 '변화하는 세계'를 독자들에게 보여주고자 하는 노력이었다. 헛된 노력이 아니었기를 바란다.

나는 지금까지 내 이름으로 펴낸 책을 '내 책'이라고 생각해본 적이 단 한 번도 없다. 글은 저자의 글이지만, 책은 편집자의 책이기 때문이다. 까다로운 필자와 끝까지 대화의 끈을 놓치지 않고 책 만들기 작업을 이루어낸 김학원 대표, 선완규 편집장과 박지홍 씨, 그리고 이준용 디자이너와 김준희 일러스트레이터에게 감사의 말을 남긴다.

내가 제시한 새로운 개념들의 가독성을 높이고, 그것을 이미지로도 전달하려고 노력하는 것은 쉬운 일이 아니었을 것이다. 특히 디자이너와 일러스트레이터 두 분이 신혼의 일상적 밀월을 희생하며 야근할 때면 미안한 마음 이상이었다. 작품 창조를 위한 문화적 깊이와 넓이의 유혹은 가끔 사람을 못되게 만든다.

이제 잠시나마 우리 모두 함께 쉬고 싶다. 아무 생각 없이, 동굴같이 깊은 밤의 어둠 속에 침잠하고, 밝고 넓은 대지의 지평선 위를 횡행하고 싶다. 깊고 넓게 쉬고 싶다.

2002. 2. 2

# 차례

# 3막 과학과 대화하기, 문화와 동행하기

# 4막 인간의 시간, 세계의 변화

■ 프롤로그　　　**혼합의 시대를 살다**


1972년《성장의 한계(*The Limits to Growth*)》라는 보고서를 발표하여 세계의 이목을 끌었던 로마 클럽이 1974년 발표한 두 번째 보고서의 제목이《전환점에 선 인류(*Mankind at the Turning Point*)》다. 로마 클럽은 지구에서의 인류의 위기와 그 극복 가능성 그리고 세계의 미래 전망 등을 주로 연구하는 기관답게 보고서의 제목을 붙였지만, 사실 전환점 또는 전환기라는 말은 그 이전부터 오늘날까지 시대의 변화를 지칭하는 유행어 가운데 하나다.

1980년 토플러(A. Toffler)는《제3의 물결》에서 시대의 큰 변화를 가리키는 말로, '물결(Wave)'이라는 단어를 썼다. 그 이후로(물론 그가 원조는 아니다), 변화를 지칭할 때 많이 사용하는 물결이라는 말은 한 시대를 밀어내고 새로운 시대가 도래한다는 뜻을 품고 있다.

전환점이나 물결이라는 말들은 물론 시대의 변화를 인식하는 데 도움을 준다. 하지만 우리에게 복합적 인식을 허용하지 않을 수 있다. 전환점(Turning Point)을 돌게 되면, 곧 전환(turning)하고 나면 뒤가 보이지 않는다. 우리가 건물의 코너를 돌고나면 그때까지 진행하고 있던 길은 보이지 않고 지금 진행하고 있는 길만 눈에 들어온다. 여기서 전환이라는 말은 물론 은유지만, 그것이 사람들의 의식에 끼치는 영향은 크다. 물결도 마찬가지다. 뒷물결이 앞물결을 밀어낸다는 은유는 밀려간 물결의 의미를 대폭 축소하거나 삭제한다. 물결이 밀고 밀리면서 서로 섞이는 지점이 있다는 것을 간과하게 만든다.

지금 나는 전세계적으로 '시대의 변화'를 설명하는 데 사용해오고 있는 인식의 틀에 문제 제기를 하고 있는 것이다. 이 말들이 가지는 권위와 대중적 수용성은 대단하지만, 한편으로는 **변화의 다양한 차원**들을 가릴 수 있기 때문이다.

인간의 인식이 새로움을 발견하고 새로움을 제시하며 단절적 성격을 가질 수 있다고 해도 인간의 삶은 연속적이다. 바로 삶이기 때문이다. 시대의 모퉁이를 돌아서는 전환의 시기에도 돌아서 가는 시간과 그 시간 속의 삶이 있다. 그리고 그 삶이 반영하는 시대의 특성이 있다. 오늘날 그 특성은 '혼합의 시대'라는 것이다. 혼합의 시대는 인식의 문제일 뿐만 아니라 무엇보다도 삶과 행동의 문제다. 그 안에는 학문적 삶과 행동도 포함된다.

우리는 지금 **혼합의 시대**에 살고 있다. 즉 아날로그와 디지털, 아톰과 비트, 굴뚝과 벤처, 오프라인과 온라인, 텍스트와 하이퍼텍스트, 종이책과 전자책, 문자 문화와 영상 문화 등이 우리 삶 속에 혼재하고 있다.

이는 오늘날 '책의 종말'을 책을 써서 주장하는 것을 보아도 알

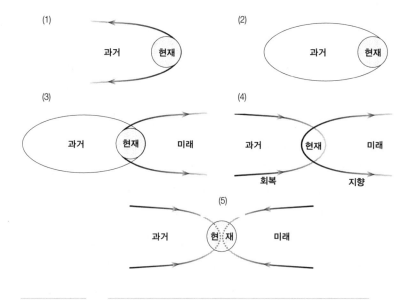

현재는 인간의 인식으로 구성되며 그것은 하나의 세계관이자 생활 지침이
된다. 그 세계관은 시대와 문명권에 따라 변해왔다. 위의 그림들은 주로 서
구에서 그것이 어떻게 변천해왔는지를 보여준다.

(1) 은 고대 문명에서 어떻게 현재를 인식했는지를 보여준다. 현재는 과거를 포함
하며 구성되는데, 그 인식은 열린 과거를 향해 있다(화살표의 방향 주목). 이것
은 신화가 세계관의 중요 요소이던 시대의 것이다.

(2) 는 문자 문명이 발달하고 뮈토스(Mythos)에서 로고스(Logos)로 세계관의 중
심 축이 이동한 시대의 현재 인식을 보여준다. 그리스 폴리스(polis) 시대 이후
로마 시대까지 계속되는 세계관이다. 현재는 과거의 전통에 바탕을 두지만, 신
화적 지향성보다는 과거가 현재의 합리적 구성의 근거로 인식된다.

(3) 은 근대의 현재 인식과 구성이다. 그리스-로마 시대의 세계관에 미래 지향성
이 강하게 가미된다(화살표의 방향 주목).

(4) 는 현대의 세계관이다. 현재는 과거와 미래를 포함하며 구성되고, 그 현재는
과거의 탐구와 함께(즉 과거를 현재에 인식적으로 재현하고자 한다. 이런 의미
에서 화살표의 방향은 과거에서 현재로 향하고 있다) 미래를 지향한다.

(5) 는 내가 제시하는 오늘날의 모형인데, 인간은 과거와 미래를 끌어당겨(화살표
의 방향) 현재를 구성한다는 것을 보여준다. 과거와 미래의 접점 내지는 혼합
은 현재 안에서 이루어지며, 현재는 '통시적으로 융합된 세계관'으로서 표상
된다.

수 있고, 벤처 열기가 가시자 전통 산업의 'e-비즈니스'화를 정부 정책에서부터 적극 추진하는 것이라든가, 온라인 운영에 오프라인 요소를 강화하는 것을 보아도 알 수 있다. 영상 문화가 문자 문화를 대체하는 것이 아니라 서로 협조할 필요를 느끼고 있는 것이다.

물론 이런 통시적(通時的) 혼합 현상은 성실한 미래학이라면 이미 예측하고 있었던 것이다. 다만 변화의 태풍 속에서 한편에서는 과거에 대한 향수와 첨단의 피로 때문에 새로움에 대해 거부 반응을 보였고, 다른 한편에서는 발전의 환희 속에서 새 것이 주는 비현실적 희망의 기만에 쉽게 속았을 뿐이다.

인류 역사를 보면 문명의 전환기에는 그전의 문명 형태와 새로운 문명 형태가 혼합 진행하는 시기가 최소한 한 세대 이상 된다는 것을 알 수 있다. 그러니까 이런 현상은 21세기를 삼등분하여 그 초반에 걸쳐 계속될 것으로 보인다.

언젠가 모든 텍스트가 하이퍼텍스트 속으로 빨려들어가고, 굴뚝 산업이 전부 소멸되는 때가 올지라도 당분간은 혼재와 중첩이 불가피하다는 말이다. 그리고 이 혼합의 시기를 어떻게 보내느냐에 따라 그후의 새로운 문명 형태가 어떤 것이 될지도 결정된다.

그러므로 혼합의 시대를 관찰하고 이해하며 이용하는 것이 중요하다. 더구나 사람들은 이런 복합적인 시대 변동이 주는 피로감을 잘 견디지 못해 쉽게 짜증내거나 좌절해버린다. 그래서 '무작정 복고'를 강렬히 추구하거나, 아니면 지나치게 '실속 없는 첨단'을 외치기 쉽다. 인간의 지혜는 바로 이런 혼합의 시대에 발휘되어야 하는데도 말이다.

복고주의자든 첨단주의자든, 양쪽 모두의 최대 단점은 차별적이고 단절적인 문명 사관을 가지고 있다는 데에 있다. 밤과 낮은 원래 명확히 구분돼 보이는 법이다. 중요한 것은 여명과 황혼을 보는 혜안이다. 그것은 밤과 낮처럼 분명하지 않지만 훨씬 더 흥미롭고, 훨씬 더 감동적이며, 훨씬 더 다양한 현상이기 때문이다. 그러므로 그것은 문제와 고민을 동반하지만 그 속에는 문제와 고민에 대한 해답의 가능성도 다양하게 들어 있다.

또한 문명사적으로 '섞임'에 대한 혜안은 우리에게 과거와 미래는 언제나 현재 속의 과거와 미래라는 것을 가르친다. 시간이 끊임없이 흐르는 역동성 그 자체라면 엄밀히 말해 현재는 존재하지 않는다. 하지만 인간은 흐름 속에서 현재를 구성하는 동물이다. 그것도 과거와 미래를 끌어당겨 현재를 구성한다. 그래서 인간에게 상기력과 상상력이 중요한 것이다.

문명사적 전환기에 이러한 현재의 구성은 과거와 미래가 관통하는 지점을 스스로 설정하는 것이며, 동시에 그 지점에서 시대에 대한 통시적 '세로지르기'를 시도하는 것이다. 나는 이 책에서 문명과 문화의 공시적일 뿐만 아니라 통시적 다양성과 혼합성이라는 차원에서 논지를 전개할 것이다.

시대를 관통하는 세로지르기, 그것은 단순히 과거 복구적인 차원도 아니고 미래 지향적인 차원만도 아니다. 그것은 과거와 미래를 소환(召還)하여 현재를 구성하는 문제다. 현실적으로 현재를 사는 능력에 관한 문제다. 그것은 문명사적 혼합의 시대에 더욱 필요한 삶의 지혜다. 이 시기에 세로지르기가 어떻게 현재를 잘 구성하는지 여부에 따라, 그 이후의 문명의 성격과 삶의 질이 결정될 것이기 때문이다.

# 제 I 막

# 환상 속의 현실, 현실 속의 환상

깊고 넓게 가는 방법은 현실을 직시하는 것이다. 현실을 직시하면 현실이 열리고 현실(The Reality)은 조각나기 시작한다. 현실의 막(幕)이 열리며 처음 등장하는 배우들은 '현실들(realities)'이다. 그러면 조각난 현실들 사이로 환상이 스며든다. 환상은 날개를 달고 있다. 날개가 달린 환상은 시공을 넘나든다. 우주로 날아가 별들과 연애하고, 멀리 신화 속 호비트들의 마을로 날아가 프로도(Frodo)를 방문하며, 이내 마법의 학교에 가서 해리(Harry)를 응원한다.

**1-01**

# 야수의 눈빛이 두려운가?

"빛이 있는 곳으로 나오세요!" 벨의 이 말에 무엇인가 육중한 것이 그녀 쪽으로 천천히 움직였다. 어두운 감옥 창살 사이로 새어 든 햇빛 아래 드러난 모습은 도저히 인간이라고 할 수 없는 것이었다. 벨을 내려다보는 거구의 야수는 위압적이라고 표현할 수 있는 것 이상이었다. 사파이어처럼 파란 야수의 두 눈은 벨을 응시하고 있었다. 벨은 공포에 입을 막고 쓰러졌다. 하지만 곧 마음을 가다듬고 야수를 똑바로 쳐다보았다. 그러고는 대면하듯 야수 앞에 다가섰다. 자기를 향해 다가서는 벨을 보는 야수의 눈빛은 이미 처음의 그 강한 위압감을 상실하고 있었다.

디즈니 애니메이션 〈미녀와 야수〉에 나오는 장면이다. 이것은 아마도 이 작품에서 가장 극적인 장면일 것이다. 하지만 여기서 애니메이션 이야기를 하기 위해서 이 장면을 예로 든 것은 아니다. 21세기가 시작되면서 지금까지 우리나라 사람들의 주된 경향은 벨과는 반대로 '야수의 눈빛'을 회피하는 자세를 보여오지 않았나 하는 생각이 들었기 때문이다.

여기서 야수는 현대 문명이다. 이것은 내가 만든 메타포가 아니다. 근대 역사가 시작되면서 문명을 암암리에 '야수'나 '괴물'로 은유한 것은 이미 오래 되었다. 하지만 이 또한 역설이다. 인류 역사에서 인간이 문명화한다는 것은 원칙적으로 인간이 야수의 상태에서 벗어나는 것을 의미해왔기 때문이다.

### '야수 같은 문명'의 역사

17세기 영국 철학자 토머스 홉스(Thomas Hobbes)의 《리바이어던(Leviathan)》은 — 그 저작 의도와는 관계없이 — 야수의 상태를 벗어나고자 하는 인간과 인간의 노력이 또 다른 괴물의 탄생을 가져올 수 있다는 역설을 잘 보여준다.

그에게 인간의 본성은 야수와 같은 것이다. 그래서 그는 사람 사이의 관계를 마치 늑대라는 야수들끼리의 관계(homo homini lupus)에 비유한다. 하지만 인간은 끊임없는 상호 투쟁에 의한 자멸을 피하기 위해 필연적으로 계약을 맺게 되고 그 결과로 나타난 것이 국가이다. 그런데 계약에 의해 엄청난 권력을 이양받은 국가는 리바이어던이라는 거대한 괴물로 상징된다.

홉스의 《리바이어던》은 절대왕정을 이론화한 정치 사상서로 잘 알려져 있지만, 자연의 상태를 벗어나는 인류가 문명화 과정에서 겪는 역설을 은유하는 것으로 읽을 수도 있다. 어쩌면 인간은 문명

화 과정에서 순화되지만, 문명의 산물은 인간의 야성을 모두 흡수
하여 거대한 야수나 괴물이 되는지도 모른다.

18세기 스위스의 사상가 루소(J-J. Rousseau)는 인간의 일상적
이고 구체적인 삶에서 문명의 의미를 간파했다. 그의 대표 저서
《사회계약론(*Du contrat social*)》에 나오는 문명화에 대한 경고는
문명의 본질적 의미를 잘 보여준다. "도시의 벽들은 시골의 집들
을 부순 잔해로 짓는다는 것을 잊지 말라(Souvenez-vous que les
murs des villes ne se forment que du débris des maisons des
champs)."

문명이란 말은 원래 도시의 의미와 본질적으로 밀접하다. 흔히
간과하기 쉽지만, 문명이라는 말의 개념화 과정에서 이 점은 매우
중요하다. 어원상으로도 영어 'civilization'(같은 어원을 갖는 다른
서양 언어에서도 마찬가지)은 도시의 뜻을 가진 라틴어 'civitas'에
서 유래하며, 이는 또한 도시민이라는 뜻의 'civis'에서 나왔다. 현
대 영어의 'city'와 'citizen'도 여기에서 유래한다. 그래서 형용사
'civilis'는 전원이나 시골을 뜻하는 형용사 'ruralis'와 대구(對句)
로 사용되기도 했다.■

그러니까 도시화는 문명화의 대명사이다. 다시 말해, 문명이란
무언가를 짓고 만드는 것을 뜻한다. 루소는 이런 의미를 잘 알고
있었다. 문명의 도시와 자연의 전원 사이의 갈등도 잘 알고 있었
다. 모든 인공물에 대한 경각심은 루소의 사상 전체를 관통한다.
루소는 인공물의 집합체인 문명을 괴물이나 야수에 비유하지는 않
았지만, "조물주의 손에서 나온 것은 모두 좋지만, 인간의 손을 거
치면 모두 타락한다"는 말로 자신의 교육 철학서 《에밀(*Emile*)》을

시작하는 것을 보아도, 문명에 대한 그의 경각심은 긴장을 늦추지 않는다.

19세기 서구에서 산업화의 빠른 확산은 현대 문명에 대한 회의와 비판, 더 나아가 반감을 야기하기에 이른다. 18세기 '신세계'의 이미지에서 19세기 약진하는 산업 국가로 부상한 미국에서 반문명적 사상이 극단적인 형태를 취하는 것도 우연이 아니다. 그 대표적인 인물 가운데 하나가 소로우(H. D. Thoreau)다. 《월든(*Walden*)》의 작가로 우리나라에도 잘 알려져 있는 소로우의 반문명적 세계관은 문명 발전에 대해 염세주의적 경향을 보인다. 그래서 그는 문명의 대명사인 도시를 떠나 자연의 대명사인 숲에서의 삶을 찾은 것이다.

소로우만큼 극단적이지는 않았지만, 그와 함께 자연주의적이고

■ **문명이라는 말의 개념화** 이런 의미에서 문명은 차별성이 강한 언어라고도 할 수 있다. 이는 문명의 반대어가 야만인 것을 보아도 알 수 있다. 그래서 '문명화'라는 개념이 성립되기도 했다. 따라서 이는 매우 가치 지향적이라고 할 수 있다. 우리가 오늘날 많이 사용하는 '문명의 충돌'이니 '문명의 공존'이니 하는 말에도 가치 지향성이 내재해 있다고 볼 수 있다. 각각의 문명권은 문명화를 거쳐 가치 체계를 갖추고, 그 가치 체계는 그 문명권 밖의 세계와 구별되기 때문이다. 이것은 라틴어에서 도시민을 뜻하는 'civis'에 대해 흔히 외지에서 온 사람, 또는 이방인의 뜻을 지닌 'peregrinus'나 'hostis'가 대구가 되는 것에도 나타나 있다. 물론 후자의 경우 '손님'이라는 뜻으로 발전하지만, 일정한 권역 밖에서 오는 사람이라는 뜻은 남는다. 따라서 문명이라는 말에는 일정한 권역을 차지한 공동체 간의 구분과 관계를 뜻하는 것들이 내포되어 있다고 할 수 있다.

반면 경작하다는 뜻을 가진 라틴어 'colo'와 그 명사형 'cultura'에서 온 문화(영어의 culture 및 그와 유사한 서구 언어)라는 말은 자연(라틴어로 natura)의 대구로 인식된다. 이 경우 어원적으로 문명의 경우와는 달리 '도시-시골'의 차별은 없다. 시골에서 경작을 하기 때문이다. 이런 의미에서 문화라는 말은 좀더 보편적인 성격을 획득할 수 있다. 이런 성격 때문에, 19세기 후반과 20세기 초에 걸쳐 문화인류학이 발달하면서 문화라는 말이 매우 폭넓은 개념어로 사용될 수 있었다고 본다. 오늘날에도 문화라는 말은 일반적으로 경작을 비롯한 인간의 '창조 또는 생산 활동'을 뜻한다고 할 수 있다. 문명과 문화의 개념은 매우 까다롭고 미묘한 문제를 제기하지만, 바로 그러한 특성 때문에 다양한 관점과 사고를 유발하기도 한다.

초월주의적 사상의 공통 분모를 가지고 있던 에머슨(R. W. Emerson)은 "인류라는 종(種)의 종말은 지나친 문명화와 함께 사멸하는 것이 되리라"고 경고하기도 했다. 인류는 자기 자신을 잡아먹는 문명이라는 괴물을 만든다는 은유가 깔려 있는 것이다.

20세기 전반의 반문명적 경향은 자본주의 경제를 바탕으로 한 산업화 이외에 두 번의 세계 대전으로 더욱 강한 톤을 띠게 된다. 인류는 서로가 서로에게 늑대가 되는 야수들의 투쟁 상태로 후퇴한 것이라는 은유는 신문 용어로도 널리 퍼졌다. 더구나 핵폭탄의 사용은 현대 문명의 가장 야만적인 성격을 대변한다.

20세기 후반에서 오늘 우리의 삶이 영위되는 21세기 초반으로 이어지는 시기에 괴물 같은 문명의 이미지를 강화하는 데는 핵전쟁의 위험 외에 다른 요소들이 가세한다. 그것은 다름 아닌 환경 문제와 첨단 과학-기술 발달이 가져온 부작용이다.

루소가 도시화는 전원의 파괴로 이루어진다고 했듯이, 오늘날 환경 파괴의 주범 역시 개발의 이름 아래 진행되는 도시화(아니면 적어도 탈전원화)다. 오늘날 괴물을 탄생시킬지도 모른다는 우려를 가져오게 한 대표적인 첨단 과학-기술은 유전공학이다. 문명 발전의 산물인 유전공학은 문학 작품과 영화에 자주 등장하는 '미치광이 과학자'의 이미지와 함께 그 자체가 괴물의 상징성을 지닌다. 마치 셸리(Mary W. Shelley)의 《프랑켄슈타인(*Frankenstein*)》에서 괴물을 창조한 청년 과학도 빅토르 프랑켄슈타인이 역으로 괴물의 상징성을 가지듯이.

이에 《프랑켄슈타인》의 부제가 '현대의 프로메테우스(The Modern Prometheus)'라는 것을 상기하게 된다. 신화 속 이야기지만,

인류에게 문명의 시작을 가능하게 한 프로메테우스 말이다. '야수 같은 문명'의 역사는 인류의 탄생과 함께 시작했는지 모른다. 문명이 말 잘 듣는 애완용 강아지인 적은 한번도 없었다.

## 오늘, 우리의 경향

오늘 우리의 이야기로 돌아와 보자. 인간이 이루어낸 문명이 긍정과 부정의 두 얼굴을 가지고 있다는 인식은 어쩌면 상식적인 것인지 모른다. 하지만 문명 비판에서 자연 회귀의 향수와 문명의 괴물 같은 속성에 대한 유난한 혐오는 현대인(특히 지성인들)의 의식 속에 꽤 자리잡고 있다.

적지 않은 현대인들은 자기가 창조해낸 이 괴물이 언젠가는 자기를 잡아먹거나 해칠지 모른다는 피해 의식 속에서 살고 있는지도 모른다. 그래서 상당수의 문명 비판은 이런 피해 의식에서의 탈출구로 시도되기도 했다.

물론 그런 비판은 우리가 정신차리고 살기 위해서도 필요하다. 하지만 상당수의 경우 '비판의 눈빛'은 비판 대상인 '야수의 눈빛'을 똑바로 바라보지 못한 것이기도 하다. 곧 알아보겠지만, 이러한 경향은 21세기 들어 우리나라에서 특히 두드러진다(우리나라 지성인들 사이에서 그런 경향은 좀더 오랜 '전통'을 지닌 것 같지만, 이것은 별도의 연구를 필요로 한다). 그것은 하나의 '문화적 대세'를 이루기까지 했다.

이는 특히 출판 문화에서 두드러졌는데(출판의 동향은 아직 우리 사회의 의식 형성의 중요한 바로미터다), 2000년과 그 영향을 받은 2001년 전반기에 이르는 동안(2001년 후반기는 9·11 미국 테러 사태의 영향이 출판계에도 미쳐 좀 다른 상황을 보여주었지만) 우리나라 출판계에서 어떤 책들이 독자들의 관심의 대상이었고, 더 나아가 이른바 베스트셀러의 대열에 들었는지를 보면 알 수 있다. 물론 이것은 단순히 출판의 문제만이 아니고 다른 문화 매체에도 반영되어 있다.

지난 몇 년 동안 문화적 대세를 이룬 관심 주제들은 대개 이런 것들이다. 첫째, 이른바 동양 철학을 비롯한 '동양적인 것', 둘째, 느림의 추구, 셋째, 자연 회귀의 욕구, 넷째, 단순한 삶에 대한 동경 등이라고 할 수 있다.

물론 이 네 가지는 공통점을 가지고 있다. 그 공통점은 오늘날의 문명에 대한 비판과 대안이다. 이는 적지 않은 경우 문명의 폐해로부터의 탈출이나 도피의 양상을 띠기도 한다. 디지털 및 인터넷 혁명과 이른바 전지구화(Globalization)의 피로감이 이런 경향을 부추긴 것도 사실이다.

이성적이고 과학적인 서양 물질 문명에 대한 동양의 지혜, 속도 전쟁에 대한 대응으로서 느림의 추구, 문명 발달에 대한 역반응으로서(기회만 있으면 수시로 반복되는 것이지만) 자연으로 돌아감, 복잡한 대도시의 생활과 현대인의 피곤한 일상에 대한 대안으로서 단순한 삶 등은 어쩌면 빠른 변화와 복합성을 특징으로 하는 이 시대의 도전에 대한 다양한 반응일지도 모른다.

먼저 넓은 의미에서 '동양적인 것'에 대한 관심을 살펴보면, 사람들은 변증법 등 서양의 이분법적 사고 구조를 강하게 비판하면서도, 동양과 서양을 구분하는 이분법적 시도를 그치지 않는다는 것을 알 수 있다. 때론 이 두 세계가 서로 확실한 반대 명제로 이론화되기도 한다. 따라서 서양 문명의 부작용을 심각히 의식할 때마다 그 해결의 가능성으로 동양적인 것에 매달리는 것은 당연한 귀결이 된다. '서양의 논리'가 가져온 폐해를 '동양의 마음'으로 해결해볼 수 있다는 식이다. 아니면 최소한 후자로 전자를 보완해야 한다는 것이다.

그리고 이것은 쉽게 대중성을 확보한다. 이는 '동양 철학'이란 말이 제시하는 사상적 내용이 무엇인지 실제로 잘 모르는 사람들에게도 어떤 '동류 의식' 때문에 그것을 잘 알 것 같다는 심리 효과를 주므로 더욱 쉽게 대중성을 확보하기도 한다. 어쨌든 지난 몇 년 동안 ― 그리고 지금도 지속되는 ― '동양의 지혜'가 가져다줄 해결책에 대한 희망은 경제 위기로 고된 삶 속에서도 막연하나마 그 대중적 효력을 발휘하고 있는 듯하다.

문화 산업이라는 관점에서 보면, 매체(출판, 방송 등)를 통해 대중에게 '동양적인 것'을 전파하는 문화 전달자는 ― 당연한 말 같지만 ― 동양인, 좀더 구체적으로는 한국인이다. 그러나 지금까지 느림의 추구, 자연 회귀의 욕구, 단순성에 대한 동경 등에 연관된 문화 생산은 상당수가 외국인들의 몫이었다. 아니면 최소한 이 문제에 대한 외국의 문화적 각성과 문화 생산에 자극받아 우리 쪽에서도 무엇인가 반응을 보인 것이다(이것은 앞서 언급한 주제로 나온 책들의 번역 시기와 출판 시기를 살펴보면 바로 알 수 있다).

이에 대한 실례를 드는 것은 어렵지 않다. 지난 두 해 동안 '느림'을 주제로 베스트셀러가 된 것은 프랑스 철학자 피에르 쌍소 (Pierre Sansot)의 《느리게 산다는 것의 의미》를 비롯해, 주로 서양 작가들의 책이다. 국제적으로 별로 알려지지 않은 철학자 쌍소는 한국에서 유명해져 앞의 책의 후속편도 나왔는데, 그는 최근 《산다는 것의 의미》를 출판하기도 했다.

자연 회귀의 정서를 대변하는 책으로 베스트셀러에 오른 것도 헬렌 니어링(Helen Nearing)과 스코트 니어링(Scott Nearing)의 《조화로운 삶》이었는데, 자연주의자 니어링 부부의 책들은 '자서전'을 포함하여 지난 두 해 동안 줄곧 관심의 대상이었다. 단순성에 관한 책들도 거의 예외 없이 외국 작품들이었다. 또한 《월든》을 비롯한 소로우의 책들이 다시금 각광을 받기도 했다(사실 우리나라에 소로우의 저작들이 소개된 것은 거의가 1990년대 이후로 최근 일이지만).

## 문명과 별거하기?

물론 이러한 시도들이 생활의 균형을 가져오는 데 기여할 수도 있다. 또한 바쁜 생활 속에서 자기 성찰의 자료와 기회를 제공하기도 한다. 그러나 다른 한편 — 사람들이 쉽게 지나치는 것이지만 — 그것이 어떤 문화적 편협함을 가짐으로써 오늘의 현실을 회피하는 부작용을 낳을 수도 있다.

더구나 느림, 자연 회귀, 단순한 삶 등은 디지털, 인터넷, 세계화, 정보 전쟁, 지식자본, 무한 경쟁 등으로 특징지어진 현대 문명의 일상적 삶 속에서 선택의 여지가 별로 없는 대다수의 사람들(그들을 서민이라고 불러도 될 것 같다)에게는 순간의 위로는 될지언정 결국은 일상생활에서 성취할 수 없는 것들이다.

그러므로 '바라는 것'과 '이루어질 수 없는 것' 사이의 괴리가 가져다주는 스트레스를 가중시킬 가능성 또한 매우 크다. 대다수의 사람들에게는 현대 문명이 제공하는 삶의 터전과 방식에서 자유를 확보할 수 있는 가능성이 매우 제한되어 있기 때문이다.

이런 사회적 모순은 '단순한 삶'을 추구하는 데에서 우선 쉽게 관찰할 수 있다. 몇 년 전부터 첨단 산업으로 유명한 미국 실리콘 밸리의 최고 경영자들은 기업간 경쟁의 치열함에서 오는 피로를 덜기 위해서 조용하고 단순한 삶(Simple Life)을 꿈꾸기 시작했다. 2000년 2월 실리콘 밸리에서 열린 '단순한 삶을 위한 세미나'에는 무려 4천여 명이 참석했는데, 반 이상이 'IT' 산업 관련 종사자였다.

그리고 그들은 꿈꾸어오던 것을 본격적으로 실천에 옮기기 시작했다. 어떤 최고 경영자는 근무지에서 수십 킬로미터 떨어진 농가를 구입해서 전화 끊고, 우물에서 물길어 먹고, 수십 마리의 가축을 키우면서 전원 생활을 즐긴다고 한다. 자기가 꼭 필요할 때만 연락하니, 여기에 비상 연락하러 찾아가는 부하 직원들만 죽을 맛이다. 어떤 사람들은 아예 사업 그만두고 시골에 가서 책을 쓰거나 화가로 전업한 경우도 있다. 다시 말해, 의도적으로 문명 이기의 혜택을 포기하고 자연 속의 삶을 찾아간 것이다.

이런 상황에서 '단순한 삶'과 '자연으로 돌아가라'는 지상 명령(?)이 동맹하는 것은 당연하다. 인간이 문명 발달에 반감을 갖게 된 때부터 사람들의 의식 속에는 '단순한 삶 = 자연 속의 삶'이란 등식이 박혀 있기 때문이다. 그런데 단순한 삶과 자연 회귀가 누구에게나 가능할까?

문제는 바로 여기에 있다. 단순한 삶을 찾아 자연으로 돌아갈 수 있는 사람은 회사주나 회사의 권력을 갖고 있는 최고 경영자,

아니면 피고용인일지라도 그 회사에서 없어서는 안 될 최고 기술의 소유자거나 뛰어난 브레인들이다. 그들은 제멋대로 해도 해고될 염려가 없기 때문이다.

만일 그렇지 못한 위치에 있는 사람이 괜히 단순한 삶을 흉내냈다가는 그 다음날로 해고될 것이 뻔하다. 아니면 경제적 부를 축적해두어서 아예 일 않고 은둔할 수 있는 사람이다(최소한 니어링 부부처럼 학식과 명망이 있어서 강연과 인세 수입이라도 있어야 한다. 19세기의 소로우도 당시 부유한 집안 출신이었고 생활에서 그 덕을 보았다).

서민들은 단순한 삶, 자연 속의 삶을 실현할 꿈도 꾸지 못한다. 경제적 여유가 있는 사람들은 '귀농'이 아닌 '전원 생활'을 즐길 수 있지만, 가난한 사람들이 전원 생활을 하려면 힘겹게 농사라도 지어야 한다.

그리고 사람들이 흔히 잊고 있지만, 돌아갈 자연이 그렇게 많은 것도 아니다. 미국이나 호주같이 인구에 비해 땅덩어리가 넓은 나라와는 달리 우리나라에서는 문명 세계와 동떨어진 이른바 '자연의 터전'을 찾기도 쉽지 않다.

그리고 더욱 중요한 것은, 도시의 서민들은 오히려 자동차, 휴대전화, 컴퓨터 등의 문명 이기를 '생계를 위한 노동'과 일상생활을 위해서 쓰지 않을 수 없다는 사실이다(그런데 내가 아는 어떤 지성인은 연구실에 최고 사양의 컴퓨터를 들여놓지 못해 안달을 하면서도 휴대전화 이야기만 나오면 "그런 걸 뭐 하려고 가지고 다녀요" 하고 문명 이기에 대한 거부 반응을 노골적으로 보인다. 하긴 그에게 휴대전화는 생계와 관계없으니까 그런 태도를 갖겠지만 말이다). 이렇게 보면, "단순한 삶을 살라!", "자연으로 돌아가라!" 등은 **사회적 불평등 구호다.**

이것은 느림에 관해서도 마찬가지다. '느림의 선생'들이 제시하는 느림의 지혜들은 참 매력적이지만, 서민들에게는 상당수가 그림의 떡이다. '고급스런 권태', '천천히 산책하기', '포도주 즐기기', '글쓰기' 등 웬만한 사람들이 일상생활에서 실현하기엔 너무도 버거운 것들이다.

그리고 느림을 주장하기 위해서 역설적으로 바쁘게 움직이는 사람들을 본다는 것은 유쾌한 일이 아니다. 어른들은 느림의 중요성을 알리느라 무척 바쁘고, 느림 전시회에 가느라 서둘러야 하며, 아이들은 인기 있는 느림 캐릭터와 팬시 상품들이 동나기 전에 사러가느라 재빠르게 움직인다.

더구나 시대의 화두 따라잡기(시대의 화두 제시하기가 아니라)와 유행 따라 담론하기로 지성인들 사이에서도 느림은 실종된다(느림 토론회에 참석하기 위해 평소 빠듯한 일정에서 또 시간을 빼내는 사람도 보았다. 하긴 필자가 느림을 주제로 한 방송 대담의 출연 요청을 더 바빠지기 싫어서 거절했더니, 그것을 오히려 이상한 눈으로 보는 경우도 있었다). 어제 모두들 '생각의 속도'를 논하느라 바빴는데, 오늘 '느림의 의미'를 논하느라 바쁘다. 얼마나 빠른 이전(移轉)인가?

중요한 것은 자기가 주장하는 바를 일상에서 제대로 실천하는 일이다. '느림'에 관해서도 마찬가지다. 느림 전시회나 느림 세미나에 몰려다니듯 급하게 갈 것 없고, 너도나도 느림 캐릭터 사려고 서두를 필요도 없다. 느림을 주장하거나 추구할 때에는 그 주장하고 추구하는 방식도 느려야 한다는 것은 단순한 진리다.

그렇지 못하면 괜히 빠르고 바쁘게 살 수밖에 없는 사람들에게 스트레스 주는 꼴이 되기 쉽다. 아마도 느림에 대한 이론적 주장이 ― 외국에서의 수입이 아니라 ― 자생적이고 창조적이었다면, 그런 논의가 서서히 나오고 지속적으로 유지되었을지도 모른다. 창조하는 데는 시간이 걸리기 때문이다.

그리고 느림이야말로 실천하기 굉장히 어려운 것이다. 우리는 단순히 '느림'이라고 하지만, 이 말에는 거의 인간 삶을 총체적으로 반영한다고 할 수 있는 여러 가지 다른 개념들이 연관되어 있다. 즉 '기다림', '쉼', '침묵', '침착함', '담담함', '한가로움' 등 몇 개만 나열해도 이 정도다. 따라서 정말 사회 구성원 모두가 느림을 향유할 수 있는 기회를 가지려면 문화 · 사회 · 경제 · 정치 전반에 걸친 조건이 형성되어야 한다. 느림은 한 개인의 실행에만 연관된 것이 아니라, 우리 삶 전반의 분위기와 상황에 연관된 것이다.

동양 사상을 비롯한 동양적인 것 찾기의 의미도 곰곰이 생각해 보아야 할 것이다. 이런 경향이 서양적인 것을 지속적으로 탐구하고, 더 나아가 서양 문명의 영향을 과학적 합리성으로(즉 서양적 사고 방식으로) 감시하는 것을 소홀히 하도록 한다면 문제는 심각해진다.

우리는 물질적으로 서구 문명의 성과물에 둘러싸여 있다. 그것은 서구 정신에서 나온 것이다. 따라서 이 문명의 정체를 알고 이 문명에 적응함과 동시에 그것을 감시하기 위해서는 그것을 만든 정신을 잘 알아야 한다. 이것은 이념적인 문제가 아니라 실용적인 문제다. 이미 서구 물질 문명은 어떤 필요성처럼 우리에게 주어졌다. 이제 이것을 잘 작동하도록 하는 가능성은 우리 손에 달려 있다. 구체적으로는 '서구적인 것'을 제대로 파악하는 우리의 능력에 달려 있다.

철학을 비롯한 서구 정신의 탐구를 게을리할 수 없는 또 다른 이유는 서구 학문 체계의 특성 때문이다. 철학을 비롯한 서구의 인문학은 고대 그리스 때부터의 사고의 틀과 논리 구조라는 점에서 자연과학의 발달과 밀접한 관계에 있기 때문이다. 고대의 형이상학 없이 오늘의 디지털 기술, 유전공학, 나노 테크놀로지는 불가능했다는 것을 인식해야 한다. 이것이야말로 서구적 특성이다(이 점에 대해서는 최근 출간한 《서양과 동양이 127일간 e-mail을 주고받다》에서 서양 사상의 특성 가운데 하나로 설명한 바 있다).

따라서 현대 첨단과학의 이해에서 철학사의 이해는 필수적이다. 최근 동서양 사상의 비교 연구나 동서양 사상을 서로 접목하고자 하는 시도는 나름대로 의미가 있으나, 사상 체계라는 관점에서는 그러한 비교에 앞서 서양 사상과 동양 사상을 각각의 체계 안에서 깊이 연구할 것이 더 요구된다.

동양 사상에 대한 관심과 느림, 자연 회귀, 단순한 삶에 대한 성찰은 필요하고 유익하다. 앞서 언급했듯이, 생활의 균형을 가져오는 데 필요하며, 자기 성찰을 위한 '비판의 거울'로 기능할 수 있기(다만 그것이 단순히 우리 것에 대한 국수주의적 향수나 현대 문명에 대한 역반응이 아니라, 제대로 된 비판과 성찰일 경우에 한하여) 때문이다.

문제는 삶에 대한 이 같은 비판적 성찰만큼이나 서구 문명을 꿰뚫어보고 감시하려고 노력하는지에 있다. 다시 말해, 야수의 흉측함이 아닌 '다른 아름다움'에 눈을 돌리는 것 이상으로, 아니면 최소한 그만큼이라도, 위압적인 야수의 눈빛을 직시하는 것이 필요하다. 그래서 야수를 우리 쪽으로 '길들여야' 한다. '야수 같은 문명'이 싫을 때도 많다. 하지만 같이 살면서 길들여야 한다. 이미 문명과 별거하는 삶은 없다.

## '야수'와 함께 살기

〈미녀와 야수〉에서 주인공 벨은 야수의 볼모가 되지만, 야수의 성(城)에 살면서 결국 야수를 정면으로 대함으로써 야수를 길들이는 데 성공한다. 혐오감과 두려움에 야수를 피하기만 했다면, 그녀는 영원히 야수의 포로로 남았을 것이다. 야수의 위압적인 눈빛도 벨의 노력 앞에서 부드러운 눈빛으로 변한 것이다.

21세기가 시작되면서 지난 두 해 동안은 야수의 눈빛을 회피하며 다른 쪽을 보고자 하는 것이 문화적 유행이었다. 지금까지도 그 여파는 있다. 그런 경향이 어느 정도 유지되어도 좋다. 하지만 그와 함께 야수의 눈을 직시하고자 하는 노력으로 전체적인 균형을 되찾아야 한다.

오늘의 지배 문명인 '야수'의 눈빛을 피하고자 하는 태도는 여러 가지 관점에서 해석해볼 수 있다. 우선 그것을 유토피아적 성향이 반영된 것이라고 볼 수도 있다. 현실에서 충족되지 않는 것을 이상적으로 추구하는 것으로 볼 수도 있으며, 실현 불가능한 것을 실현된다고 믿고 싶어하는 것으로 볼 수도 있다. 그 어느 것이나 유토피아적 특성이다.

아니면 그것을 일종의 '의사현실(疑似現實, Pseudo-reality)'을 좇는 경향이라고 볼 수도 있다(이 말은 사전적 용어거나 학계에서 공식적으로 통용되는 술어가 아니라 필자의 조어(〔造語〕)다). 왜냐하면 앞서 언급했듯이 이런 경향에는 '서민'과 '일상'에 대한 의식이 결여되어 있기 때문이다. 다시 말해, 그런 경향은 오늘의 현실을 구성하는 가장 본질적인 것들을 보지 못한다. 하루하루 바로 자기 앞에서 일어나는 대다수 사람들의 실질적 삶을 보지 못하는 것이기 때문이다.

느림, 단순한 삶, 자연 회귀 등을 주장하는 사람들은 일상에 매몰된 서민들에게 그러한 성찰이 자극제나 삶의 청량제가 될 수 있다고 말할는지 모른다. 즉 나의 표현대로라면 '비일상적 피드백'■을 줄 수 있다고 말할는지 모른다. 물론 그럴 수도 있다. 하지만 그런 기능만 하는 것이 아니다. 그것은 너무 단순한 판단이다. 그것은 의사현실을 좇는 경향에 도사리고 있는 '탈(脫)일상적' 태도를 보지 못해서 하는 말이다.

이런 탈일상적 태도는 현실을 대체하고자 하는 경향이 강하다. 마치 이론적으로 주장하는 느림과 자연 회귀가 일상에서 바로 실행될 수 있고, 그래야만 한다고 강하게 믿는 성향을 띠고 있다. 더 나아가 다른 사람들에게 실제로 그래야만 한다고 강요하는 성격을 띠고 있다. 따라서 현실에서 그럴 가능성이 없는 사람들에게는 좌절감만 심어주기 십상이다.

---

■ **비일상적 피드백**  필자가 다른 저서 《문화적인 것과 인간적인 것》(푸른숲, 2000) 제4장에서 '일상성과 비일상성'을 설명하기 위해 만든 말이다. 이 책에서 나는 마크 트웨인(Mark Twain)의 《왕자와 거지(*The Prince and Pauper*)》를 '의미 추출'의 텍스트로 삼아, "비일상적 행위는 일상적 삶에 변화의 동기를 준다는 점에서 일상과 밀접하다"고 보았으며, 그것이 "신선한 충격과 같은 피드백을 행하면서 일상에 스며든다고 할 수 있기" 때문에 '비일상적 피드백'이라는 표현을 썼다. 나는 이 책에서도 비일상성과 탈일상성을 구분했다.

이제 탈일상적이 아니라 일상적인, 탈서민적이 아니라 서민적인 자세로 야수의 눈을 응시할 수 있는 용기와 혜안이 필요하다. 그래서 오늘의 문명 조건에서 생계 수단을 찾아야 하고, 그 속에서 일상생활을 해야만 하는 사람들에게 그 안에서의 삶, 즉 야수와의 삶을 살아가는 지혜를 말해줄 수 있어야 한다.

오늘날 문화 전반에 걸쳐 '야수의 눈빛'을 똑바로 바라보기를 피하는 경향은 특히 지성인들 사이에 — 어쩌면 그들 자신도 의식하지 못한 채 — 만연되어 있는 것 같다. 야수의 눈빛을 바로 보기가 두려운가? 아니면 사회적 무관심주의에 자신을 맡겨버린 것인가? 아니면 아직도 고고한 지성인의 자세를 견지하기 때문인가? 아니면 이기적 편안함에 안주하기 때문인가? 오늘의 세계에서 위기를 느낀다면, 그럴수록 '감상적 회피나 거부'가 아니라 '합리적 판단과 감시'가 더욱 필요하다.

우리가 진정으로 인간의 자유와 진정한 인본주의를 추구한다면, 흔히 말하듯 '인간적'인 삶을 원한다면 현대 서구 문명, 더 나아가 현재 세계적으로 지배적인 힘을 발휘하는 문명이라는 야수의 눈빛을 똑바로 보아야 한다. 그것이야말로 현실을 보는 태도이다.

나는 이 책의 '프롤로그'에서 현재의 의미와 현재 구성의 중요성을 강조했다. 이제 '의사현실'을 비판하면서, '일상현실'을 볼 것을 강조하고 싶다. 이 두 가지를 특히 강조하는 것은 우리가 다방면에서 — 잘 아는 것이지만 아날로그와 디지털, 오프라인과 온라인, 굴뚝과 벤처 등 — 이른바 '문명의 전환기'이자 '혼합의 시대'에 살고 있기 때문이다.

사람들은 이런 복합적인 시대 변동이 주는 피로감을 잘 견디지 못한다. 하지만 그것을 잘 견딘다면 정말 유익한 것을 얻을 수 있다. 그 결과로 얻어지는 것은 '길들여진 야수'일 것이기 때문이다.

그리고 야수의 눈빛을 똑바로 보듯이 현실을 직시하는 것은 현실의 다양한 차원들과 현실들 '사이'를 볼 줄 아는 능력과 연관된다. 곧 환상(Fantasy)의 주제와 연관된다. 회피적인 자세로 현실을 볼 때 우리는 환상을 현실 도피의 출구로만 이용하기 쉽지만, 현실을 직시할 때 우리는 환상을 즐길 줄 알게 되기 때문이다.

# 환상, 마법 그리고 현실들

관악산 등산로 약수터. 머리를 노랗게 물들인 청년은 약수 대롱 밑에 물통을 받쳐놓고는 배낭에서 노트북 컴퓨터를 꺼내 뭔가 열심히 작동하는 데에 몰입해 있다. 그것을 보며 못마땅한 듯 혀를 끌끌 차던 노인은 휴대전화 벨이 울리자 전화기를 빼들고는 "그래 잘 들린다, 잘 들려!" 하면서 이 원격 무선통신의 마법을 실감한다. 컴퓨터 게임이라면 만사를 젖히는 아들과 인터넷 홈페이지 운영 이후 밤을 꼴딱꼴딱 새며 '새로운 현실'을 발견한 듯 하는 아내 때문에 친구는 등산 중에도 고민을 하소연한다. 아들과 아내의 '사이버 신성 동맹'에 그는 가정 안의 소외를 느낀다고 한다. 그런데 친구는 모 반도체 생산 회사에 다닌다. 이 모두가 우리의 일상 생활에서 이미 생소하지 않은 일들이다.

아직은 21세기의 여명기, 사람들은 이런 '일상현실'에 대해 무슨 생각을 하고 어떤 태도를 보이는지 새삼 궁금해진다. 혹자는 어떤 문학 평론가의 말처럼, "가짜가 진실인 것 같은 세상. 가상, 화상, 영상……. 사이버스페이스 속에서 명멸하는 진실들? 가짜의 화면에 오른 진실은 붉은 살덩이의 피곤한 육신들. 따라가기도 힘들고 거부하기도 어려운 현실"이라는 심리 상태를 고백하기도 할 것이다. 또 어떤 사람은 최근까지 한창 유행한 느림, 자연 회귀, 단순한 삶 등을 구체적 실행 지침으로 삼아 현재의 일상을 대체하려는 '의사현실' 추구의 경향을 보이기도 할 것이다.

　시대를 사람에 비유하면, 21세기가 이제 성인식(initiation)의 열병을 겪고 있는 것인지도 모른다. 그리고 '거대한 시작'을 위해 치러야 할 의식(儀式)이 항상 그렇듯 그것은 꽤 긴 행사 치레일지도 모른다.

　한 가지 확실한 것은 오늘날 우리가 일상적으로 맞닥뜨리는 이 세상이 이제는 더 이상 대문자로 씌어진 유아 독존의 현실(The Reality)이 아니라, 어떤 개개의 현실(a reality)이 모여서 '현실들(realities)'을 구성하는 세계라는 것이다. 그래서 '현실들 사이'가 환상의 영역을 새롭게 마련해주기도 한다.

　즉 일상현실은 이제 그 자체로 '복잡계(複雜界)'를 이룬다. 더구나 '현실들의 복잡계'는 현대의 리얼리티가 이 세상의 변방으로 귀양보냈던 환상과 마법의 요소들을 그 사이사이에 다시 불러들여 '같이 놀자'고 하고 있다. 21세기의 호모 루덴스(homo ludens)는 일상의 복잡계 속에서 자기 적응 능력을 시험하고 있다.

## 환상, 현실의 '알테르 에고(alter ego)'

빙하 사이 파란 바다 위로 거대한 고래 한 마리가 물 위로 솟아오르더니 이내 물 속으로 잠수한다. 아기 고래, 엄마 고래 모두 아빠 따라 자맥질을 한다. 그러고는 수면 위로 솟아오르더니 다시 잠수하지 않고 수면 위를 비행(?)한다. 그들은 바다 위 하늘을 나는 것이다. 잠시 엄마 아빠와 헤어진 아기 고래는 빙하 속 심연, 얼음 수정 사이를 돌아다니다 엄마 아빠의 그림자를 본다. 자기는 빙하 동굴에 있고 그들은 동굴 밖에 있는 것이다. 동굴 한가운데 광선의 기둥을 따라 서서히 부상한 아기 고래는 빙산의 '분화구' 위로 솟아오른다. 그러고는 부모와 하늘에서 다시 만난다. 아빠 고래는 마치 거대한 비행기가 활주로에 착륙하듯 바다 수면 위를 미끄러지다, 바다 속 깊은 어둠의 세계로 다가가 다른 고래들을 불러모은다. 고래들은 모두 수면 위로 솟아오르고 하나의 비행 군단을 이룬다. 파란 하늘을 관통하며 편대 비행을 하는 고래들……. 그들은 고공으로 상승하여 구름 사이에서 자맥질한다. 번개와 천둥이 치지만 고래 비행 군단은 대열을 흐트리지 않고 더욱더 고공으로 상승하다, 마침내 고밀도의 구름 띠를 뚫고 솟아오른다. 그곳은 천상의 바다이다. 그 물결 위에서 고래들은 자맥질한다. 그런데 천상의 바다는 하늘인가, 바다인가?

21세기를 맞으면서 월트 디즈니사가 제작한 〈판타지아 2000〉에 나오는 장면들이다. '어처구니없게도' 현실의 가로수 거리를 연상하면서 작곡된 레스피기(O. Respighi)의 교향곡 〈로마의 소나무〉

를 배경 음악으로 하여 전개되는 이 장면들은 현실과 환상이 끊임 없이 교차하는 것을 보여준다.

그러고는 결국 관객들을 '바다가 하늘이고 하늘이 바다인' 세계로 이끈다. 어쩌면 레스피기도 '천상의 가로수'를 연상하며 곡을 만들었는지 모른다. 환상과 현실은 서로 '알테르 에고(alter ego, '또 다른 나'라는 뜻)'이다.

환상의 개념은 현실의 개념만큼이나 오랜 역사를 가지고 있다. 다만 지금까지는 환상의 세계가 일상적이지 않았으며, 톨킨(J. R. R. Tolkien)이 말하듯 이차적 또는 부차적 세계(Secondary World) 였기 때문에 일차적 또는 원초적 세계(Primary World)인 현실 세계보다는 덜 부각되었을 뿐이다.

환상에 대한 관심은 인류 역사와 함께 한다고 할 수 있다. 고대 그리스의 철학자 아리스토텔레스(Aristoteles)도 《영혼에 관하여 (*De anima*)》(감마편 제3장)에서 환상의 개념에 대해 설명한다. 그는 환상을 감각, 주관적 견해, 객관적 사고 등과 비교하면서, 그리스어 판타지아(phantasia)가 빛을 뜻하는 파오스(phaos)에서 유래함을 주목한다.

이것은 무엇을 의미하는가? 인간에게 빛과 연관된 감각은 시각이고, 시각은 '감각 중의 감각'이며, 판타지아는 '보는 것'과 연관이 있다는 것이다.

에피쿠로스가 판타지아를 시뮬라크르에 의한 표상으로, 스토아학파가 영혼에 각인된 사물의 모양으로 보는 것도, 아리스토텔레스와 마찬가지로 '보는 것'과의 연관을 암시한다. 우리는 '없는 것'을 보는 것이 아니라, 뭔가 '있는 것'을 본다는 말이다. 결국 이 모든 해석은 감각의 차원에서 환상과 현실의 교류를 의미한다.

물론 교류를 위해서는 긴밀히 상통함과 동시에 구분이 전제되어야 한다. 구분해야 '넘나들' 수 있는 세계들이 생기기 때문이다. 하지만 구분이 상호 배척이 될 때, '나'와 '또 다른 나' 사이이던 환상과 현실은 전혀 '남남'이 된다.

현실과 환상 사이의 구분과 교류가 배척과 차단이 될 경우, 환상의 세계는 실종되고 현실은 고립된다. 그러면 오히려 현실이 허무의 구덩이를 파게 될 가능성이 커진다. 객관적으로 인식된 현실이라는 고정 관념적 견고함은 의혹의 대상이 되고, 현실은 '자기 완전성'이 그 자체로는 불가능하다는 것을 깨닫게 될 것이기 때문이다. 그래서 어느 순간 갑자기 모든 것이 허무해질 수 있다.

허무는 의미감의 상실에서 온다. 반면 환상은 ― 중세 문학 연구자 캐스린 흄(Kathryn Hume)이 말했듯이 ― "마음 속의 무엇이든 의미감을 제공하는 것이라면 그것을 활성화시킨다." 문학에서도 다양한 의미감은 환상의 요소를 필요로 한다.

환상의 회복은 근대 인식론이 소홀히 하고, 현대의 리얼리즘 문학이 무시하며, 과학자들이 자의적으로 멀리한 어떤 사실에 대한 방대한 탐구이다. 환상은 "두 개의 바위틈을 지나 청춘을 찾은 뱀"처럼, 사실 일상에 밀착해 있으면서도 고래 떼가 우주를 향해 하듯 넓은 세계를 포함하려 하기 때문이다. 일상에 밀착함으로써 환상은 '환상현실(fantasy reality)'로 재탄생하며, 우주적 확장을 시도하는 환상의 덕으로 현실은 '환상적 현실(fantastic reality)'이 된다.

환상이 일상에 밀착해 있다는 사실은 그것이 갖는 '비일상적 피드백'의 기능을 보아도 알 수 있다. 환상은 일상생활에 신선한 충격과 같은 피드백을 행하면서 일상에 스며든다. 환상의 이런 비일상적 피드백은 일상의 삶에 변화와 감동의 동기를 준다는 점에서 사실 일상현실과 밀접하다. 이 점에서 환상은 의사현실과 대척점에 있다.

제1장에서 보았듯이, 의사현실은 그럴듯한 이상과 가치를 지니고 있지만, 대다수 사람들의 일상에서는 실현 불가능하다. 그래서 탈일상적이고 탈서민적이다. 더구나 그것을 삶의 실행 조건으로 내세우는 점에서 은근히 억압적이다.

반면 환상은 다른 의미 추구의 가능성을 내보이면서 일상을 자극할 뿐이지, 실행을 강요하지는 않는다. 그리고 환상의 날개는 누구나 펼 수 있다. 의사현실은 일상현실을 대체하려는 기획이지만, 환상은 현실로부터 박대를 받아도 기회를 엿보아 현실을 대체하거나 추방할 의도를 갖지 않는다. **환상은 일상현실과의 공존의 기획이다.** 이것이 환상의 일상성이다.

환상은 넓은 세계를 항해하면서 의미를 찾는다. 환상이 항해하는 세계는 넓은 세계임으로 해서 기기묘묘한 세상을 포함할 수도 있다. 하지만 그것은 고대로부터 이성과 과학의 세계에 길을 열어주기도 했다. 탐구의 의미를 부여해주었기 때문이다.

환상적 감수성이 없는 사람은 철학을 할 수 없다. 따라서 과학도 할 수 없다. 그것은 이미 고대의 사상가들이 가르친 것이다. '어처구니없게도' 피타고라스는 우주의 조화음을 들으려 했다. "나에게 설 장소를 다오. 그러면 지구를 움직이리라"고 했던 아르키메데스는 지구 밖 설 장소를 가정할 만큼 환상적이었다. "있지 않는 것은 있는 것에 못지 않게 존재한다"고 했던 데모크리토스(Demokritos)는 원자를 눈으로 보고 손으로 만져보고 나서 원자론을 창안한 것이 아니다. 그의 상상력이 그것을 가능하게 한 것이다.

인간의 상상력은 광활한 확장과 함께 미세한 침투를 시도한다. 우주적 확장과 그것이 역으로 투영된 소우주적(micro-cosmic) 침투가 그것이다. 인간은 결국 우주와 '의미 있는' 관계를 맺고 싶어 한다. 그래서 인간은 초지구적(meta-global) 존재다. 21세기 우주시대는 그냥 온 것이 아니다. 그것은 고대로부터 우주와 의미 있는 관계를 맺고자 하는 인간의 환상적 감수성과 함께 왔다.

### 마법, 과학의 알테르 에고

일종의 옴니버스 형식인 〈판타지아 2000〉에는 '마법사의 문하생(Sorcerer's Apprentice)'도 등장한다. 미키 마우스가 마법사의 문하에 들어간 것이다. 하지만 미키는 제대로 된 마법은 배우지 못하고 허드렛일만 한다. 어느 날 물긷는 일에 지친 미키는 스승이 잠든 사이 몰래 마법의 모자를 쓰고 주문을 외어 빗자루로 하여금 대신 물을 긷게 하는 데 성공한다.

그런데 미키가 빗자루를 걸어다니게 하고, 물을 긷게 하는 것이 판타지인가? 아니다. 환상은 어떤 기술을 의미하지 않기 때문이다. 환상은 정신, 영혼 등의 활동과 연관되어 있다. 또한 물질적 성과를 즉각적으로 기대하지도 않는다. 그런 것은 마법의 영역이다.

다만 미키가 마법을 걸고, 하나의 빗자루가 열이 되고 수십, 수백이 되어 행군하듯 물을 길어다 붓는 장면들이 환상적일 뿐이다.

'마법사의 문하생'은 그 내용 때문이 아니라 환상적인 이미지 때문에 '판타지아'의 범주에 든 것이다.

마법은 '무엇인가를 해내는 능력'이자 힘(power)이다. 따라서 마법은 — 그 영적이고 정신적인 차원을 부정하는 것은 아니지만 — 실체적이고 물질적인 것과 직접적으로 연관되어 있다. 그리고 성과와 연관되어 있다. 당연히 실패하고도 연관된다.

미키는 빗자루로 하여금 물을 긷게 하는 데는 성공하지만, 그만두게 하는 데는 실패한다. 마법을 거는 데는 성공하지만, 푸는 데는 실패한다. 결국 미키의 마법은 미완의 능력이다. 그것은 미키의 '기술'이 영글지 않았기 때문이다.

마법이 본질적으로 기술적 요소를 내포한다는 것은 여러 가지 예를 들어 설명할 수 있다. 그것은 마법이 통속화하면 마술이 되는 것을 보아도 알 수 있다. 바움(L. F. Baum)의 동화에 등장하는 '놀라운 마법사 오즈(Oz)'는 마법이 결국 기술이라는 것을 아이러니컬하게 보여준다.

마법사 오즈는 사실 그럴듯한 기술로 변신의 능력을 보여줌으로써 권위를 지키며 나라를 통치한다. 그래서 마법과 마술은 '재주 부리는 것'과 연관되어 있다. 좀더 깊은 의미로도 마법의 본질은 기술이다. 《마법사들의 비밀서》를 쓴 프랑스 작가 크노(Katherine Quenot)는 "마법은 관습적인 사고의 저 너머를 재발견하는 기술이다"라고 말한다.

하지만 그 무엇보다도 우리가 마법의 기술적 본질에 관심을 갖는 이유는 그것이 과학의 특성과 연관이 있기 때문이다. 마법은 전통적으로 천체 감응력을 가지려고 했다. 크노의 말대로 마술이란 것도 "의지의 단련과 천체 감응력에 대한 인식의 결과"였다.

마법은 천체, 즉 대자연을 제어하는 기술을 갖고자 했다. 그것을 함축된 상징언어로 나타낸 것이 주문(呪文)이다. 한편 고대로부터 과학은 우주의 법칙을 수식(數式)에 함축하려 했다. 그러므로 상징언어로서 수학의 기호들을 개발했다.

주문이 마법에서 갖는 기능처럼 수학 방정식은 자연에 대한 과학의 제어 방식이다. 제어 계측, 자동 제어 등 각종 시스템에 대한 제어는 디지털화된 현대 과학-기술에서도 키워드다. 함축된 상징언어로 대자연의 시스템에 대한 제어 능력을 갖고자 한다는 점에서 마법과 과학은 서로 알테르 에고다.

환상만큼이나 마법도 21세기 우주 시대 최첨단 과학 문명 속에서 속속 부활하고 있다. 그것은 너무나 당연한 일인지도 모른다. 컴퓨터 게임의 컨텐츠와 마법의 이미지를 접목하고자 하는 시도는 물론이고, '인터넷의 마법사 손정의' 같은 뉴스 타이틀에도 첨단 과학-기술의 마법적 요소가 제공하는 의미와 상징을 이용한다. 우리 생활 속의 마법적(또는 마술적) 요소는 그 예를 다 들 수 없을 정도다.

조그만 예(효과 면에서가 아니라 관찰이란 면에서)를 하나 들어 보자. 영국 작가 롤링(Joan K. Rowling)의 '해리 포터' 시리즈 제1권이 미국에서 출판될 때 그 제목이 슬쩍 바뀌었다는 사실을 아는 사람은 그리 많지 않을 것이다. 원제《해리 포터와 철학자의 돌》이《해리 포터와 마법사의 돌》로 바뀐 것이다.▪ '베스트셀러의 마법'이 좀더 확실하게 보장된 셈이다.

또 하나 작은 예지만 큰 의미를 가진 경우를 한번 보자. 오늘날 인터넷 도메인에서 '~wiz'라는 표현을 많이 볼 것이다. 'wiz'가 마법사란 뜻의 'wizard'에서 나왔다는 사실은 어렵지 않게 감지할 것이다. 하지만 'wizard'와 'wise'가 유사한 어원적 의미를 가진다는 것은 쉽게 드러나지 않는다.

마법사는 영특하다(톨킨의 《반지의 제왕》에 등장하는 마법사 간달프를 한번 보라). 그는 기술 이상으로 지식과 지혜를 지닌다. 그런데 지식의 마법은 21세기 인류의 욕망이 아닌가? 결국 마법은 기술·과학·지식·능력·성공 등의 상징적 의미를 내포하며, 가장 현실적인 인간의 욕망들을 표상하는 것이기도 하다.

### 현실과 현실들

현실적인 인간의 욕망? 그것은 현실 안에서 충족될 수 있는 것인가? 또한 그것은 어떤 현실인가? 한때는 궤변 같았을 이런 질문들은 오늘날 더 이상 궤변이 아니고 구체적 의미를 획득한다. 이는 우리가 지난 역사 속에서 하나의 거대하고 견고한 존재로 여겨왔던 '현실'이 조각나고 있다는 뜻이기도 하다. 그렇다고 현실이 없어지는 것은 아니다. 더욱 풍부해질 수 있는 기회들이 발생하는 것

■ **'해리 포터' 시리즈 제1권의 제목이 슬쩍 바뀌었다.** 이 차이는 사소한 것 같지만 나름대로 의미가 있다. 유럽과 미국의 은밀한 문화적 차이를 드러내주는 것이기 때문이다. 물론 미국의 출판사는 이른바 대중성과 상업성이라는 것을 의식했을 것이다. 하지만 첫 장에서부터 계속되는 "경이로움은 일상에 숨어 있다"는 메시지와 "철학은 경이로움에서 시작한다"는 은유 및 마지막 장에서 마법의 돌을 찾는 것을 "지식을 추구하되 소유하지는 않는다"는 애지(愛知)의 태도에 비유한 것에서 작가의 철학적 의도(그것이 좀 매끄럽지 못하게 표현되었다 할지라도)는 발견된다. 더구나 책의 마지막 부분에서 해리의 스승 덤블도어 교수의 가르침은 제목이 왜 '마법사의 돌(Sorcerer's Stone)'이 아니고 '철학자의 돌(Philosopher's Stone)'이어야 하는지를 보여준다.

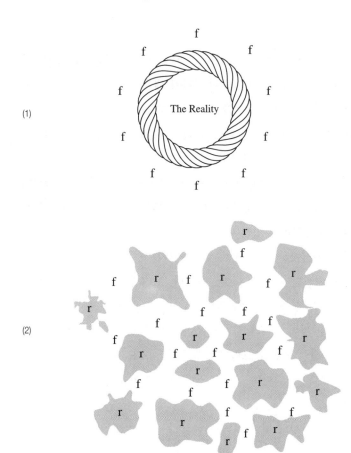

(1) 이 세상이 대문자로 씌어진 견고한 현실(The Reality)로 인식될 경우, 환상(fantasy)은
   그 하나의 거대한 현실 밖에 있는 것으로만 인식된다. 현실과 환상의 괴리는 크다.
(2) 하지만 개개의 현실(reality)이 모인 현실들(realities)이 세상을 구성한다고 인식하게
   되면, 그 현실들 사이로 판타지는 스며든다. 그래서 현실(들)과 환상(들)이 다양한 인
   터페이스(interface)를 형성하게 되는 것이다.

일 수 있기 때문이다.

20세기 철학계의 이단아였던 파이어아벤트(P. Feyerabend)는 자신이 학문을 하는 동기 가운데 하나가 세계를 보는 시야를 좁히고, 이 세상에서의 존재 방식을 편협하게 하는 추상적 개념들의 폭정(tyranny)에서 사람들을 해방시키는 것이라고 했다. 그런 개념들 가운데 하나가 바로 '현실(Reality)'이다. 그것은 통상 수식어 없이 대문자로 씌이는 현실이다. 파이어아벤트는 타계했지만, 확실히 그 현실의 위세는 약해지고 있는 것 같다. 다양한 수식어가 붙은 현실들이 등장하고 있기 때문이다.

물론 과거에도, 지금 눈에 보이는 객관적 존재로서의 현실의 견고성이 의심받지 않았던 것은 아니다. 고대 철학자 플라톤(Platon)은 일종의 '상기현실(想起現實)'(anamnesis reality, 이것은 플라톤이 사용한 말이 아니라 필자의 조어다)을 주장하면서 눈에 보이는 이 세상 현실을 한낱 그림자로 만들어버렸다. 그에게 진정한 현실은 이데아의 세계이며 그것을 상기하는 것이 진정한 삶이기 때문이다.

기존의 가시적 현실 너머의 현실 추구는 현대 역사에서도 계속되었다. 초현실주의(Surrealism)는 꿈의 세계를 회복시키고 가시적 현실을 극복하려 했다. 초현실은 단순히 현실을 넘어서는 것이 아니라 또 다른 현실의 가능성을 제시하고, 현실과 초현실의 접점을 시도하며, 현실이라는 이름으로 불릴 수 있는 세계를 확장했다는 데 그 의미가 있다.

이렇듯 '현실'을 의심하면서 오늘날 우리가 도달한 것은, 다수의 사람들이 공통적으로 현실이라고 감지하는 것은 '합의현실

(consensus reality)'에 지나지 않는다는 사실이다. 그래서 합의되지 않은 것에 대한 환상적 시도의 폭은 넓어진다. 그리고 그 실현 가능성의 적지 않은 부분을 첨단과학의 발달이 뒷받침한다.

디지털 문명의 발달과 사이버네틱스에 대한 관심은 새로운 현실들이 탄생하는 것을 가속화했다. 그러나 그것들은 현실이 아니라는 비판 또한 만만치 않았다. 그래서 그런 현실들에는 수식어를 붙여 현실성을 제한하는, 자체 배려를 하기도 했다.

컴퓨터로 제어되는 조작된 현실성에 대한 아이디어는 1960년대 후반에 처음으로 연구되었다. 크루거(Myron Kreuger)는 인공현실(artificial reality) 시스템을 개발했다. 그는 영사현실(projected reality)도 개발했다. 이들은 비디오 화면과 컴퓨터가 만들어낸 배경으로 이루어진, 조작된 현실성의 초기 단계였다.

그리고 마침내 가상현실(virtual reality)이라는 새로운 세계가 '신비로운' 현실로 등장하기 시작했다(그 용어는 1983년에 처음 등장했다). 그것은 마치 새로운 신화의 탄생에 견줄 만한 것이었다.

그런 신비화는 그것을 과학적으로 연구하고 기술적으로 개발하는 사람보다 그것을 수용하고 사용하는 사람들 사이에서 더 강하게 나타난다. 오늘날 우리나라에서 가상현실의 신비화나 신화화는 바로 그 용어의 사용에서 우선적으로 관찰된다. 따라서 '오늘의 현실'을 이해하려면 이 문제를 건드리지 않고 넘어갈 수가 없다. 그것은 본질적인 문제다.

엄밀히 말하면 'virtual'이란 말에는 가상이란 뜻은 없다. 이 말은 그 형태상 중세 스콜라 철학의 라틴어 술어 'virtualis'에 직접 연관되며 이는 또한 'virtus'에서 유래한다. 이것은 남성을 뜻하는 인도-유럽어족의 'vir'에 그 뿌리를 두고 있다(이는 역시 동일한 어원을 가진 영어의 'virile'가 '성년 남자의', '남자다운', '힘센', '강건한', '생식력 있는' 등의 형용사로 쓰이는 것을 보아도 알 수 있다).

원초적으로 'virtus'는 힘, 능력의 뜻을 그 뿌리에 두고 있고, 영어의 'virtual'은 힘과 능력을 바탕으로 한 효력, 효과의 뜻이 그 본질이다. 사전적 의미도 'having the effect' 또는 'being so in effect or essence'이다. 따라서 'virtual reality'의 번역어로는 효과현실, 효력현실, 실효현실이 그 본질적 의미를 잘 나타낸다(나는 어감상 '실효현실'을 택해서 사용한다).■

오늘날 실효현실 연구가들은 그 현실에 참여하는 사람이 수신하는 정상적인 감각 입력을 컴퓨터가 산출한 정보와 대치시킴으로써 참여자가 실제로 다른 세계에 있다고 확신하도록 하는 효과를 만들어내는 작업에 집중하고 있다. 즉 사이버스페이스 내에서의 효과와 효력이 이들의 본질적인 추구 대상인 것이다. 그리고 그러한 효과가 참여자의 습관으로 자리잡고 사회적 관습으로 받아들여지면, 그것은 폭넓은 '합의현실'로 발전할 수 있으리라고 기대한다.

이 점을 잘 생각해보면 우리나라 '가상현실 전문가'들이 제대로

■ 'virtual reality'의 번역어는 '가상현실'이 아니라 '실효현실'  언어의 마술이란 이런 것이다. 그 마술을 잘못 쓰면 세계관이 바뀐다. 우리 삶에서 그러한 예는 많다. 예를 들어, 마르크스 사상을 동양권에 들여올 때 사용한 'materialism(der Materialismus)'의 번역어 유물론(唯物論)은 그 대표적인 경우다. 그것은 물질론(物質論)이라고 번역했어야 한다. '오직[唯] 물질만이 중요하다'와 '물질이 중요하다'가 같은 뜻인가? 그것은 다른 정도가 아니라 천지 차이이다. 이런 실수(?)는 거의 돌이킬 수 없을 정도의 오해를 낳고 만다. '가상현실'이란 번역어도 앞으로 세계를 오해하는 데 큰 '공헌'을 할 것이다. 오해를 이해로 되돌리려면 지금이라도 고쳐 써야 할 것이다.

포착하지 못한 것을 관찰할 수 있다. 그들은 가상현실이라고 생각하기 때문에 그것을 '탈일상적 시도'라고 여긴다. 하지만 앞서 보았듯이, 실효현실이라고 인식하면 그것은 매우 일상적인 것이다. 그것은 앞으로 점점 더 우리의 일상현실을 구성하는 중요한 부분이 될 것이다.

이제 현실들은 많아졌다. '현실'이 조각난 편린들을 거름으로 해서 '현실들'은 꽃을 피우려 하는 것이다. 겨울의 단단한 얼음이 녹은 물은 봄의 꽃봉오리들이 영그는 데 공헌한다.

관악산 약수터 노랑머리 청년도, 문명 발달에 대한 모순의 삶을 살고 있는 노인도, 일상화된 디지털 소외를 느끼는 내 친구도 이제 모두, 우리가 누구였으며 누구가 될 것이며 그리고 오늘날 누구인가를 알고, 우리가 어떤 세상에 살고 있는지를 이해하기 위해서는 다양한 현실들과 만나야 할 것이다.

그것은 첨단과학이 제공하는 현실들뿐만 아니라 드넓은 우주와 관계를 맺고자 하는 모든 것, 환상과 마법의 세계가 제공하는 '현실'들도 포함한다. 그것은 그 자체로 '복합현실'이며 '일상현실'이고, 더 나아가 이 모두가 '판타스틱'한 현실이기를 기대하는 것이다.

## 해리(Harry)와 프로도(Frodo)를 위하여

첫 번째 이야기  현실이 현실들이 되고, 환상과 마법이 현실들 사이에 끼어들어 현실들과 일상의 게임을 시도하는 것이 이 시대의 특징이고 그것이 세인의 관심을 끌기 시작하는 것은 어찌 보면 당연하다. 그리고 이러한 문화 트렌드는 구체적으로 일상화되고 대중화된 예술의 방식을 취한다. 21세기의 처음 두 해는 그것으로 특징지어졌고 2002년 벽두도 그런 파장 속에 있다.

무엇보다도 이런 트렌드를 주도한 것은 해리(Harry)와 프로도(Frodo)다. 이들은 21세기 '섞임의 시대'에 환상, 마법 그리고 현실들이 뒤섞여 이야기를 이끌어가는 작품의 주인공들이다. 이들이 등장하는 작품은 문자 문화와 영상 문화, 두 영역과 캐릭터 등 그 파생 문화 산업 분야들에서 세계적 관심을 불러일으키고 있다.

이제 웬만한 독자들이라면 다 알고 있겠지만, 해리는 조앤 롤링의 《해리 포터(Harry Potter)》 시리즈의 주인공이고, 프로도는 톨킨의 《반지의 제왕(The Lord of the Rings)》의 주인공이다. 물론 이 작품들이 영화화되면서 이 두 인물은 영화의 주인공까지 되었다.

《해리 포터》와 《반지의 제왕》에 대해서는 작품 평론에서 인터넷 게시판의 논쟁에 이르기까지 벌써 많은 말들이 나왔다. 이 작품들에 신드롬이라는 말까지 붙어다닐 정도가 되었으니까 말이다. 이 글에서 나는 지금까지 거론되지 않았던 점들만 몇 가지 논하고자 한다.

우선 문학과 영화의 넘나들기라는 점에서 이야기를 시작해보자. 이런 교류는 영화 산업의 초기부터 있어 왔지만, 이제 컴퓨터 산업과 다양한 디지털 첨단 기술의 발달에 의해 더욱 활발해졌다. 영화 제작 기술이 미진한 수준에 있었다면 이 작품들의 환상적 묘사를 영상에 제대로 구현하기는 거의 불가능했을 것이다.

앞서 언급했듯이, 첨단 기술은 환상의 표현 욕구를 실현하는 데 큰 힘이 된다. 도구와 방법이 있으면 내용을 담으려 한다. 물론 도구의 기능을 타고 더욱 빛나는 내용들이 있다. 판타지와 SF(Science Fiction) 작품들은 오늘날 컴퓨터 그래픽을 비롯한 첨단 제작 도구를 이용해 더욱 빛날 수 있는 컨텐츠들을 제공한다. 기술과 예술이 점점 더 밀접하게 접목하는 시대에 이들이 최근 영상 문화의 주류를 이루는 것은 우연이 아니다.

여기서 또한 주목할 점은, 위의 작품들은 문자 문화의 영역에서도 특별한 성격을 보이는데, 그것은 이런 작품들이 기존의 어떤 문학 장르에도 확실히 속하는 것이 아니라는 사실이다. 즉 그들은 다양한 문학의 전통을 이어오지만 어떤 범주에 속하기 어려운 **모호성**을 가지고 있다. 즉 전통의 연속성은 갖지만 구분의 범주성은 갖지 않는다는 말이다. 과거에는 이런 특성이 약점일 수 있지만, 오늘날엔 장점이 되기도 한다. 모호하다는 것은 역으로 폭넓게 이용될 수 있다는 뜻이기 때문이다.

이런 작품들은 기존의 범주에 속하기 어렵기 때문에 스스로 자기 범주를 만들기도 한다. 그 대표적인 예가 《반지의 제왕》이다. 이 작품을 평론가들은 '판타지 에픽(Fantasy Epic)'이라고 부르기도 한다. 1950년대에 출간된 이 작품은 당시 유행하던 소설의 범주와는 다른 독특한 면이 있었고, 동화의 범주에 넣을 수도 없었다.

사실 우리가 동화(童話)라고 부르는 말에도 함정이 있다. '아이 동(童)'자가 바로 그것이다. 원래 영어 fairy tale, 불어 conte de fées, 이탈리아어 favola, 독일어 Märchen 등 대부분 서양어에는 아이를 지칭하는 말이 없고 '이야기'를 뜻하는 말이 포함되어 있을 뿐이다. 그것은 아이와 어른이 나누는 이야기, 어른들로부터 전해들은 것을 아이들끼리 나누어 즐기는 이야기, 그리고 아이들을 생각하며 어른들끼리 나누는 이야기이다. 이제 《해리 포터》도 처음부터 아이들만을 위한 책이 아니었음을 알 수 있다. 우리말로 편의상 동화라고 부를 뿐이다.

원래 책의 가치는 서서히 발견된다. 그 가운데서도 어른에게 읽힐 수 있는 동화의 가치는 아주 천천히 발견된다. 그것은 루이스 캐럴(Lewis Carroll)의 《이상한 나라의 앨리스(*Alice's Adventures in Wonderland*)》, 그레이엄(Kenneth Grahame)의 《버드나무에 부는 바람(*The Wind in the Willows*)》, 제임스 배리(James M. Barrie)의 《피터팬(*Peter Pan*)》이 대중에게 어른을 위한 동화로 인식되기까지 걸린 시간을 보아도 알 수 있다.

그런데 《해리 포터》가 전 세대(全世代)를 위한 이야기책이 되는 데 걸린 시간은 매우 짧다. 그 이유로는 매스컴의 발달에 의한 소문의 신속한 확산, 치밀한 계획에 의한 출판 마케팅 등 여러 가지를 들 수 있지만, 내가 보기에 우리 시대의 특성을 반영하는 좀더 본질적인 이유가 있다.

그 특성이란 바로 혼합의 시대라는 것이다. 나는 몇 년 전에 쓴 《문화적인 것과 인간적인 것》이라는 책에서 '어른의 아동화'라는 개념을 도입하면서, "어른의 아동화와 엔터테인먼트 효과가 현대 문화를 구성하는 주요 요소라는 것"을 주장한 바 있으며, '아이의 어른화'와 '어른의 아동화'는 동시에 일어나는 현상이 되리라고 예견한 바 있다(이른바 '해리 포터 신드롬'이 한창인 요즘에 와서야 프랑스의 사회학자 카우프만[J-C. Kaufmann]은 한 인터뷰에서 "역사적으로 이런 세대는 처음 본다. 오늘의 젊은 세대는 어린이면서 동시에 어른이 되려고 한다"고 깨닫기 시작한다).

혼합 현상은 오늘날 여러 차원에서 일어나고 있다. 어느 분야에서든 구분하는 것이 사회 문화적 분위기인 시대였다면, 동화로 분류된 《해리 포터》를 대다수의 어른들은 읽지 않았을 것이다. 혼합의 욕구 자체가 새로운 사회 문화 현상을 일으키는 것이다.

두 번째 이야기　어른-아동의 삼투압적 관계라는 것도 **이질적인** 것들이 서로 소통하는 시대의 특징이지만, 《해리 포터》와 《반지의 제왕》과 연관하여 정말 흥미롭게 관찰할 수 있는 것은 **'다름'에 대한 관심과 열망**이다. 어쩌면 이것이야말로 모든 판타지 작품의 공통된 특성인지 모른다.

판타지의 특성은 '다른 것'에 대한 지향성이다. 그것은 판타지가 흥미롭고 매력적인 이야기로 성립되는 이유이자 동시에 우리가 판타지 작품에서 읽어야 할 **문화 컨텐츠**라고 할 수 있다. 다름에 대한 지향성이 어떻게 세계를 재구성하고, 어떻게 우리의 일상생활에 침투하며, 어떤 창조적 욕구를 새로이 불러일으키는지를 알아야 하기 때문이다.

먼저 구체적으로 다름이 각 작품에서 어떻게 이야기 구성 요소로 도입되었으며, 다름에 대한 지향성이 어떻게 서사(敍事) 속에 스며들어 있는지 살펴볼 필요가 있다. 우리가 해리의 이야기를 잘 이해하려면 그 '원조'들에게로 거슬러올라가야 한다(롤링은 서구 문학의 유산을 잘 이용하고 있다).

우선 프로도의 이야기로 가야 하고, 프로도가 호비트족 가운데 배긴스(Baggins) 가문에 속하고, 반지 이야기는 그의 아저씨 빌보 배긴스(Bilbo Beggins)로부터 시작된다는 것에 이르게 된다. 사실 《반지의 제왕》의 서장(序章)에 해당되는 책이 빌보의 모험담을 담은, 역시 톨킨의 작품인 《호비트(Hobbit)》다. 우선 이 작품에 나오는 문장을 몇 개 읽어보자.

"빌보는 이런 것을 한 번도 본 적이 없었다. 상상조차 해보지 못했다."(빌보가 난생 처음 본 것은 무섭게 천둥 번개 치던 밤 골짜기 건너편에 돌거인들이 나와 바위를 주고받으며 놀고 있는 광경이었다. 돌거인들의 '공놀이'는 그런 것이었다.)

"빌보는 이보다 용감한 일을 이제껏 해본 적이 없었다. 그후 일어난 엄청난 일들도 이에 비하면 아무것도 아니었다."(그것은 붉은 불빛 속에서 열기를 내뿜으며 자고 있는 적금색의 거대한 용에게 다가가는 일이었다. 빌보는 용이 있는 곳에 이르는 터널 안에서 자기 자신과 진정한 싸움을 벌여야 했다.)

"빌보는 이제껏 그렇게 무서운 경험을 해본 적이 없었다. 당시에는 전투에 심한 혐오감을 품었지만, 나중에는 그 경험을 무척 자랑스럽게 여기고 그때를 즐겨 회상하곤 했다."(빌보가 경험한 것은 도깨비, 늑대, 엘프, 드워프 그리고 인간 들 사이의 참혹한 전투였다.)

이렇듯 판타지의 특징은 '이제껏 보고 듣고 체험한 적이 없는' 것들, 즉 '전혀 다른 것들'을 제공하는 것이다. 더구나 쉰 살이 되도록 아버지로부터 물려받은 안락한 토굴집에 틀어박혀 모난 행동 한 번 없이 얌전하게 살아서 이웃들로부터 존경을 받아오던 빌보를 주인공으로 설정한 것은 그의 모험이 전혀 다른 경험이라는 사실을 극대화한다.

톨킨의 작품에서는 — 빌보가 경험한 전투에서도 보았듯이 — **등장 인물들 자체가 다름의 메시지를 철저하게 전한다.** 등장 인물들이 — 사람과 판타지 작품에 흔히 등장하는 용같이 신비한 동물뿐만 아니라 ─ 온갖 신화와 전설에서 그 원형을 수집한 각기 독특함을 지닌 생명체들로 구성된다. 호비트, 엘프, 드워프, 인간, 골룸, 고블린, 트롤 등등 그 자체가 '다름'의 상징들이다.

독자들은 이야기를 따라가는 동안 그렇게 등장 인물들을 설정한 의미를 염두에 두지 않을 수 있지만, 그들이 펼치는 이야깃거리가 일관된 주제를 감싸면서도 무척 다양하다는 것을 즐기게 된다. 총체적 다름의 세계에 독자들을 갖다 놓는 것, 그것이 톨킨 작품의 특징이다.

프로도가 주인공인 《반지의 제왕》은 《호비트》의 연장선상에 있다. 흥미로운 것은 다름의 아이디어를 이야기 전개 자체에 적용한 것이다. 이런 영웅 서사는 흔히 무엇인가를 찾으러 간다. 즉 보물 등 값진 것을 찾으러 가거나 한다. 하지만 여기서는 거꾸로 가진 보물을 버리러 간다. 즉 반지를 찾으러 가는 것이 아니라 이미 가진 반지를 없애버리기 위한 여정으로 이루어져 있다(독자들은 흔히 지나치지만, 이것이 '콜럼버스의 달걀' 같은 톨킨의 아이디어다). 그 여정에서 지나가는 지역이나 만나는 대상 그리고 하찮은 경험들도 모두 다른 것들이다.

이렇듯 다름은 판타지 작품에 매우 다양한 차원에서 다층위적으로 적용된다. 다름의 요소들을 능수능란하게 다루는 것은 작품 성공의 열쇠이기도 하다(따라서 판타지 창작에서 모방의 정도가 크다는 것은 치명적이다. 다른 문학 장르보다 판타지 작품에서는 독창성의 폭을 최대로 넓혀야 한다. 뭔가 확실히 달라야 판타지라고 할 수 있기 때문이다. 이런 점에서 우리나라 판타지 소설 작가들은 지금 어떤지 묻고 싶다).

《해리 포터》에서도 다름의 아이디어 적용이 이야기 구성의 생명력이다. 주인공 해리부터 남들과 다른 이상한 아이다. 이 책에 나오는 말을 사용하면 보통 사람인 머글들과 다르다. 그리고 보통 사람들이 사는 도시에도 '다른 장소'들이 산재해 있다. 마법 학교의 전령 역할을 하는 해그리드가 해리를 데리고 간 런던 거리의 선술집 리키 콜드런과, 그곳 벽돌담을 통과해 가볼 수 있는 마법사들의 상가 다이애건 앨리 등이 그것이다.

하긴 그것 이전에 마법사들이 머글들 사이에서 머글들 모르게 살고 있다는 사실 자체가 뭔가 다른 설정이다. 일상 속 '다른 것'의 존재를 설정하는 것이 환상 요소로 작용한다.■

롤링이 톨킨과 다른 점은 톨킨이 다른 것들로 구성된 총체적 다른 세계를 따로 이야기 전개의 상황으로 설정하는 것과는 달리, 롤링은 오늘 우리의 일상세계 속에서 '다름의 통로'를 설정한다는 것이다. 이 점이 롤링의 독창성이자 작품 성공의 열쇠 가운데 하나다.

우리 생활 속에 존재할 것 같지 않지만 '다른 방식으로' 존재하는 9¾번 플랫폼이라는 아이디어도 그 한 예다. 또한 마법 학교 호그와트는 별도의 세계이지만 평범한 현실세계와의 소통을 항상 열

---

■ **일상 속 '다른 것'의 존재를 설정** 이것은 배리 소넨필드(Barry Sonnenfeld) 감독의 영화 〈맨 인 블랙(Men in Black)〉에서 외계인들이 지구에 와서 일반 사람들은 모르게 지구인들 사이에서 산다는 설정과 비슷하다(평단으로부터 기막힌 설정이라는 평을 받기도 했다). 그곳에도 보통 사람들 사이에서 활동하는 외계인들의 가게가 나온다. 그리고 롤링의 작품에서 머글들이 마법사들의 존재를 알지 못하게 통제하는 일을 맡는 마법부가 있다는 것은 앞의 영화에서 외계인의 존재를 일반인들이 알지 못하게 통제하는 일을 맡은 MIB라는 정보부의 설정과도 비슷하다. 하지만 우연의 일치 같다.

어놓고 있다는 설정도 그렇다. 해리는 마법 학교의 학기가 시작되면 호그와트에 가지만, 학기 종료 때마다 이모집에 돌아와야 하는 설정이 그것이다.

전체적으로 볼 때 롤링은 작품 속에 일상과 환상이 만나고 교차하는 방식들을 다양하게 배치했다. 좀더 현대적인 용어로 표현하면 일상과 환상의 다양한 인터페이스(Interface)를 구성·배치했다고 할 수 있다.

그 결과로 이러한 일상과 환상의 접촉과 교차가 서사의 흐름에 **게임을 하듯** 하는 효과를 준다. 《해리 포터》의 성공 요인 가운데 중요한 점은 — 노골적으로 퀴디치 게임이나 목숨 건 체스 게임 등을 도입하는 것 외에 — 게임의 분위기와 그것을 저절로 즐기는 재미를 서사 구조 전체에 암암리에 깔고 있다는 것이다.

이것은 하나의 환상적 세계에 영웅적 서사시를 별도로 구성하는 톨킨의 작품에서는 볼 수 없다. 이밖에도 롤링이 다름을 일상과 환상의 교차 요소로 어디서, 어떻게 적용하는지를 꼼꼼히 살펴보면 책읽기가 더욱 흥미로워질 수 있다.


세 번째 이야기  다름의 중요성은 영화에서도 마찬가지다(《해리 포터》와 《반지의 제왕》의 영화화는 원작에 충실했기 때문에 당연히 책의 요소들이 영화에도 적지 않게 반영되어 있다). 상당수의 판타지 영화는 사실 다름의 아이디어를 본질적으로 바탕에 깔고 있다. 다름이라는 주제로 판타지 영화의 역사를 쓸 수도 있다.

이는 환상 요소를 대부분 내포하는 애니메이션 작품들에서는 더욱 중요하다. 디즈니뿐만 아니라 디즈니와 경쟁 관계에 있는 드림웍스도 애니메이션 제작에서 '다른 세계'라는 소재를 판타지의 요소로 적극 활용하고 있다.

디즈니가 〈생쥐 구조대(The Rescuers Down Under)〉에서 보여준, 특급 호텔의 화려한 홀에서 식사하고 있는 사람들과 홀 중앙 샹들리에 위 생쥐들의 그 못지 않게 화려한 만찬은 판타스틱한 아이디어였다. 그것은 현실의 시계(視界)를 벗어난 ─ 하지만 환상적으로 존재하는 ─ '다른 세계'의 생동력을 보여준 전형적인 예였다.

디즈니는 〈토이 스토리(Toy story)〉에서 현실세계와 환상적인 '다른 세계' 사이의 관계를 마치 숨바꼭질하듯 구성하는 시도를 했다. 앤디의 방에는 수많은 장난감들이 있다. 앤디가 장난감들을 가지고 놀 때 장난감들은 생명 없는 물체일 뿐이다. 하지만 앤디가 방을 나가기만 하면 각양각색의 장난감들은 모두 살아나 그들의 세상에서 활력 있는 삶을 살아간다. 눈에 띄지 않는 '다른 세계'가 우리 삶의 어느 순간순간에 살아 움직인다는 아이디어를 좀더 교묘하게 발전시킨 것이다.

드림웍스 역시 영국의 아드만사와 공동 제작한 〈치킨 런〉에서 〈토이 스토리〉와 같은 판타지 적용 방식을 택했다. 즉 사람들의 삶과 '다른' 삶의 세계가 존재하는데, 그 세계(닭들의 세계)는 사람이 개입하지 않을 때에만 생동력을 갖는다. 흥미로운 것은, 농장주인 트위디 씨는 그 '다른' 세계에 대해, 사람들의 당연한 생각과는 '다른' 상상력을 발휘해서 닭들이 음모를 꾸밀지 모른다는 막연한 의혹을 갖지만, 트위디 여사는 자기 농장의 닭들이 '다를' 수 있다는 것을 말도 안 되는 공상이라고 일축한다. 그녀는 너무 현실적이라서 '다를' 줄 모르기 때문이다. 하지만 영화의 마지막에 비참하게 당하는 사람은 다를 줄 모르는, 즉 판타지를 모르는 그녀다.

'다름'의 아이디어를 전편에 깔고 스토리를 전개한 작품으로 특별히 관심이 가는 것은 유니버설과 드림웍스의 합작 영화 〈스몰 솔저(Small Soldiers)〉다. 영화의 마지막에 장난감 아처는 진짜로 자기 고향인 고곤섬을 찾아 떠난다. 이 순간 현실과 환상은 기막히게 자리바꿈한다. 아처의 주인 앨런은 믿지 못함과 걱정스러움이 교차하는 눈빛으로 아처에게 말한다. "고곤섬을 찾지 못할지도 몰라." 아처는 대답한다. "안 보인다고 존재하지 않는 것은 아니잖아." 환상의 의미를 아는 사람은 아처의 말에 공감한다. 다른 세계는 안 보인다고 없는 것이 아니다. 판타스틱한 다른 세계는 판타지의 눈으로만 볼 수 있기 때문이다.

〈스몰 솔저〉를 관심 있게 본 관객은 포착했겠지만, 아처가 이끄는 '고고나이트'족을 무찌르도록 프로그램 되어 있는 잔인무도한 장난감 그룹 '코만도 엘리트'들은 모두 특공대 군인들이다. 그래서 각각의 개성은 있지만 모두 사람의 모습을 하고 있다. 하지만 고고나이트족은 외모에서부터 서로 전혀 다르다. 사람과 유사한 몸의 아처에서 개구리 다리에 눈만 달린 자, 프랑켄슈타인보다 더 기괴한 조합체를 가진 자에 이르기까지 매우 다양하다. 하지만 그들은 한 그룹으로 서로 우정과 연대감을 갖고 있다. 곧 환상적 그룹인 것이다.

모습들이 근본적으로 모두 다른 캐릭터들로 등장 인물을 환상적으로 구성하는 것은 드림웍스의 〈슈렉(Shrek)〉에서도 두드러진다. 주인공인 늪지의 '오우거(Ogre, 4막 3장 참조)' 슈렉에서부터 그의 친구 당나귀 동키, 붉은 용 그리고 피오나 공주에 이르기까지 같은 종(種)은 하나도 없다. 슈렉과 사람의 모습인 공주 사이의 사랑, 당나귀와 암컷 용 사이의 사랑은 다른 것들 사이의 뜨거운 관계를 환상적으로 극대화한다. 더구나 마지막 장면, 슈렉의 늪지에서 축제를 벌일 때 등장하는 동화 속 인물들(fairy tale creatures)은 수백의 캐릭터들이 모두 다르다. 그러나 환상적 축제의 하모니를 이룬다.

다름의 요소는 SF에서도 마찬가지다. SF에서도 판타지가 찾아가는 것은 항상 다른 세계. 지금 눈앞에 보이는 현실 공간과 다른 세계, 지금의 시간과 다른 시간대 속의 세계 등 '다른 것에 대한 열망'이 SF 판타지의 본질을 이룬다. 그러므로 SF에서 인간의 환상성을 자극하는 대표적인 것이 타임머신이고 홀로데크(Holo-deck, 〈스타트렉[Star Trek]〉에 나오는, 구술 명령으로 가상 공간을 불러오는 장치)이다. 타임머신을 타고는 다른 시간대로 여행을 하고, 홀로데크로는 다른 공간을 불러온다.

등장 인물들 사이의 이질성과 다양성은 SF에서도 돋보인다. 〈스타 워즈(Star Wars)〉에 나오듯, 어느 우주 터미널 레스토랑의 손님들은 각 행성에서 온 외계인들로, 그 모습이 서로 무척 다르다. 하지만 같은 식탁에서 웃고 떠들며 밴드의 음악을 듣는다.

이상에서 살펴보았듯이, 환상적 상황을 창조하는 데 핵심적인 것은 '다름'의 요소들을 적재적소에 적용하는 능력이다. 환상 작품의 성패는 소설이든, 영화든 이 다름이라는 환상적 요소를 어떻게 '다르게', 곧 **독창적으로** 요리하느냐에 달려 있다고 볼 수 있다.

네 번째 이야기  20세기 말부터 "다른 것이 아름답다"는 말이 유행했지만, 다름은 아름다울 뿐만 아니라 판타스틱하다. 《반지의 제왕》과 《해리 포터》 등 판타지 작품들을 다름이라는 화두로 비추어보는 것은 이 시대 우리 자신에 대한 성찰의 계기를 제공한다. 오늘의 젊은 세대의 삶이 미래에도 판타스틱할지, 그렇지 못할지는 그들이 다름을 대하고 다름에 적응하며 다름을 창조하는 능력에 상당 부분 달려 있을지도 모르기 때문이다.

다름의 의미는 오늘날 여러 가지 시대의 요청들과 연관되어 있다. 다름은 무엇보다도 다양성과 자연히 연관된다. 다른 것들은 그 자체로 다양성을 보장하기 때문이다. 그것은 또한 독창성과 연관된다. 독창적이면 다를 수 있기 때문이다.

다름은 새로움과 연관된다. 새로운 것은 항상 다르기 때문이다. 새로운 세계, 새로운 경험, 새로운 타자(他者)들, 새로운 관계, 새로운 전망 등 모든 새로움은 다른 것으로 우리에게 다가온다. 그러므로 다름을 수용할 줄 알면 새로움을 수용할 줄 알게 된다.

새로움은 변화를 일으킨다. 다름의 개념은 변화와 연관된다. 변화는 기존의 것과 차이를 발생시키기 때문이다. 톨킨의 《반지의 제왕》에서도 변화는 다른 상황의 전개를 의미하며 판타지의 시작을 뜻한다. 영화 〈반지의 제왕〉은 "세상이 변했다"는 내레이터의 말로 시작한다. 사실 원작에서는 "불변은 이제 종말을 고해야 할 것"이라는 의미로 시작한다. 어쨌든 뭔가 다른 것이 전개되어야 한다는 뜻이다.

끝으로 다름은 모든 형태의 소환(召還)과 연관된다. 지금 여기서 무엇인가를 불러오면 그것은 다른 것이기 때문이다. 톨킨이 잊혀진 호비트족을 불러오면 그것은 또 하나의 다름이며, 롤링이 잊혀진 마법의 학교를 불러오면 그것 또한 지금 여기의 우리에게는 생소한 것이다. 그렇게 불러온 것들로 그들은 판타스틱한 이야기를 만들어가는 것이다. 내가 이 책의 처음부터 강조했듯이, 우리는 지금 상기력으로 과거를 불러오고, 상상력으로 미래를 불러와야 한다. 그래야 우리의 현재가 창조적 성취의 가능성들로 풍부해지기 때문이다.

이제 우리에게 무엇보다도 중요한 것은 '다름'이 21세기의 인류에게 커다란 시험의 기회를 제공하고 있다는 사실이다. 다름과 다양성은 이 시대의 중요한 문화적 흐름의 저변에 있는 요소이지만 그것을 일상에서 실천하는 것은 쉽지 않기 때문이다. 우리는 아직 다른 것들에 대해 항상 유연하고 능숙하게 대처할 만한 능력을 갖고 있지 못한지도 모르기 때문이다.

우리가 판타지 문학과 영화에서 보았듯이, 오늘날 대중 문화의 전반적 흐름은 다름과 다양성을 그 본질로 하고 있다. 그것은 현재 우리의 삶 자체가 원하는 것이 그렇다는 뜻일 수도 있다. 이것은 인류의 문화 트렌드가 스스로 택한 길이다. 이것은 우리가 스스로 불러들인 도전 앞에 서는 것과 같다. 다름을 상대하는 것은 인간의 뛰어난 역량을 투입해야 가능하기 때문이다. 또 하나 더 큰 이유는 인간이 '유니폼 정신'을 쉽게 저버리지 못하기 때문이다.

오스카 와일드(Oscar Wilde)는 "사회는 범죄자는 간혹 용서하지만, 몽상가는 결코 용서하지 않는다"고 했다. 나는 이 말을 좀 바꾸어서 표현하고자 한다. "사회는 범죄자는 간혹 용서하지만, 이상한 사람은 결코 용서하지 않는다"고. 인류가 사회 전반에 걸쳐 폭넓게 다름을 인정하고 다름을 수용하기 시작한 역사는 사실 얼마 되지 않는다. 인간은 다양성을 추구하면서도 획일화가 주는 '편안함'의 유혹을 쉽게 떨치지 못한다.

인간의 이 분열증적 이중성은 거의 고질(痼疾) 같은 것이다. 다름과 다양성은 추구해야 할 가치이지만 불안하고 불확실하며, 획일화는 위험하고 인간성을 해칠 수 있지만 일단은 편안하고 확실하기 때문이다. 환상에 대한 의혹의 눈길도 이와 비슷한 마음의 자세 때문에 나온다.

하지만 사람들은 잊고 있다. 완전한 카오스는 이 세상이 존재하기 이전에 있을 수 있었고, 완전한 코스모스는 모든 생동력을 빼앗아 이 세상의 종말을 뜻한다는 것을. 삶은 본질적으로 '카오스모스'(카오스＋코스모스)의 성격을 띠고 있다는 것을. 다만 카오스모스 상태를 유지하기 위한 노력이 필요하다는 것을. 그 노력 가운데 하나가 바로 다름과 다양성을 포용하는 노력이라는 것을. 그 노력을 위해서는 현실 감각과 함께 환상적 감수성이 필요하다는 것을.

다섯 번째 이야기　2002년 벽두에 미국에서 문학과 영화를 결합하는 문화 산업의 경향이 바뀌고 있다는 소식을 듣는다. "판타지에서 다시 현실로"가 새로운 구호라는 것이다. 특히 출판과 영화를 유기적으로 연결하는 이른바 '하나의 원천을 다각도로 활용하기(one source multi-use)' 전략을 바탕으로 하는 미국의 문화 산업 코드가 바뀌고 있다는 것이다.

2001년 말까지 판타지 문학 작품 《해리 포터》와 《반지의 제왕》

이 영화화되면서 인기를 끌고 그것이 피드백하여 출판 시장에도 활력을 불러일으켰다. 그런데 이제는 영화화의 대상으로 실제 삶에 뿌리내리고 있는 논픽션, 전기, 리얼리즘 문학 작품 등이 주목받기 시작한다는 것이다(론 하워드 감독, 러셀 크로 주연의 〈뷰티풀 마인드[A Beautiful Mind]〉가 벌써 화제다).

이것은 예상한 바다. 그리고 환영할 만하다. 이는 리얼리즘이 판타지를 대체해서 다시금 주류로 부상할 것이라는 전망 때문이 아니다. 한때 사실주의가 주된 문화적 경향이었다면, 한때는 판타지가 부각되었고, 이제는 말 그대로 다양성의 시대에 들어섰다는 신호이기 때문이다.

리얼리즘 예술에 대한 욕구는 상존한다. 지난 몇 해 동안 판타지가 각광을 받은 것은 그것이 앞으로 리얼리즘의 주류에 묻히지 않을 수 있는 출력을 받기 시작했다는 것을 의미한다. 따라서 판타지도 중요한 예술적 경향으로 상존(常存)할 수 있는 가능성의 터전을 마련했다는 것을 의미한다.

이제 여러 가지 다른 경향들이 어울리는 문화적 다양성의 시대에 들어섰다는 희망적인 전망을 해볼 수 있다. 그러한 문화적 상황 자체는 판타스틱한 문화 향유를 가져올 것이기 때문이다.

# 우주를 서핑하는 작가를 기다리며

"1985년입니다. 우리는 지금 새 밀레니엄을 15년 남긴 시점에 있습니다. ……이제 곧 막을 내릴 지난 밀레니엄 동안 서구에서는 근대 언어들이 생겨나 확산되었으며, 이들 언어로써 문학은 표현의 가능성, 인식의 가능성, 상상의 가능성을 발굴해 나아갔습니다. 그리고 지난 천 년은 '책의 밀레니엄'이었습니다. 우리에게 지금 매우 친숙한 책이라는 것이 이 기간에 그 틀을 잡아갔기 때문입니다. 그런데 지금 막을 내리려는 구(舊) 밀레니엄은 후기 산업 사회의 기술 발전 속에서 책과 문학의 운명에 대해 자주 질문을 던지는 것으로 특징지어져 있습니다. 저는 지금 이 점에 대해서 미래 예측이라는 모험을 감행할 의사는 없습니다. 다만 문학의 미래에 대한 저의 믿음은, 문학에는 자신의 특별한 방식으로 공헌할 무엇인가가 있다는 것입니다. 그것을 아는 것이 중요합니다."

이 글은 현대 이탈리아 문학에서 환상적이고 우화적인 기법을 도입하며 다양한 문학의 지평을 연 작가로 주목받았던 이탈로 칼비노(Italo Calvino)가 타계하기 직전에 쓴 것이다. 미국 하버드 대학의 초청을 받은 칼비노는 1985~86학년도를 위해서 문학에 대한 여섯 가지 주제로 특강을 준비하고 있었다.

그러나 강의 준비 중 뇌출혈로 급서(急逝)했기 때문에 그의 강의 노트는 다섯 번째 제안의 내용까지 마친 상태에서 유고가 되었으며, 사후 《미국 강의. 차기 밀레니엄을 위한 여섯 가지 제안(*Sei proposte per il prossimo millennio*)》(Garzanti, 1988)이라는 제목으로 출판되었다. 위의 글은 전체 강의를 위한 서문의 일부이다.

## 문학의 미래, 미래의 문학

서구에서 새 밀레니엄에 대한 논쟁이 가장 활발했던 시기는 1970년대 말과 1980년대 초였다. 우리나라에서 1990년대 말부터 지금까지 문화 담론의 주된 대상이 되고 있는 책과 문학의 '종말적' 미래에 대한 논쟁도 ─ 위의 인용문에서 볼 수 있듯이 ─ 이미 당시에 활발하게 이루어졌다.

1980년대 초반은 21세기의 문명적 변화를 주도할 이론적 · 기술적 요소들이 이미 시작되어 진행되고 있던 시기였다. 당시의 상당수 문명적 예측(사실은 구체적 미래 기획이었다고 하는 편이 더 맞는 말일 것이다)들은 오늘날 그대로 진행되고 있으며, 21세기 전반에 걸쳐 계속될 것들이다. 정보 지식 사회, 멀티미디어, 디지털 혁명, 사이버 공간, 레이저 광학기술, 전지구화, 우주산업, 생명 복제를 비롯한 유전공학의 성과 등이 그것이었다.

흥미로운 것은 지금까지 과학-기술의 발전에 따른 문명적 변화와 함께 빠지지 않고 반드시 거론되었던 것이 — 칼비노 역시 지적했듯이 — 책과 문학의 미래에 관한 것이라는 사실이다. 그것은 대중적 '관심'이라는 관점에서도 그 어느 것보다 우선한 듯했다.

책을 별로 읽지 않는 사람들도 책의 미래에 대한 논쟁에는 관심을 보였다(우리나라같이 독서율이 낮고 출판 문화의 사회 경제적 위상이 미약한 곳에서도 '책의 종말'에 대한 관심은 높다). 그만큼 책은 20세기까지 인류 문화의 대명사였다. 그것은 또한 글쓰기와 글읽기로 대표되는 문자 문화의 상징이었다. 더욱 중요한 것은 지금까지 책과 문학이 운명을 같이했다는 사실이다.

인간이 변화의 물결 속에서도 그 어느 것 못지않게 '애정을 표시하고', 그 '미래에 대해 걱정하는' 것에는 바로 그런 영역이 포함된다. 우리는 책과 글쓰기 그리고 문학의 미래에 대한 심각한 논쟁에서 인간 문명의 중요한 속성을 발견할 뿐만 아니라, 인간이라는 동물의 참으로 흥미로운 특성도 새삼 인식하게 된다.

현대의 진화론, 유전공학, '동물계의 평등주의' 및 감각주의 문화의 영향 아래에서 "인간은 동물과 다를 바가 없다"는 말을 쉽게 하는 경우도 있지만, 어쩌면 같은 점보다 다른 점을 더 많이 볼 수 있다는 것이 위선적 겸허함을 버리는 솔직한 태도일지도 모른다.

인간은 다른 동물과의 연속성 위에서 이해될 수도 있고, 또한 차이를 관찰하면서 이해될 수도 있다. 그리고 그런 차이가 문명과 문화라는 창을 통해 확대된다는 것은 인간의 또 다른 가능성이다.

그래서 과학-기술의 발달이 주도한 20세기의 문명적 변화는 단순히 물질적 영역에서가 아니라, 인간 정신과 심성이 진하게 표출된 영역에서 더욱 관심과 관찰의 대상이 된다. 그런 대상의 일선 (一線)에 있는 것이 책과 글쓰기와 문학이다. 이것을 역으로 말하면 오늘날 책과 글쓰기와 문학에 대한 성찰은 과학-기술의 발달을 비롯한 문명적 변화 전체에 대한 성찰의 기회를 제공한다.

그리고 이렇게 폭넓은 성찰은 미래에 대한 올바른 지향점을 제시하는 역할을 한다. 즉 인류가 지금까지 '이룩한 것'의 미래를 걱정할 것이 아니라 미래에 '이룩할 것'을 생각하라고 조언한다.

구체적으로 말하면 '책의 미래'를 걱정할 것이 아니라 '미래의 책'을 기획해야 하며, '글쓰기의 미래'를 염려할 것이 아니라 '미래의 글쓰기'를 개발해야 하고, '문학의 미래'를 우려할 것이 아니라 '미래의 문학'을 구상해야 한다.

왜냐하면 미래의 책이 잘 기획되면 책의 미래를 걱정할 필요가 없고, 미래의 글쓰기를 제대로 개발하면 글쓰기의 미래를 염려할 필요가 없으며, 미래의 문학을 잘 구상하면 문학의 미래를 우려할 필요가 없기 때문이다. 또한 그렇게 한다면 책과 글쓰기와 문학이 — 칼비노가 기대하고 믿었듯이 — 그 자신의 특별한 방식으로 인류를 위해 무엇인가 공헌할 수 있을 것이기 때문이다.

### 환상 문학과 영상 체험

오늘날 우리나라에서 문학의 미래나 미래의 문학에 대한 담론은, 한편으론 기존 문학의 가치성 보존에 관한 문제에, 다른 한편으론 '디지털 시대의 문학'이라는 문제에 집중하는 것 같다. 전자는 당연히 '문학의 미래'라는 입장을 대변하고, 후자는 '미래의 문학'을 모색하는 경향을 대변한다. 특히 후자는 최근의 큰 흐름인 문화예술과 과학-기술의 접목을 문학에도 응용하는 방식에 주로 관심을 둔다. 하이퍼텍스트문학에 대한 관심도 그 가운데 하나이다.

하지만 그 어느 경우든 전제해야 할 것은 창작의 내용에 관한 것이다. 디지털 시대의 용어로 표현하면 컨텐츠에 관한 것이다. 왜냐하면 일정한 작품의 내용은 시대의 변화를 더 잘 흡수하며, 어떤 새로운 표현 방식에 더 잘 적응할 수 있기 때문이다. 예를 들면 환상의 요소를 내포하고 있는 작품은 디지털 시대의 새로운 창작 방식에 더욱 잘 어울릴 것이다(이 점은 제2장 '환상, 마법 그리고 현실들'에서 언급한 바 있다). 그리고 사이버 공간이 현실에 대한 기존의 개념에 지속적으로 의문을 제기하도록 하는 것도 다양한 컨텐츠의 작품들을 필요로 하는 또 하나의 이유다.

최근 새로운 문학적 컨텐츠의 실험은 하이퍼텍스트와 디지털적 글쓰기 및 그 응용 영역에서 이루어지고 있다. 예를 들어 디지털 영화의 시나리오, 롤플레잉 게임의 서사 구조, 테마파크의 스토리 라인, 홀로그램을 이용한 새로운 서사 방식의 추구 등이 그것이다. 이른바 영상과 문자의 '통합 서사'의 욕구도 이런 경향과 맥을 같이한다.

하지만 여기서 중요한 것은 위와 같이 새로운 영역에서 새로운 문학 컨텐츠의 실험이 있는 것으로 충분하지 않고(사실 이 영역에서는 강조하지 않아도 그것이 서서히 이루어지고 있다), 그것이 전통적 책과 기존의 글쓰기 방식을 통해서도 이루어져야 한다는 것이다. 즉 기존 문학의 과제라는 것이다.

다시 말해, 기존의 문학이 문명적 변혁에 대비해 자체 적응력을 키워두어야 한다는 말이다. 그래야만 문학이 그 자신의 특별한 방식으로 문화예술의 창발에 기여할 수 있으며 미래의 문학이 문학의 미래를 보장하게 된다.

다시 강조하지만 기존 문학의 틀과 종이책을 위한 글쓰기 방식에서도 새로운 문학 컨텐츠의 실험은 다양하게 이루어질 수 있으며 또 이루어져야 한다. 그 가운데 하나가 판타지 소설로 대표되는 환상 문학일 것이다.

하지만 우리나라에서는 환상 문학이 문학의 서자(庶子) 취급을 받고 있다. 21세기에 들어서면서 그 위상 변화의 조짐이 보이지만, 아직까지는 그에 대해 관심이 많아졌다는 의미는 있어도, 그것이 대우받는 문학 장르가 된 것 같지는 않다.

서구에서는 그것이 적자(嫡子)의 위상에까지 올라갔거나 적어도 '대우받는 서자'는 되었다. 이런 점에서는 비교적 일찍이 문학의 환상성에 문을 연 서구 문학이 디지털 시대에는 유리하다. 칼비

---

■ **이영도** 그는 지금까지 《드래곤 라자》, 《퓨처 워커》, 《폴라리스 랩소디》 등을 펴냈다. 《폴라리스 랩소디》에 나오는 문장을 하나 인용해보자. "공상의 자유는 감옥에 가둔다고 해서 사라지는 것이 아니다." 이영도는 이 말의 의미를 한 편의 호흡 긴 스토리로 바꿔보려고 노력한다. 하지만 주인공 오스발이 하는 대사에서는 현실의 문제를 일깨우기도 한다. "자유는 환상입니다. 세상에 자유로운 사람은 아무도 없습니다." 판타지 소설의 서사 구조는 현실과 환상을 넘나들도록 되어 있다. 그래야만 문학이 요구하는 주제 의식이라는 것이 살아 있을 수 있기 때문이다. 이영도의 작품은 이런 점에서 교묘한 줄타기에 어느 정도 성공하고 있는지도 모른다.

기존 문학 독자들에겐 이 작품의 특이한 소재, '퓨전 언어'의 남용, '무국적성'을 적당히 가장하는 점, 섬세한 상황 설정의 부족 등이 아직 불만스러울 것이다. 하지만 '영상 문화의 체험'이 녹아든 글쓰기와, 가볍지만은 않은 주제를 줄곧 동반하는 역설·풍자·재담·허를 찌르는 대사 등은 젊은 세대들에게 환영받을 것이다. 환상적 소재로 현실적 주제를 풀어나가려고 노력하고 있다는 말이다. 오스발의 대사를 역으로 패러디하면 이렇다. 환상은 자유다. 하지만 이 세상에 환상 속에 사는 사람은 없다. 자유로운 환상을 즐길 뿐이다. 그래서 환상 문학은 그 존재 의미를 획득한다.

노가 미래의 문학이 인류에 공헌할 수 있는 가능성을 보는 것도, 자신의 소설이 환상성이라는 점에서 미래의 시대에 '이야기 보따리'가 될 수 있도록 노력해왔다는 확신 때문인지도 모른다.

하지만 우리나라의 환상 문학은 아직 걸음마 단계에 있다. 예를 들어 지금까지 우리나라 환상 소설 가운데 가장 성숙함을 보인다는 이영도의 작품들도 아직 미흡한 점이 많은 것이 사실이다.▪

문학 평론가 정과리는 한국의 무수한 판타지들은 톨킨의 《반지의 제왕》의 복본(複本)임을 지적한다. 그래서 톨킨의 작품은 "환상 속에서 끊임없이 현실을 되새기게끔" 하고, "서사적으로도 박진할 뿐만 아니라 소설 바깥과도 팽팽한 긴장을 이루고" 있으나, "한국의 팬터지들은 거개가 현실과 긴장하는 역선(力線)을 찾지 못하고 있다"고 비판한다.

지금까지 우리나라에서 나온 판타지 소설들에 기존 문학 독자들의 마음이 썩 내키지 않는 이유 중에는 판타지 소설의 소재, 주제, 플롯의 특성들도 있겠지만 '퓨전 언어'의 남용과 '무국적성'을 적당히 가장하는 점도 있을 것이다(이 점을 평론가들도 흔히 간과하고 있지만, 오늘날 우리나라의 판타지 작가들은 사실 '서구적'인 것을 무국적이라고 가장하고 있다. 이 점에서는 작가 자신이 솔직할 필요가 있다. 그리고 그들이 추구해볼 만한 것은 사실 무국적성이 아니라 '초국적성의 겨냥'이라는 점도 염두에 두어야 할 것이다). 또한 이야기 전개의 관건인 섬세한 상황 설정의 결여도 불만스러울 수 있다.

그러나 문학 평론적인 문제를 떠나, 세대간의 상호 이해라는 관점에서 판타지 문학의 사회성을 볼 수도 있다. 새롭고 '이상한' 것에 쉽게 마음이 내키지 않는 나이든 독자들에게는, 젊은 세대를 이해하기 위해서도 판타지 문학에 관심을 갖고 그 작품들을 일단 읽어보는 것이 손해는 아니라고 말하고 싶기 때문이다.

그러면 전통적인 문학 수업을 받은 작가와는 달리 영상 문화의 체험이 글쓰기에 녹아들어간 작가들도 만나보게 될 것이다. 그리고 역으로 생각하면 우리나라에서 환상 문학의 역사가 일천해서 역설적으로 엄청난 발전의 가능성을 가지고 있는 것처럼, 젊은 작가들 앞에 열린 가능성 또한 굉장히 크다고 할 수 있다.

하지만 이른바 순문학과 환상 문학이 배타적이거나, 서로 무관심한 적자와 서자의 관계로 설정된다면 미래의 문학에 대한 기대는 훨씬 축소될 것이다. 그리고 일부에서 우려하듯 이른바 순문학과 판타지 문학이 서로, 한편에선 환상의 이름으로 현실을 도피한다고 하고, 다른 편에선 현실의 이름으로 환상을 억압한다는 의혹과 두려움을 표시한다면 그것은 문학의 시장에서 서로 '권력'을 의식하기 때문인지도 모른다. 권력을 의식하면 창조의 자유는 사라진다. 순문학이든 판타지 문학이든 예술이고자 하는 것이지, 세속적 권력이고자 하는 것은 아니기 때문이다.

### 이야기의 창조, 이야기의 연구

톨킨은 1938~39년에 걸쳐 쓴 《나무와 나뭇잎(Tree and Leaf)》에서 판타지 문학이 무엇인지를 이론과 실례를 들어 보여주고 있다. 이 책은 〈요정 이야기에 대하여(On Fairy-Stories)〉라는 에세이와 〈니글이 그린 나뭇잎(Leaf by Niggle)〉이란 스토리로 구성되어 있다. 전자는 긴 주석들이 붙은 한 편의 논문이고, 후자는 그 논문에서 주장한 바를 실제 작품으로 보여주는 것이다.

정보(information)로 가득한 세상이 아니라 경이로움(wonder)으로 가득한 세계를 항상 찾아다녔다는 서문으로 시작되는 이 책에서 톨킨은 "판타지는 인간의 자연스런 행위"라고 단언한다. 따라서 그것이 이상하고 비현실적이라는 비판을 받아도, 모든 사람들에게 "판타지는 하나의 인권"이라고 선언한다.

다만 그는 판타지가 판타지 문학이 되기는 무척 어렵다는 것을 강조한다. 판타지 문학은 쉽게 보이는 현실이 아니라 '현실의 내적 구성'을 표출하는 것이기 때문이다. 그러므로 성공적인 작품을 만들어내기는 어렵지만, 일단 '작품'으로 탄생하면 '서사 예술'의 정수가 된다.

톨킨이 주장하는 판타지 문학의 성패는 놀랍게도(어쩌면 너무 당연하게도) 작가가 얼마나 합리적인 태도로 작품 구성을 하는지에 달려 있다. 밝은 태양 아래에서 일어나는 가시적 사건들에 대한 철저한 인정 위에서 현실의 내적 구성은 표출될 수 있기 때문이다.

이는 마치 앨리스 이야기들의 작가 루이스 캐럴이 철저한 논리적 구성 위에서 난센스의 유희를 펼치는 데 성공한 것과 마찬가지다. 톨킨 자신이 《나무와 나뭇잎》의 내용을 구성한 방식도 이론과 창작의 긴밀한 협조라는 자신의 주장을 그대로 보여준다. 판타지에 대한 심도 있는 이론과 그에 바탕한 실제 작품은 나무와 나뭇잎의 관계와 같기 때문이다.

다시 우리의 사정을 살펴보자. 최근 판타지 소설이 문화계의 화제로 부상되기도 했고, 판타지 소설에 연관된 인구가 적지 않으며, 그것이 온라인과 오프라인에 걸쳐 있다는 사실이 그 문화적

중량을 가늠케 한다고 하더라도, 그것이 단순한 '문화계의 화제'로 머물러서는 소용이 없다. 그것이 진정으로 '주목해야 할 현상'이 될 때에, 다시 말해 그저 적당한 관심의 대상이 아니라 다각적이고 심도 있는 이론의 지원과 동시에 전문 평론의 대상이 될 때에, 환상 문학은 걸음마 단계에서 제대로 걷는 단계로 성장할 수 있을 것이다.

그러나 현재 우리나라의 상황은 '나뭇잎'만 있고 '나무'는 없는 꼴이다. 즉 판타지 소설들은 있는데, 판타지에 대한 이론도, 작품에 대한 비평도 거의 없는 상태다. 이런 상황에서는 나뭇잎도 말라 죽거나, 생존을 위해 기괴하게 변형되기만 할 것이다.

현재의 판타지 소설들이 폭넓은 독자들과 그들의 깊은 관심을 끌어내기에는 아직 많이 부족한 것은 우리나라에서 그 역사가 일천하기 때문이다. 그러므로 더욱 질타와 함께 지원이 따라야 한다. 성숙을 위해서는 '함께' 고통을 나누는 것이 필요하기 때문이다.

이에 환상 문학에 대한 문학 평론과 함께 폭넓은 인문학적 지원이 필요하다. 흔히 간과하는 것이지만 평론이 있어야만 작품에 대한 비판이 즉각적으로 윤리적 판단으로 넘어가는 것을 방지한다. 또한 대중 문화 생산자들을 작품의 양적 증가 추세만을 따르는 편협성에서 벗어나게 할 수 있다.

인문학적 지원으로는 '서사 철학(Philosophy of Tale)'의 개발이 중요한데, 그것은 문예 창작에 요긴하게 쓰일 것이다. 다양한 학제적(學際的) 지원들도 생각해내야 하겠지만 우선 철학자로서 제안하는 것이다. 한국어 표현이든, 영어 표현이든 서사 철학이라는 말 자체도 내가 만들어본 것이다.

나는 오래 전부터 철학이 '이야기의 연구'와 '이야기의 창조'에 관심을 갖지 않을 수 없다고 생각해왔다. 아니, 어쩌면 철학이야말로 이 점에서 공헌할 폭넓은 가능성을 가지고 있는지 모른다.■

고대로부터 현대에 이르기까지 철학(여기서 철학이라 함은 '필로소피아'로, 서양 사상을 의미한다)은 텍스트 생산과 텍스트 해석을 기본으로 하는 학문이라고 해도 과언이 아닐 것이다. 텍스트에는 사상서만 있는 것이 아니다. 어쩌면 이야기를 담고 있는 텍스트는 텍스트 중의 텍스트일지 모른다.

나는 실제로 《문화적인 것과 인간적인 것》에서 여러 동화를 텍스트로 삼아 분석하고 그 결과로 다양한 의미를 포착·추출하여, 철학적 논지 전개에 이용하기도 했다. 《미녀와 야수 그리고 인간》에서는 애니메이션 작품의 스토리텔링이 스스로 품고 있는 철학 컨텐츠를 '발굴'하는 작업을 했다. 그 결과 애니메이션 작품이 그 자체로 '철학 이야기'가 될 수 있도록 시도해보았다.

내가 하고 싶은 말은 다양한 문학 텍스트를 철학적으로 읽어줄

■ **철학은 '이야기의 연구'와 '이야기의 창조'에 관심을 갖는다.** 이야기와 철학과의 관계는 여러 가지 점에서 관찰할 수 있는데, 여기서는 전문적인 담론에 들어갈 수 없으므로 흥미로운 언어 분석의 예를 하나 드는 것으로 그친다(이 주제에 대해서는 《서사 철학과 서사적 철학》이라는 별도의 전문 작업을 준비하고 있다는 것만 독자들에게 알린다).
'이야기하다'라는 말의 서구어 표현의 어원에는 한결같이 '셈하다'는 뜻이 포함되어 있다. 먼저 영어의 'tell'과 'tale'은 '계산하다'의 뜻을 가진 'tellen/tellan'에서 유래하며, 이와 어원적 연관을 가진 독일어의 'zählen/Zahl'(셈하다/숫자)과 'erzählen'(이야기하다)의 관계를 관찰할 수 있다. 또한 프랑스어의 'raconter'와 이탈리아어의 'raccontare'의 경우도 '계산하다'의 어원이 내포되어 있으며, 스페인어에서는 'contar'라는 동사가 경우에 따라 두 가지 의미로 쓰인다.
이는 논리적 구성이 구술적 효과를 주며, 더 나아가 서사 미학적 효과를 준다는 것을 의미한다고 볼 수 있다. 그리고 무엇보다도 철학적 자질은 '말 되는' 이야기의 구사 능력을 키워가는 데 필요하다는 것이다.

필요가 있다는 것이다. 여기에는 당연히 환상 문학 텍스트도 포함된다. 예를 들어 환상 문학의 고전이라고 할 수 있는 톨킨의《반지의 제왕》을 철학적 사고로 읽어주는 것이다. 그래서 나는《반지의 제왕 읽기》와 요즘 세인의 많은 관심을 끌고 있는《해리 포터 읽기》같은 철학서를 쓸 계획도 가지고 있다.

서사 철학의 연구 결과는 작가들로 하여금 기존 문학 텍스트의 풍부한 의미들을 다시금 보게 하여 습작 과정에서 훌륭한 참고 자료가 될 것이다. 그럼으로써 작가들에게 새로운 이야기 텍스트 개발의 가능성을 제시해줄 것이다.

이런 점에서 오늘날 기성 철학자들의 과제는 미래를 바라보고 설정되어야 할 것이다. 앞에서 언급했듯이, 철학과 문학이 아름답게 어울린 텍스트를 창조할 수 있는 능력은 쉽게 얻어질 수 있는 것이 아니다. 그러므로 인문학적 지원으로 문예 창작에서 그러한 능력을 가진 미래 세대를 키우는 것이 오늘날 우리의 과제일 것이다. 그 과제 이행의 첫발은 서사 철학의 활성화일 것이다.

철학과 서사의 관계도 여러 가지 차원에서 재조명할 수 있는데, 그 가운데 하나가 '경우의 수'에 관한 것이다. 이야기란 인간 삶의 여러 경우의 수를 제시하는 것이라고 볼 수도 있기 때문이다. 다시 말해, 삶에 관한 수많은 경우의 수를 픽션으로 만들어내는 것이 이야기 짓기라고 할 수 있다.

---

■ **인간 삶을 '경우의 수'로 나누어 분석 · 종합** 플라톤의 '대화편'들에 화자로 등장하는 소크라테스가 젊은이들과의 대화에서 하는 일은 무엇인가? '경우의 수'를 제시하면서 게임을 하는 것이라고 생각해본 적은 없는가? 그의 주된 방법론인 아이러니(eironeia)와 산파술(maieutike)이 대화 상대자에 어떻게 적용되는지 잘 관찰해볼 필요가 있다.

그런데 인간 삶을 '경우의 수'로 나누어 분석·종합하는 것은 고대로부터 철학이 즐겨 쓰던 방법이다.▪ 경우의 수를 제시한다는 것은 문제를 제기하고 그 제기하는 방식을 개발하며, 문제에 대답하고 문제를 해결하고자 한다는 뜻이기 때문이다. 철학적 사고는 문제와 함께 있어 왔고, 어쩌면 문제 없는 삶은 없을 것이기 때문이다.

결론적으로 철학을 포함하는 인문학은 이 세상의 수많은 '경우의 수' 속에서 인간적 '삶의 의미'를 포착하여 '삶의 재미'를 찾아왔다고 볼 수도 있다. 그리고 그것은 모든 이야기 속에 있어야 하며, 모든 이야기 속으로 사람을 끌어들이는 구심력이다. 그래서 나는 '서사 철학'이라는 조어로 모든 '이야기'에 대한 철학적 탐구를 지칭하고자 했다.

물론 서사에 대한 철학적 접근법은 좀더 전문적으로 개발될 필요가 있고, 서사 철학이 대상으로 하는 서사성을 가진 분야의 폭도 더 확대되어야 할 것이다. 이에는 영화와 애니메이션 작품의 스토리텔링, 컴퓨터 게임과 버추얼 리얼리티에 이용되는 서사 등도 포함된다. 오늘의 문화는 그 대상이 되는 텍스트들을 다양하고 풍부하게 제공하고 있기 때문이다. 이런 의미에서 서사 철학은 이제 본격적인 연구 단계에 들어설 수 있다고 본다.

마지막으로, 작가라는 관점에서도 환상 문학에 대한 지원 문제를 생각해볼 수 있다. 서구에서는 톨킨과 루이스(C. S. Lewis)의 경우처럼, 학문적 성과를 축적한 역량 있는 작가들이 본격 판타지 문학에 참여했거나, 칼비노처럼 깊이 있는 문학 작품에도 환상성을 많이 활용했다. 그래서 그들 작품은 청소년 문학의 좁은 영역을 넘어설 수 있었다.

하지만 우리는 지금 그렇지 못하다. 우리는 아직 그런 단계에 이르지 못한 것이다. 이것은 작가 자신의 문제라기보다는 우리나라의 문화적 토양이 비옥하지 못하기 때문인지도 모른다. 판타지 문학의 창작에 관록 있는 작가의 참여와, 기존 문학 작품에 환상성의 깊고 넓은 응용은 이 나라의 문화적 토양을 위한 훌륭한 거름이 될 것이다.

## 우리가 기다리는 것

환상 문학은 새로운 문학적 컨텐츠 실험의 한 예일 뿐이다. 이것 외에도 다양한 실험의 가능성을 작가들 자신이 지속적으로 찾아야 할 것이다. 그리고 그것은 21세기의 작가들에게 미래의 문학을 위한 가능성이자 의무로 다가올 것이다. 왜냐하면 문학에 수시로 그 소재를 제공하는 이 시대의 일상현실은 그 자체로 다양한 요소들의 복잡계를 이루고 있기 때문이다. 환상은 인간 의식이 복잡계를 탐험하도록 하는 한 방식일 뿐이다.

캐스린 흄은 1980년대 중반에 "미래의 작가들은 대통합 이론(Grand Unified Theory)을 찾으려고 전념할 것이다. 그것은 물리학의 다양한 형식을 만족시키는 이론이 아니라, 인간과 세계에 의미감을 제공할 수 있는 다양한 종류의 진리를 통합하는 이론이다. 1980년대의 문학 비평에서 그러한 도전이 분명히 나타나기 시작했다"고 주장했다. 여기서 흄이 표현한 문학의 대통합 이론은 물리학의 통일장 이론을 비롯한 대통합 이론들의 시도를 빗대서 한 말이며, 필자가 제2장에서 언급한 '현실들의 복잡계' 이론이나

(1)

작가의 시선 ─ ─ ─ ─ ─ ─ ─ ─ ─ ─ ─ ─ ─ ─ > 하늘

지구

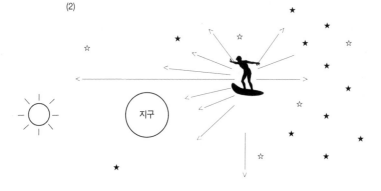

(2)

지구

작가(author)는 확장된 현실을 보여주며, 그것을 파악할 수 있는 증가된 능력을 작품을 통해 독자에게 보여주는 사람이다. '탈지구성'의 시대는 우주의 다양성을 포용하는 연습의 자료를 제공해주는 작가를 필요로 한다.

(1) '지구 시대'에 작가는 지구에서 하늘을 바라본다. 그것은 실체적일 뿐만 아니라, 인식적으로도 그렇다.

(2) '탈지구성의 시대'에 작가는 우주를 서핑하며 우주에서 지구도 보고, 태양도 보며, 다른 별들도 본다. 오늘의 작가는 우주와 의미 있는 관계를 맺는 연습을 해야 한다. 그것이 작가의 상상력이며, 우리는 그런 작가를 기다린다.

'복합현실' 이론과도 어느 정도 연관이 있다고 할 수 있다.

한편 흄의 주장은 전혀 새로운 인식이라기보다는 이미 20세기 전체에 걸쳐서 있어 왔던 다양한 문학적 시도를 종합적으로 표현한 것이라고 할 수 있다. 마르셀 프루스트(Marcel Proust)가 《잃어버린 시간을 찾아서(Á la recherche du temps perdu)》의 첫 권을 내놓은 것이 1913년이며, 제임스 조이스(James Joyce)는 1922년에 《율리시스(Ulysses)》를 출간했다. 그리고 1950년대 이후 프랑스에서 누보로망, 남미에서 마술적 리얼리즘이 등장했다. 칼비노의 문학 역시 이런 관점에서 빼놓을 수 없는 독창적 영역을 점했다. 문학사에서는 이들을 탈리얼리즘 소설의 다양한 실험들이라고 평가한다. 나는 그것을 '현실들의 복잡계'에 대한 인간 의식의 다양한 탐험 방식이라고 말하고 싶다.

앞서 언급했듯이, 물질 문명에 대한 관찰과 분석은 그 성과와 적용이 물질 영역에만 머무는 것이 아니라 인간의 정신과 심성에 대한 새로운 인식을 가능하게 하고, 우리가 새롭게 지향해야 할 길을 보여준다.

흄은 자연과학의 대통합 이론에 빗댄 문학의 대통합 이론을 위해서 "환상의 효용과 기술적인 가능성을 탐구해야 한다"고 말하지만, 나는 환상은 역시 하나의 역할이고 가능성일 뿐이라고 말하고 싶다. 다만 환상이라는 화두를 통해 예술·과학·인문학이 네트워크될 수 있는 가능성은 현실적으로도 매우 높다는 것을 인정한다. 즉 대통합이라기보다 네트워크의 확장인 것이다. 그리고 그것이 네트워크인 이상 또 다른 가능성들에도 열려 있다. 통합의 담장은 없는 것이다.

오늘날, 미래는 빨리 다가온다. 그래서 현재가 더욱 중요해진다. 이는 쉴새없이 현재로 투입되어 퇴적층을 이루는 미래의 토사 때문이다. 그러므로 또한 과거의 회복은 '미래 흡입적'(단순히 미래 지향적이 아닌) 세상에서도 그 의미와 가치를 획득한다. 이런 상황은 우리의 시대를 '총체적 회복과 소환의 시대'로 만든다. 21세기의 인류는 끊임없는 '과거의 회복'과 '미래의 소환' 사이에서 현재를 구성해야 하기 때문이다.

이는 칼비노가 1960년대 중반에 출간한 소설 《코스미코미케(*Cosmicomiche*)》에서 이미 시도한 것이다. 이 작품에서 칼비노가 넘나드는 시간과 공간은 너무도 광범위하다. 그것은 우주의 발생부터 현재까지 몇백억 광년의 시간과 모든 은하계와 성운들을 포함하는 무한한 우주 공간이다.

칼비노는 빅뱅(Big Bang)과 함께 시작되는 우주의 발생과 최초의 생명체가 탄생하던 시기까지 접근하여 인간 상상력의 극한을 시험한다. 물론 그의 상상력이 지니는 가치는 이런 시공간적 확장을 가상하는 데 머물지 않고 그것을 재미있고 의미 있는 문학적 이야기로 풀어내는 데에 있다.

이제 우리는 이런 물음에 도달한다. 과학, 예술, 인문학적 상상력과 창조력이 네트워크되고, 공간적 확장과 시간의 회복 및 소환을 추구하는 시대에 인간은 무엇을 지향하는가?

이 모든 상황을 고려하고 가능한 상상력을 동원해서 생각해볼때, 답은 오직 하나에 귀결한다는 것을 인정하지 않을 수 없다. 인간은 '지구 밖'을 지향하는 것이다.

시공을 넘나들며 드넓은 우주로 확장하고자 하고, 그것과 의미 있는 관계를 맺고자 하는 인간이 무엇을 지향하겠는가? 포스트글로브(Post-Globe)의 시대가 시작된 것이다. 아니, 어쩌면 탈지구성(Post-globality)은 이미 글로브의 시대에 내재되어 있었던 것인지도 모른다. 포스트글로브의 시대에 인간은 태초의 초지구성(Trans-globality)을 되찾고 있는 것인지도 모른다.■

이것이 문학과 무슨 관계가 있는지 묻는 사람이 없기를 바란다. 문학은 당연히 인류사적 변동과 맞물려 있으며 인간이 지향하는 바를 반영하기 때문이다. 문학은 사소하기도 하지만 대범하기도 하다. 그 어느 경우든 작가는 의미의 표출과 확장을 추구한다.

영어의 author(작가)라는 말은 라틴어 'augere'에서 유래한다. 그 말은 '증가시키다'는 뜻을 가진다. 다시 말해, 창조, 번식, 성장, 확장 등을 폭넓게 의미한다고 할 수 있다. 어원적 의미로 살펴본 이 말에는 작가는 사실주의를 추구하든, 환상 문학을 추구하든 확장된 현실을 보여주고 그것을 파악할 수 있는 증가된 능력을 작품을 통해 수용자에게 부여해주는 사람이라는 인식이 깔려 있다고 할 수 있다.

우주의 시대, 미래의 문학을 위해서는 확장된 현실과 그 현실에 대한 증가된 제어 능력을 제공하는 작가가 필요하다. 좀더 구체적으로 말하면 '지구 이후'의 시대에 우주의 다양성을 포용하는 연습의 자료를 제공해주는 작가가 필요하다. 지구 밖은 지구보다 훨씬 더 다양할 것이기 때문이다. 이것은 문학뿐만 아니라 다른 예술

---

■ **포스트글로브** 포스트글로브는 필자의 조어인데, 이와 연관된 개념들에 대해서는 《문화적인 것과 인간적인 것》, 《서양과 동양이 127일간 e-mail을 주고받다》를 참조하기 바란다.

분야의 작가들에게도 해당되는 말일 것이다.

나는 사람들 사이에 때론 시공을 초월하는 공감대가 있다고 믿는다. 그것은 말의 어감에서도 나타나는데, 그런 말 가운데 하나가 '판타스틱(fantastic)'이다. 그것은 '판타지(fantasy)'에서 유래한 형용사로서가 아니라 그 자체로 특별한 어감과 의미를 획득하고 있기 때문이다(이 아이디어는 톨킨의 책을 읽으면서 얻었다).

포스트글로브 시대의 작가는 '우주의 서사시'를 써야 할 것이다. 그것을 사실주의 관점에서 서술하든, 환상 문학의 방식으로 서술하든 작가에게 요구되는 자질은 그가 환상적(fantastic)이어야 한다는 것이다.

그래서 오늘 우리가 기다리는 작가는 '환상적 작가'다. 우리는 그를, 끝내 나타나지 않을 '고도(Godot)'를 기다리는 참담한 심정으로서가 아니라 환희의 미래를 소환하는 자세로 기다린다. 빠른 물질 문명의 변화 속에서도 — 아니, 바로 그렇기 때문에 — 우리는 환상적 작가를 기다린다.

## 1-04

# 다차원의 현실과 문화 구성력

데이빗과 제니퍼는 쌍둥이 남매다. 둘은 TV 채널 때문에 다투다 리모콘을 떨어뜨려 망가뜨린다. 이때 갑자기 나타난 TV 수리공 할아버지로부터 새 리모콘을 받지만, 또다시 다투다 리모콘의 버튼을 누르게 된다. 그 바람에, 마침 막 방영이 시작된 '플레전트빌'의 세계로 빨려들어간다. 그곳은 말 그대로 '즐거운 마을'이다. 그런데 즐거움의 방식과 의미가 두 자매가 살던 세상과 판이하게 다르다. 그곳은 흑백영화와 같은 세상이다. 흑백의 톤 이외의 다른 색은 없고, 생활의 변화도 없으며, 모든 것이 질서정연하고, 사람들 사이의 관계는 원만하며 항상 평온하다. 어떻게 보면 지상낙원이라고 할 수 있다. 그래서 마을 사람들은 그 세상을 바꿀 꿈조차 꾸지 않으며 항상 똑같은 일을 똑같은 방식으로 하며 산다. 하지만 소방서는 있어도 불이라는 것이 존재하지 않고, 도서관의 책들은 표지만 있고 글과 그림이 없어 속은 백지이며, 신문은 있지만 뉴스는 없고, 하늘은 있지만 비는 내리지 않는 등 두 남매에게는 현실이라고 할 수 없는 괴이한 것들도 많은 세상이다. 두 사람의 이입(移入)은 플레전트빌에 변화를 유발한다. 제니퍼는 우선 이 평온한 흑백 세상에 섹스의 욕망과 기쁨을 퍼뜨린다. 그것을 시발로 마을의 질서는 깨지고, 사람들은 미처 느끼지 못한 감정을 느끼게 되며, 알지 못한 사실을 인식하게 된다. 변화는 걷잡을 수 없게 되고, 그것은 흑백의 세상이 점점 컬러로 변하는 것으로 상징화된다. 급기야 변화에 따라 컬러로 변한 사람들과 기존의 흑백으로 남은 사람들 사이에 첨예한 대립과 투쟁이 생겨나 평화롭던 플레전트빌은 일대 혼란에 휩싸인다. 하지만 결국 마을은 다양한 컬러의 세상으로 바뀌고 만다.

이상은 게리 로스(Gary Ross) 각본·감독의 영화 〈플레전트빌(Pleasantville)〉의 요약된 줄거리이다. 우리나라에서는 별로 흥행에 성공하지 못했지만, 영화 애호가들에겐 제법 큰 관심의 대상이었다. 우선 흑백과 컬러 효과의 혼합 사용이라는 기술적 독특함이 관심을 끌었다. 주제는 특별히 독창적인 것 같지 않지만, 여러 가지 감상 포인트를 제공하기도 했다. 많은 평자들이 변화와 불변, 특히 변화의 찬양이라는 점에서 이 영화를 보았고, 어떤 사람은 욕망의 실현과 억압이라는 점을 중시했으며, 표현과 행동의 자유 등 인간의 자유를 그 주제로 파악하기도 했다.

여러 가지 감상 포인트가 있겠지만, 나는 이 영화를 좀 특별한 관점에서 보고자 한다. 즉 '현실의 경계'가 어떻게 설정되고, 그때

현실의 의미는 어떻게 확보되며, 그 모순은 무엇이고, 그런 세계는 어떻게 다른 '현실들'에 의해 침투되고 어떤 결과를 가져오는지를 살필 수 있는 기회로 삼고자 한다.

이는 '우물 안 개구리'의 세계는 어떤 것이고, 어떤 의미를 지니는지를 살펴보는 것과 연관되어 있다. 우물 안 개구리의 세계가, 흔히 제한된 현실 경험과 좁은 시야를 풍자하기 위해서 쓰는 말처럼 단순한 것이 아니라 다각적 관찰의 대상이 될 수 있기 때문이다. 또한 그러한 관찰을 통해 오늘날 '21세기의 현실들'에 대한 인식의 폭이 더 넓어질 수 있기 때문이다.

## 현실의 경계와 현실들의 침투

플레전트빌에 데이빗과 제니퍼가 이입(移入, 이 말에 주목하기 바란다)되지 않았다면 플레전트빌은 여전히 즐거움과 평온을 유지할 수 있었을 것이다. 그리고 영화 제목(즐거운 마을 플레전트빌은, 말 뜻 그대로 낙원[樂園], 즉 패러다이스의 패러다)과 몇몇 대사에도 나타나 있듯이, 마치 하나의 패러다이스나 유토피아로 존속했을 것이라고 일단 추측해볼 수 있다(신비로운 리모콘의 작동에 의해 TV 속 세계로 이입되기 전, 데이빗은 사실 매주 금요일 〈플레전트빌〉을 시청하면서 그 세상을 동경한다). 그렇다면 이런 세계의 특성은 무엇인가?

유토피아나 패러다이스는 흔히 '행복한 세상'의 대명사다. 그렇지만 이런 낭만적인 관찰에서 좀더 나아가볼 필요가 있다. 현실에 대한 인식이라는 관점에서 보면 유토피아나 패러다이스의 본질적 특성은 우선 자족(自足)과 고립이다. 즉 그 자체로 모자람이 없으며, '바깥 세상'과 단절되어 있어서 밖의 현실과는 무관하다.

이것은 플레전트빌이 패러디한 '패러다이스'라는 말의 어원에 이미 함의되어 있다. 이 말은 페르시아 고어에서 기원했는데, 주위가 차단된 공원 같은 장소를 의미한다. 여기서 중요한 것은 주위가 차단되었다는 점이다. 고대 그리스인들이 이상적인 폴리스 형태로 상상했던, 지상에서 조화로운 코스모스의 실현도 일종의 자급자족적 세계라는 점에서는 이와 유사하다.

따라서 이런 자족과 고립의 세계가 바로 패러다이스의 현실이다. 더구나 유일한 현실이다. 플레전트빌과 같은 세상의 '현실의 경계'는 이렇게 설정된다. 이것을 역(逆)동어반복적으로 말하면 현실의 경계가 현실을 유일한 것으로 만든다고 할 수 있다.

영화 속 플레전트빌의 도로들은 일직선으로 진행되는 것이 아니라 순환 구조를 갖는다. 길이 밖으로 진행되지 않고 진행될 필요도 없기 때문이다. 도로 구성조차 경계를 실체화할 뿐만 아니라 상징화한다.

유일한 현실은 당연히 절대 가치를 획득한다. '밖의 세상'과 무관하므로 비교가 되지 않기 때문이다. 비교 가능성이 부재함으로 상대성의 의미는 존재할 수 없다. 이렇게 '지상낙원'은 유일하고 절대적인 현실의 의미를 확보한다.

낙원에는 변화가 없는 것이 아니라 변화할 필요가 없다. 그만큼 그곳 현실은 견고하다. 낙원에는 물음이 없는 것이 아니라 물을 필요가 없다. 그만큼 그곳 현실은 확실하다. 낙원에는 고뇌가 없는 것이 아니라 고뇌할 필요가 없다. 그만큼 그곳 현실은 행복하다. 따라서 모순 같지만 낙원 그 자체는 오히려 절대 필연성의 세계가 된다. 즉 다른 모든 가능성이 차단된 세계가 된다.

　우물 안 개구리는 우물 밖을 필요로 하지 않는다. 우물 안 개구리는 자족하며, 고립의 의미조차 모를 뿐 아니라 알 필요도 없다. 우물 안 개구리에 대한 풍자는 우물 밖 개구리의 입장에서만 의미가 있다. 문제는 우물 안 개구리가 결코 우물 밖으로 나갈 일은 없어도, 우물 밖 개구리가 우물 안으로 들어올 가능성은 있다는 사실이다.

　조그만 가능성이라도 유발된다면 낙원에는 변화가 오고, 문제가 생기며, 고뇌를 불러일으킬 것이다. 이제 문제는 그렇게 견고하고 확실하며 그 자체로 행복한 세상에 어떻게 다른 가능성이 유발될 수 있는지일 것이다.

　물론 상상의 극한 너머에 있는 낙원에선 어떤 가능성도 유발되지 않을지 모른다. 하지만 순수하고(외부의 이입이 전혀 없다는 점에서) 완벽한 태초 낙원의 아담과 이브도 실락원(失樂園) 한다는 성서의 이야기는 우리에게 아직 담론의 지속을 보장한다.

　가능성의 유발은 내부적 요인에 의한 것과 외부적 요인에 의한 것이 있을 수 있다. 하지만 그 어느 것이나 기적이 일어나지 않고는 힘들다. 절대 필연성과 유일한 현실의 세계가 흔들린다는 것은 보통 일이 아니기 때문이다. 그러므로 허구의 세계인 영화에서도 결국 기적과 신비로운 사건에 기댈 수밖에 없다. 더구나 획기적인 전환을 위해 외부 요인과 내부 요인을 총동원한다.

　전혀 다른 외부의 세계에 살던 데이빗과 제니퍼가, 설명될 수 없는 기적 같은 사건으로 플레전트빌에 이입되어, 그곳 사람들의 내부에 잠재해 있던 욕망과 욕구를 끄집어낸다(그것이 그들에게 내재해 있다는 전제 아래에서). 다시 말해, 외부와의 교류와 내적 자아 발현이 모든 것이 필연적으로 작동되는 세계에 '가능성 유발' 요인이 된다.

외부 세계와의 접촉과 교류는 새로운 현실들을 이입시킨다. 단순히 데이빗과 제니퍼라는 사람이 마을에 온 것이 아니라, 그들이 다른 현실들을 갖고 이입된 것이다. 그들의 이입 자체가 새로운 현실이다. 그리고 마을 사람들 내부에 잠재해 있던 모든 것들을 발현시킨다. 각 개인의 차원에서 보면 자아 그 자체가 발현되는 것이라고 할 수 있다.

영화 속에나 있음직한 일이지만, 비라는 단어만 있고 실제 비가 내리지 않는 마을에서, 비가 쏟아지는 것을 보고 그곳 사람들은 "Real Rain?!"이라고 의심과 동시에 놀란다. 왜냐하면 현실의 경계가 확실한 마을 사람들에게는 기존의 상황과 기존의 현실만 현실이기 때문이다. 그런데 비가 내리듯, 다른 현실들이 그들의 현실 속에 침투하기 시작한 것이다. 두려우면서도 한편 경이롭고 감동스러울 수밖에 없다.

경계가 있는 현실 안은 흑백의 톤 수준에서 다양하지만(흑백하면 단순하게 생각하기 쉬우나, 흑백의 섞임 정도에 따른 다양한 톤들이 존재한다), 어떤 한계 속의 다양성일 뿐이다. 영화에서처럼 컬러의 세계는 흑백을 포함하며 흑백 현실의 한계를 넘어선다. 더 나아가 지금까지 보지 못한 색깔들에 대해 열려 있다.

여기서 우리는 '현실의 경계'가 곧 '현실의 한계'임을 알 수 있다. 즉 경계를 견고하고 확실하게 설정할수록 자기 한계의 정도도 높아진다는 것을 알 수 있다. 우물이라는 안전한 경계는 그 안에서식하는 개구리의 자기 한계이기도 하다.

그 한계는 자족과 고립이 유지되는 한에서는 안전하고 행복한 한계이지만, 그렇지 못할 경우에는 한계가 안고 있는 모든 취약점이 노출된다. 우물 안 개구리의 삶은 그 자신이 우물 밖으로 나가지 않아도 '침투되는 경계'와 '시험되는 한계' 때문에 바뀔 가능성이 있다.

## 가상현실은 없다

어떤 평자는 데이빗과 제니퍼가 플레전트빌로 이입된 사건을 가상현실에 들어간 것으로 보기도 한다. 그런데 흥미로운 점은 두 자매의 행동이 실제 효과를 거둔다는 것이다. 둘의 행동은 마을 사람들을 바꿀 뿐만 아니라 두 사람 자체도 바꾸어놓는다.

제니퍼나 데이빗이나 사람이 바뀌는 것이다. 바람기 많던 제니퍼는 독서의 재미와 의미를 발견하고 학구열을 갖게 되며, 데이빗은 무척이나 철이 들어서 원래 집으로 돌아온다. 물론 영화 속 이야기는 허구지만, 가상 경험이 현실적 침투를 가져올 수 있다는 메시지를 전한다.

이제 우리 앞에는 과학-기술 문명의 발달에 따른 문화 변동의 다양한 현실 체험들이 놓여 있다. 그 가운데서도 이른바 버추얼 리

■ **버추얼 리얼리티** 이것을 영어로 표기하는 것은 이 단어를 '가상현실'이라고 번역하는 데 따른 문제를 피하기 위해서이다. 그래서 나는 제2장에서 '실효현실'이라는 번역어를 제시하기도 했는데, 아직 관습이 허용하지 않으므로 영문 약어로 표기하기로 한다. 이는 'Science Fiction'을 SF라는 영문 약어로 사용하면서 대화나 글에서 마치 우리말의 일부처럼 여기는 것과 마찬가지다. 하지만 '실효현실'처럼(아니면 더 좋은 표현을 개발할 수도 있다), 어떤 우리말 표현에 대한 합의가 이루어져, 제대로 그 말이 가진 의미를 전달하면서 사용했으면 좋겠다.

얼리티(Virtual Reality, 이하 VR이라고 칭함)▪의 현실적 침투에 따른 경험은 시대의 화두이자 문제가 되고 있다.

이에 특히 지금까지 우리나라에서 VR을 오해하거나 편협하게 파악하고 있는 점들을 짚고 넘어간다면 그것에 대한 이해의 가능성이 넓어질 것이다. 다양한 형태의 VR의 확산에 따른 현실적 침투가 또한 우리 앞에 놓인 중요한 현실이기 때문이다. 이는 VR을 좁은 의미로 사용하든, 넓은 의미로 사용하든 모두에 해당한다.▪

전문 분야로서 VR을 다루지 않더라도, 오늘날 우리는 가상과 현실의 구분 및 혼란이라는 사회적 문제를 안고 있다. 특히 2001년 한 해 동안 인터넷 자살 사이트 문제가 사회적 이슈가 되면서 이 점이 부각되었다. 사람들은 무엇보다도 현실과 가상을 구별하지 못하는 것을 걱정한다.

그러나 그것은 'Virtual'을 자꾸 '가상'으로 생각하기 때문이다. 이렇게 접근해서는 문제를 바로 볼 수 없다. 그것이 가상이라면 어떻게 사이트에 접속한 사람을 자살로 몰고갈 수 있겠는가. 그것이 이미 사이버 공간에서 실제 효력을 발휘했기 때문이다.

접속자는 사이버 공간이 주는 '실효(實效)'를 느끼기 때문에 — 가상과 현실을 구분하지 못하는 것이 아니라 — 다양한 현실적 상

---

▪ **좁은 의미의 VR과 넓은 의미의 VR** 현재 단계에서 전문적이고 좁은 의미의 VR은 3차원 그래픽과, 체험 참여자가 물리적 세계와 맺는 정상적인 상호 작용을 그대로 본뜬 전자 입출력 장치들을 통해 이루어지는 것을 말한다. 넓은 의미의 VR은 이 분야 전문가 마이클 하임(Michael Heim)이 정의하듯이, 전자적 기반을 갖춘 생활의 광범위한 분야를 지칭한다. 예를 들어 컴퓨터와 인터넷을 이용한 영역뿐만 아니라 방송과 전화 상에서 일어나는 것들도 포함될 수 있다.

황들을 판단하지 못하는 것이다(이를 달리 표현하면, 새롭고 다른 현실에 대한 적응 미진 상태에 있다고 할 수도 있다). 이미 현실적 효과를 발휘하고 있는데 가상과 현실의 구분이란 기준으로 접근하는 것이 문제 해결에 무슨 도움이 되겠는가.

MIT의 미디어랩 소장 네그로폰테(N. Negroponte)도 'Virtual Reality'가 모순 어법처럼 보이지만, 사실 가상과 현실이 동격으로 받아들여지는 중복 어법으로 보는 것이 필요하다고 한다. 즉 VR을 'Real reality'로 보고자 하는 태도다.

우리가 오늘날 VR을 '가상현실'이라고 하고, 동화상에 의한 'Virtual Conference'를 '가상회의'라고 한다면 19세기의 발명품인 전화를 사용한 통화도 '가상대화'라고 해야 한다. 하지만 전화 통화가 실효성을 갖는 대화를 넘어서 실제 대화로 아무 문제 없이 받아들여진 지 이미 오래인 것처럼 VC는 '실효회의'이다. 그러니 가상현실은 없다. VR의 말뜻 그대로 실효현실이 있을 뿐이다.

이는 흔히 가상-현실의 관계로 간주하고 있는 온라인-오프라인의 관계에 대해서 다각적으로 숙고하게 한다. 먼저 한 가지 짚고 넘어가자. 우리가 오프라인이라는 표현을 쓰는 것은 이미 온라인 기준으로 사고하고 말한다는 것을 의미한다(이것만 보아도 온라인의 현실성은 확실하다).

흔히 쉽게 지나치지만, 표현상으로 볼 때 온라인이 우선이고 오프라인이 부수적이다. 온라인이 주도하고 오프라인이 종속적이다. 온라인이 적자이고 오프라인이 서자인 셈이다. '현실'이라는 기준으로 보면 뭔가 전도된 느낌을 받겠지만, 현재 우리의 언어 생활은 이미 이에 익숙해져가고 있다. 여기서도 온라인이 실효를 발휘하고 있는 것이다.

이런 언어 생활은 온라인에 특별한 상징성을 부여한다. 상징성을 갖는다는 것은 힘(power)을 발휘한다는 것을 뜻한다. 그중에서도 우리 의식을 실제로 유도하고 조정하는 힘을 발휘하는 것에 주목할 필요가 있다. 그 결과로 온라인의 효과가 오프라인으로 전이되는 것이다. 즉 실효를 가져오는 것이다. 바로 여기에 온라인의 현실적 힘이 있다.

사실 온라인이 실효에서는 오프라인보다 더 현실적이라는 것을 보여주는 사례를 살펴보면 '없는 가상현실'에 대한 생각이 좀더 명확해질 것이다. 노라 에프런(Nora Ephron) 감독의 영화 〈유브 갓 메일(You've got mail)〉은 온라인이 삶의 기준이 되고, 온라인에서 일어나는 일이 오프라인에 전이되어 효과를 거두는 것을 잘 보여준다.

영화의 주인공 캐슬린과 조는 오프라인의 현실에서는 사업상 서로 경쟁 관계에 있는 남녀다. 하지만 서로의 실제 신분을 모르는 채 온라인 상에서는 매우 진지하게 메일을 주고받으며 진정한 소통 관계를 맺고 있다. 서로의 통신 아이디(ID)만 알고 있는 두 사람에게는 상대방에서 온 이메일을 체크하는 것이 주요 일과이며, 하루 중 가장 즐거운 순간이기도 하다. 펜 팔(pen pal)에 빗대어 표현하면 서로 메일 팔(mail pal)이 된 사이라고 할 수 있다.

두 사람 모두 각자 동거하는 파트너가 있지만, 새롭게 사랑에 빠진 기분을 느끼기도 한다. 캐슬린은 자신의 동거 파트너를 놔두고 이메일로 다른 사람을 사귀는 것이 '바람 피우는 건 아닌가' 하고 자문해보기도 하지만, 이런 온라인 상의 관계는 가상이니까 끊기도 쉽다고 생각하거나, '우리는 평생 온라인에서만 만날 거니까'라고 자위하거나 한다. 온라인의 관계와 사건들이 오프라인으로 이어져 실효를 발휘하리라고는 처음부터 생각하지 못하는 것이다.

왜냐하면 캐슬린은 자기의 행동에서 중요한 점을 간과하고 있기 때문이다. 오늘날 상당수의 사람들이 이 점을 놓치고 있는데, 캐슬린 역시 온라인 상에서 주고받는 메일의 내용이 어떻게 만들어지는지에 대해 숙고하지 않은 것이다.

온라인 상의 소통은 — 흔히 말하듯 가상 공간에서 이루어지지만 — 집중적이고 매우 진지한 경우가 많다(진지하지 않으면 그것이 문제를 일으킬 정도로 발전하지 않는다). 캐슬린과 조는 그들의 일상적 삶에 대해, 직업에 대해, 그리고 자기 주변 인물들에 대해 진지하게 이야기를 나눈다.

더 나아가 자잘한 감정의 결들을 솔직하게 드러내고, 미묘하고 어려운 문제들에 대해 함께 고민하며 조언을 주고받는다. 때론 한 편의 시(詩) 같은 멋진 표현의 문장을 만들어 보내고, 명작 소설과 흘러간 명화의 대사들을 적절히 인용하기도 한다.

조가 사람들이 각자 개성 있게 다양한 커피를 주문하는 것을 관찰하며 "단순히 커피 한 잔만이 아니라 자아까지 발견하게 되죠"라는 글을 메일로 보냈을 때, 캐슬린은 이 말에 감동을 받아 자신이 커피를 시킬 때도 그 말을 기억하고 그 말에 홀딱 빠져 멍하니 자기가 커피 시켰다는 것도 잊어버릴 정도가 된다.

메일 팰 관계에 있는 사람들이 메일 쓸 때의 행위 과정을 잘 관찰해보면 흥미롭다. 우선 무슨 말을 써야 할지 무척 생각하고 고민한다. 그 과정에서 자기 반성과 자아 정립이 있고, 나름대로 번뜩이는 생각의 편린들이 언어로 전이되어 메일에 옮겨진다. 다시 말해, 메일을 쓴다는 것은 먼저 자아를 다시 찾고 타자와 소통한다는 의미에까지 이른다.

이러한 현상이 전자 커뮤니케이션의 특성 덕에 매일 지속적으로 일어난다고 생각해보라. 어떤 사람이 채팅이나 메일 펜 맺기에 탐닉한다면, 그것을 현실을 도피해 가상 공간으로 들어간다거나, 심리적 이상 등으로만 볼 것이 아니라, 또 다른 진지성 찾기일 수 있다는 점을 간파해야 한다. 바로 그 진지성이 온라인의 실효성을 보장한다. 이런 의미에서도 **가상은 없고 실효만 있다.**

### 오해 또는 신비화된 지식

이밖에도 가상-현실의 관계에 대한 인식에서 우리가 숙고할 점들은 많다. 흔히 사이버 공간에서는 ID나 캐릭터를 사용하기 때문에 익명성이 보장된다고 한다. 그 공간에서 접속인이 자신의 정체성을 자의적으로 구성하기도 하고 의도적으로 드러내거나 감추기 때문에, 정체성의 문제는 곧 익명성의 문제라고 한다.

그러나 이 점도 아직 우리가 관습적 개념을 사용하기 때문에 사실을 제대로 파악하지 못한 것이라고 할 수 있다. 사이버 공간 상에서 다양한 ID 등의 사용으로 일어나는 현상은 익명성이라기보다 '다명성(多名性)'이라고 보아야 그것을 제대로 이해할 수 있다. 따라서 전통적 의미의 정체성 혼란이 아니라 '복수(複數)의 자아'를 체험하는 문제로 보아야 한다.

사이버 공간 속에서는 비대면적 관계가 이루어진다고 한다. 하지만 이것도 직접적 대면이 아닐 뿐이지(즉 상대의 숨소리와 체취를 느끼는 '얼굴 맞대기'가 아닐 뿐이지), 꼭 '비대면적'이라고 하기 어려운 점이 있다. 이것을 대면성의 양식이 바뀌는 것이라고 인식하면 사이버스페이스의 다양성을 더 잘 이해할 수 있을 것이다.

우리가 감각적으로 접촉하는, 실재하는 세상이 자연적 인과의 산물로 이루어진 '현실 공동체'인 데 비해, 접속인들은 사이버스페이스라는 인공 공간에서 '가상 공동체'를 이룬다고 한다. 하지만 현재 이 세상도 상당 부분이 인공적이며, 사이버 공간 속의 인공적 접촉과 운동도 자연적 법칙의 영향을 받는다는 것을 잊고 있다면, 앞으로 더 발달된 VR을 이해할 수 없을 것이다. 현실과 가상을 구분하고자 하는 욕구 때문에, 세계에 대한 기초적인 인식조차 결여된다면 문제는 커진다.

사이버스페이스에서의 경험을 탈일상적이라고 한다. 가상화된 인간이 현실적 제약을 벗어나 색다른 일탈을 꿈꾸기 때문이란다. 하지만 이런 식으로 이해하면, 과거에 이미 있었던 원시적 형태의 VR뿐만 아니라 지금의 사이버 공간, 더 나아가 앞으로 더 발달될 VR에 대한 이해의 가능성은 대폭 축소될 것이다.

이는 오늘날 사이버 공간에 접속하는 것이 얼마나 일상적인지를 보아도 쉽게 알 수 있으며, VR을 추구하는 목적을 보아도 알 수 있다. VR은 오히려 상상의 세계를 일상으로 불러오기 위한 의도로 시작된 것이며, 그 목적은 지속적으로 유지될 것이다.

'가상현실 전문가'들은 현실 세계와 가상 세계를 구분하려면 현재 우리가 살고 있는 세계 자체에 대해서 판단할 수 있어야 하는데, 그러한 판단이 가능하려면 현재 세계 밖으로 나가야 한다고 주장한다. 나는 이것을 전통적 '조감도(鳥瞰圖) 의식'이라고 부르는데, 이것 자체도 고정 관념이라는 것을 사람들은 잊고 있다.

꼭 어떤 세계를 한눈에 전체적으로 보아야 알 수 있는 것은 아니다. 이것은 '한 번에 모든 것을'이라는 고대로부터 인류가 지녔던 인식 욕망이 잠재적으로 있기 때문에 나온 입장이다. 세계에 대한 새로운 인식 방법은 앞으로 다양하게 개발되어야 할 것이다.

이와 연관하여 ― 워쇼스키 형제(Andy & Larry Wachowski) 각본·감독의 영화 〈매트릭스(Matrix)〉의 영향 때문인지는 몰라도 ― 현재 우리가 살고 있는 세계가 현실인지 가상인지 단정지을 수 없다는(즉 지금 이 세계도 또 다른 세계의 유능한 프로그래머에 의해 가상적으로 구성된 것일지도 모른다는) 관점을 대단한 철학적·형이상학적 발견인 것처럼 여기는 경향이 있는 것 같다.

하지만 현재 세계의 실재성에 대한 논쟁은 서양 역사 속에서 이미 다양한 형태로 있었다. 그것은 '외적 사물의 실재 여부'에 대한 논쟁에 기초를 두는데, 버클리(G. Berkeley)에 대한 바이런(G. Byron)의 시적 은유를 통한 비판과, 칸트(I. Kant)의 '철학적 체념'에도 잘 나타나 있다. "사물의 실재는 단지 믿음으로 받아들여야 하며, 만일 누군가 그것을 의심하기에 이르면 그에게 만족할 만한 증거를 제시할 수 없다"는 칸트의 말처럼, 이 세계가 실재하는지의 여부는 철학과 일반 상식에 대한 영원한 스캔들일지 모른다.

이상은 우리나라 식자층에서도 발견되는, VR에 대한 오해 내지는 편협한 입장과 신비화된 지식(?) 가운데 일부일 뿐이다. 이는 우리도 우리 자신이 의식하지 못하는 가운데 어떤 현실의 경계를 긋고 있다는 사실을 반영하는 것이라고 볼 수 있다. 이제 독자들은 이 장의 글이 왜 영화 〈플레전트빌〉에서 VR에 대한 담론으로까지 이어지는지를 눈치챘을 것이다.

이 세상에는 보이지 않는 현실의 경계가 많다. 그리고 VR은 우리가 우리 자신도 제대로 의식하지 못한 채 설정해놓은 수많은 현실의 경계에 침투해서 현실의 한계를 느끼게 하기 때문에, 귀찮기도 하고 두렵기도 하지만 새롭고 흥미로운 경험이 될 것이다. 이세상에는 현실적 가상보다 가상적 현실들이 더 많을지 모른다.

## 현실들의 향연

오랫동안(적어도 20세기 초까지는) 인류의 삶은 주로 사회적 차원에서 관찰되고 인식되며 조정되어왔다. 그래서 인간은 고대로부터 사회적 동물이고 정치적 동물이었다. 그리고 인간이 경제적 동물이라는 것은 앞의 차원에 내포되어 있었다.

'문화의 세기'라고 할 만한 문화 변동이 있기 전까지 인간 공동체는 — 시대와 지역에 따라 정도의 차이는 있지만 — 상당수 '플레전트빌'적인 성격을 띠고 있거나, 적어도 그와 유사한 평화로운 공동체를 지향했다(영화에 나오는 시대 배경도, 좀 과장되어 있기는 하지만 1958년이다). 세월이 흘러도 인간 관계는 곧 사회 관계였다. 이는 인간 관계가 문화적 성과물에 의해서 급격히 매개되지 않았기 때문이다.

오늘날 과학-기술의 발달이 인간의 창조력 가운데서도 물질적 구성력을 현격히 증가시킨 결과, 문화적 성과물은 급격하게 질적 · 양적 증가를 이루어냈다. 그러한 성과물이 예술적 차원을 획득하고, 과학-기술적인 결과가 미학적이고 존재론적 의식을 일깨

우는 데 이르자, 인간 관계는 더 이상 사회적 차원에서만 이해될
수 없게 되었다. 문화적 성과물이 인간 관계를 깊숙이 매개하기 시
작했기 때문이다. 이에 문화적 차원이 부각되고, 문화 연구와 문화
철학의 필요성이 부상하였다.

문화적 성과물은 각종 매체를 통해 개인에게까지 새로운 현실
처럼 전파된다. 다양하고 성능 좋은 매체만 있으면 우물 안 개구리
도 우물 밖 세상에 대해 '실감'할 수 있게 된 것이다. 예를 들면 다
양한 VR들로 우물 안을 구성할 수 있게 된 것이다.

그래서 VR의 기술적·예술적 최고 경지를 추구하는 사람들의
비밀스런 희망은 몸에 부착하는 입출력 장치 없이도 실물과 같고
감각 전달이 가능한 현실 같은 이미지를 불러온다는 최첨단의 홀
로데크의 실현이기도 하다(현실을 불러오는 것에 대한 은유는 〈플레
전트빌〉에도 나온다. 데이빗이 마크 트웨인의 소설 《허클베리 핀의
모험〔The Adventures of Huckleberry Finn〕》의 책장을 넘길 때 글과
그림이 살아 나온다). 그것은 그들의 희망대로 '대안적 세상'을 경
험하는 것이기도 하다. 즉 삶의 의미를 발견하고 확장하는 것이기
도 하다.

오늘날 우물 안 개구리는 우물 밖으로 나가지 않아도 우물 밖
세상을 알 수 있을 뿐만 아니라, 우물 밖 현실들을 우물 안에 불러
들여 잔치를 열 수도 있다. 아니, 이것은 어쩌면 21세기의 우물 안
개구리가 해야 할 일인지도 모른다. 앞으로 우물 밖으로 나가보는
것 이상으로 우물 안을 다양한 현실들로 잘 구성하는 능력이 점점
더 중요해질 것이기 때문이다. 나는 이것을 디지털과 인터넷 및
VR 시대의 '문화 구성력'이라고 부른다.

물론 각 개인의 문화 구성력을 키우기 위해서는 학문적 뒷받침과 정책적 배려가 있어야 한다. 이것은 말 그대로 현실적인 문제다. 고대로부터 전통적 인문학은 각 개인이 지식인들의 향연에 참여하는 능력을 키워주려 했다. 플라톤의 《향연(Symposion)》도 그한 예이다.

오늘날의 인문학은 각 개인이 '현실들의 향연'을 펼칠 수 있는 능력을 키워주어야 한다. 21세기의 인문학은 다양한 현실들에 대한 문화 구성력을 키워주는 문화학(文化學)이 되어야 한다. 그것은 문화 철학을 바탕으로 하고 학제적 연구가 강화된 전문 분야가될 것이다. 그리고 그것은 일상적 삶 속에서도 시민들이 '현실들의 향연'을 즐기도록 배려하는 문화 정책의 기조를 제공하는 것이어야 할 것이다.

다양한 현실들의 21세기가 희망적이라는 말에 의미를 부여하는것이 있다면, 그것은 우물 안 개구리를 폄하하는 풍자가 더 이상의미 있지도, 재미있지도 않을 것이라는 사실이다. 현실의 경계와현실들의 침투가 아니라 현실들이 서로 소통하고 잔치를 여는 시대에는 우물 밖 개구리가 우물 안 개구리를 차별하거나 서로 무시하는 일은 더 이상 없을 것이기 때문이다.

제 2 막

# 텍스트 인간, 하이퍼텍스트 지식

글쓰기 방식과 문화적 변동    하이퍼텍스트 원고, 텍스트 피고
지식의 창조와 지식의 습득    이미지와 함께 살기, 이미지에 딴죽 걸기

인간은 세계라는 텍스트 속 또 하나의 텍스트다. 이 작은 인간이 하이퍼
(hyper)한 텍스트(text)들을 만든다. 이미지도 텍스트의 자격을 획득한다. 이
제 지식의 향연은 시작된다.

텍스트가 하이퍼텍스트의 일부가 아니라, 하이퍼텍스트가 텍스트의 일부
임을 깨닫는 방법은, 인간이 어떻게 쓰고 어떻게 읽는지를 알아보는 일이
다. 이제 그 문화적 탐험을 위한 막을 열자.

# 글쓰기 방식과 문화적 변동

다음에 기술하는 내용들은 전적으로 내 개인적 경험에 바탕을 둔 것이다. 하지만 그것은 문명 발전과 문화적 변동에 깊이 연관되어 있으며, 시대의 변화를 이해하는 데 제법 도움이 되는 자료라고 생각한다. 그리고 앞으로 '하이퍼텍스트 프로세서'의 시대에 살게 될 오늘의 청소년들을 포함한 미래의 세대들에게, 그들이 직접 경험하지 못한 사실들에 대한 역사적 기록이 될 것이다. 이는 드넓은 세계 속 한 개인의 하찮은 '삶의 기록'이지만, 개인이 세계 속에서 느끼는 책임과 세계의 미래에 대한 전망의 표시이기도 하다. 역사는 전기들(biographies)의 집합체라고도 한다. 이를 좀더 세세히 말하면 역사는 수많은 개인적 경험에 대한 보고서들의 집합체일 수도 있다.

지금까지 약 반세기 동안 나는 다양한 글쓰기 방식들을 체험하며 살아왔다. 지금 이 글에서 논하고자 하는 글쓰기 방식들의 구분은 우선적으로 쓰기 도구에 따른 것이지만, 그것은 단순히 도구의 차원에 머물지 않고 인간의 의식 구조와 사고 방식에도 많은 영향을 끼친다. 월터 J. 옹(Walter J. Ong)이 말했듯이 쓰기는 말하기를 구술-청각의 세계에서 새로운 감각의 세계, 즉 시각의 세계로 이동시킴으로써 말하기와 사고를 함께 변화시킨다. 그러나 옹이 '쓰기'라고 통칭하는 '말의 시각화'는 '좁은 의미의 쓰기(writing)', '치기(typing)', 그리고 '처리하기(processing)'로 나눌 수 있다.

### 쓰기(writing)

손에 글쓰기 도구를 들고 직접 쓴 글씨를 '육필(肉筆)'이라고 하고, 그렇게 글을 쓰는 것을 육필 작업이라고 한다. 영어로는 '라이팅(writing)'이라고 하면 되지만, 손으로 직접 쓴다는 것을 확실히 하려면 '핸드라이팅(handwriting)'이라고 표현한다. 하지만 이렇게 통칭되는 쓰기에도 붓·연필·펜·만년필·볼펜·샤프 펜슬·사인펜 등 다양한 도구와 그에 따른 다양한 쓰기 방식이 있다.

오늘날 이런 필기구들은 모두 존재하는데, 많은 사람들이 이것들을 사용해보았거나, 그중 일부를 지금도 사용하고 있다. 단 잉크를 찍어 쓰는 펜만 빼고 말이다. 나는 펜과 잉크병을 책가방에 넣고 다니던 세대에 속한다. 물론 나도 우리가 오늘날 영화에서나 볼 수 있는, 새의 날개 깃 끝을 경사지게 잘라낸 다음 다듬어서 사용하는 펜(quill-pen)을 일상적으로 써보지는 않았다. 유럽에 있을 때 호기심에 친구가 소장하고 있던 그런 펜으로 '긁적여' 본 적은 있다(여기서 우리는 영어 'write'의 어원이 '긁다' 또는 '새기다'

라는 것을 상기해볼 수 있다). 내가 중학교 때 사용했던 것은 금속 펜촉의 펜이다. 펜촉이 닳으면 갈아 끼곤 했다.

내가 처음 글씨 쓰기를 배울 때(1950년대 후반) 사용한 것은 주로 연필·색연필·크레용 등이다. 그리고 할아버지 덕에 어렸을 적부터 붓을 잡고 글쓰는 법을 배웠다(지금은 그 실력이 형편없지만). 이어서 펜·만년필·볼펜의 시대를 거친 후 지금은 육필 작업을 할 경우 주로 샤프 펜슬과 사인펜을 사용한다.

어떤 필기구를 사용하든, 육필 작업의 우선적 특징은 쓴 글의 수정과 복원에서 찾아볼 수 있다. 펜으로 하는 육필 작업을 할 때 글이 잘못 되었을 경우 — 철자가 틀렸거나, 표현을 고쳐야 한다거나, 아니면 내용 자체가 마음에 안 든다거나 등 — 잘못된 부분을 일직선으로 한 번 긋거나, 아니면 사선으로 여러 번 긋거나(사람에 따라 여기서도 개성이 나타난다) 하는 등으로 지워버린다. 그리고 다음에 계속하거나, 이미 다음 문장이 있으면 그 밑이나 위에 있는 여백 등에 새 문장을 적는다.

바로 이 점에서 육필의 본질적 특징은 드러난다. 잘못된 부분은 직선이나 사선 등으로 지워도 후에 다시 읽어볼 수 있다. 때론 그 부분을 추고(推敲)할 때 복원할 수도 있고, 다른 단락에 삽입하여 사용할 수도 있다.

물론 도저히 복원할 수 없는 경우도 있다. 만일 펜으로 작업할 때에 어떤 단어나 문장을 거의 까맣게 될 정도로 여러 번 사선으로 지워버리면 특별한 기술적 복원이 없는 한 다시 읽어볼 수 없다. 연필이나 샤프 펜슬을 사용하면서 지우개로 지웠을 경우도 마찬가지다. 물론 작업하던 종이 자체를 찢어버렸을 경우도 복원이나

'재활용'은 불가능하다(때론 작가에 따라 찢어버린 종이를 어떻게 하든 찾아내 조각을 맞추어 처음 썼던 문장을 되찾으려는 안타까운 노력을 하는 경우도 없는 것은 아니지만).

육필 작업의 이런 특성은 작가의 글쓰기 태도에 결정적인 영향을 미친다. 첫째, 자꾸 고치지 않기 위해서(특히 지저분한 원고를 싫어하는 작가라면 더욱 그럴 것이다), 문장을 종이에 쓰기 전에 작가로 하여금 심사숙고하게 만들 수 있다. 어떤 표현을 선택할 것인지 좀더 내면적으로 고민하게 만들 수 있다.

둘째, 그래도 이미 쓴 글을 고치게 될 경우, 육필 작업은 고친 것들의 '보존 가능성'을 어느 정도 보장한다. 앞서 보았듯이, 완전히 없애버리지 않는 한 육필의 수정 방식은 원래 글을 다시 읽을 수 있도록 하기 때문이다.

이럴 경우, 추고할 때 선택의 폭이 커질 수 있다. 한편 바로 그 선택의 폭 때문에 더욱 고민할 수도 있다. 더구나 같은 부분을 수도 없이 여러 번 고치게 될 경우라면 더 말할 나위도 없다. 육필 작업의 이 '과거 보존적' 특징은 작가에게 풍부한 자양분일 수도 있고, 괴로운 독약일 수도 있다. 하지만 그만큼 더 보람은 있을 수 있다.

또한 육필 작업을 포함한 글쓰기에서는 '사고 내용', '표현 결정', '쓰기 속도'가 긴밀하게 연결되어 있다. 나는 새깃털 펜을 사용하던 때의 작가들은 쓰기 속도 때문에 많은 고생을 했을 것이라고 추정한다. 많은 경우 써야 할 글의 내용과 표현을 확실히 종이에 써나가기 전까지 머릿속에 담고 있어야 하기 때문이다. 즉 쓰기 도구가 보장하는 속도가 두뇌의 연속된 사고 과정을 따라오지 못할 경우가 많았을 것이기 때문이다. '사고-표현-쓰기'가 때론 쓰기 단계에서 저지되는 경우를 경험했을 것이다.

이는 금속 펜촉 사용을 직접 경험한 나의 경우도 마찬가지다. 가끔 잉크를 찍거나 펜촉을 갈아야 할 때, 연상 작업을 방해하는 경우가 생겼기 때문이다(물론 그런 상황에 익숙해지면 그에 대비한 전략을 짜내기도 하지만). 만년필·볼펜·수성펜 등은 이런 문제를 점차 완화시켰다. 물론 그것이 글쓰기를 '발전'시켰다고 단순히 생각할 수는 없다. 다만 글쓰기의 양상을 바꾼 것만은 틀림없다. 그러나 필기 도구를 사용하는 글쓰기라는 점에서 볼 때 근본적인 변화를 가져오지는 못했다.

### 치기(typing)

내가 타자 치는 법(영문 타자)을 배운 것은 1968년 고등학교 1학년 때다. 요즘 말로 표현하면 동아리 활동으로 영자신문반에 들어갔기 때문이다. 당시 원고는 거의 육필로 씌어 있었다. 신참 회원들은 그것을 다시 타이프로 깨끗이 치는 일을 주로 했다. 그래야 원고를 보고 문선(文選, 편집에 컴퓨터를 사용하기 전까지는 그런 일을 했다)하는 사람이 편하기 때문이었다. 당시 문선이 별도로 필요없는 라이노타이프(linotype)를 사용하기도 했는데, 그때도 인쇄소에 깨끗이 타이핑한 원고를 갖다주어야 했다.

더구나 오타 없이 타이핑을 해야 했기 때문에, 타자 연습을 꽤 했다. 오타가 하나라도 나오면 한 페이지를 전부 다시 치는 경우가 많았다. 당시에는 타자에서 오타가 나면 작은 붓에 묻힌 석회 성분의 하얀색 교정 물감을 사용했지만, 지저분해 보였고 그것도 아껴야

했기 때문이다. 그러니까 타자를 오타 없이 빨리 치도록 노력하는 습관은 그때부터 익혔던 것 같다. 하지만 그때는 그냥 '글자 치기'였지, 타자기로 '글쓰기'는 아니었다(내가 이 말을 왜 하는지는 곧 알게 될 것이다. 이 점은 서구적 글쓰기를 이해하는 데 핵심적이다).

타자기를 본격적 글쓰기 수단으로 사용하기 시작한 것은 유학을 가서(1979년)였다. 나는 당시 상당수의 서구인들이 타자기를 마치 직접적인 필기 도구처럼 사용하는 것을 보고 놀랐다. 즉 육필 초고를 깨끗하게 정리하기 위해서 타자기를 사용하는 것이 아니라 써야 할 내용을 직접 타이핑하는 것이었다.

그것은 관공소에서 유난히 눈에 띄었고, 학생들이 리포트를 작성할 때도 초고 없이 몇 가지 메모만을 바탕으로 직접 타이핑하는 것을 관찰했다. 더구나 서양 친구들이 연애 편지를 쓸 때도 직접 자신의 감정이 실린 말을 마치 필기구로 쓰듯이 타자로 쳐나가는 것을 보고 부러워하기도 했다. 그리고 언론인과 작가의 상당수가 육필 초고를 거치지 않고 직접 타이핑으로 원고를 처리한다는 것을 알았다.

그래서 나도 타자기를 직접 필기구처럼 사용하고 싶었다. 하지만 여기에는 근본적인 장애가 있었다. 그것은 언어의 문제였다. 단순히 언어 사용의 문제가 아니라, 사고 자체를 서양 언어로 해야 하는 문제였다. 그것은 외국어를 배우는 차원이 아니라, 그들의 사고 구조와 사고 방식을 마치 내 것처럼 획득하는 문제였다. 즉 사고 구조의 차원에서 서양 사람이 되는 것이라고 해도 과언이 아니었다.

혹자는 그것이 왜 굳이 타이핑 작업에서만 문제가 되는지 물을 수도 있다. 즉 외국어로 육필 작업을 할 경우도 마찬가지라는 이의를 제기할 수도 있다. 하지만 내 경험으로는 바로 이 점에서 글쓰기로서의 타이핑의 본질적 특성이 드러난다고 본다. 물론 육필로 단번에 추고 없이 완벽한 외국어 문장을 쓰기 위해서도 위와 같은 자질이 필요하다. 하지만 타이핑일 경우는 그런 자질이 필수불가결해진다.

우리가 흔히 간과하는 것이지만, 타이핑으로 직접 글을 쓸 때에는 쓰는 과정에서 즉각 수정할 수 없다는 사실이 타이핑하는 사람에게 거의 잠재 의식처럼 깔려 있다고 할 수 있다. 육필 작업을 할 때는 한 장의 종이에 있는 많은 여백을 수정을 위해 다양하게 활용할 수 있다. 하지만 타이핑에서는 그것이 불가능하다.

타자기는 말 그대로 기계적 성격을 가지고 있을 뿐만 아니라 쓰기 조건이라는 점에서, 타이핑하는 사람에게 그 기계적 틀을 수용하게 만든다. 예를 들어 타이핑 도중에는 육필처럼 즉각 줄을 긋고 고쳐 쓸 수 없다는 전제 조건 아래에서 작업하는 것이다.

물론 일단 타이핑한 종이를 타자기에서 빼내어 육필로 수정한 후에 다시 처음부터 깨끗하게 타이핑할 수도 있다. 하지만 작업자는 그렇게 한다는 것을 염두에 두지 않거나, 염두에 두지 않으려 한다. 따라서 타이핑으로 글쓰기 작업을 할 때에는 수정 없이 한 번에 완벽하게 글을 쓰려는 의지가 전제된다.

예를 들어 머릿속에서 수정하지 않아도 될 문장을 생각해내어 손가락의 움직임을 거쳐 타이핑으로 전이(轉移)하고, 그것은 기계 작동에 의해 깨끗한 원고로 찍혀 나온다. 즉 사고 내용-표현 결정-문자 입력-인쇄 출력이 상호 긴밀하게 돌아간다.

특히 타이핑한 것이 마치 인쇄되어 빠져나오듯이 작업자가 보는 앞에서 바로 종이에 출력되어 나온다. 지금 친 문장이 바로 최종 인쇄물이라는 조건은 타이핑하는 사람에게 글을 치는 단계에서 더욱 완벽성을 요구하는 상황을 조성한다. 다시 말해, 타이핑으로 글쓰기를 할 때는 문자 언어의 사용과 기계 작동 결과의 관계가 매우 즉각적이면서도 글쓰는 도중에 수정을 전제하지 않기 때문에 사람들이 훨씬 더 신경을 쓴다. (이 글에서 실례를 들어 설명하는 것은 수동타자기를 사용할 경우다. 물론 전동타자기, 작은 액정 화면이 달린 전자타자기 등이 개발되었지만, 그 사용 시기는 서양 역사에서 매우 짧았으며, 이들은 수동타자기의 파생적 기계였으므로 그것 자체로 문화적 변동에 끼친 영향은 미약하다.)

이 점은 마찬가지로 키보드를 사용하는 컴퓨터 워드프로세서 작업과도 크게 다르다. 워드프로세싱에서는 치고 나서 프린트 명령을 해야만 인쇄 출력되기 때문이다. 최종 프린트 결정 전에 얼마든지 고칠 수 있다.

생각한 문장이 수정을 전제하지 않고 바로 문자로 출력되어 나온다는 타이핑의 메커니즘은 ― 그 메커니즘의 이미지를 포함하여 ― 아주 특이한 것이다. 그것은 작업자의 글쓰기 태도와 심리에 큰 영향을 미치고, 사고 구조와 표현 방식에 본질적 조건으로 작용한다. 그러므로 작업자에게는 손 안에 잡히는 필기구로 쓸 때와는 다른 상황이 조성된다. 그것은 인간 정신, 표현 예술, 기술 이용 등이 어우러지는 일종의 '문화적 상황'이다. 글쓰기 방식에 따라 상이한 문화적 상황이 연출되는 것이다.

혹 어떤 독자는 지금까지 내가 설명한 것이 실감나지 않을지도 모른다(우리나라 사람들 대부분은 타이핑으로 글쓰기의 경험이 없다. 전문 작가들도 한글타자기를 사용한 경우는 매우 드물 것이다. 워드프로세서가 나오기 전까지는 대개 원고지에 육필로 작업했다). 그런 독자라면 구스 반 산트(Gus Van Sant) 감독, 숀 코너리(Sean Connery) 주연의 영화 〈파인딩 포레스터(Finding Forrester)〉 보기를 권하고 싶다.

우리의 주제를 위해서는 영화의 전체 줄거리를 다 알 필요는 없고, 영화에서 원래 전하고자 하는 메시지에 집착할 필요도 없다. 이 영화 중간에 나오는 약 4분간의 시퀀스를 보면 '글쓰기'와 '타자기라는 특별한 쓰기 도구' 사이의 관계를 흥미롭게 관찰할 수 있다.

수십 년째 은둔하는 노작가 포레스터가 문학에 대한 열정을 지닌 16세 소년 자말에게 타이핑을 가르치는 장면은, 타자기라는 특별한 도구로 글쓰기가 어떤 것인지를 잘 보여준다. 나는 이 영화를 어떤 작가와 같이 보았는데, 그는 "초고는 가슴으로 쓰고, 재고는 머리로 쓰는 거야. ……글쓰기의 첫번째 열쇠는 '쓰는' 거지, '생각하는' 게 아냐"라는 극중 포레스터의 대사에 주목한다.

하지만 이것은 평범한 말이다. 글을 써본 사람은 이 말의 뜻을 금방 알아차린다. 그리고 이것은 꼭 타자기로 글을 쓸 때만 해당되는 것이 아니다. 육필이나 워드프로세서 작업에도 해당되는 말이다.

문제의 핵심은 왜 육필로는 글을 잘 쓰는 자말이 **타자기 앞에서**는 한낮에서 해질 녘까지 한 문장도 제대로 못 치고 앉아 있냐는 것이다. 자말은 독서광이고 나름대로 습작을 하는 문학 소년이다.

그의 가방에는 6~7권의 노트가 있는데, 그 안에는 자말의 육필 습작이 빼곡이 들어차 있다(이것은 포레스터가 자말이 자기 아파트에 놓고 간 가방에서 그 노트들을 발견하고 그의 글들을 빨간 펜으로 고쳐놓은 것에서도 알 수 있다). 그리고 자말은 얇은 벽을 사이에 둔 옆집에서 성관계 중의 교성이 들려오는 소란 속에서도 하룻밤에 '5천 자짜리' 에세이를 육필로 써서 포레스터에게 고쳐달라고 가져간다. 포레스터는 그 글을 보고 "뛰어나다"고 반응한다.

　여기서 우리는 자말이 새로운 쓰기 도구와 방식 때문에 오랜 시간 망설였다는 당연한 사실을 관찰하는 것 외에,■ 그 도구의 특성이 글쓰는 사람에게 어떤 영향을 주는지를 잘 보아야 한다. '자기를 위해 쓰는 글'과 '남을 위해 쓰는 글'이 각기 글쓰는 사람에게

■ **새로운 도구와 방식 때문에 오랜 시간 망설였다.** 글쓰기 도구와 방식 그리고 사용 언어가 바뀌면 그 생소함 때문에 글쓰기에 익숙한 사람도 바로 글을 써나가기 어렵다. 이것은 내가 개인적으로 경험한 것이다. 나는 오랜 해외 생활 동안 영어·이탈리아어 등 유럽 언어를 사용하여 타자기로 글쓰는 데 익숙해 있었다. 그런데 귀국하여 1997년 한글로 애니메이션과 인문학 컨텐츠의 관계를 다룬 《미녀와 야수 그리고 인간》의 원고를 쓰기 시작했을 때 문제가 발생했다. 갑자기 한국어로 써야 했고, 한글타자기는 칠 줄 몰랐기 때문이다(물론 그 당시에 이미 PC가 많이 보급되어 있었기 때문에 한글타자기는 이미 자연 도태된 상태였지만, 나는 워드프로세서의 한글 자판에도 익숙하지 않았다).
그래서 육필 작업을 하기로 마음을 먹었는데, 도저히 글을 써나갈 수가 없었다. 도구와 언어가 모두 바뀌었기 때문이다. 그중 하나라도 습관된 것이 있었다면 조금 더 쉬웠을 것이다. 그래서 며칠 동안 별 짓을 다해가며(몇 시간씩 백지만 보며 무릎을 꿇고 앉아 있은 적도 있었다) 한글 육필 작업을 시도했으나, 몇 쪽 쓰지 못하고 다시 이탈리아어와 영어로 쓰기 시작했다. 사용 언어를 바꾼 날 밤 A4 용지로 약 20장 정도를 일사천리로 써나갈 수 있었다(지금 생각하면 참 우스운 일이다). 그후로 약 300장, 200자 원고지 매수로 3,000매 이상에 달하는 원고를 탈고할 수 있었는데, 원래 한국에서의 출판을 위한 것이었으므로, 탈고하고 3년 후 한글 실력이 어느 정도 회복되었을 때 내가 쓴 글을 스스로 몇 달간에 걸쳐 한국어로 번역해야 했다. 참 힘들고 '우스꽝스러운' 체험이었지만, 내게 많은 것을 생각하게 했던 소중한 경험이었다.

어떤 정신적 영향을 주는지 주목할 필요가 있다.

앞서 말한 4분간의 시퀀스는 포레스터가 수동타자기를 들고 와 책상에 앉는 것으로 시작한다. 그때 그는 "왜 항상 자신을 위해 쓰는 글이 남을 위해 쓰는 글보다 훨씬 나은 걸까?"라고 혼자말처럼 중얼거린다. 이것이 이 장면의 키워드다. 이는 남을 위해 쓰는 글의 어려움을 말하는 것이다. 이는 글쓰기의 본질을 건드리는 문제다. 이것은 또한 포레스터가 자말에게 가르칠 글쓰기는 바로 남에게 공개될 수 있는 글을 쓰는 법이라는 것을 의미한다.

사실 영원히 자기만 보기 위해서 쓰는 글은 없을지도 모른다. 모든 글은 어떤 형태로든 타자(他者)와의 소통을 위한 것이라고 해도 과언이 아니다. 문제는 글쓰기의 도구와 상황에 따라서 얼마만큼 지금 쓰고 있는 글의 공적 성격이 글쓰기 과정에서 부각되며, 그 공적 성격이 글쓰는 사람의 정신과 심리에 자기도 모르게 얼마나 영향을 주는지에 있다.

타자기로 글쓰기는 글의 공적 성격을 강화한다. 앞서 언급했듯이, 타이핑한 것이 바로 인쇄 출력되기 때문이다. 그러면서도 잘못된 점을 바로 지울 수 없어, 되도록 수정을 전제로 하지 않기 때문이다. 타자기 앞에 앉은 사람은 되도록 완성된 문장을 치려는 자세로 글쓰기에 임한다.

육필로는 잘 쓰는 자말이 타자기 앞에서 한 줄도 제대로 쓰지 못한 가장 큰 이유는 단순히 도구의 생소함 이상으로, 처음부터 완벽한 문장, 더 나아가 훌륭한 문장을 만들려 했기 때문이다. 그래서 포레스터는 작전을 바꾸어 빼어난 문장이라고 할 수 있는 것을 주고(그 자신이 수십 년 전에 잡지에 발표했던 글을 준다), 그것을 그대로 타자기로 베껴 치는 연습을 시킨다. 자말은 타이핑으로 글쓰기 연습을 함으로써 처음부터 남에게 공적으로 내놓을 수 있는 글을 쓴다는 긴장감을 더 갖게 된 것이다. 이는 포레스터가 자말에게 단순히 글쓰기를 가르치는 것이 아니라 **작가로서 글쓰기**를 가르친다는 것을 의미한다.

영화 속 포레스터는 "초고는 가슴으로, 추고는 머리로"라고 말하지만, 사실 타자로 글 쓸 때는 타이핑에 익숙해지면 질수록 가슴과 머리가 처음부터 같이 움직일 가능성이 높다. 머리로 많이 생각하면서도 타이핑의 리듬을 타고 쓸 수 있다면 그것은 이미 어느 정도의 경지에 이른 것이다.

타이핑이라는 서양 사람들의 글쓰기는 다른 어떤 방식보다 집중적이고, 타자기라는 기계의 리듬 있는 작동처럼 다이내믹하다. 그 리듬은 자판 치는 소리로 다시 글쓰는 사람의 청각에 전달되고, 그는 '청각의 맛'과 자판 치기의 촉감을 느끼며 글쓰기를 진행한다(수동타자기의 청각적 효과에 대해서는 노라 에프런 감독의 영화 〈유브 갓 메일〉의 한 장면에서도 관찰할 수 있다).

사실 글은 온몸으로 쓴다는 것을 작가들은 안다. 육필보다 타이핑에서는 이런 특징이 오감을 통해 특별한 방식으로 부각된다고 할 수 있다. 이 영화 감상의 포인트를 '타이핑-글쓰기-작가'라는 점에 놓고 보면 타자기라는 특별한 도구를 사용한 창작과 그와 연관된 서구 현대 문화의 어떤 특성을 엿볼 수 있다.

이런 의미에서 서구의 글쓰기 문화뿐만 아니라 현대 서구 문명을 이해하는 데에도 타이핑의 위상과 의미를 파악하는 것은 매우 중요하다. 더구나 우리나라 사람들같이 타이핑이 글쓰기에서 일반화되지 못한 상태에서 워드프로세싱으로 넘어간 경우에는 타이핑이 서구 글쓰기에서 갖는 중요도를 간과하기 쉽다.■

하지만 서구 역사에서 기차가 교통 혁명을 상징하는 만큼 타이프라이터는 지식 혁명을 상징한다는 문명사적 입장도 있다. 또한 여성이 글쓰기 영역에 본격적으로 참여하게 된 중요한 계기 중 하나가 20세기 초에 널리 보급된 타자기 때문이며, 따라서 그것이 여성 해방의 미디어라고 할 수 있다는 역사 해석도 있다. 19세기 말에 타자기를 경험한 철학자 니체(F. Nietzsche)는 그것을 사용하면서 "우리가 사용하는 글쓰기 도구가 우리 사고에 함께 가담한다"고 했으며, 19세기 말과 20세기 초에 카프카(F. Kafka)를 비롯한 많은 문인들이 타자기의 매력에 사로잡히기도 했다.

글쓰기의 역사뿐만 아니라 인류 문명사 전반에 걸쳐, 타자기와 타이핑의 혁명적 의의는 우리가 통상 생각하는 것 이상이다. 타자

■ **타이핑의 위상과 의미**  이것은 내 가설이지만, 우리나라에서 PC 이전에 이른바 '워드프로세서'라는 명칭의 글쓰기 기계가 1980년대 중·후반에 한때 유행했고, 그후 1990년대 들어서 PC의 보급이 급속적이었던 것은 '쓰기 도구로서 타자기의 시대'가 없었기 때문일 것이다. 물론 그것은 한글 자모와 타자기의 기계성 사이의 괴리 때문이기도 하다(여러 가지 한글타자 방식이 개발되었지만 그 효율성은 알파벳 타자에 못 미친다).
우리나라를 비롯한 대부분의 동양권 나라에서는 타자기의 대중화와 일상화가 실현되지 못했다. 우리나라의 경우 '공병우 타자기' 등 사용자 편의를 위한 타자기 개발이 시도되었지만 본격적인 실용화를 이루지는 못했다. 따라서 원고지에 육필 작업하던 시대에서 곧바로 워드프로세서의 시대로 이전해갔다고 할 수 있다.
이에 서구와 비교해 특이한 것은, PC 프로그램으로서 워드프로세서 이전에 '워드프로세서'라고 불리는, 액정 화면과 제한된 메모리 기능을 갖춘 기계가 제법 널리 사용되었다는 점이다. 반면 서구에서는 이 기계가 거의 실용화되지 못했다. 그것이 타자기와 PC 사이의 단계인 것처럼 보이지만, 사실 타자기에 익숙한 서구인들에게는 그 교량 역할이 필요없었다. 이상으로 보아, 글쓰기 도구로서 타자기 사용이 — 이분법적 구분을 하자면 — 현대 서양 문명과 동양 문명의 다른 점을 보여주는 중요한 기준 가운데 하나일 수 있다고 해도 과언은 아닐 것이다.

기를 사용함으로써 인류는 사실 역사상 최초로 단순한 도구가 아닌 기계로 글을 쓰기 시작했다. 붓·연필·펜 등 수많은 필기구들이 있었지만 그들은 기계가 아니었다.

이 혁명적 전환의 영향은 여러 가지였는데, 그 가운데 하나가 — 필기구에 의한 글씨가 개인화를 대변하는 데 반해 — 글씨의 표준화(standardization)를 가져온 것이다. 그것은 산업 사회의 특성 가운데 하나였고(물론 그 특성은 후기 산업 사회에서도 상당수 유지된다), 타이핑은 일찍이 그것을 대변했다.

글씨의 표준화는 또한 공적인 글은 타이핑해야 한다는 사회적 조건을 가져오기도 했다. 이는 타이핑이 글쓰기 전반에 걸쳐 — 〈파인딩 포레스터〉에서 보여주었듯이 문학적 글쓰기에서든, 사무실에서의 서류 작성에서든 — 글쓰기의 **공적 성격을 강화**했다는 뜻이다.

그러나 무엇보다도 타이핑의 중요도는 문명 발달사의 차원에서 인식되어야 한다. 이는 다름 아닌 — 사람들은 당연한 사실을 쉽게 간과하지만 — 라이팅의 단계에서 타이핑의 단계에 이르렀다는 것이 그 다음 워드프로세싱의 단계를 가능하게 했다는 사실이다.

### 처리하기(processing)

토플러(A. Toffler)는 그의 주저 《제3의 물결(*The Third Wave*)》후반부를 컴퓨터 워드프로세서로 썼다고 밝히면서 바로 그 책에 다음과 같이 적고 있다. "……나는 지금도 그 속도와 능력에 감탄을 금할 수 없다. 종이에 원고를 타이핑하는 대신에 키보드를 치면 '플로피 디스크'라고 하는 것에 전자적으로 저장되고, 나는 눈앞의 TV 화면 같은 스크린에 나타난 글을 본다. 몇 개의 키를 두드림으로써 단락을 변화시키고, 지우고, 삽입하고, 밑줄을 치면서, 내가 쓴 것을 즉각 **수정하고 다시 정리할 수 있다.** 이를 마음에 드는 원고가 될 때까지 **계속할 수 있다. 너무 좋다.** ……**수정이 끝나면 버튼을 하나 누른다.** 그러면 내 옆에 있는 프린터가 구별할 수 없을 정도의 속도로 나를 위해 완벽한 원고를 만들어준다."(진한 표시는 필자가 한 것임)

토플러가 말하는 것은 1970년대 후반의 경험이다. 그러니까 지금부터 거의 한 세대 이전이다. 그가 몸소 느끼며 감탄한 것은 타이핑에서 프로세싱으로의 문명적 전환이자, 그에 따른 개인적·사회적 차원의 문화 변동이었다. 그는 '다른 사람이 된 듯한' 기분을 느낀 것이다. 문화란 인간에게 그런 작용을 한다. 각 개인이 이보다 더 큰 문화적 변동을 맛보기란 19세기 이전까지는 그리 흔치 않은 일이었다.

컴퓨터의 워드프로세서는 단순히 글쓰기 도구도, 글쓰는 기계도 아닌 언어 처리 장치다. 물론 그것이 기계인 것만은 틀림없지만, 기계 이외에 정보 처리 과정을 장치한, 즉 '프로세싱' 기능을 가진 프로그램이 그 본질적 의미다. 지금은 이런 설명조차도 우습게 들릴지 모르지만 당시에는 말 그대로 획기적인 것이었다.

토플러가 말했듯이, 마음에 들 때까지 글을 즉각 수정하고 다시 정리할 수 있으며, 버튼 하나로 "내 옆에 있는" 기계로 "나를 위해" 깨끗한 인쇄를 순식간에 해낼 수 있는 것의 의미를 요즘 사람들은 별로 '대수롭지 않게' 생각할 정도가 되었다. 하지만 그것이 어떻게 우리의 의식을 바꾸어놓고 있는지를 생각하면 그것은 '대수로운 일'이 된다.

내가 컴퓨터 워드프로세서를 처음 사용한 것은 1980년대 중반이었다. 당시 나는 몇 년 동안의 각고 끝에 생각을 바로 문자 언어로 타이핑하는 것을 습관화하는 데 성공했고, 그것을 즐기고 있던 때였다. 높은 수준의 타이핑 기술은 이미 습득하고 있었지만, 언어 습득에 어느 정도 시간이 걸렸고, 그 무엇보다도 앞서 언급했듯이 서양식으로 사고하는 법을 체화하는 데 시간이 필요했다.

그러니 그렇게 해서 얻은 '타자기로 글쓰기 능력'을 만끽하고 싶었다. 그래서 1980년대 초부터 주위에서 PC 워드프로세서에 열광하고 있을 때도 그것에 거의 의도적으로 흥미를 느끼지 않으려 했던 것 같다.

워드프로세싱의 본질적 특징은 토플러가 '감동'했듯이, 마음에 드는 글이 될 때까지 쓴 것을 즉시 수없이 고칠 수 있다는 것이다. 이 무한정한 수정의 가능성과 수정의 즉각성은 라이팅과 타이핑이 가지고 있던 글쓰기 방식과 성격을 본질적으로 바꾸어놓았다.

어떻게 보면 수정의 즉각성이라는 점에서는 워드프로세싱은 핸드라이팅과 유사하다고 할 수 있다. 우리는 육필 작업을 할 때 항상 즉각적으로 고칠 수 있다. 하지만 수정 작업의 지저분한 '잔해'가 남을 뿐만 아니라 수정할 수 있는 종이의 공간에 한계가 있기 때문에, 수정 작업은 제한받는다. 반면 워드 작업(이제 이 퓨전 언어는 일상 용어가 되었다)은 수정의 무제한성을 보장한다. 이 점에서는 거의 같은 자판 구조를 사용하여 글자 치기를 하는 타이핑과도 엄청난 차이이다.

반면 이미 시도했던 글들의 '보존 가능성'은 거의 없다. 물론 그때그때 '보관 파일'을 따로 만들어서 초고 등 이미 썼던 문장과 단어 선택, 특별한 표현 등을 보존했다가 다시 읽어보고 참고하여 사용할 수도 있다. 하지만 워드 작업을 해본 사람이라면 그렇게 부지런하기가 쉽지 않다는 것을 안다. 더구나 요즘 젊은 세대에서 이런 작업을 하는 경우는 극히 드물다(이것은 대학에서 학생들의 과제물을 받아 읽어보면 곧 알 수 있다).

컴퓨터의 가장 큰 특성이 기억 장치이지만, 이 경우 컴퓨터는 '기억 삭제'의 역기능을 한다고 할 수도 있다. 기억 장치는 사용에 따라 모든 것을 기억하지는 않는다.

워드 작업에서는 여러 가지 표현, 문장 구성, 단락 구성 등을 마음대로 무제한으로 시도할 수는 있지만, 처음부터 최종 원고 이전까지 가지고 있던 다양한 표현이나 아이디어 등을 회복시키지 못하는 경우가 태반이다.

따라서 최종 원고 작업을 할 때, 이미 시도해보았던 것들을 다시 놓고 어떤 것을 선택할 것인지에 대해 고민할 필요도 없어진다. 반면 아쉬워할 수는 있다. "처음, 아니 세 번째 문장이 좋았는데……" 하는 아쉬움 말이다. 이는 작가의 글쓰기 방식을 확 바꾸어놓을 뿐만 아니라, 글을 쓰는 동안의 사고 과정에도 지대한 영향을 미친다.

그래서 사람에 따라, 수정되는 것들의 보존 가능성을 높이기 위해서 여러 가지 궁리를 한다. 어떤 사람은 앞서 말한 보존 파일을 따로 만들어놓기도 한다. 내 경우 처음 워드프로세서를 사용했을 때, 수정은 했지만 보존할 필요가 있는 문장과 단락 들 그리고 최종 원고까지의 초고 및 중간 추고들도 그때그때 프린팅해놓곤 했다. 그래서 컴퓨터와 인터넷이 나온 후 종이를 덜 쓰는 것이 아니라 더 쓰는 경우가 많다는 역설을 체험하기도 했다.

1980년대 말과 1990년대 초에 비해서 지금은 프린팅하는 경우가 훨씬 적어졌지만, 그 습관을 어느 정도 유지하고 있다. 그러다 보니 나는 워드프로세싱의 시대에 수정이라는 면에서 라이팅과 타이핑의 이점들을 그대로 유지하고자 하는 잠재적 욕망을 현실에 적용시키고 있는지도 모른다는 생각이 든다. 하지만 한 가지 확실한 것은 상당수의 사람들과 마찬가지로 내 경우도 PC 사용 이후 글쓰기의 양이 많아졌다는 사실이다.

워드프로세싱에는 일단 써놓고 본다는 장점(아니면 단점?)이 있다. 일단 써본 것을 수없이, 간단한 작동으로 고칠 수 있기 때문이다. 이 점에서 라이팅이나 타이핑에서 작가들이 경험하는 '백지의 공포'가 줄어들 수 있다. 즉 글을 시작할 수 없거나 글이 막히고 안 나가서, 써야 한다는 필요성과 써지지 않는다는 장애 사이에서 고통을 받는 경우가 줄어들 수 있다. 여기서도 우리는 다시 한번, 글쓰기 과정에서 즉각 수정을 전제하지 않는 타이핑과, 무제한으로 즉각 수정의 가능성을 가진 워드프로세싱 사이의 큰 차이를 발견할 수 있다.

실제로 컴퓨터 워드프로세서가 나온 이후 사람들은 훨씬 더 많은 글쓰기를 경험한다. 프로세싱의 편리함이 '일단 쓰고 본다'는 태도를 가능하게 하기 때문이다. 그것은 '글의 시작'을 쉽게 함으로써 '글쓰기 시도'를 확장시켰다. 워드프로세싱은 어쩌면 글쓰기의 '민주화'를 이루게 했는지도 모른다.

## 글쓰는 인간, 변하는 의식

내가 만일 19세기 후반 이전에 살았다면(타자기 발명은 1700년 대 초에 있었다는 기록이 있지만, 그 실용화는 1800년대 후반에 이루어졌다), 컴퓨터와 워드프로세싱은 물론 타자기와 타이핑이 무엇인지 몰랐을 것이다. 육필 작업만을 유일한 글쓰기로 알고 평생을 살았을 것이다.

반면 지금의 젊은 세대는 핸드라이팅은 어느 정도 경험하지만 타자기와 타이핑은 경험하지 못한다. 육필 작업을 '어느 정도' 경험한다고 한 것은, 당분간 서명 · 메모 · 필기 등 핸드라이팅이 완전히 사라지지는 않겠지만, 장문(長文)의 원고를 쓸 때는 워드프로세싱이 그것을 거의 대체하고 있는 실정이기 때문이다. 더구나 편지를 이메일이 대체하고 있는 것을 보면 변화가 더욱 실감난다.

몇 년 전에 작가인 내 친구는 "시(詩)를 초고 없이 직접 컴퓨터 모니터를 보고 쓰는 시인도 있더라" 하고 한탄조로 말한 적이 있었다. 하지만 지금은 그의 걱정에도 불구하고 그런 시인의 숫자가 늘었을지도 모른다.

이상에서 보았듯이, 우리가 일괄적으로 '글쓰기'라고 하는 것은 사실 라이팅, 타이핑 그리고 프로세싱으로 전이해왔다. 그리고 이 마지막 단계는 '워드프로세싱'에서 '하이퍼프로세싱(hyper-processing)▪'으로 전이해갈 것으로 예상된다. 이 가운데 현재 일상 생활의 영역에서 거의 완전히 사라진 것은 '타이핑'이다(서구에서는 아직까지도 수동타자기를 사용하는 작가나 기자들이 적지 않지만). 그리고 하이퍼프로세싱의 단계에 이르면 문자 문화의 영역에서 확실히 어떤 전환점이 올 것으로 보인다.

　지금까지 우리가 살펴본 글쓰기 방식의 변천에 동반하는 문화적 변동은 여러 가지 차원에서 매우 다양한 양상을 띤다. 사람이 사용하는 도구들의 물질적 특성, 휴대성과 일상생활, 도구와 기계의 동력 조달 방식이 생활에 미치는 영향, 말이 시각화된 문자의 예술적 차원, 글쓰기와 사회적 권력 사이의 관계, 글쓰기가 인쇄

■ **하이퍼프로세싱** 이것은 '하이퍼텍스트 프로세서'에 의한 '하이퍼텍스트 프로세싱'을 줄여서 필자가 만들어 본 조어다(이와 마찬가지로 '하이퍼텍스트 프로세서'도 '하이퍼프로세서'라고 줄여서 쓸 수 있다). 오늘날 상당수의 사람들이 인터넷 상에서 하이퍼텍스트를 접하고 있다. 하지만 직접 하이퍼텍스트를 작성하지는 못한다. 그것은 웹사이트 편집자가 하기 때문이다. 앞으로는 각 개인이 직접 하이퍼텍스트를 작성할 수 있는 프로세서가 실용화될 것이다. 마치 컴퓨터가 PC로 개인화되는 것과 마찬가지다. 그것은 지금 웹 전문가들이 사용하고 있는 웹 편집기의 발전된 형태가 될 것이다.

■ **도구와 기계의 운명 : 지속성과 비지속성** 이상 나열한 주제들은 전문적 각론의 대상이 될 수 있는 것이다. 여기서는 도구와 기계의 특성이라는 점만 별도로 간단히 살펴보자. 컴퓨터 시대에 아직 라이팅을 위한 필기구들이 남아 있는데도 타이프라이터가 사라지는 것은 기계라는 것의 운명이다. 기계는 기계를 대체하지만, '인간 밀착적' 속성이 강한 도구는 새로운 기계에 의해서 쉽게 대체되지 않기 때문이다. 필기구가 그런 도구이다. 어떤 만년필 회사 사장은 전자 시대에도 필기구는 사양 산업이 아니라는 것을 주장하면서, "한 사람의 감정과 생각을 개성 있게 드러내는 수단으로 만년필만한 것이 없다. 만년필이 키보드에 비해 매우 개인적인 매체이기 때문이다. 이는 누가, 어떻게 사용하느냐에 따라 펜촉이 길들여지는 게 달라지는 것을 보아도 알 수 있다"고 말한다.

더구나 필기구들은 항상 사람의 몸에 가까이 있을 수 있는 '휴대성'을 확보하고 있어서 쉽게 사라지지 않는다(물론 포터블타이프도 있었고 노트북 컴퓨터, PDA도 있으나, 이들과 만년필 등 필기구 사이의 휴대성의 차이는 크다). 이런 현상은 인간이 발명한 다른 도구들을 보아도 알 수 있다. 예를 들어 휴대용 나이프 세트 같은 경우가 그것이다(스위스의 한 유명한 나이프 회사를 보라). 또 다른 예를 들면 전기 드릴이 발달해도 단순한 드라이버의 사용은 유지된다. 여기서 우리는 또 다른 요소를 발견할 수 있다. 도구 작동의 동력을 인간의 에너지에서 직접 지원받는 경우 그 도구의 생명은 길어진다. 하지만 어떤 도구가 다른 에너지 창출로부터(예를 들어 유선에 의한 전기나 배터리 등) 동력을 얻을 경우는 그 도구의 생명이 짧아진다. 동력 전달의 에너지 효율이 높은 다른 기계에 의해 대체되기 때문이다.

문화 및 전자 문화와 맺는 관계, 그것의 미래, 쓰기와 읽기의 변증적 관계, 쓰기에 따른 읽기 방식의 미래적 변화 추이, 지금까지 글쓰기의 선형성과 하이퍼텍스트의 특성에 대한 이해와 오해, 하이퍼프로세서(hyperprocessor)가 가져올 글쓰기 변화 등 무궁무진한 연구와 담론의 대상이 될 수 있다. 이것은 몇 쪽의 소논문이나 평론으로 쓸 수 있는 것이 아니다.▪

이 글에서는 주로 '고치기'라는 관점에서, 수정의 역할, 수정 방식, 그리고 수정 가능성의 폭 등이 글쓰는 사람의 의식에 어떤 영향을 미칠 수 있는지를 살펴보았다. 물론 이것은 모두(冒頭)에서 언급했듯이, 내 개인적인 경험을 바탕으로 한 것이다. 하지만 어느 정도 보편적 성격을 획득할 수 있다고 생각한다. '고치기'야말로 인간의 속성이기 때문이다.

'고치기'는 매우 인간적인 것이다. 그것은 잘못을 전제하기 때문이다. 신은 잘못을 저지르지 않으며 동물은 잘못에 대한 수정 능력이 인간보다 못하다. 하지만 인간의 삶을 한번 보라. 문제 발생과 문제 의식 그리고 문제 해결의 연속으로 되어 있다. 그리고 수정은 인간 고유의 문화성이 유별나게 발현된 행위라고 할 수 있다. 글쓰기 같은 대표적인 문화 활동에서도 잘못의 발견과 개선을 위한 노력에서 인간의 능력은 발현된다. 즉 글의 수정을 위한 노력에서 발현된다.

고치기는 매우 복합적인 차원을 내포한다. 우선 문제를 파악하는 것이고, 개선을 위한 노력이며, 일종의 자율적 자기 통제력을 의미한다. 또한 글쓰기가 기술이자 예술적 차원을 획득하는 이상, 고치기는 창작의 과정 그 자체를 이룬다(타이핑의 경우 그 어느 글쓰기 방식보다 수정 없이 한 번에 완벽하게 글을 쓰려는 의지가 강하게 전제된다고 하지만, 그것은 수정 작업을 가시적으로 하지 않을 뿐이지, 최종적으로 자판을 두드리기 전에 수없는 수정과 선택이 머릿속에서 미리 이루어진다고 할 수 있다).

글쓰기에 관하여 움베르토 에코(Umberto Eco)가 즐겨 드는 예 가운데 이런 것이 있다. 어떤 유명 시인이 자신의 명작이 어느 폭풍우 치는 밤 숲 속에서 순간의 영감으로 씌어진 것이라고 밝힌 바 있다. 하지만 그가 죽고 나서 수많은 육필 원고들이 발견되었는데, 그것이 바로 그 명작 시의 수정 원고와 시험 버전들이었다고 한다. 그 양이 하도 많아서 그 명작 시는 문학사를 통틀어 가장 많은 습작과 수정을 거친 것으로 밝혀졌다는 것이다. 그래서 에코는 어떤 작가가 영감의 순간에 모든 작품을 썼다고 말한다면 거짓말이라고 단언한다. 그는 "천재는 20%의 영감과 80%의 노력"이라는 속담을 믿는다.

에코의 말이 모든 작가들에 해당된다고 단언하기는 어려울지 모르나, 현실을 상당수 반영하는 것은 사실이다. 그리고 지금까지 이 글에서 내가 시도했듯이, 글쓰기 방식의 변천을 수정의 다양한 차원에서 분석하고 이해하는 것도 어느 정도 타당하다고 생각한다. 물론 하나의 관점으로 문화적 변동을 설명하는 것의 취약점을 지적할 수 있다. 하지만 이런 개인적 경험의 보고서가 모였을 때 폭넓은 변화를 이해하는 것도 훨씬 더 쉬워진다. 더구나 그것이 본질적인 것을 직시하는 것이라면 말이다. 나는 내 입장이 문제의 본질을 건드린다고 믿는다.

월터 옹은 그의 저서 《구술문화와 문자문화(*Orality and Lite-*

*racy*)》에서 말한다. "적어도 헤겔 시대 이후 인간의 의식이 진화한다는 것을 사람들은 더욱더 알아차리게 되었다. ……분명한 것은……한 개인이 우주 속에서 자기 자신을 느끼는 방식이 전 시대에 걸쳐 어떤 형태에 따라서 진화해왔다는 사실이다. 구술성에서 문자성으로, 그리고 문자성에서 인쇄와 전자 매체에 의한 언어 처리로서의 이행에 관한 현재의 연구들이 갈수록 더욱 분명히 하고 있는 것은, 그와 같은 진화가 쓰기에 의존해왔다는 것이고 그것이 어떤 방식이었던가 하는 점이다."

옹은 의식 진화와 글쓰기의 관계를 관찰했으나, 나처럼 **수정**을 연구의 본질적인 것으로 염두에 두지는 않았다. 하지만 나는 그것이 앞으로의 연구에서 반드시 고려할 점이라고 생각한다. 쓰기, 치기, 처리하기 각각에 내재된 고치기 방식의 변화는 곧 의식 진화와 밀접하게 연관되어 있다. 글쓰기 방식은 문화 추이를 동반하며, 그것은 여러 차원에서 매우 다양한 양상을 띠고 나타났고, 앞으로도 그럴 것이다.

더구나 이는 현재의 청소년들과 미래 세대의 문화적 변동을 이해하는 열쇠가 될 수 있다. 현재 워드프로세싱에 익숙해 있고 앞으로 하이퍼프로세서를 사용하게 될 그들의 글쓰기 방식은 글쓰기의 미래와 연관이 되어 있을 뿐만 아니라, 그들의 의식 변화와 깊이 연관될 것이기 때문이다.

라이팅이나 타이핑과는 달리 프로세싱은 '잘못과 그것의 수정 개선의 문제'를 확실히 표면화시키지 않는다. 프로세싱에서 수정의 문제는 즉각적으로 해결되거나, 아니면 잠재적으로 축적되기 때문이다. 지금 나는 시대의 화두를 하나 제시하고 있다. 그것은 글쓰기 방식의 변천에서 출발하지만, 의식의 변화를 거쳐 각 세대의 문화적 변동으로 이어지는 화두다.

끝으로 지금 이 순간 나 자신의 글쓰기 경험을 말하고자 한다. 욕심이라고 할지 모르지만, 지금 나는 핸드라이팅 · 타이핑 · 프로세싱을 일상에서 모두 활용하고 있으며(나는 지금도 1979년형 '올리베티 Lettera35' 수동타자기를 사용하고 있다), 앞으로 하이퍼프로세서가 나오면 그것까지도 글쓰기 활용의 범위에 넣을 것이다. 가능한 각 시대의 문화 유산을 모두 불러오려는 '총체적 소환(召還)'이 오늘의 시대를 사는 방법이라고 믿기 때문이다.

그리고 그것이 우리같이 다양한 글쓰기 방식을 경험할 수 있었던 세대가 미래의 세대를 위해 할 수 있는 일이라고 생각한다. 개인적으로는 네 가지 글쓰기 방식을 모두 직접 경험할 수 있는 시대를 타고 태어났다는 것이 행운으로 받아들여지기도 한다. 도구의 다각적 활용은 다양한 사고를 가능하게 하기 때문이다. 니체의 말처럼 한편으론 도구가 우리의 사고에 가담하지만, 우리의 사고는 도구의 다양한 가담을 기획하고 조직하며 활용한다.

**2-02**

# 하이퍼텍스트 원고, 텍스트 피고

인터넷 인구가 날로 증가하고 있다. 하이퍼텍스트▪를 대하는 것도 일상적인 일로 되어가고 있다. 따라서 전통적 텍스트는 하이퍼텍스트에 의해 극복되고 있다고들 한다. 이런 의미에서 '메타텍스트'라는 말도 쓴다. 또한 '텍스트의 미래'를 결정하는 '미래의 텍스트'라는 말도 한다.

하지만 좀 시각을 바꾸어서 보면 텍스트는 하이퍼텍스트 속에서 살아 있다는 것을 발견하게 된다. 단어의 모양에서도 알 수 있듯이 하이퍼텍스트(Hypertext)는 텍스트(Text)를 내포하기 때문이

---

▪ **하이퍼텍스트** 요즘은 하이퍼텍스트를 하이퍼미디어를 포함한 포괄적 언어로 사용하는 추세다. 즉 문자적·비문자적 텍스트를 모두 포함하는 의미로 사용한다. 그리고 이젠 이런 설명도 별 필요가 없겠지만, 인터넷 사이트가 모니터에 뜨면 항상 보게 되는 'http'는 'Hyper Text Transfer Protocol'의 약자다.

다. 오늘날 우리에게 현실적으로 중요한 것은 텍스트와 하이퍼텍스트 모두 '현재의 텍스트'라는 인식이다.

그런데 요즈음 — 특히 우리나라에서 — 이 신구(新舊)의 공생적 공존이 하이퍼텍스트라는 새로운 스타의 주도권 잡기 내지는 아날로그 텍스트에 대한 디지털 하이퍼텍스트의 강한 '비난' 또는 '고발' 현상으로 나타나는 것을 관찰할 수 있다. 즉 제대로 된 '비판'이 되지 못하고 있다는 말이다.

그런데 이 고발이 — 나같이 하이퍼텍스트 프로세서(이하 하이퍼프로세서라 칭함)가 실용화될 날을 손꼽아 기다리고 있는 사람에게도 — 상당수 텍스트에 대한 오해에서 비롯된 것 아닌가 하는 생각이 든다. 이 점은 매우 중요한데, 텍스트에 대한 오해는 하이퍼텍스트에 대한 오해를 불러일으키고 그것은 다시 텍스트에 대한 오해를 증가시키는 악순환의 고리를 형성할 것이기 때문이다.

하이퍼텍스트는 어느 날 외계에서 날아와 지구에 떨어진 것이 아니다(이제 우리는 더 이상 '모더니티' 없는 '포스트모더니티' 담론의 실수를 반복해서는 안 된다). 그것은 서구인들의 텍스트 개발 역사의 연속선상에 있다. 하이퍼텍스트의 개발과 실용화를 텍스트의 발전이 아니라 혁명으로 보는 관점도, 그 혁명이 역사 속의 혁명이라는 점을 잊어서는 안 된다. 따라서 아날로그적 텍스트의 이해는 하이퍼텍스트의 이해와 효율적 활용에 필수적으로 전제되는 것이다. 텍스트와 하이퍼텍스트의 단절성만큼이나 연관성을 볼 필요가 있다.

15세기에 서구에서 인쇄술이 발명된 이후 종이책 텍스트는 신비화되기도 했고 신화화되기도 했다. 그래서 포스트모더니즘과 디지털 문화는 이를 탈신화화하고자 했다. 하지만 오늘날 우리나라에서는 하이퍼텍스트의 중요성과 그 문화적 가치를 편향적으로 강조하다 보니, 하이퍼텍스트의 신비화와 신화화를 부추기는 일이 있지 않나 하는 생각이 든다.

오히려 서구에는 ─ 그들이 하이퍼텍스트를 개발했어도 ─ 이런 경향이 덜하다. 왜냐하면 서구에는 기존의 텍스트들에 대한 연구가 착실히 선행되어 있기 때문이다. 이제 디지털 문화와 하이퍼텍스트 연구자들이 쉽게 빠지기 쉬운 자기 모순에 대한 성찰이 필요한 때가 된 것 같다.

### 다양한 텍스트들

그러기 위해서는 우선 지금까지 존재했고, 오늘날 존재하고 있는 '다양한 텍스트들'을 연구해야 할 뿐만 아니라 개개의 '텍스트의 다양한 성격들'을 파악해야 한다. 굳이 말을 만들자면, 텍스트의 세계는 하나의 텍스트 형태로 환원될 수 없는, 그 자체로 '멀티텍스트'의 성격을 지니고 있다는 것을 염두에 두어야 한다.

그런데 우리나라 하이퍼텍스트 이론가들(이론이 제대로 전개되거나 정립되지 않은 상태에서 이런 명칭을 쓸 수 있는지 모르겠지만 앞으로의 발전과 희망을 기대하며 사용한다)은 하이퍼텍스트가 텍스트를 전제하고 내포한다는 것을 은연중 인정하면서도,■ 기존의

---

■ **하이퍼텍스트가 텍스트를 전제하고 내포한다.** 예를 들면 "하이퍼텍스트란 기계로 읽는 텍스트임을 표현하는 것이다", "하이퍼텍스트는 텍스트와 링크의 네트워크다", "하이퍼문학 작품은 텍스트란 벽돌로 만들어진 구조물이다"(류현주, 《하이퍼텍스트문학》, 김영사, 2000, 59, 19, 127면) 등의 정의에서 볼 수 있다. 물론 이런 정의들도 서구의 연구 결과들에서 전용한 것이지만.

텍스트에 대한 효율적 공격을 위해서 상대를 지나치게 단순화하는 경향에서 벗어나지 못하고 있다.▪

더구나 개별적이고 구체적인 사항에 이르면 문제는 더 심각해진다. 흔히 하이퍼텍스트와 대비하면서 그 비판의 대상으로 삼는 텍스트들이 거의 '문학 텍스트'들인 경우가 많기 때문이다. 다시 말해, 비판 대상의 텍스트로 서사성(敍事性)이 뚜렷한 소설이나 희곡 등이 주로 전제되는 경향이 있다.

물론 이것은 아직 우리나라에서 하이퍼텍스트 이론이 초기 단계에 있기 때문에 그것이 다루는 범위가 넓지 못한 점도 있다. 하지만 이제는 좀더 넓고 깊게 나아갈 때가 되었다고 생각한다. 이론을 정립해간다는 것은 차이와 함께 연관성을 파악한다는 뜻이기도 하기 때문이다.

지금까지의 역사에서 인류가 개발해낸 텍스트들은 매우 다양하다. 그들의 성격들도 미세한 차이에서 현격한 차이를 보이기까지 가지각색이다. 여기에는 고대로부터 있었던 여러 텍스트들(갑골문자, 파피루스 문서, 중세의 필사본 등)은 물론, 인쇄술 발달로 나온 종이로 된 모든 텍스트들을 포함한다.

우선 문학 텍스트만 하더라도, 서사성을 지닌 소설과 희곡은 물론·시·수필·평론 등을 그 비교 연구 대상에 포함시키는 것은

---

▪ **우리나라의 하이퍼텍스트 이론가들은 기존의 텍스트를 지나치게 단순화** 여러 가지 중에 한 가지 예를 들면 "종이 텍스트는 한 페이지에서 다른 페이지로 가기 위해서는 별 수 없이 그 사이의 페이지를 다 넘겨야 한다"(최혜실,《모든 견고한 것들은 하이퍼텍스트 속으로 사라진다》, 생각의 나무, 2000, 20면)라는, 기존 텍스트의 선형성에 대한 비판 등이 그렇다. 하지만 이것은 ─ 다음 항에서 곧 살펴보듯이 ─ 사실에 대한 세밀한 확인 없이 단언하는 것이기 쉽다.

당연하다. 또한 인문학과 자연과학 등의 수많은 학술 저서는 말할 것도 없고, 인간의 일상적 삶과 깊이 연관된 서간문과 일기 등도 중요한 고려 대상이다. 또한 특수 목적의 텍스트라고 할 수 있는 사전·신문·잡지 등과 팜플렛·광고 전단 등에 이르기까지 그 다양성의 폭은 매우 넓다(필자가 나열한 것 외에도 또 있겠지만). 여기에 그림이 들어간 만화도 인쇄 문화의 중요 텍스트 가운데 하나다.

그리고 특정 분야 안에서도 다양한 텍스트들이 존재한다. 우선 철학 텍스트들을 예로 한번 보자. 고대로부터 현대에 이르기까지 철학('필로소피아'로서 서양 사상이라는 의미에서)은 텍스트 생산과 텍스트 해석을 기본으로 하는 학문이라고 해도 과언이 아니다.

철학에는 고대로부터 지금까지 대개 다음과 같은 텍스트 형태들이 존재해왔다. 단편(斷編, Fragment), 대화(Dialogue), 논문(Treatise), 담론(Discourse), 에세이(Essay), 그리고 서사(Tale) 등의 형태를 들 수 있으며, 이들과 병행하여 경구(警句, Aphorism)가 존속해왔다. 역사 속에서 위의 형태들은 단계적 변천 과정을 거치기도 했지만 서로 혼재하기도 했다.▪

이상 나열한 것들은 텍스트의 역사에서 일부에 지나지 않는다. 다양한 텍스트들과 각 텍스트의 다양한 성격들은 앞으로도 지속적인 관찰과 연구의 대상이 아닐 수 없다. 여기서 중요한 것은 이런 다양한 텍스트들의 세계를 하나의 범주로 묶어, 아날로그 텍스트와 디지털하이퍼텍스트를 구분하는 기준들(순차성·선형성·쌍방향성 등)로 무차별적으로 판단·평가·비판할 수 없다는 것이다.

지금의 '하이퍼텍스트 위주'의 텍스트 이론들은 자기도 모르게 기존의 텍스트들을 단순한 모델로 표준화할 뿐만 아니라, 그에 따라 하이퍼텍스트 자신도 어떤 표준화의 길을 가고 있는지도 모른다. 하지만 이런 경향은 하이퍼텍스트의 원래 성격과 개발 목표에 반하는 것이다. 하이퍼텍스트는 어떤 표준을 지향하는 것이 아니

---

■ **철학의 텍스트 형태들** 여기서 단편이라 함은 소크라테스 이전 철학자들의 단편들을 가리킨다. 소크라테스 이전 철학자들의 단편들은 '딜즈-크란츠'판으로 알려진 단편집(H.Diels-W.Kranz, *Die Fragmente der Vorsokratiker*)으로 집대성되어 있다. 물론 그것은 현재 우리에게 전해오는 형태가 단편이라는 것이지, 원래의 형태가 꼭 그런지는 지금 완벽하게 증명할 수 없다.

대화는 당연히 우선적으로 플라톤의 모든 저작을 의미하며, 고대 이후, 특히 근대에 이르러서는 다른 텍스트들에 비해 그 예가 그리 많지 않지만 철학사에서 차지하는 위상은 매우 중요하다. 대화 형식으로 된 근대의 대표적 작품으로는 갈릴레오(Galileo Galilei)의 《두 개의 주된 우주 체계에 관한 대화(*Dialogo sopra i due massimi sistemi del mondo*)》(1632), 흄(D. Hume)의 《자연 종교에 관한 대화(*Dialogues Concerning Natural Religion*)》(1779) 등을 들 수 있다.

체계적인 논문 형태는 이미 아리스토텔레스를 기점으로 오늘날까지 가장 일반적인 철학 텍스트이다. 담론 형태의 텍스트로는 저작물의 제목에 '담론'이라는 말이 들어갔다는 점에서는 16세기의 마키아벨리(N. Machiavelli), 17세기의 데카르트(R. Descartes), 18세기의 루소(J-J. Rousseau)의 저작 등을 들 수 있으나, 담론이라는 말의 쓰임이 다양해 어떤 일관성을 가지고 범주를 정하기 어려운 점이 있다.

에세이 형태의 개발은 상당수 몽테뉴(M. de Montaigne)의 덕인데, 현대로 오면서 많이 보급되는 텍스트이다. 몽테뉴의 저작 《수상록(*Essais*)》(1597)은 그 이후 에세이 형식의 철학 글쓰기에 많은 영향을 미쳤다. 주로 체계적 철학을 발달시킨 독일에서는 비교적 늦게 철학 에세이가 실용화되었다고 할 수 있는데, 그 실용화에는 19세기 말의 짐멜(G. Simmel)과 20세기 초의 아도르노(T. W. Adorno)를 비롯한 프랑크푸르트 학파의 공이 크다고 할 수 있다.

이야기 형태의 철학 텍스트는 역사 속에서 드물게 존재해왔다. 이 분야에서는 문학적 소양이 뛰어났던 루소와 볼테르(Voltaire)의 작품들을 들 수 있다. 대중적 성격으로 세인의 관심을 끈 최근 작품으로는 노르웨이 철학자 요스타인 가아더((Jostein Gaarder)의 《소피의 세계(*Sofies verden*)》(1991)를 들 수 있다.

그리고 아포리즘은 마치 철학의 주류를 이루는 텍스트의 관목 사이를 날아다니는 나비처럼 존속해왔다고 할 수 있다. 아포리즘은 태곳적부터 있었다고 볼 수 있는데, 오늘날 전해오는 아포리즘 모음으로는 기원전 4~5세기 히포크라테스의 작품이 최초의 것으로 기록되어 있다.

라, 사용자의 자유로운 텍스트 창출과 이용을 보장하는 것을 목표로 하기 때문이다.

이것은 또한 — 앞으로 더 살펴보겠지만 — 하이퍼텍스트가 지니는 '억압성' 여부의 문제에 연결된다. 분명한 것은 하이퍼텍스트의 발전은 텍스트들에 대한 이해와 포용 그리고 억압성으로부터 자유로운, 하이퍼텍스트의 진정한 자기 해방에 있다.

## 선형성과 비선형성

인쇄 문화의 산물인 기존의 아날로그 텍스트들의 '피고(被告)로서의 가장 큰 죄목'은 선형성(linearity)이다. 이러한 텍스트들 (내가 되도록 복수를 사용하는 것은 흔히 다양한 성격의 텍스트들을 '텍스트'라는 단수로 단순화하거나, 하나의 텍스트 형태로 환원하는 경향을 관찰하였기 때문이다)은 글읽기에서는 독자에게 선형성을 강요하고, 글쓰기에서는 오로지 선형적 방법만을 쓰기 방식으로 인정한다는 비판을 받고 있다.■

하이퍼텍스트 이전의 모든 텍스트들의 선형성과 함께 그런 텍스트들을 만들어내는 선형적 사고에 대한 비판을 좀 과장해서 표현하면 컴퓨터, 인터넷, 하이퍼텍스트 등이 우리 생활에서 문화적 영향력 내지는 권력을 획득하면서 이른바 선형성에 대한 '마녀 사

---

■ **하이퍼텍스트의 아날로그 텍스트 비판** 종이책에 대한 비판에서 "오늘날의 모든 책은, 특히 학술적이고 전문적인 책은 위계적인 구조로 씌어지는 것이 당연한 것으로 받아들여진다. 오직 선형적이고 위계적인 논증 방식만이 정통적인 글쓰기로 인정된다"(배식한, 《인터넷, 하이퍼텍스트 그리고 책의 종말》, 책세상, 2000, 134면)는 것은 한 예일 뿐이다. 하지만 이것이 얼마나 단순한 사고인지를 주장하는 사람조차 전혀 고려하지 않고 있다.

냥이 시작되었다고도 할 수 있다.

인터넷 이론가들은 그물망적이고 네트워크적인 것이 하이퍼텍스트의 특성이지만, 그것이 하이퍼텍스트의 독창적이고 배타적 전유물은 아니라는 사실을 흔히 잊어버린다. 책의 선형성은 책의 절대적인 속성은 아니다. 사람들이 흔히 간과하는 것이지만, 작가의 입장에서나 독자의 입장에서나 선형적인 태도를 갖지 않는 경우도 꽤 많다.

먼저 읽기의 경우를 살펴보자. 책이 선형적 읽기를 강요하고 있다고 하지만, 그것이 언제나 적용되지는 않는다. 아니, 그렇지 않은 경우도 많다. 어떤 책은 뒤에서부터 읽을 수도 있고, 중간에서 읽거나," 아니면 어느 부분만 읽고 마는 경우도 있다(지금 자신이 소장한 책 중에서 첫 쪽에서 마지막 쪽까지 순차적으로 읽은 것이 얼마나 되는지 한번 세어보라. 책은 꼭 그렇게 읽기 위해서 소장하는 것은 아니다). 흔히 독서의 선형성을 주장하는 사람들은, 줄거리가 있는 구조를 기본으로 하는 소설 같은 책을 선입견적으로 생각하기 때문이다.

책 페이지 사이를 '도약'하듯이 읽는 경우도 많은데, 한 가지 예

---

■ **책과 선형적 읽기** "책을 제일 뒷부분부터 보는 사람은 있을지 모르지만 중간부터 읽는 사람은 거의 없다"(배식한, 앞의 책, 32면)는 관찰은 참으로 편협하다. 실제로는 그런 경우가 무수히 많지만 지면상 한 가지 예를 들면, 우리가 학술적 자료로 사용하기 위해 전문 서적들을 읽을 경우, 일부 장만 읽는 경우가 얼마든지 있다. 그럴 경우 그 장이 중간에 있는 경우도 얼마든지 있다. 이것은 정보라는 관점에서, 선형성이란 어떤 텍스트의 처음에서부터 차례로 정보에 접근하는 고정된 한 가지 방식을 말하고, 비선형적이란 원하는 정보에 여러 경로를 통해 임의로 직접 접근할 수 있는 방식을 말한다는 정의를 기준으로 보더라도 마찬가지다. 정보의 원천으로 아날로 그 텍스트를 이용하는 데에는 얼마든지 비선형적 방식이 쓰인다.

로 아포리즘들을 읽을 경우를 한번 생각해보라. 선형적으로 읽는가? 아포리즘 모음을 읽을 경우도 이것 저것 골라서 책장들을 '뛰어넘어 다니면서' 읽거나, 아니면 목차(이런 면에서 종이책의 목차가 반드시 위계적이라는 말도 틀리다)가 있는 경우, 목차에서 마음에 드는 주제를 골라 읽는 경우도 많다.

또한 종이책의 표면적 질서가 선형성을 유도하거나 강요해도 그렇게 읽지 않는 경우도 많다. 실제로 서구 대학에서는 세미나에서 이런 읽기 연습을 하기도 한다. 예를 들면 각 장을 재배치해서 세미나 참석자들에게 한 장씩 나누어 갖도록 하고 그 장에 대한 해석을 과제로 준 다음에, 다시 토론을 거쳐서 재조합하는 작업을 하기도 한다.

이밖에도 글읽기에서 선형성을 탈피하는 예는 많지만 이 정도로 하고, 이제 글쓰기의 경우를 한번 보자. 이 점은 특히 중요하다. 하이퍼텍스트 원고(原告)의 고발장에는 이 관점이 전혀 고려되지 않았기 때문이다. 물론 내가 한국에 나온 하이퍼텍스트 관계 서적을 모두 읽어본 것은 아니지만,[■] 그동안 읽은 몇 권의 책과 신문·잡지에 실린 글이 주장하는 선형성에 대한 비판을 보면 '글쓰기의 관점'을 고려한 것은 전혀 없었다.

책을 첫 쪽에서 시작하여 마지막 쪽까지 연속적으로 이어가면

---

**■ 우리나라 하이퍼텍스트 이론서들** 책으로는 앞에서 인용했던 세 권을 읽었다. 이 글을 쓰기 위해서 여러 도서 관계 사이트를 검색해서, 공통적으로 '하이퍼텍스트'라는 항목 아래 네 권의 책을 찾았는데(2001년 6월 기준), 그 가운데 한 권은 번역서이고, 나머지 세 권은 한국인 저자로 되어 있어서 그것을 골랐다. 물론 이 책들도 독창적 이론서라기보다는 외국 서적들을 참고로 한 기본 수준의 '소개서'라고 할 수 있다. 하지만 원래 '기본'이 중요한 것이다.

서 글을 쓰는 작가도 있지만, 마치 하이퍼텍스트의 웹 구조처럼 써야 할 내용들을 늘어놓은 다음에 조금씩 구성해가면서 써나가는 작가들도 있다(다양한 글쓰기를 경험해본 사람들은 알겠지만, 그것은 아주 짧은 글을 쓸 때에도 일어난다).

마치 웹 편집기나 하이퍼프로세서가 발명되고 나서야, "일직선으로 연속해서 써내려가는 글이 아니라, 토막글이 만들어지고 그 글들이 하나의 네트워크를 이루도록"(배식한, 앞의 책, 147면) 하는 것은 아니다. 고대로부터 오늘날까지, 종이책을 위한 글을 쓰는 과정에서 여러 가지 토막글들을 준비한 다음 그들을 '구성'하듯 글을 쓰는 경우도 많았다. 필자의 최근 저서들도(그리고 지금 쓰고 있는 이 글도) 수많은 메모들과 토막글들을 '구성'하면서 책으로 완성된 경우다.

선형성의 탈피는 사람들이 흔히 위계적인 질서를 기본으로 한다고 알고 있는 상당수의 철학서에서도 발견할 수 있다. 예를 들면 지금으로부터 2백 년이 훨씬 넘은 시점에 씌어진 칸트(I. Kant)의 《순수이성비판(Kritik der reinen Vernunft)》의 그물망적 구조성에 전문가들은 놀란다. 그가 선형적으로 글을 쓰지 않았다고 확신하는 사람도 많다. 시인도 반드시 시를 항상 첫째 연에서 마지막 연까지 차례로 쓰는 것은 아니다.

이상의 관찰은 무엇을 말하는가? 글쓰기의 선형성이라는 것은 글쓰기 작업 자체에 필연적으로 내재하는 것이 아니라, 많은 경우 '써놓은 글의 결과'라는 것을 의미한다. 즉 '글쓰기의 결과물'인 '글'이 시각적으로 선형적으로 보이는 것이다. 월터 옹이 말했듯이, 글을 쓴다는 것이 말을 공간에서 멈추어 시각화하는 일이라면 시각화된 모양과 구조가 선형적인 것이지, 그것이 글쓰기에 연관된 모든 것을 선형화하지는 않는다.

더구나 핸드라이팅일 경우, 종이 위에 쓰지만 여러 가지 사고와 단상 들을 담은 텍스트들을 그림 그리듯이 쓸 수도 있다. 나는 개인적으로 넓은 종이를 사용하여 그렇게 글을 쓰는 경우도 있다. 특히 문학적 에세이가 아니라 학술 논문일 경우 상당수 그런 방식으로 글을 써나가곤 한다. 그러니까 어떤 의미에서 핸드라이팅은 하이퍼텍스트적 실험을 일부 해낼 수 있는 글쓰기 방식이라고 할 수도 있다.

반면 ― 이 점을 우리나라에서는 놓치고 있다 ― 선형성이 강요되는 방식은 우선적으로 타이핑이며, 워드프로세싱도 선형적 성격이 강하다. 타이핑의 경우 당연히 처음부터 줄을 따라 선형적으로 쓸 수밖에 없고, 워드프로세싱의 경우도 특별하게 여러 파일을 작성하지 않는 한(사실 그렇다고 하더라도 현재의 워드 프로그램으로는 매우 제한적인 융통성이 있을 뿐이다), 글쓰기 구조 자체가 선형적이다(라이팅 · 타이핑 · 워드프로세싱 등 글쓰기 방식들의 특성 비교에 대해서는 다시금 2막 1장을 참조하기 바란다).

이것은 무엇을 말하는가? 오히려 타이핑과 워드프로세싱을 거치면서 선형성이 강화되었다는 것을 의미한다. 기계를 사용하는 글쓰기 작업에서 선형성은 하이퍼프로세싱이 일반화될 경우에만 상당수 극복될 수 있을 것이다.

또한 주석 달기와 주석 읽기는 글쓰기와 글읽기 양쪽 모두에서 선형성에 대해 파격을 가져왔다. 나는 개인적으로 책 편집의 역사에서 '주석 달기'의 개발은 중요한 의미를 갖는다고 본다. 또한 그것은 하이퍼텍스트 구성과도 연관이 있다.￭ 본문에서 그물망처럼 퍼져나갈 수 있는 하이퍼텍스트는 '각주나 방주 등이 일반화'된 것이라고 볼 수도 있기 때문이다.

그래서 하이퍼텍스트에는 '본문의 중심성'이라는 것이 없다고 할 수 있다(이 점도 꼭 그렇지는 않지만). 물론 종이책은 아직 본문의 중심성이 유지되는 텍스트다. 하지만 서구에서처럼 다양한 형태의 주(註)를 계속 달아보는 연습을 한 사람들이 하이퍼텍스트를 개발하고 그것을 사용하는 데 더 익숙할 수 있다. 종이책의 시대에서부터 다양하고 많은 지식과 '게임'을 해본 사람이 컨텐츠가 풍부한 하이퍼텍스트에도 더 잘 적응한다고 볼 수 있기 때문이다.

그리고 하이퍼텍스트나 하이퍼텍스트문학(이하 하이퍼문학이라고 칭함) 작품들의 비선형성도 그렇게 단순하지는 않다. 그들의 전체 구조는 비선형적일지 모르지만, 그 구조에서 링크되는 개별적인 경로들은 선형성을 내포하기 때문이다.

이렇듯 텍스트-하이퍼텍스트를 둘러싼 상황들은 세밀한 차이에 주의를 기울일 것을 요구한다. 그래야만 오해 아닌 이해가 가능할

---

￭ **책 편집의 역사에서 '주석 달기' 개발의 중요성** 하이퍼텍스트에 매료된 사람들은(나도 그렇지만 최소한의 정신은 차리고 있다) 별 것 아닌 것에서도 하이퍼텍스트의 장점을 본다. 예를 들어 하이퍼텍스트의 링크 기능을 내세우면서 그것이 "마치 각주를 다는 것과 비슷하지만, 즉시 정보를 얻을 수 있다는 점이 다르다"고 한다(박상찬·신정관, 〈하이퍼텍스트와 미래의 미디어 기술〉, 최혜실 엮음, 《디지털 시대의 문화예술》, 문학과지성사, 1999, 263면). 하지만 사실 각주가 정보를 얻기에 더 빠르다. 왜냐하면 링크된 문서는 클릭을 해야 모니터에 뜨고 그것을 보지만, 각주는 같은 페이지에서 눈으로 바로 보면 되기 때문이다. 사실에 대한 관찰은 제대로 할 필요가 있다.

뿐만 아니라, 인간이 만들어낸 문화적 성과물에 의해 역으로 인간이 억압되는 일이 줄어들 것이기 때문이다.

## 견고성과 억압성

"글은 고정된 위치에 있으면서 변화하는 모든 것들을 구조화하고 분석한다. 문자가 지니는 물리적 안정성 때문에 주체도 안정과 통일성을 갖는다. 동일한 틀로 불규칙한 세상사를 설명할 수도 있고, 이성만 온전하면 알아내지 못할 것이 없고, 설명하지 못할 것이 없다는 신화는 여기서 비롯되었는지 모른다. 텍스트는 과거의 흔적을 고스란히 간직한 채 현재로 전승되며, 지식이 변하더라도 변하기 전의 흔적은 그대로 텍스트에 남는다."(최혜실, 처음 책, 26면) 이것은 흔히 문자 텍스트의 견고성을 지적하는 말 가운데 하나다. 이렇듯 텍스트는 그 견고성 때문에 수정(修正)을 쉽게 받아들이지 않는다는 것이다.

반면에 하이퍼텍스트는 "수없이 몸 바꾸는 텍스트"다. 그래서 "지금까지 문명은 분석적 질서가 정착되고 이를 통해 인간의 삶이 동일성의 기반 위에 서고 체계화되는 과정에서 발전해"왔지만, "이 안정성은 하이퍼텍스트 속에서 사라진다"고들 한다.

그런데 종이책을 비롯한 아날로그 텍스트의 견고성을 수정이 쉽지 않는 체계라는 면에서 인정한다면, 이제 하이퍼텍스트의 특성은 어디에 있는지 묻지 않을 수 없다. 하이퍼텍스트의 '문제적 특성'은 놀랍게도 억압성 내지는 억압의 가능성에 있다.

미국 UCLA의 캐서린 헤일즈(Katherine Hayles)가 하이퍼텍스트는 기존의 활자 형태만큼, 아니 그 이상으로 지배적이며 강제적이라고 하는 데는 일리가 있다. 그녀는 하이퍼문학의 관점에서도, 디지털 기술이 문학을 더 민주적이며 개방적으로 만들 것이라고 하는 주장이 다분히 유토피아적이라고 생각한다. 그녀는 적지 않은 하이퍼텍스트 이론가들이 새로운 텍스트 형태가 과연 지식의 습득과 경영에 어떤 효과를 미칠 것이냐는 인식론적 문제를 적절히 파악하지 못했다는 점을 지적한다.

내가 볼 때에, 하이퍼텍스트가 강압의 가능성을 내포하는 이유는 그것이 — 명백하게 의도적이든, 아니든 — '전체주의적' 내부 네트워크를 지향하기 때문이다. 하이퍼텍스트는 원칙적으로 링크(기계적 연결) 및 링크 아이콘 그리고 연결된 마디들(스크린들)을 가진 데이터베이스다. 그리고 그 제공자가 있다. 이것은 하이퍼문학에서도 마찬가지인데, 하이퍼소설을 대할 때 독자들이 각자 나름대로 선택하여 독서로(reading path)를 탐험한다고 해도, 그 길들은 작가가 설계한 것이다. 즉 제공자의 권력이라는 문제가 부상한다.

또한 하이퍼텍스트의 양방향성을 이용하여 독자 스스로가 일정한 경로에 나타나는 텍스트의 서사 시퀀스를 스스로 구성한다고 해도, 그것은 매우 단편적이거나 — 헤일즈의 말대로 — 에피소드화하고 파편화할 가능성이 높다. 따라서 독자의 게릴라적 침투가 최초 제공자의 견고한 권력 구조에 어떻게 작용하고 그 작동의 폭은 어느 정도인지는 지켜보아야 할 과제다.

또한 하이퍼텍스트로 쓴 하이퍼소설 전체를 하나의 텍스트로 볼 때 그것은 더 조그만 텍스트들로 구성된 메타텍스트가 되며, 오히려 텍스트 조각들은 책에서처럼 고정될 필요가 없이 분산되기 때문에 더욱 자유로워진다는 입장도, 또 다른 측면을 간과해서는 안 된다. 이러한 메타텍스트는 — 의도적이든, 아니든 — 좀더 총체적 질서를 지향한다는 측면이 있기 때문이다. 즉 좀더 큰 구조를 제공하면서 그 안에서의 자유를 보장하는 것 같지만, 사실은 총체성의 크기가 늘어난 것이기 때문이다. 이 점을 제대로 파악해야 '자유의 가능성'은 보장된다.

그리고 자유를 억압하는 하이퍼텍스트의 전체주의적 성격은 디지털 문명이 가져온 또 다른 특성에 연관된다. 그것은 몰입성의 증대다. 사람들은 인쇄된 텍스트에 대한 독자의 몰입성의 정도가 컴퓨터가 제공하는 하이퍼텍스트에 비해 현저히 떨어진다는 것을 알면서도 그것의 사회 문화적 의미는 흔히 간과한다.

'책읽기 싫은' 경우가 얼마나 많은지는 수많은 사람들이 경험해 온 바다. 그것은 흔히 남들이 재미있는 소설이라고 해도 내게는 있을 수 있는 현상이고, 학자들처럼 책읽기를 업으로 삼는 사람들에게서도 일어나는 현상이다.

반면 디지털 문명이 제공하는 것들은 몰입을 그 본질로 할 정도다. 하이퍼텍스트의 몰입성, 강압성, 전체성 등과 자유의 관계는 몰입시키는 놀이가 자유를 뺏어갈지 모르는 것과 유사하다. 이는 또한 — 거리가 먼 이야기를 하는 것 같지만 — 지금까지 역사상에 존재했던 전체주의의 특성과도 유사하다. 행복과 감동의 유혹이 사회 문화적 몰입으로 이어지고, 그것 때문에 자유를 양도한 것이 20세기 전반 유럽에서 실재했던 전체주의의 성격이기 때문이다.

## 상상의 폭

자유와 억압과 연관해 주목해야 할 또 하나의 중요한 측면은 '상상의 가능성과 폭'에 관한 것이다. 최근 디지털 문화가 작가뿐만 아니라 독자들의 상상력의 범위를 넓혀준다는 견해가 일반화하는 경향이 있다. 그러므로 다양한 경로를 제공하면서 퍼져가는 네트워크를 기본으로 하는 하이퍼텍스트도 상상의 폭을 넓혀준다고 주장하고 있지만, 이것도 잘 살펴보아야 한다.

우리는 이미지 중심의 멀티미디어가 사실은 상상력의 여지를 별로 남겨두지 않는다는 점을 유심히 보아야 한다. 예를 들어 영화 같은 영상 매체에서 전달되는 이야기는 특정한 표상의 연속들로 이루어지기 때문에 비교적 좁은 상상의 틈새만을 남겨두기 쉽다.

이와는 대조적으로, 책에 씌어진 이야기는 오히려 상상력을 자극하고 책의 내용에서 전이된 이미지를 창조하게 하는 경우가 많다. 사람들은 책을 읽으면서 글자를 보지만, 머릿속에서는 색깔, 소리, 모습, 동작, 풍경 등을 연출해낸다. 책읽기는 머리를 숨쉬게 하고 마음의 눈을 좀더 활짝 열어줄 수 있다는 은유는 과장이 아니다.

이것을 나는 앨리스(Alice)와 벨(Belle)의 차이라고 보는데, 다음과 같은 대화를 보면 알 수 있다. 루이스 캐럴의 동화《이상한 나라의 앨리스》의 주인공 앨리스는 언니가 읽고 있는 책을 흘끗 보고는 "그림도, 대화도 없는 책을 무엇에 쓴담?"이라고 한다.

반면 디즈니 애니메이션〈미녀와 야수〉의 주인공 벨은 개스턴이 그녀의 책을 빼앗아 보며 "아니, 어떻게 이런 책을 읽을 수가 있어? 그림도 하나 없는 책을 말야!"라고 하자, "홍, 어떤 사람들은 자신의 상상력을 사용하지"라고 눈 하나 깜짝하지 않고 대답한다.

사람들이 흔히 놓치는 건 이런 점이다. 하이퍼텍스트는 '하이퍼'한 '상상의 지도'를 직접 제공하는 친절을 베풀지만, 그러한 총체적 제공을 통해 두뇌의 상상력을 대치할 수도 있다. 이는 마치 테마파크가 환상의 세계를 대치할 수 있는 것과 유사하다. 현대의 오락과 놀이 문화는 '환상의 세계를 일상화한다'는 목표를 추구하고 있다. 모든 환상의 세계를 일상적 현실에서 촉감으로 느낄 수 있을 만큼 총체적으로 제공하고자 한다. 그러나 그 순간 각 개인이 환상의 나래를 펼 수 있는 가능성을 대체하기도 하는 것이다.

이상의 것들은 텍스트와 하이퍼텍스트의 이해와 오해에 연관해서 관찰해야 할 수많은 사실들의 일부다. 이밖에 문자 문화의 다양한 속성, 양방향성의 이면, 간(間)텍스트성(intertextuality)의 실제 적용 양상들, 텍스트들의 교육적 차원, 네트워킹의 강제성 등을 나열하는 것도 다른 일부를 첨가하는 것에 지나지 않는다.

이제 우리는 하이퍼텍스트를 이해하고 그것을 더욱 발전시켜, 우리의 일상적 삶의 다정한 친구가 되도록 하기 위해서, 과거로부터 지금까지의 텍스트들을 세밀히 관찰하고 연구해야 한다. 특히 아날로그 텍스트들의 이른바 선형성, 견고성, 일방성 속에 있던 수많은 작은 반란과 탈주 들을 보아야 한다.

그리고 하이퍼텍스트 안에 수많은 링크들을 구성하고 배치하는 것 이상으로, 텍스트와 하이퍼텍스트의 '링크'를 찾고 관찰해야 한다. 그리고 그것이 링크를 초월하는 '창발(創發)'이라면 둘 사이의 이전(移轉)에서 무엇이 '창발'했는지를 똑바로 보아야 하고, 심도 있게 성찰해야 한다.

특히 우리의 문제는 ─ 서구 학계에 비해서 ─ 이런 관찰과 성찰이 결여되어 있다는 점이다. 그래서 '하이퍼텍스트 원고'가 '텍스트 피고'를 고발하는 일이 생기는지도 모르며, 하이퍼텍스트 연구자들이 서로 연구 협력을 하기보다는, 각자 나서서 첨단 문명의 선구적 전도자이기를 자처하기에 바쁜지도 모른다.

**2-03**

# 지식의 창조와 지식의 습득

2001년 한 해 동안 필자의 전공도 아니면서 학생들 부탁에 못 이겨 모 대학 신문에 영화에 관한 글을 연재했다. 그런데 첫번째 칼럼이 실린 신문을 받아 보니, 내 글이 문화면에 '김용석의 영화 읽기'라는 제목으로 실려 있었다. 그것은 내가 제안한 것이 아니고 편집진에서 그렇게 정한 것이었다. 순간 나는 왜 '영화 보기'나, 아니면 '영화 감상'으로 하지 않고 '영화 읽기'라고 했을까 하는 호기심이 들었다.

그러고는 내가 일전에 《옛 그림 읽기의 즐거움》이라는 책에 대해 북 에세이를 쓴 적이 있다는 것을 기억해냈다. 또한 2001년 한 해 동안 유난히 회화·조각 등 역사상 유명한 미술 작품을 '읽는 법'을 알려주는 책들이 제법 여러 권 출판되었다는 사실도 상기했다. '문화 읽기'라는 방송 프로 제목을 듣기도 했다.

그래서 이런 표현들이 요즘 별난 게 아니라는 것은 알지만, 새삼 '읽기'가 무엇이고, 읽기의 대명사 격인 '글읽기'는 또 무엇인지에 대해 물음표를 던지게 되었다. 그리고 이런 질문에 대답하고자 하는 동안 그것이 '인간과 지식'이라는 21세기의 중심 화두와 깊이 연관되어 있으며, 그로부터 파생된 다양한 시대적 의미들이 오늘의 세계관과 윤리관 형성에 폭넓게 개입하고 있다는 사실을 새삼 관찰하게 되었다.

## '읽기'와 '글읽기'

'읽다'라는 단어를 국어 사전에서 찾아보면 매우 흥미로운데, 여러 가지 뜻 중 제일 먼저 등장하는 것이 "책을 보다", 아니면 "글을 보다"이다. 즉 '읽는 것'을 다시 '보는 것'으로 환원시킬 뿐만 아니라, 일반적으로 '읽기'를 '독서(讀書)'와 동일하게 사용하고 있다는 것을 관찰할 수 있다.

이에 비해, 영어의 'read'를 비롯해 대부분의 서구어의 경우는 그 어원에 '해석하다', '뜻을 알아차리다', '설명하다', 또는 '거두어들이다', '질서 있게 모으다' 등의 뜻이 우선적으로 강하게 내포되어 있다.

물론 우리말에서도 "뜻을 헤아려 알다"라든가, "바둑이나 장기에서 자기의 수(手)를 생각하거나 상대편의 수를 헤아리다"는 의미로 쓸 때처럼 글이나 책과 직접적인 연관이 없을 때도 '읽다'라는 말을 사용한다. 하지만 앞서 말한 '영화 읽기'라든가, '그림 읽기' 등의 표현을 이제 일반적으로 수용하게 된 데에는 서구 문화의 영향이 있지 않나 조심스럽게 가정해볼 수 있다.

어쨌든 '읽기'는 '글읽기'와 다르다. 우리가 지금까지 문자 문화 우위의 시대에 있기 때문에 글읽기가 읽기의 대명사가 되었을 뿐이다. 하지만 둘 사이의 구분은 인간의 문화 행위를 이해하는 데 유용할 뿐만 아니라, 때론 필수적이다.

책에 씌인 문자를 읽는 행위는 읽기의 다양한 모습 중 하나일 뿐이라는 것을 실례로 보여주는 글들 중에서 알베르토 망구엘 (Alberto Manguel)의 것이 적절한 듯싶어 여기에 최근 우리나라에도 번역된 그의 책《독서의 역사》*에서 여러 줄을 그대로 인용해 보기로 한다.

"더 이상 존재하지 않는 별들의 천체도를 읽는 천문학자, 집을 지을 때 악귀를 물리치기 위해 집터를 읽는 일본인 건축가, 숲 속에서 동물들의 발자국을 읽는 동물학자, 자신이 승리의 패를 내놓기 전에 상대방의 제스처를 읽는 도박꾼, 안무가의 메모나 기호를 해석해내는 무용가, 무대 위에서 공연 중인 무용가의 동작을 읽는 관중, 한창 짜 내려가고 있는 카펫의 난해한 디자인을 읽어내는 직공, 오케스트라용으로 작곡된 난해한 악보를 해독하는 오르간 연주자, 아기의 얼굴만 보고도 기뻐하는지 놀라고 있는지, 아니면 감탄하고 있는지를 눈치채는 부모, 거북의 등딱지에 나타난 모양새

---

■ **읽기의 다양한 모습** 알베르토 망구엘의 *A History of Reading* (1996)을 2000년에 우리나라에서 번역하면서 붙인 제목이다. 하지만 이 책의 제목은 말 그대로 《읽기의 역사》라고 했어야 그 뜻을 제대로 전한다. 물론 저자는 독서에 연관된 것에 지면을 많이 할애하고 있지만, 넓은 의미의 읽기(reading)의 개념을 바탕으로 책을 서술하고 있다. 이는 '그림 읽기'라는 장을 별도로 둔 것을 보아도 알 수 있다. (또한 이 책의 출판사 리뷰에서 "세상의 모든 현상을 읽고 이해하는 행위, 이것 모두를 독서의 영역에 포함시켜야 한다"라고 주장하지만, 사실 여기서 '독서의 영역'은 '읽기의 영역'이라고 표현했어야 한다.)

를 보고 길흉을 점치는 중국 점쟁이, 밤에 침대 시트 아래에서 사랑하는 사람의 육체를 읽는 연인, 환자들을 상담하며 뒤숭숭한 꿈을 풀이하도록 돕는 정신과 의사, 바닷물에 손을 담가 보고 바닷물의 흐름을 읽어내는 하와이의 어부, 하늘을 보고 날씨를 예견하는 농부……"

망구엘은 입심 좋게 읽기의 많은 예를 나열했지만, 한 가지 중요한 것을 빼놓았다. 점쟁이 이야기를 하면서도 서구에서도 제법 성행하는 — '얼굴 읽기'인 관상은 서구에서 드물지만 — '손금 읽기'(우리는 '손금 보기'라고 한다)를 빼놓았다.

이상은 독자의 흥미를 끌려는 좀 특별한 예들이지만 일상적인 예들도 수없이 많으며, 이 모든 것을 아우르면 '세상을 읽다'가 된다. 그리고 이런 '세상 읽기'는 '인간과 지식'이라는 주제에 직결된다. 그것은 인간이 이 세계의 현상을 직접적으로 대하는 통로인 오감(五感)의 결과를 모두 읽기라는 것으로 채널화하는 행위이기 때문이다. 다시 말해 보기, 듣기, 냄새맡기, 맛느끼기, 만지기 등을 읽기라는 행위로 '지식화'하는 것이기 때문이다(인간이 발명한 각종 자동화 장치의 기능도 상당수 이런 의미의 '읽기'에 속한다. 예를 들어 센서는 상황을 읽어내 데이터로 만들며, 좀더 발달한 로봇의 기능도 변화하는 각종 현상을 읽어내 인공 두뇌로 전달하여 데이터화하고 해석하는 것이다. 인간이 지니는 읽기의 욕구는 이런 인공 피조물의 기능에도 반영되어 있다고 할 수 있다).

21세기 감성의 시대(이 표현은 사실 우리나라에서 유난하다)에 미안한 말이지만, 지금까지 '읽기의 역사'는 감각의 통로를 사용하되 인간 이성의 역사였고, 앞으로도 읽기가 인간의 기본 행위로서 사라지지 않는 한 그럴 것이다. 이에 이른바 영상 문화 시대라고 하는 때일수록 이성적인 것을 바탕으로 하는 읽기 문화를 제대로 성찰할 필요가 있다.

전문 심리학자나 정신분석학자들도 시인하듯, 인간 행위로서의 읽기를 제대로 파악하기란 무척 어렵다. 그것은 인간 정신 활동 중에서도 가장 복잡다단한 활동의 상당 부분을 밝혀내는 것이기 때문이다.

하지만 어느 정도 확실성을 가지고 말할 수 있는 것들은 있다. 우선 읽기는 시·공간의 이미지를 두뇌 속 언어화 과정으로 이전하는 작업이라고 할 수 있다(그것은 앞의 예들에서 보았듯이, 현상들을 포착하여 말이나 글로 표현하는 작업이라고 할 수 있다). 다시 말하면, 현상을 언어라는 방식으로 지식화하는 것이라고 할 수 있다. 그래서 어떤 대상을 잘 읽고 나면 그것을 잘 알게 된다고 할 수 있다.

이 점을 좀더 발전시켜 보면, 읽기는 '지식 창조'의 가장 본질적인 방식이라고 할 수 있다. 세상의 다양한 현상을 읽는 사람들은 읽기의 행위를 자신의 두뇌 작용에서 그치는 것이 아니라, 현상을 포착하여 그것을 읽어내 갖가지 기호 및 말이나 글로(이 점에서 읽기는 글쓰기로 이어진다) 표현하고자 한다. 즉 남에게 전달하고자 한다.

카시러(Ernst Cassirer)의 말을 빌리면, "인간은 자신의 삶을 표현하지 않고는 삶을 살 수가 없다(He〔Man〕cannot live life without expressing his life)." 이에 "무언가를 표현하려는 욕구는 인간의 고차원적인 본능으로, 이로 인해 문자가 발명되고 책이 탄생되었다"

는 망구엘의 인식은 너무 당연해 보인다.

즉 이럴 때의 읽기는 책을 읽는 것이 아니라, 책을 탄생시키도록 하는 '세상 읽기'라는 인간 욕구의 발현이다. 이런 점에서 앞서 언급한 '영화 읽기'나 '그림 읽기' 등도 일정한 대상을 읽어내 지식을 창출하는 것이라고 할 수 있다.

이렇듯 읽기가 '지식 창조'의 방식이라면, 글읽기는 인간과 지식 사이에서 '지식 습득'의 방식이다. 이 점에서 읽기와 글읽기는 확연히 구분된다. 따라서 글읽기를 단순히 읽기의 한 방식이라고 보기보다는 그것과 다른 차원을 갖는다고 보아야 한다(이것은 망구엘을 비롯한 많은 독서 연구가들이 놓치는 점이다. 아마 그들은 글읽기를 우선 파악하고 나서 거꾸로 읽기의 보편적 개념에 관심을 두었기 때문일 것이다).

인간과 이 세상의 여러 현상 사이에 읽기의 행위가 있고 그것으로 인간은 **지식을 창출**한다. 반면 인간과 이미 창출된 지식(문자화되고 책이라는 형태를 가진) 사이에 글읽기 행위가 있으며 그것으로 인간은 **지식을 습득**한다.■ 그러므로 읽기와 글읽기는 지식의 창조와 지식의 습득이라는 행위의 맥락에서 역순(逆順)의 관계에 있다고 할 수 있다.

---

■ **지식 습득과 지식 전달** 참고로 글읽기는 글 쓴 사람의 입장에서 보면 지식 전달이다. 글로 씌어진 지식이 읽히는 순간 독자에게 전달되기 때문이다. 따라서 글읽기 과정에서는 지식 습득과 지식 전달이 동시에 이루어진다고 할 수 있다. 이때 글 쓴 사람은(그가 생존해 있든, 이미 고인이 되었든 관계없이) 전달자로서 글읽는 사람과 '가상의 대화'를 하는 것이라고 할 수 있다. 그런데 이 경우도 그 가상은 글읽는 사람에게 실효(實效)의 성격을 띤다. 문화 전달 매체의 효과란 이런 것이다.

이것을 이미지의 차원에서 보면, 읽기는 이미지로 나타나는 현상들을 언어화하지만, 글읽기는 상당수의 경우 문자 언어를 이미지화하는 행위를 동반한다. 문자 문화의 특징은 사람이 문자를 읽고 있는 사이 스스로 이미지를 펼쳐간다는 데에 있다.

영상 문화의 경우 화면에 나오는 대상은 또 다른 상상을 허용하지 않지만 책 속의 대상은 자유로운 상상을 가능하게 하기 때문이다. 이런 점에서 독서의 극치는, 책을 읽어가는 동안 어떤 이미지를 끌어내어 그것을 자신의 것으로 만드는 데에 있다는 말에는 일리가 있다. 또한 어떤 화가가 "책을 읽으면서 각 장마다 새로운 그림 이미지가 연속해서 떠올랐다"라든가, "때로는 그림이 되는 소설들이 있다"라고 하는 것은 별난 일이 아니다.

이렇듯 읽기와 글읽기는 거의 동일한 것 같지만 그 행위들이 이루어지는 과정을 잘 살펴보면 역순의 관계에 있을 뿐만 아니라(읽기가 현상을 언어화하는 반면, 글읽기는 문자를 이미지로 현상화한다는 점에서), 행위의 결과라는 점에서도 지식 창출과 지식 습득으로 나누어질 수 있다(물론 글읽기에서 습득한 지식으로 재창조 행위를 이루어가기도 하지만).

그럼에도 그들은 지식이라는 동전의 양면을 구성할 뿐만 아니라, 그 어느 경우든 지식과 관련이 있는 한 인간의 두뇌 활동에 연관된다는 공통 분모를 가지고 있다. 이에 읽기와 글읽기의 의미를 21세기 지식 기반 사회에서 재조명해보는 의미가 있다.

## 오래된 논쟁

인간과 지식 사이에서 그 지식 습득의 방식으로 존재하는 글읽기, 즉 독서는 수천 년 동안 인류 문명의 중심에 있어 왔다. 지식 습득과 지식의 재창조가 곧 독서와 동일시되기도 했다. 그것은 오늘날까지 책을 많이 읽는 사람과 지식인을 거의 동일시하는 것을 보아도 알 수 있다.

그런데 어떻게 하면 책 '많이 읽는 것'을 실현해낼지 하는, 그 방식에 대한 논쟁은 책의 역사와 함께 한다고 해도 과언이 아니다. 책을 읽는 방식은 음독(音讀), 묵독(默讀), 속독(速讀), 다독(多讀), 정독(精讀), 남독(濫讀), 소독(素讀), 그리고 골라 읽기의 방식인 '군데군데 읽기(browsing)'와 '훑어 읽기(skimming)', '통합해(syntopical) 읽기' 등 여러 가지다. 하지만 그 가운데서도 논쟁의 중심에 있는 것은 언제나 다독과 정독이다.

그 어느 것이나 '많이 읽기'를 지향하지만, 많이 읽기의 방식에서 차이를 보이는 것이다(다독은 그 일반적 의미상 '많은 책 읽기'지, '많이 읽기'가 아니다. 즉 많은 책 읽기로서 많이 읽는다. 반면 정독이 많이 읽기가 되는 것은 한 권의 책이라도 그것에 장시간 집중하거나, 반복해서 읽기 때문이다). 그 어느 경우든 글읽기에 시간과 정력을 많이 투자하고 있음은 같으나, 그 투자로 얻을 수 있는 지식의 가치에 대해서는 이견이 있고, 각자 추구하는 지식의 성격에 따라 그 방식을 달리한다.

책을 많이 읽어서 '지(知)의 거인'이라고 불리기도 하는 일본의 저널리스트 다치바나 다카시(立花隆)는 "한 권을 정독하기보다는 다섯 권을 속독하는 게 낫다"는 철저한 속독파이자 다독파다. 반면 《독서술》이란 책을 썼던 20세기 초 프랑스 문단의 유명한 비평가이자 문학사가인 에밀 파게(Émile Faguet)는 "천천히 읽는다는 것을 제외하고는 일정한 독서술은 없다"고 할 정도로 철저한 완독파이자 정독파다.

다치바나 다카시는 프랑스 고교의 지리 교과서에도 등장하는 이른바 '고양이 빌딩'(건물 외벽에 커다란 고양이 얼굴이 그려져 있음)에 많은 책을 소장하고 있는 것으로도 유명한데, 그 자신이 고양이처럼 세상의 사물에 대해 참을 수 없는 호기심으로 똘똘 뭉친 '지식의 고양이'다. 하지만 에밀 파게처럼 정독파 역시 호기심을 가졌다는 점에서는 동일하다. 다만 호기심을 종횡무진으로 넓게 발휘하느냐, 아니면 깊이 파고들면서 그 호기심을 만족시키느냐의 차이이다.

정독이든, 다독이든 지식을 습득하는 데는 나름대로 유용한 점들이 있다. 다만 특별히 개인적 능력이 뛰어나지 않는 한 다독은 정독을 제외시킬 수 있지만, 정독은 오히려 다독을 불러오는 효과가 있음을 관찰할 수 있다.

나는 석사 과정 때 라이프니츠(G. W. Leibniz) 철학 강의를 들은 적이 있는데, 담당 교수는 개강일에 A4용지를 한 장씩 나눠주었다. 종이에는 라이프니츠 저서 가운데서 선별한 몇몇 문장들이 적혀 있었다. 그것이 한 학기 동안의 교재였는데, 교수는 그 안에 있는 내용을 학기 내내 설명하면서 그와 연관된 엄청난 양의 독서를 요구했다. 즉 문장 하나하나, 글자 하나하나를 깊이 파고들면서 지식의 네트워크를 이루어가는 방식을 택한 것이다. **정독이 다독을 부른 것이다.** 또한 정독은 이미 읽은 같은 책 안에서도 새로운 발견이 가능하도록 한다.

내가 정독에 다소 호감을 가지고 있다고 해도, 정독-다독 논쟁을 끝내게 할 수는 없다. 문화 비평의 관점에서 정작 중요한 것은 왜 정독-다독 논쟁을 하는지를 알아보는 것이다. 지식의 차원에서 보면 이 논쟁은 인간의 인식론적 태도와 연관되며, 지식의 가치를 정당화하는 방법 및 지식의 확실성, 삶에 대한 지식의 의미 등과 관련이 있다.

서구 역사에서 정독과 다독의 대립적 입장은 고대로부터 있어 온 인식론에 대한 상반된 견해에 그 먼 기원을 두고 있다고 할 수 있다. 기원전 6세기의 철학자 헤라클레이토스는 '많은 것을 아는 것(Polymatheia)'이 올바른 지식을 주는 것이 아님을 지적했으며, 그보다 약 1세기 후 그 자신이 매우 박학다식했다던 데모크리토스 조차도 '많은 것을 아는 것'과 '많이 아는 것'을 구분했다.

하지만 역사의 흐름 속에서 폭넓은 경험적 지식의 중요성이 부각되면서, 이른바 박학다식(博學多識) 또는 백과 사전적 지식의 필요성을 재인식하게 되기도 했다. 결국 '넓게 아는 것'과 '깊이 있는 깨달음'은 상호 보완적이라는 좀 상투적인 결론을 받아들일 수밖에 없다.

사실 이와 연관하여 좀더 심각하게 고려해야 할 것은, 왜 글읽기나 책읽기 방식이 다양하게 되었는지에 대한 물음이다. 물론 그것은 지식 습득의 효율성이라는 점 때문이기도 하지만 또 다른 중요한 이유가 있다.

책읽기에는 이 항(項)의 처음에 나열한 방식들 외에도 여러 가지 방식들이 존재하는데, 이는 영상 문화에서 '보기 방식'에 대한 탐구나 논쟁이 거의 없는 것과 대조적이다. 그 해답의 열쇠는 인간이 글과 책을 대하는 태도에 있다. 글읽기는 공을 들여야 하기 때문이다. 다시 말해, 영상을 보는 것과는 달리 절로 되지 않기 때문이다. 또한 그 이유는 '책읽기 싫다'는 문제를 완전히 제거할 수 없다는 사실에 있다.

독서가나 애서가들은 '책읽는 즐거움'을 말하지만, 그건 쉬운 일이 아니다. 모옴(W. Somerset Maugham)이 아무리 "독서의 주요 목적은 즐거움을 갖기 위함"이라고 강조했어도, 보통 사람들이 쉽게 그 경지에 이를 수 있는 것은 아니다.

글읽기가 즐거움에 이를 수 있기 위해서는 글읽기를 극복해야 한다. 그리고 글읽기를 극복하기 위해서는 글읽는 능력을 키워야 한다. 즉 별도의 노력이 필요하다. 글읽기 방식이 다양하게 개발된 것도 사람들을 독서에 다가가도록 하는 다각적인 노력이 필요했기 때문이다. 여기에 영상 문화 시대의 문자 문화가 갖는 문제가 있다. 문자에 접근하기 위한 노력에 비해, 영상에 친숙해지기 위해서는 별도의 노력이 그리 필요하지 않기 때문이다.

## 읽지 않는 인간?

읽기와 글읽기는 지식의 창출과 습득이라는 점에서는 서로 역순의 행위지만, '책과 세계'라는 멋진 메타포를 사이에 두고는 상호 호환적이다. 망구엘은 미국 시인 휘트먼(W. Whitman)의 "우리의 임무는 이 세상을 읽는 것이다"라는 말을 인용하면서 "죽음을 피할 수 없는 인간에겐 세상이라는 방대한 책이야말로 지식의 유일한 원천이기 때문"이라고 주장한다. 한편 19세기 프랑스 시인 말라르메(S. Mallarmé)는 "결국 이 세상은 멋진 책 한 권에 담기기 위해 존재하는 것 아닌가"라고 말한다. 그래서 책 한 권 한 권은 나름대로 하나의 세상이다.

망구엘은 '책으로서의 세상'과 '세상으로서의 책'의 순환성에 대해서 휘트먼을 인용하면서 말한다. "한 권의 책이랄 수 있는 이 세상은, 이 세상이라는 텍스트에서 글자 한 자에 해당하는 독서가에 의해 게걸스레 먹힌다. 이리하여 독서의 끝없음을 위해서 순환적인 은유가 끊임없이 창조된다. 우리 존재는 읽는 만큼 성장한다. 그 순환이 완성되는 과정은 단순히 지적인 과정만은 아니라고 휘트먼은 주장했다. 다시 말해, 표면적으로는 지적으로 읽어 어떤 의미를 파악하고 어떤 사실들을 자각하지만, 그와 동시에 무의식적으로도 텍스트와 독서가는 서로 한데 얽히면서 새로운 차원의 의미를 창조해낸다."

세상이 곧 방대한 책이라는 것과 책이 세상을 담고 있다는 것은 서로 호환적이다. 그러므로 이 세상의 다양한 현상으로부터 지식을 창출하는 읽기와, 세상을 담고 있는 책으로부터 지식을 전달받고 습득하는 글읽기(또는 책읽기)는 인간의 삶을 양편에서 구성하고 있다고 할 수 있다.

그런데 이 읽기와 글읽기가 디지털 영상 문화의 시대에 와서 문제시되고 위기를 맞고 있다. 특히 글읽기가 심각한 위기에 처했다고들 한다. 저술가라는 말이 있는 만큼, 망구엘이 사용하듯 아직 '독서가'라는 말이 있는데도 말이다.

그래도 읽기는 디지털 문명과 함께 지식 정보 사회가 같이 도래했기 때문에 어떤 형태로든 살아남아 있다. 그것은 이 글의 서두에서 예를 들어 보여주었듯이, 각종 '세상 읽기'나 '세간(世間) 읽기'의 형태로 존속하고 있기 때문이다. 영화 읽기, 그림 읽기, 문화 읽기 등이 바로 그런 경향을 반영한다.

오히려 세간을 속속들이 읽고자 하는 문화 트렌드가 좀더 확산되면 — 읽기의 수준은 어떻게 될지 모르겠지만 — 소주제들을 중심으로 다양한 읽기들이 등장할 가능성이 높다. 예를 들면 아파트의 부엌 읽기, 음식점 주방 읽기, 누구누구의 방(房) 읽기, 핸드백 속 읽기, 필통 속 읽기, 소도구들의 세계 읽기 등으로 번질 가능성도 있다.

현재로서는 '지식 없는 인간'이란 것을 쉽게 가정할 수 없기 때문에 '읽지 않는 인간'이나 '읽기 없는 세상'은 극도의 상상이 아니고는 현실적으로 불가능해 보인다. 따라서 영상 시대 도래의 거센 물결 속에서 일부 학자들이 우려하는 문자 문화의 소멸도 지나친 상상이다.

지식과 문자는 앞으로 상당수의 역사에서 불가분의 관계에 있을 것이며, 문자의 소멸은 곧 언어의 소멸 문제를 야기할 것이고, 언어 없는 인간은 상상하기 힘들기 때문이다. 결론적으로 언어, 문자, 지식 없는 인간은 잠시 기발한 SF작품의 소재로 넘겨주고, 현실적 문제를 따져보기로 하자.

### 글읽기의 변화를 꿰뚫는 화두

현실적 문제는 글읽기(좀더 좁혀 말하면 책읽기)에서 심각히 부각한다. 이것은 앞의 항에서 살펴본 "글읽기는 노력을 필요로 한다"는 사실과 직결되어 있다. 노력이라는 문제는 또한 — 사람들이 흔히 간과하는 것이지만 — 선(善)과 악(惡)의 주제와 깊이 연관되어 있다.

우리는 역사적 사실이나 개인적 경험에서, 나쁜 것은 절로 되고, 좋은 것은 애를 써야 이루어진다는 것을 알고 있다. 더구나 우리 일상의 삶 속에서 보면 이런 판단은 거의 자명한 것으로 드러난다.

인간이 자연에서 채취한 것이든, 아니면 인간 스스로 만든 것이든(인공적이라는 단어로 대표되는) 자생적이지 않은 모든 것은 그대로 두면 썩고 낡고 부패하므로, 그렇지 않도록 하기 위해서는 조처를 취해야 한다. 때에 맞추어 싱싱한 과일을 먹고 싶거나, 기계의 기능을 최적으로 유지하고 싶으면 그대로 두지 않으려는 노력이 필요하다.

우선 과일을 때에 맞추어 수확해서 잘 보관해야 한다(이것은 경작일 경우에만 해당된다고 말할는지 모른다. 하지만 자연 채취의 경우도, 버섯을 딸 때에 독버섯과 식용버섯을 구분하는 노력이 필요하다. 산딸기도 되도록 제대로 익은 것을 고르려고 노력한다). 기계는 수시로 정비해야 한다. 그래서 '닦고 조이고 기름치고'라는 말이 나오고, A/S라는 것이 있다.

좋은 것을 얻으려면 때와 상황에 맞추어서 어떻게든 애를 써야 한다. 그렇지 않으면 절로 나쁜 것이 된다. 이것은 다른 일상생활에서도 얼마든지 관찰된다. 쓸데없이 게을러지지 않기 위해서는 애를 써야 한다. 계획을 세우고 의지를 발휘해야 한다.

우리가 아침에 규칙적으로 일어나기 위해서 자명종에 시간을 맞추어놓고 잠자리에 드는 것도, 간단한 예지만 노력이 필요하다는 것을 잘 보여준다. 남을 사랑하기 위해서도 애를 써야 한다. 말로만 사랑한다고 되는 게 아니기 때문이다. 사랑의 표시를 하기 위

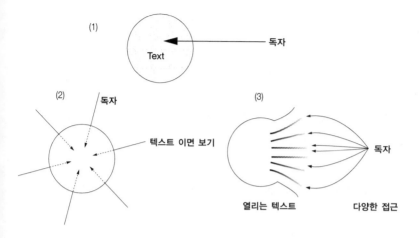

(1)

Text ← 독자

(2) 독자

텍스트 이면 보기

(3) 독자

열리는 텍스트        다양한 접근

오늘날 책읽기는 본문에서 설명한 것 외에 여러 가지 다른 관점으로도 조명해 볼 수 있다. 최근의 관심인 것 같아 여기 다른 관점들을 첨가한다. 위의 그림들은 책읽기이자 넓은 의미에서는 '텍스트 읽기'를 세 가지 방식으로 설명하고 있다.

(1) 우선 독자가 그저 텍스트에 푹 빠져 읽기 자체를 즐기는 방법이다. 그러니까 독자 개인이 독자적(獨自的)인 느낌을 받고 즐기면 되는 식으로 읽는 것이다. 이럴 경우 독서에서 느낀 점이나 얻은 의미를 다른 사람들과 소통하며 나눌 필요도 없다. 이것은 텍스트에 '파묻히기'라고 할 수 있다.

(2) 오늘날 이른바 문화 연구(Cultural Studies)에서 많이 취하는 방식으로, 책 같은 문자 텍스트든, 영화 같은 영상 텍스트든 그 텍스트가 만들어진 정치적·윤리적 의도, 구성의 맥락, 텍스트의 배경에서 이루어지는 권력 작용, 텍스트 생산과 소비에 연관된 각종 이해 관계 등을 살펴보는 것이다. 컨텍스트(context)를 중요시하는 입장이다. 파헤치기, 들추어내기, 까뒤집어보기라고 할 수 있다. 예를 들면 지루(Henry Giroux)의 《디즈니 순수함과 거짓말》이 그 경우다.

(3) 텍스트의 배경이 아니라 텍스트가 품고 있는 다양한 의미들을 추출해, 그것의 의미 확장을 시도하며, 그 결과를 다른 사람들과 소통하고자 하는 방식이다. 즉 컨텐츠의 풍부함과 독자의 풍부한 감수성의 만남을 시도하는 것이다. 즉 독자는 다양한 의미 추출의 촉수들로 텍스트에 접근하여 '텍스트를 여는 것'이다. 컨텐츠(contents)를 중요시하는 텍스트 읽기다. 예를 들면 디즈니 애니메이션 작품들의 컨텐츠를 분석한 필자의 《미녀와 야수 그리고 인간》이 그 경우다.

해서는 여러 가지 노력을 해야 한다. 그리고 그 표시는 곧 사랑의 행동과 마음으로 이어진다.

인간의 **노력**이 선과 악을 판단하는 기준이 될 수 있다는 것을 이론가들은 오랫동안 잊고 있었다. 더 나아가 섣불리 '선과 악을 넘어서'라는 구호성 도덕 이론을 주창하기도 했다. 하지만 좋은 것과 나쁜 것의 구분이 없는 세상이 얼마나 가능한지 자문해보아야 할 일이다.

그런데 이것이 도대체 글읽기 또는 독서와 무슨 관계가 있다는 말인가? 물론 관계가 있다. 그것도 밀접한 관계가 있다. 오늘날 디지털 영상 문화와 함께 온 것이 바로 에듀테인먼트(Edutainment)의 욕구이기 때문이다.

무슨 말인지 의아해할 독자가 있을지 모르니 설명해보자. 에듀테인먼트는 말 그대로 교육에 오락을 접목한다는 뜻이다(Education＋Entertainment). 즉 지식에 대한 접근성을 최대한 쉽게 한다는 뜻이다. 다시 말해, 지식 전달과 습득을 재미있고 즐겁게 한다는 의미다.

궁극적으로 인간과 지식 사이의 간격을 좁히고 부드럽게 한다는 뜻이기도 하다. 바꾸어 말하면 지식 습득의 노고(勞苦)를 최소화하겠다는 것이다. 그것은 나름대로 의미 있는 일이고 일정 부분 필요하다.

하지만 인간의 교육이 모두 에듀테인먼트의 원칙에 의해서 이루어진다고 가정한다면, 인간은 노력의 가치를 잃게 될지 모르며, 좋은 것과 나쁜 것의 의미와 일상적 삶에서 선과 악의 기능에 대한 의식을 상실해갈 가능성이 높아진다. 지식의 차원에서 노력에 대한 의식과 노력에 대한 의지 및 그 현실적 실행 능력을 유지하기 위해서는 '애써서 얻는 지식'의 영역을 유지하는 것이 필수적이다. 그 가운데 중요한 것이 글읽기다. 즉 일정 부분 글읽기 문화의 유지가 필수적이다(현실적인 제안을 하나 한다면 '독서는 즐겁다'는 것만 홍보할 것이 아니라, '독서는 애쓰기'라는 것을 일깨워주어야 한다).

이는 다시 우리 삶의 전반적인 차원에 연결된다. 반복하지만 **노력의 문제는 좋은 것과 나쁜 것을 구분하는 세계관 및 인생관과 밀접하기 때문이다.**

오늘날 독서의 문제를 제기하는 것은 영상 문화 바람에 대한 맞바람도 아니고, 질투나 시기는 더구나 아니며, 문자 문화의 고리타분한 향수에 집착하는 것도 아니다. 그것은 중세 때 멋진 라틴어로 표현했듯이, 책을 읽기 위해 조용한 숲 속 '그늘에서의 삶(umbratilis vita)'을 추구하는 것도 아니다.

망구엘 같은 치열하고도 고상한 독서가처럼, "과거와 미래 그리고 우주 저편으로까지 영혼을 자유롭고 아름답게 확장시키는 유일한 도구는 그래도 책"이라는 순진하고도 낭만적인 관점에서 주장하는 것도 아니다. 최근 이슈가 되고 있는, 문맹(文盲, illiteracy)은 아니지만 책을 안 읽는 책맹(冊盲, aliteracy) 논쟁을 부채질하기 위해서도 아니다.

오늘날 독서와 비독서에 관한 문제 의식은 문명의 전환기에 세계관과 인생관 그리고 윤리관이 어떻게 재정립될 것인지에 대한 성실하고 시의적절한 반응이라는 데 더 큰 의미가 있다. 그러므로 2막 1장에서 다루었던 글쓰기와 함께 글읽기에 대한 연구는 종합적 문화 트렌드에 대한 신빙성 있는 미래 예측의 시발점일지도 모른다.

한때 권위주의적 지성이 문제였다면 오늘날은 쌓인 것도 없이 득도(得道)한 듯한 얄팍한 지성이 문제라는 느낌을 많이 받는다. 한때는 도덕의 문제를 당위로만 내세웠던 경우가 있었지만 오늘날은 도덕의 문제를 고리타분한 것으로만 치부하는 경우가 있기 때문이다. 오늘날 우리는 순수이성(지식 습득과 인식의 문제)과 실천이성(선악의 구분과 그에 따른 행위)이 이어지는 지점에서 왜곡된 지성들이 흔히 간과하는 수많은 과제들이 우후죽순처럼 솟아남을 본다. 인간과 지식 사이 글읽기의 문제도 그런 것들 중 하나다.

2막 1장에서 보았듯이, 글쓰기의 변천을 꿰뚫는 화두가 '수정'의 문제라면, 오늘날 글읽기의 변화를 꿰뚫는 화두는 바로 '노력'의 문제다. '고치기'와 '애쓰기'가 없는 세상이 있다면 그건 패러다이스일 것이다. 하지만 우리는 이미 ― 은유로 말한다면 ― 실낙원 이후의 시대에 살고 있다.

모든 것이 현란하고 빠르게 돌아가는 시대일수록(아니, 바로 그렇기 때문에) 우리는 쓸데없이 멋부린 관념어의 나열이 아니라, 현실을 직시할 수 있는 생각의 화두로 우리 앞에 펼쳐진 세상을 보고 읽어야 한다. 그 화두들은 현재를 관통하며, 역설적으로 '오래된 미래의 화두'가 될 수도 있기 때문이다.

# 이미지와 함께 살기,
# 이미지에 딴죽 걸기

앨리스 : "그런데 그림도, 대화도 없는 책을 무엇에 쓴담?"
(루이스 캐럴의 《이상한 나라의 앨리스》에서)


개스턴 : "아니, 어떻게 이런 책을 읽을 수가 있어? 그림도 하나 없는 책을 말야!"
벨 : "흥, 어떤 사람들은 자신의 상상력을 사용하지."
(애니메이션 〈미녀와 야수〉에서)



　이미지가 이 시대의 화두인 것만은 틀림없는 것 같다. '이미지의 범람'이란 말이 이제 전혀 새롭지 않으며, 이미지를 연구하고자 하는 움직임도 활발하다. 그래서 이미지의 중요성을 강조하기 위해 앨리스의 말을 인용하는 경우도 꽤 눈에 띈다. 그런데 사람들이 그냥 지나쳤을 개스턴과 벨의 대사를 첨가하는 것은 이미지 이상으로 상상력에 대한 우리의 관심이 중요하기 때문이다.

상상력은 우리 삶에서 획일화(이미지의 획일화를 포함하여)의 위험을 방지할 수 있기 때문에 중요하다. 이미지와 상상력을 논하면서 앨리스의 말만 인용구로 반복하는 것 또한 획일화의 한 양상일 수 있다. 그리고 현실적으로 상상력이 이미지를 과다생산할 위험보다는 기존의 이미지들이 상상력을 질식시킬 수 있는 위험이 더 크다.

이미지(image)와 상상력(imagination)은 영어 표현에서 보이듯이 매우 유사한 영역 같지만,[■] 전문 연구의 차원에서는 하나의 분야라고 보기 어려운 면도 있다. 물론 서로 연계되는 지점들을 가지고 있는 것은 틀림없다. 이 글에서 이미지와 상상력에 대한 과학적 담론을 하자는 것은 아니다. 다만 꼭 그림 같은 시각 이미지 없이도(때론 바로 그렇기 때문에) 인간의 상상력은 날개를 펼 수 있다는 점을 짚고 넘어가자는 것이다.

예를 더 들어보자. 지금은 베스트셀러 작가로 유명한 시드니 셀던(Sidney Seldon)은 오랫동안 영화, 연극 대본, TV 작가로 활동하

■ **이미지와 상상력** 이미지를 다룬 논문이나 저서를 보면 이 단어들의 어원적 설명을 쉽게 찾아볼 수 있다(이미지는 라틴어 imago, 그리스어 eikon, eidolon, phantasma 등과 의미적 연관이 있으며, 상상력은 라틴어 imaginatio, 그리스어 phantasia에 연관된다). 쉽게 말해서 상상력은 '이미지를 만들어내는 능력'이다. 영어나 프랑스어 등에서처럼 이 말이 라틴어 어원에 기반한 경우는 한 단어로 '상상하기'와 '상상력' 모두를 뜻하지만, 합성된 단어를 사용하는 독일어 Einbildungskraft에서는 이미지(Bild), 이미지 만들기(Einbildung), 능력(Kraft)의 뜻이 명확히 드러난다.

다 50세의 나이에 소설가로 등단한 것으로도 유명하다. 즉 영상 문화의 세계에 글을 제공하다가 뒤늦게 '골수' 문자 문화의 세계에 뛰어든 셈이다. 셸던은 늦은 나이에 소설을 시작한 이유에 대해 이렇게 말한다. "공간적 한계가 뚜렷한 연극, 제작진과 스타들에 좌우되는 영화, 그 중간 애매한 곳에 놓여 있는 TV보다는, 내 상상력으로 모든 것을 발휘할 수 있는 소설에 매력을 느꼈다."

프랑스의 문학사가 폴 아자르(Paul Hazard)가 아동 문학에 대해 쓴 글을 상기해보자. "상상력은 영혼과 마찬가지로 저절로 길러지는 것이 아니라 양식을 원한다. ……그럴 때면 어린이들은……무엇인가 이야기해달라고 조른다. ……어린이들은 최초의 이미지를 부수고 변형하여 다시금 새롭고 아름다운 것으로 만들어낼, 숱한 이미지를 들려달라고 졸라댄다. ……어린이들은 이렇게 말한다 '우리에게 책을 주세요. 날개를 주세요.'"

'이미지와 함께 살기'가 사회 문화적 임무처럼 주어진 시대에는, 가끔 '이미지에 딴죽 걸기'가 삶에 약이 되기도 한다. 그것은 이미지와 좀더 의미 있게 어울려 살 수 있는 방법이기 때문이다.

필자는 이 글에서 최근 이미지 및 영상 문화에 대한 세간의 관심들을 관찰하면서 느낀 단상(斷想)들을 독자와 함께 나누고자 한다. 물론 이미지에 대한 전문 연구자들의 입장을 존중하며, 이미지와 상상력에 대해서는 그 개념을 논하는 것만으로도 많은 시간과 노력을 할애해야 함을 염두에 두면서, 몇 가지 다른 관찰의 시각을 제시해본다.

## 플라톤의 관심

이미지가 멀쩡한 사람을 잠 못 이루게도 하고, 반대로 잠 못 이루는 밤을 동반하는 친구가 되기도 하는 시대를 대하는 태도는 대개 다음과 같은 두 가지 경향으로 나누어볼 수 있다. 한편으로는 그것이 가져올 가치적·인식적 혼란을 우려하는 것이고, 다른 한편으로는 이미지의 재평가에 따라 그동안의 인류 역사에서 억압되어 있던(역사적 해석으로 보아 그렇다고 판단되는) 인간의 종합적 인식 능력을 재고하는 입장이다.

전자의 경우는 급변하는 시대에 항상 있어 왔던 반응 가운데 하나라고 볼 수 있지만, 후자의 경우는 그렇게 단순하지 않다. 그것은 새로운 역사관 및 세계관의 정립과 연관되어 있기 때문이다. 그것은 이미지 중심의 가치론적·인식론적 입장을 정립하고자 한다. 즉 서구의 합리주의가 소홀히 했거나 억압했던 인간 인식의 원류를 되찾자는 시도이기도 하다. 따라서 그 비판의 주된 표적은 흔히 서구 사상에서 이성주의의 원조라고 할 수 있는 소크라테스-플라톤의 철학 체계가 된다. 그러나 이 점에 대해서는 좀더 세심한 관찰이 요구된다.

플라톤은 이미지의 위상을 잘 알고 있었다. 그것이 인간 삶에서 발휘할 수 있는 구체적인 위력도 잘 알고 있었다.■ 따라서 그것을 쉽게 폄하하거나 억압할 수 있는 대상으로 보지 않았다.

소크라테스의 제자로서 플라톤이 우선적으로 심중에 둔 것은 정치철학적 관심이었다. 그의 사상 체계는 궁극적으로 '폴리테이아'(국가론)에 이르고 '노모이'(법률론)로 구체화하는 것이었다.

그러므로 소크라테스의 가르침대로 합리적 윤리관과 그것의 토대가 될 수 있는 **진리 추구**를 바탕으로 이상적인 폴리스 공동체를 건설하는 것이 주된 목적이었다. 결론적으로 플라톤은 이미지를 억압했다기보다(그럴 수도 없었지만), 자신의 사상 체계에서 주요 요소로 선택하지 않았을 뿐이다.

반면 오늘날 우리의 우선적 관심은 상당 부분 문화철학적이라고 할 수 있다. 왜냐하면 '진리의 추구'보다는 '의미의 도출'에 무게 중심이 있기 때문이다(이 점에 대해서는《문화적인 것과 인간적인 것》에서 언급한 바 있다). 다양한 의미를 도출하기 위해서는 가치 수용의 폭과 인식의 지평을 넓힐 것이 요구된다.

이는 단순히 우리의 삶에서 이미지와 접하는 기회가 폭증했다는 것을 넘어서, '이미지의 의미'를 포착하고자 하는 노력이 현대인의 주요 과제가 되었다는 것을 뜻한다. 즉 관심이 다른 쪽으로 이동한 것이다. 그리고 여기에 이미지에 대한 경제적 관심과 상업

---

■ **이미지의 위상과 위력을 잘 알았던 플라톤** 이것은 플라톤이 ─ 그의 '대화편'들에서 보여주었듯이 ─ 신화의 상징적 언어와 신화적 이미지의 역할이 실증하기 어려운 진리의 길에 이르는 데 얼마나 중요한지 알고 있었다는 것 외에도, '철학하기'의 근원적 동기로서 '경이로움(thauma)'을 중요하게 인식한 것을 보아도 알 수 있다(이는 아리스토텔레스에게도 이어진다). 경이로움은 '무언가를 보면서' 올 수 있기 때문이다.

특히 그는 정치적 맥락에서 이미지의 위력을 간파하고 있었던 것 같다. 예를 들면 오늘날 현대인들의 정치 활동에서 이른바 '이미지 메이킹'이 주는 위력과 폐해를 미리 내다보고 있었던 것 같다. 어쩌면 플라톤은 오늘날 보드리야르(J. Baudrillard) 등이 주장하는 하이퍼리얼리티의 특성을 간파하고 있었는지도 모른다. 하이퍼리얼리티의 특징이, 그 자신을 구성하는 이미지를 어떤 사실적 원형에서 따오지만, 결국 시뮬라크르에 의해 그 자체로 확장된 '자신의 세계'를 구성함으로써 사실적 원형과의 관계를 단절하는 것이라면, 플라톤의 이데아론은 그 원형을 강조하는 것이다. 플라톤은 당시의 어지러운 정치 상황에서 어떤 '원시적'인 하이퍼리얼리티적 조작의 위험을 보았는지도 모른다.

적 이용이 가세한 것이다.

이러한 관찰은, 적지 않은 이미지 연구가들에 의해 이미지와 감성을 억압하는 이성 중심의 합리주의적 철학 체계라고 틀 씌워진 서구 사상사를 좀더 포용적인 자세로 볼 수 있게 한다. '억압의 역사'로 보는 것을 '관심 이동의 역사'로 볼 줄 아는 것은 현재 우리의 주장이 억압적이지 않기 위한 지혜이기도 하다.

이에 덧붙여, '이미지의 복권'을 위해서 이성 중심주의와 합리주의의 편협함을 비판하기 위한 수단과 방법으로 이미지 연구자들이 무엇을 사용하는지 잘 관찰할 필요가 있다. 그들은 철저한 합리적 전개를 하고자 하며, 역사적 증거와 문헌 들을 들이민다(그런 실례는 많지만, 한 예로 질베르 뒤랑(Gilbert Durand)의 *L'IMAGI-NAIRE*〔한국어판《상상력의 과학과 철학》, 살림, 1997〕을 참조해보기 바란다).

그리고 자신들의 입장이 '과학적'임을 결코 포기하지 않는다(예를 들어 '상상력의 과학'이란 표현에서도 알 수 있듯이). 이제 이것이 서양 전통에서 이성적이고 합리적이며 과학적이고자 했던 태도와 무엇이 다른지 물어야 한다. 그리고 이미지 뒤에 개념이 있고, 개념 뒤에 이미지가 있을 수 있다는 사실을 재고하는 것도 필요하다.

밀랍으로 만든 날개를 달고 하늘로 날아오르다 추락한 이카루스를 서구 이성의 모순을 상징하는 것으로 곧잘 비유한다. 이에 비해, 예의 이미지 연구자들은 쇠사슬을 엮어 날개를 만드는 것과 같다. 막상 이미지와 상상력을 위해 날아오르려 하나, 오히려 과다한 이성적 작업으로 만든 날개의 무게 때문에 이륙조차 할 수 없게 된 격이다.

이상은 이미지의 특성을 파악하고 그 의미를 포착하는 데 중요한 점들이라고 생각한다. 오늘날 우리에게는 이미지의 위상 제고도 중요하지만, 이미지에 대한 관심으로부터 모든 담론을 희석해 내려는 시도에 대한 성찰도 그만큼 중요하기 때문이다.

### '투발루'의 이미지

영상 이미지만으로 이루어진 세상, 모든 것이 이미지로 치환된 세상은 어떤 맛일까? 밋밋한 맛일까? 아니면 더욱 진한 맛을 풍길까?

1999년 제작되어 2000년 부천 국제 판타스틱 영화제에서 관객상을 수상했고, 2001년 일반 영화관에서도 개봉되었던 독일 감독 헬머(Veit Helmer)의 〈투발루(Tuvalu)〉를 한번 보자. 이 영화에서 들을 수 있는 대사라고는 고작해야 호명(呼名)과 감탄사 그리고 아주 짧은 문장 정도도. 그것도 몇 마디 되지 않는다. 대신 영화를 이끌어가는 것은 이미지들의 향연이다. 황무지 한가운데 자리잡은 낡은 수영장 내·외부는 그 자체로 환상적 이미지를 만들어내고, 등장 인물들의 몸짓조차 이미지화한다.

초창기 영화는 소리 없이 사람과 사물의 움직임만으로도 관객들에게 경이로움을 선사했고, 좀더 발전하여 영화에 자막 메시지를 담기 시작했다. 기술적 한계로 배우들의 몸짓과 목소리를 하나로 묶지 못했던 무성영화는 배우들의 과장된 몸짓 연기와 재치 있는 음향을 삽입하는 것으로, 독특한 예술적 향유의 가능성과 재미를 선사하기도 했다.

1927년 최초의 발성영화(Talkie)가 나온 후, 그간 말하고 싶어도 표현할 방법을 갖지 못했던 한이라도 풀려는 듯 다양한 대사와 사운드로 영화를 만들기 시작했다. 따라서 과장된 몸짓과 표정은 점차 사람들의 **일상적 표현에 가깝게** 바뀌어갔다.

대다수의 영화는 대사 중심으로 스토리를 이어갔고, 대사의 묘미가 영화를 살려주는 현상까지 낳았다. 하지만 채플린(C. Chaplin)을 비롯한 당시의 적지 않은 영화인들은 유성영화가 오히려 영화라는 매체가 지닌 고유의 예술성을 해치고 있다며 오래도록 무성영화만 고집하기도 했다.

어떤 평자는 〈투발루〉가 유성영화에 대한 당시 영화인들의 반발이 기술에 대한 생태적 거부감이나, 새로운 것에 대한 관습적 배척만은 아니었다는 것을 잘 보여준다고도 한다. 다시 말해, 이미지 미학의 본질을 지키고 보여준다는 것이다. 내러티브와 대사에 종속되어버린 것 같은 오늘의 영화계에서 헬머의 작품이 문학의 자취를 벗겨내고 문자 문화의 횡포에 저항하려는 시도 같다는 것이다. 곧 이미지 복권의 일면이라는 것이다.

헬머가 사용한 다양한 이미지 놀이는 차치하고라도, 이 영화를 보면서 어떤 관객은 배우들의 뛰어난 표정과 몸짓 연기로 인해 대사의 부재로 인한 생소함을 잊고, 이내 배우들의 연기에 주목하며 판타지의 세계에 몰입할 수도 있다. 이 영화를 수작(秀作)으로 만든 데에는 확실히 두 주연 하마토바(C. Hamatova)와 라방(D. Lavant)의 연기가 한몫했다. 20세기 초 무성영화에서 채플린의 연기가 결정적이었던 것과 마찬가지다.

그런데 여기서 주목할 것은 한 줌밖에 안 되는 대사의 중요성이다. 이름을 부른다는 것은 이 영화에서 단순한 양념 이상의 역할을

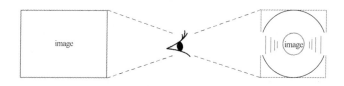

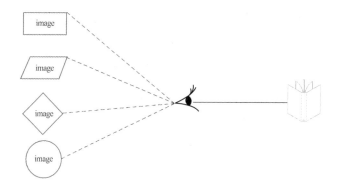

문자 문화와 영상 문화의 차이는 다각적으로 보아야 한다. 이미지라는 차원에서도 영화 같은 영상 매체를 통해 얻는 이미지는 상상의 여지를 별로 제공하지 않는다. 영화 스크린에 나타난 이미지가 수용자의 머리에 각인되는 이미지이기 때문이다(1).

반면 책을 읽으면서 전이(轉移)되는 이미지는 무척 다양하다. 사람들은 책을 읽으면서 문자를 보지만 머릿속에서는 다양한 이미지들을 그린다(2).

동일한 소설의 주인공에 대한 작가의 묘사를 같이 읽어도 독자마다 상상하는 이미지는 다르다. 하지만 영화 주인공의 이미지는 바로 보여진 이미지이기 때문에 누구에게든 ─ 느낌의 차이는 있을 수 있어도 ─ 동일하다.

한다. 그것은 인간학적으로 간과할 수 없는 요소다.

인간에게 호명은 거의 본질적인 것이다. 사람의 태생적 발성에서 나왔다고 볼 수 있는 '엄마', '아빠' 같은 호칭의 인간적 본질성은 굳이 강조할 필요조차 없을지 모른다. 또한 성서(창세기 3 : 19)에서 최초의 인간 아담이 에덴 동산의 생명체들에게 이름 붙이는 것의 상징적 의미를 굳이 되새기지 않아도 될지 모른다. 만일 인간의 삶에서 이름 짓기와 이름 부르기가 없다면 우리 삶은 어떻게 될까를 한번 가정해본다면, 그 중요성을 곧 알 수 있을 것이다.

또한 이 영화에서 호명 외의 간단한 대사도 영화를 이해하고 향유하는 데 결정적이다. 예를 들어 여주인공 애바가 남주인공 안톤의 형에게 "살인자!"라고 소리 지르는 것은 이 영화의 대전환을 이룬다. 혹자는 대사를 최소화했다는 점만을 강조할지 모르지만, 바로 그 최소화가 몇 개 안 되는 대사에 결정적인 역할을 부여한다. 이 점에서 대사는 한 줌이 있든지, 한 보따리가 있든지 그 중요성을 유지한다.

영화 역사의 초기에 만든 무성영화의 독보적 예술성을 인정해도, 말 그대로 영화를 무성으로 만든 것은 어쩌면 하고 싶어도 할 수 있는 기술적 방도가 없어서 대사를 넣지 못했던 결과가 아닌지 의심해볼 수 있다. 그리고 이미지만의 연출이 어쩌면 덜 인간적인 것은 아닌지 물어볼 수도 있다. 말하지 않는 인간과 소리 없는 세상을 보여주기 때문이다. 또한 〈투발루〉는 유성영화 시대에 '거의 무성영화'(quasi-silent film, 이것은 협약된 술어가 아니라, 이해를 돕기 위해 내가 만든 말이다)라는 희소성의 덕을 본 것은 아닌지 자문해볼 수도 있다.

영상 예술에서 영상과 문자의 통합 서사를 강조한다거나, 영상 언어와 말의 언어 사이의 상호 보완성을 주장하는 것조차 이제 진부하게 들릴 만치 오늘날 이미지 세계로의 전환은 빠르게 진행되고 있는지도 모른다. 하지만 말과 그림은 예술 창작의 도구로서나, 인식의 통로로서나 '이웃 사촌'임을 쉽게 부정하지는 못할 것이다.

## 이원복의 만화

말과 그림이 어우러진 것이 만화다. 현대 만화의 성향을 염두에 두고 표현하면 '말이 시각화된 글'과 '캐릭터화된 그림'이 조화를 이룬 것이 만화라고 할 수 있다. 다시 말해, 만화의 표현 양식은 문자와 이미지가 어우러짐을 그 본질로 한다.

다만 문자 없이 그림 이미지로만 된 만화는 있을 수 있고 실제로 시도되고 있지만, 이미지 없이 문자만 있는 만화는 당연히 있을 수 없다. 이미 만화가 아니기 때문이다. 그런데 — 특히 우리나라에서 — 만화의 컷 안에 그림이 글과 이웃하고 있되 사실은 그림이 그 존재 의미를 상실하는 경우를 자주 관찰하게 된다. 이것은 이미지의 복권이나 그 위상 제고의 시대에 역설적 현상이라는 점에서 흥미롭다.

그러한 실례들은 특히 학습만화나 역사만화에서 관찰되는데, 시사만화에서도 그 예를 볼 수 있다. 학습만화들 중에는 학습할 내용을(그 가운데는 굳이 만화로 표현하지 않아도 되는 것들도 많다) 말풍선 안에 줄줄 적어 놓고, 그림은 그저 말풍선의 내용을 발설(發說)하는 캐릭터를 제공할 뿐인 경우가 많다.

이때 그림은 전적으로 글에 봉사하기 위해서만 존재한다. 즉 이미지는 전적으로 보조 역할을 할 뿐이지, 문자와 조화를 이루는 다른 한 축으로서는 그 존재 의미를 상실한다. 좀 과장해서 표현하면 문자의 노예가 된 이미지를 이런 만화들에서 볼 수 있다.

그렇게 하는 가장 큰 이유는 '에듀테인먼트적 욕구' 때문일 것이다. 즉 그냥 글만으로도 지식과 정보를 전달할 수 있지만, 그렇게 하면 글읽기 싫어하는 사람들은 지루해할 뿐만 아니라, 몰입의 정도도 매우 미약하기 때문이다. 그림이 있으면 그래도 최초의 접근성이 높아질 뿐만 아니라, 어느 정도의 몰입성을 유도해낼 수도 있기 때문이다. 이미지가 에듀테인먼트의 필요성에 희생된 것이다.

이런 경우는 한국의 대표적인 만화가로 그 위상을 굳힌 이원복의 만화에서도 관찰할 수 있다. 《먼 나라, 이웃나라》 시리즈로 잘 알려져 있는 이원복은 역사만화가로도 분류되는데, 그는 역사만화든, 시사만화든 거의 동일한 제작 방식을 택한다. "그의 작품은 배경이나 주변 인물들이 과감히 생략된 단순미와 파격미가 돋보인다. 과감하고 파격적인 생략과 단순화는 빈 공간을 만들어내기 위한 작가의 계산된 표현이다. 빈 자리에는 해설식 대화나 설명, 구체적 수치를 보여주는 도표가 어김없이 차지하고 있다."(김성호의 《한국의 만화가 55인》, 프레스빌, 1996에서 인용)

그런데 문제는 바로 여기에 있다. 관심 있는 독자는 이원복의 만화에서 만화(그림과 말풍선)를 한번 제거해보라. 그림을 제거해도(더 나아가 말풍선까지 제거해도) 그가 바탕 화면의 공간에 잔뜩 써놓은 메시지와 정보를 설명하는 글은 그대로 잘 이어져 간다. 반대로 바탕글을 제거하면 말풍선이 있어도 만화는 제 역할을 못한다.

다시 말해, 그의 만화책은 사실 만화를 가리고 글만 읽어도 된다. 만화책 속에 만화가 없어도 되는 것이다. 그러니까 이원복의 만화를 보는 것은 글을 읽는 것에 다름 아닌 것이 된다.

그가 "메시지가 있는 만화, 정보를 전달하는 만화를 그리고자" 했기 때문에 택한 방식임을 모르는 것은 아니다. 하지만 그림 이미지가 문자에 예속된 듯한 느낌을 지울 수 없는 것도 사실이다. 물론 이상의 관찰이 이원복이 만화가로, 또한 국내 만화계에 흔치 않은 만화 이론가로 그동안 공헌한 바를 전적으로 부정하는 것은 아니다.

다만 글과 그림이 이웃처럼 공존하는 만화의 본질적 특성이 문자 메시지 전달의 욕구에 희생되는 것에 대한 아쉬움 때문이다. 《먼 나라, 이웃나라》의 그림들은 '이웃 그림'이 되지 못하고, '있으면서도 없는', 만화 속 소외된 '먼 그림'이 된다.

앞으로 만화가 독립된 장르로 발전해나가기 위해서는 문자에 대한 이미지의 단순한 봉사가 아니라 말의 이미지화가 필요하다. 예술성이란 실용성을 동반할 때에도 지켜져야 하며, 더 나아가 실용적 목적의 창작에 예술성이 보존될 때, 더 빛을 발하기도 한다.

## 앤 공주의 사진

이미지 연구에서 빼놓을 수 없는 것이 사진이다. 사진은 모사(模寫)라는 이미지의 본질을 확실히 반영할 뿐만 아니라, 이미지의 이중적 성격도 잘 대변한다. 이미지는 그것이 이미지인 이상 대상을 그대로 반영하면서도 완전히 같을 수는 없기 때문이다.

또한 사진이야말로 이미지를 일상화하고 대중화하는 데 큰 공헌을 했다. 이는 사진 그 자체뿐만 아니라, 사진이 응용되는 우리 삶의 여러 분야를 보아도 알 수 있다. 특히 광고 이미지에서 사진은 광고 문구와 함께 메시지 전달의 결정적인 역할을 한다.▪

그러면서도 사진은 '이미지의 개인화'를 가능하게 한다는 데 그 묘미가 있다. 사진만큼 개인적 실존의 문제와 직결된 '이미지의 마술'도 드물 것이다. 이 말을 실감하고 싶으면 자신이 소장하고 있는 어릴 적부터 지금까지의 사진들을 한번 꺼내 보라.

이미지에 대해서 말하려면 사진에 대해 말하지 않을 수 없다 보니, 사진 이미지에 대한 이론도 많다. 프랑스의 이미지 이론가 졸리(Martine Joly)는 "사진은 오르페우스 신화(오르페우스가 에우리디케를 돌아보는 순간 그녀는 사라진다)와 비슷하다고 볼 수 있다"고 말한다. 사진이 찍히는 순간 사람과 사물은 바로 사라지고 사진 속 이미지만 남기 때문이다. 그러니까 사진은 대상을 일종의 죽음의 세계로 보내버리는 것이다.

사진과 죽음의 메타포에 관해서라면 바르트(Roland Barthes)의 이론이 단골 손님 격으로 인용된다. 바르트에 의하면 죽음은 사진의 본질이며 "인간은 사진을 통해 밋밋한 죽음의 세계로 들어간다"고 한다. "사진 찍히는 사람이나 사물은 과녁, 대상물, 일종의

▪ **현대 문화와 광고 이미지** 사진의 응용 분야에서도 굳이 광고를 예로 드는 것은, 한때 광고 이미지가 현대 문화에서 거의 이미지란 말의 동의어로 사용될 정도였고(그 영향은 지금도 남아 있다), 광고 이미지는 미디어 이미지의 원형을 이룬다고 할 수 있기 때문이다. 또한 1960년대에 막 태동한 이미지 기호학도 광고 이미지를 우선적인 관찰 대상으로 삼았을 정도로 '사진-광고-이미지의 일상화와 대중화'는 긴밀한 관계에 있다.

작은 모사, 대상에 의해 사출된 환영"인데, 그는 이를 "사진의 유령(幽靈)"이라고 부르고 싶어한다. 왜냐하면 모든 사진에 덧붙여 존재하는 것은 "약간의 무시무시함, 즉 사자(死者)의 귀환"이기 때문이란다.

참으로 '무시무시'한 이론들이다. 하지만 우리는 시각을 조금 바꾸어 이 이론들을 다시 볼 필요가 있다. 먼저 언급한, 마틴 졸리가 자기 이론을 설명하기 위해서 예로 든 오르페우스 신화도 다시 해석해볼 수 있다. 오르페우스가 이미 죽은 에우리디케를 찾아 하데스(Hades)에 간 것은 사자(死者)를 생자(生者)로 되돌리기 위해서였다.

우리가 사진을 찍는 것은 어쩌면 필연적으로 언젠가 죽을 사람을 미리 이미지 속 살아 있는 사람으로 확보하기 위해서일지도 모른다. 오르페우스가 마지막으로 본 에우리디케는 다시 하데스의 세계로 사라지지만, 오르페우스의 머릿속 이미지에는 영원히 살아 있는 에우리디케이다. 즉 사진은 죽은 사람의 것이라도 생자의 이미지를 전할 수 있다.

이미지 속에서 사자를 보는 것은 보는 사람 자유이지만, 이미지 속에서 생자를 보는 것이 좀더 즐거운 일일 것이다. 그리고 바르트는 '나의 사진'이라는 것을 너무 의식했다. 그래서 그에게 사진 찍히기는 일종의 유예된 죽음을 극미하게나마 경험하는 것이 된다. 하지만 살아 있는 '남의 사진', 예를 들어 친구, 연인, 가족의 사진 속에서 사자의 유령을 보는 것은 너무 음침하다.

나는 공포를 즐기는 편이 아니라서 그런지 무시무시한 이론보다는 '유쾌한 이론'을 선호한다. 여기에는 철학적으로 매우 중요한 이유가 있는데, 음침하고 비관적이고 무거운 이론보다, 화사하고 낙관적이며 가벼운 이론을 생산해내기가 더 어렵기 때문이다. 이는 이미지에 관한 이론에서도 그런 것 같고, 사상사를 살펴보아도 알 수 있다. 물론 전자의 성격을 가진 이론도 필요하지만 그것을 '즐기는' 것은 별로다.

사진 이미지 속에서 생생하게 살아 있는 사람을 볼 수 있다는 것은 여러 영화 속에서 관찰할 수 있다. 거의 반세기 전에 제작된 윌리엄 와일러(William Wyler) 감독의 〈로마의 휴일〉을 관통하는 이미지도 사진의 이미지다. 이 영화는 마치 영화 속에서 동상(動像) 이미지와 사진 이미지가 의미상 오버랩되는 것 같은 느낌을 준다. 또한 사진이 스토리 전개와 해결의 열쇠이기도 하다.

로마를 방문한 앤 공주는 자기 신분을 가장하고 숙소인 대사관저를 빠져나오고, 공주를 취재하기 위해 '음모'를 꾸미는 기자 조 브레들리는 그녀와 함께 반나절 동안 로마 시내 곳곳을 구경한다. 이를 조의 친구이자 사진 기자인 어빙이 동반하여 공주 몰래 계속 사진을 찍는다. 조와 어빙은 '한탕'을 노렸지만, 조가 공주와 사랑에 빠지는 바람에 특종기사에 쓰일 뻔한 사진들은 소용없게 된다.

그러나 이루어질 수 없는 사랑이기에 앤은 공주의 자리로 돌아가야 했고, 그녀가 로마를 떠나는 날 기자단과 회견을 갖는다. 영화의 마지막 장면인 이 기자 회견장에서 어빙은 "공주 전하, 로마를 방문하신 기념 사진(commemorative photos)을 드려도 될까요?" 하면서 몰래 찍은 사진들을 앤에게 돌려준다.

기자들이 유럽 순방 중 가장 기억에 남는 도시를 묻자, 앤은 외교적 발언의 관행을 무시하고 각별히 로마를 지목한다. "제가 살아 있는 한, 로마 방문을 기억 속에(in memory) 소중히 간직할 것입니다." 메모리(memory)라는 말에는 어원상 '차지하다'는 뜻이 들어 있다. 즉 기념되고 기억될 이미지는 한 사람의 '삶' 속에 생동적으로 자리를 차지한다.

어빙은 앤과 조가 사진 속에서 살아 있기를 바라면서 사진을 찍었고, 앤은 자기가 살아 있는 한 사진 속 이미지들을 사자의 이미지가 아니라 생자의 이미지로 간직할 것이다. 그녀는 사진을 보면서 살아 있는 조를 기억할 뿐만 아니라, 사진 찍힌 날의 생기(生氣)를 느끼기도 할 것이기 때문이다.

바르트의 '음침한' 이론처럼 사진 찍히기는 어쩌면 사자의 세계로 들어가는 듯한(그의 말대로 하면 "밋밋한 죽음의 세계로 들어가는" 듯한) 기분을 줄지도 모른다. 하지만 우리는 사진 속에서 살아 있는 사람의 생기와, 살아 있는 나날들의 활기를 느끼기도 하는 것이다. 이것은 이미지가 '현실의 죽음'이자 동시에 '현실의 재생'이라는 이중 기제로 작용하는 것에 연관되기 때문이다.

몇 년 전 개봉된 허진호 감독의 〈8월의 크리스마스〉에서 사진관을 경영하는 주인공은 불치병으로 죽기 며칠 전, 미리 영정 사진을 찍어놓는다. 죽어가는 사람이 사진을 찍는다는 것은 — 영정 사진을 남긴다는 실용적 목적 외에 — 무엇을 의미하는가? 그는 사진 속에 살아 있는 사람의 이미지를 남기고 싶었던 것이다. 이것은 그가 사진 속 생자로 남는 것을 의미한다. 현실은 죽지만, 동시에 현실이 이미지로 재생되는 것이다.

아도르노가 그랬던가. 있지도 않는 '무거운 의미'를 찾지 말라고. 요즘 우리나라에서 이미지와 이미지 이론에 대한 관심은 점점 높아지고 있다. 그런데 이 분야에서도 괜히 '무거운 사고'의 조짐을 느낀다. 자연스레 깊은 의미에 이르고 사고의 무게가 느껴지면 좋으련만……. 그러기 위해서는 수입하는 식으로 남의 이론을 공부하는 것 이상으로 연구자 스스로가 **일상을 관찰**하는 것이 무엇보다도 필요하다. 그러면 무겁지만 공허한 것이 아니라, 가볍지만 넓은 세상을 보여주고, 깊이 있는 연구 성과를 얻을 수 있을 것이다.

지금까지 이미지와 이미지에 접근하는 태도들을 이러저리 살펴보며 나의 시각을 몇몇 제시했다. 하지만 이는 단순히 이미지에 '대한' 비판이 아니라, 좀 짓궂어 보일는지 모르겠지만 이미지를 '위한' 단상(斷想)들이다.

# 제 3 막

# 과학과 대화하기, 문화와 동행하기

과학의 중립성, 그 허구의 권력      과학적 권위, 신과학 그리고 SF
도구 · 기계 · 기술 · 첨단 그리고 인간      21세기의 임가주망, 과학과 인문학의 접속

'미치광이 과학자'는 연구실을 나오려 하지 않는다. 연구실은 자기의 세계
이고, 그곳을 나와 세상으로 나가면 미치광이 취급을 받기 때문이다. 그런
데 '미치광이 과학자'란 이미지는 누가 만든 것인가? 시인인가? 소설가인
가? 아니면 과학자 자신인가?

이제 과학과 인문학은 만나야 한다. 서로 접촉하고, 접속하며, 대화를 나누
어야 한다. 그렇지 않으면 SF 속 미친 과학자가 정말 우리의 세계 속으로 뛰
어들지 모른다. 이 세상이 미친 과학자들의 연극 무대가 되는 것은 디스토
피아의 실현이다.

# 과학의 중립성, 그 허구의 권력

"침대는 가구가 아닙니다, 과학입니다." 어떤 가구 회사의 광고 문구다. 이제 우리는 잠자리에서도 과학과 긴밀한 관계를 맺으며 살아가야 한다. "아름다움도 이제는 과학입니다." 모 일간지의 화장품 특집 기사의 제목이다. 이 기사는 화장품 개발에 노화 방지를 위한 분자생물학과, 피부 흡수력 향상을 위한 나노 기술이 응용되고 있다는 것을 소개하고 있다.

이상은 과학의 시대에 발맞춘 '과학적' 선택들을 보여주는 우리의 일상적 실례다. 우리 시대에 '과학적'이라는 형용사만큼 마술적 효과를 내는 것도 드물 것이다. 이제 '과학적'이라는 표현을 한번 살펴보자.

과학적으로 매우 의심스런 것을 제시할 때도 — 그것이 이론이든 생산물이든 간에 — 신빙성 있게 보이려고 '과학적'이란 문구를 사용하는 경우가 꽤 있다. 또한 한옥, 한복 등 전통 문화 유산 연구가가 서구 물질 문명에 대해 우리 것의 우수성을 주장할 때에도 '과학적'이라는 말은 빠지지 않는다. 그것의 어의(語義)가 '지식'을 뜻하는 라틴어 'scientia'에서 유래하는 'science'의 형용사인 'scientific'에서 준거했을 가능성이 매우 높은데도 불구하고 말이다.

과학적이란 말은 이미 '가치 개념'이 되었다. 이렇게 보면 19세기 후반 토머스 헉슬리(Thomas H. Huxley)의 불평(교육을 주도하는 고전 인문학자들은 과학이 학생들에게 '문화를 이야기할 수 있다'는 사실을 인정하지 않으려 한다는), 20세기 초반 존 듀이(John Dewey)의 주장(학생들이 '과학적 태도'를 가질 수 있도록 교육해야 한다는), 그리고 20세기 중반 찰스 스노우(Charles P. Snow)의 우려('문학가들의 문화'와 '과학자들의 문화' 사이의 괴리 현상에 대한)는 21세기에 사는 과학자들 입장에서는 그리 큰 문제가 되지 않을지도 모른다. 그것은 과학이, 그리고 '과학적인 것'이 우리 문화 속에서 '가치 있는 것'으로 이미 자리잡고 있기 때문이다.

이제 '가치 있는 것'으로서의 과학은 — 과학의 발전과 과학-기술의 보급을 넘어서 — 과학의 대중화, 과학 커뮤니케이션 등 한 단계 더 나아간 문화적 침투와 위상 제고에 나서고 있다. 그래서 사회 구성원의 문화적 가치 기준으로 '과학 식자율(science literacy)'이 제시되기도 한다. 그러니까 과학에 대해 무지하면 문맹처럼 '과학맹'이 될지도 모른다. 이제 과학은 수용해야 할 가치이자 알아야 할 가치이다.

## 문화 속의 과학

오늘날 적지 않은 과학사가들이 과학은 갈릴레오(Galileo Galilei) 이후 지난 수세기에 걸쳐 점진적으로 전 세계의 문화로 자리매김했다고 보고 있다. 그런데 우리는 여기서 '문화로 자리매김했다'의 의미를 잘 살펴보아야 한다.

이것은 '과학적 문화(scientific culture)'가 형성되었다는 뜻이지(여기서도 형용사 'scientific'이란 말에 주목하기 바란다), 우리 삶 전체를 포괄하는 문화의 지평 위에 과학이 자리하고 있다는 뜻은 아닐 수 있기 때문이다. 다시 말해, 과학의 이러한 자리매김이 현대 문화 개념의 이중적 요구, 즉 '전문화된 실천'이자 '전체 삶에 대한 조명'이라는 요구를 충족시키고 있는지는 아직 미지수이기 때문이다. 그래서 '과학적 문화'를 논하는 것 이상으로 '과학과 문화'를 논할 필요가 있다.

20세기 중반까지의 주된 관심사(특히 과학자들과 과학 옹호자들의 입장에서)가 과학적 문화의 자리매김이었다면, 오늘날의 주된 논점은 '과학적 문화의 형성'과 넓은 의미의 '문화 구성 요소로서의 과학' 사이의 갈등에 놓여야 할 것이다. 다시 말해, 과학이 자기 성장을 하면서도 인간 삶 전체를 비추어주는 문화의 다른 여러 영역들과 어떤 관계를 맺고 있는지 살펴보는 것이 중요해졌다.

이러한 관찰 속에는, 보통 확실하고 객관적이며 보편적이라고 알려져 있는 과학이, 부정확하고 주관적이며 개별적으로 보이는 인간 문화의 다른 분야와 사실 유사한 성격을 지닐 수 있다는 점을 주시하는 것도 포함된다.

한 예로, 필자는 "함축된 상징 언어로 대자연의 시스템에 대한 제어 능력을 갖고자 한다는 점에서" 마법과 과학의 유사성을 보기도 했다(이 점에 대해서는 1막 2장에서 언급했다). 또한 21세기를 사는 지혜로 점점 더 인문학과 과학 사이의 대화가 절실하다는 필자의 견해에도, 독립된 세계로서의 과학이 아니라 문화 구성 요소의 일부로 과학을 보고자 하는 원칙적 입장이 깔려 있다.

인간 삶의 전체적 맥락에서 문화를 인식하고, 그 구성 요소의 하나로 과학을 다루고자 하는 필요가 증가하는 또 다른 이유는 오늘날의 과학 발전 추이의 특성 때문이다. 과학이 주로 인간 외부에 보이는 자연과 물질의 본질을 밝혀내고자 노력한 20세기 중반까지와는 달리, 20세기 후반부터 시작한 '21세기적 과학'에서는 인간 개개인 안에 숨겨진 본성의 비밀이 주요 탐구 대상이 되고 있다.

이는 17세기 초 갈릴레오가 '자연의 책'에 눈을 돌릴 것을 주장했던 것에서 더 나아가, 21세기에는 본격적으로 '인간 생명의 책'을 세밀히 정독(精讀)할 것을 촉구하고 있는 것을 보아도 알 수 있다.■ 이미 대중들의 귀에도 익숙해진, 다양한 경로를 통한 생명공

---

■ '자연의 책'에서부터 '인간 생명의 책'까지 갈릴레오는 1632년 간행된 그의 대표적인 천문학 저서인 《두 개의 주된 우주 체계에 관한 대화》의 헌정문(獻呈文)에서, 철학이 '자연의 책(il libro della natura/the Book of Nature)'에 눈을 돌려야 한다고 주장했다. 20세기 후반 분자생물학의 새롭고 거대한 국면은 인간 게놈 계획(The Human Genome Project)과 함께 시작되었으며, 여기에는 여러 이해 관계가 얽혀 있다. 1980년대 미의회는 '인간 생명의 책 읽기(reading the Book of Human Life)'를 촉구함과 동시에 새로운 생명공학 시대에도 미국이 계속 주도권을 유지할 수 있도록 인간 게놈 계획에 관심을 가졌다. 1988년 미의회는 이 계획 완성을 위해 향후 15년 동안 30억 달러를 투자하기로 결정했다.

학의 급속한 발달이 그것이다.

과학적 행위 주체인 인간 자신에 대한 세밀 과학적 탐구라는 이러한 변화 추이는 과학-기술을 물질적 발달이라는, 한정되고 독립적인 차원에서 볼 것이 아니라, 인류 문화를 구성하고 재구성하는 중요한 '변화 유발 요소'이자 '가치 획득 요소'로 볼 것을 요구하고 있다.

지금까지 인류 역사에서 물질적 발달이 실제로는 인간 삶 전체에 막대한 영향을 미치고 있어도 우리의 의식은 그것을 커다란 맥락에서 포섭해내지 못했다. 더구나 인류 자신의 본질적 변화 가능성이라는 새로운 차원 앞에서 문화가 과학을 포섭해내는 일이 시급해도 그것이 쉽게 이루어지지는 않는다. 그렇기 때문에 이 점을 더욱 강조하게 된다.

인식론적 차원에서는 1960년대 이후 과학사가들과 과학철학자들의 본격적인 노력으로 과학이 문화와 별개가 아니라 문화의 일부로 여겨지기 시작했다는 역사적 평가도 있다. 특히 과학이라는 것이 전체적인 배경을 고려해야 이해될 수 있는, 문화의 다른 영역들과 흡사하다는 것을 밝힌 토머스 쿤(Thomas Kuhn)과 파이어아벤트(P. Feyerabend)의 과학 비판적 업적을 높이 평가하기도 한다. 더구나 사회구성주의(social constructivism)가 팽창하면서 20세기의 마지막 10년 동안 다양한 분파들이 생겨나기 시작했고, 이른바 '과학에 대한 문화적 연구(Cultural Studies of Science)'라는 경향이 '문화 속 과학'이라는 인식에 공헌하기도 했다.

하지만 이것은 아직 학술적인 차원의 문제다. 다시 말해, 과학사가, 과학철학자, 과학사회학자 등의 입장에서 인식하고 의식하는 것이라는 말이다. 이제 상당수 전문가들에게는 과학이 문화 속에 있지만, 일반 사람들(대중이라고 해도 좋다)에게 과학은 아직 '자기 나름의 세계'를 유지하고 있는 경우가 많다. 즉 '과학적 문화'로만 존재하는 것이다.

대중은 전문 학술 차원의 과학 비판에 대해서는 대체로 큰 관심을 보이지 않는다. 그렇기 때문에 침대가 과학적이고, 화장품이 과학적인 세상에 산다는 것에서 그들이 일차적으로 감지하는 것은 과학적 삶과 과학적 혜택이다.

물론 대중도 이러한 삶이 혜택뿐만 아니라 부작용을 가져올 수 있다는 점에 대해서는 걱정한다. 하지만 그들 대부분은 그런 문제의 원인이 과학 자체에 있을 수 있다든지, 아니면 과학자들의 연구 행위에 책임을 물어야 한다고는 생각하지 않는다.[■] 대중의 의식 속에는 아직 과학과 문화적 맥락이 격리되어 있다. 이 점을 과학 비판 전문가들은 놓치고 있는 경우가 많다.

토머스 쿤 등 과학사가와 과학철학자 들의 연구 덕택으로 과학이 문화 속에 들어왔다고 해도, 과학 대중화 과정에서 과학은 하나의 독립된 영역을 유지하는 경우가 많다. 그렇다면 그 본질적인 이유는 무엇인가? 그것은 과학이 대중화하면서도 대중적이지 않은 성격을 유지하는 모순을 보이기 때문이다. 그렇다면 그 모순적 성

---

■ **과학 대중화 운동의 명암** 이에는 편향된 과학 대중화 운동의 영향이 있을 수 있는데, 사회학자 레온 트래치먼(Leon Trachman)이 지적했듯이, 과학을 오로지 '영웅적이고 비정치적이며 본질적으로 합리적인 것'이라는 이미지로 비치게 하는 편향된 과학 대중화 운동은 과학의 본질 · 구조 · 성격에 대한 대중의 오해를 불러일으킬 수 있다. 그러나 그는 이런 편향성 때문에 결국 가서는 대중들이 과학에 환멸을 느끼게 되는 결과를 낳을 수도 있다는 점을 아울러 경고하기도 한다.

격이란 무엇인가?

그것은 '과학의 중립성'이다. 좀더 좁혀 말하면 과학의 가치 중립적 성격이다. 지난 수십 년 동안 과학 연구가들이 과학의 중립성이란 '순수 과학이라는 신화'에 바탕을 둔 것이고, 현실적 준거가 없는 허구이며, 과학자들의 정치적 의도를 감추고자 하는 이데올로기이고, 과학적 책임에 대한 면죄부라고 해도, 과학의 중립성이라는 '문화 이탈적' 성격이 대중에게는 어필하고 있다.

그러므로 과학을 전문적으로 비판하는 학자들이 중립성의 허구를 밝혀도 그것은 대중적 권력으로 남아 있다. 오히려 그 허구가 권력으로 작용하기 좋은 조건인지도 모른다. 그런데 이 점을 전문적 비판에서는 놓치고 있다.

## 중립성 주장

과학 커뮤니케이션이 중요하고, 과학이 대중화하고 있는 시대에도 과학의 중립성은 방어수로(防禦水路)에 둘러싸이고 구름 위에 우뚝 솟은 '마법의 성'과 같다. 대중의 의식에 중립성이라는 마법을 걸고 있기 때문이다. 바로 여기에 현대 과학의 모순적 특성이 있다.

전문가들이 아무리 과학의 가치 중립성을 비판해도, 과학자들은 대중에게 과학은 중립적이고, 과학적 성과의 사용에서 선용(善用)과 악용(惡用) 또는 오용(誤用)과 남용(濫用)이 나올 수 있다고 주장하기를 즐겨한다. 과학자들은 그것이 최종적 대답이자 궁극적으로 효과적인 대답이라는 것을 잘 알고 있기 때문이다. 때로는 그것이 대중을 최면시키는 특효약이라는 것을 그들 자신도 잘 알고 사용한다. 이제 그 특효약 사용의 실례를 들어보자.

1986년 이탈리아의 여성 신경학자 리타 레비-몬탈치니(Rita Levi-Montalcini)는 신경 세포의 성장을 촉진시키는 물질을 발견한 공로로 생리학 · 의학 분야의 노벨상을 받았다. 조용한 학자였던 그녀는 대중에게 노출되기 시작했고, 언론의 인터뷰에 응하게 되었다.

생쥐의 종양을 병아리의 배(胚)에 이식했을 때 신경 성장이 촉진된다는 실험을 하기도 했던 그녀는 과학의 공헌과 폐해에 대한 질문도 많이 받았다. 그때마다 그의 대답은 "과학 연구 자체는 선도, 악도 아니다. 다만 연구의 성과를 어떻게 사용하는지에 따라 선도 되고, 악도 될 수 있다"였다.

필자가 과학철학과 함께 과학 커뮤니케이션 및 과학 대중화에 관심을 갖게 된 계기는 당시 레비-몬탈치니의 인터뷰 내용을 접하면서부터였다. 그때까지 당연하다고 느꼈던 것에 갑자기 의심을 품게 돼서가 아니라, 당연하다고 느껴오던 것이 '너무 당연한 것'으로 다가왔기 때문이다.

대중에게 존경받는 과학자의 그러한 대답은 대단한 효과를 가져와서, 오히려 그 효과에 대해 신중히 생각하게 만든다. 너무 당연하고 큰 효과에 궁금증이 발동한 것이다. 그래서 얻은 결론은 과학의 중립성에 대한 공격과 방어야말로 과학자들과 그 비판자들 사이의 '과학 전쟁'에서 가장 핵심적인 것이라는 사실이었다.

이제 현재의 우리와 좀더 가까운 20세기 말에서 예를 가져와 보자. 앞서 언급했듯이, 1990년대에는 과학에 대한 역사적 · 사회적 · 문화적 맥락의 연구가 꽤 진전해 있어서 과학의 중립성은 상당히 비판을 받은 상태였다.

하지만 1997년 영국 로슬린 연구소(Roslin Institute)의 윌머트(I. Wilmut) 박사 팀이 복제양 돌리(Dolly)를 탄생시키고 나서 또다시 과학의 공헌과 부작용에 대한 논쟁이 일자, 그에 대한 과학자들의 궁극적 대답은 과학의 중립성이었다. 다만 그동안에 과학자들의 표현 방식도 매우 성숙(?)해졌다는 점만 차이가 있을 뿐이다.

1999년 로슬린 연구소장 벌필드(G. Bulfield) 박사가 한국의 모 일간지와 가진 인터뷰에서 한 발언을 한번 보자. "지식 발전 자체는 통제할 수 없다. 한번 알았던 것을 다시 모르게 하는 것은 불가능하다(웃음). 그러나 지식을 현실에 적용하는 것은 얼마든지 규제할 수 있고, 또 그렇게 해야 한다. 모든 지식에는 양면성이 있다. 지식 그 자체는 선도, 악도 아니다. 선하게, 혹은 악하게 쓸 수 있을 뿐이다. 정부·과학자·일반 대중·국제 기구 등이 모두 힘을 합쳐 과학을 선하게 쓰는 방법을 찾아내야 한다. 다만 '무엇이 선이고 무엇이 악인가'에 대한 도덕적 판단은 시간이 가면서 변한다는 것을 명심해야 한다."

벌필드의 말은 레비-몬탈치니의 대답과 그 핵심 내용에서 차이가 없다. 다만 벌필드는 과학을 지식이라는 단어로 바꾸어 표현했을 뿐이다(지식 정보 사회를 맞아 이미 중요한 가치 개념이 되고 있는 '지식'이란 말을 의식해서인지는 모르겠지만). 그러니 과학에 궁극적인 책임을 물을 수 없어, 공은 다시 질문자에게 돌아갔다. 벌필드의 발언을 세세히 따져보면 많은 논쟁거리가 다시 부각되겠지만, 일간지에서 이것을 읽는 대중은 그 말의 '그럴듯함'에 고개를 끄덕일 가능성이 높다.

일반 독자가, 한번 알았던 것을 다시 모르게 하는 것이 불가능한 만큼이나, 한번 개발한 과학 지식을 현실에 적용하지 않게 하는 것도(쉽게 말해 써먹지 않게 하는 것도) 불가능하다는 관찰을 하기는 어렵다. 일반 대중의 입장에서는 도덕적 판단 등 다른 모든 것은 변화하게끔 되어 있지만, 지식을 추구하는 순수함으로서의 과학의 중립성은 영구불변하다는 진리의 주장을 의심할 가능성은 매우 낮다.

그리고 모두 힘을 합쳐 과학을 선하게 쓰는 방법을 찾자고 하지만, 과학적 성과는 현실 적용 당시에 이미 '쓰는 방법'까지 제시한다는(즉 지식과 지식 사용법은 쉽게 분리되지 않는다는) 사실을 대중이 지적하리라고는 기대하기 어렵다. 벌필드의 말은 '교묘한 기만'이기 쉽지만, 대중은 그대로 받아들일 가능성이 높다.

과학의 중립성 논쟁은 지금까지 학계에서 있어 왔던 '과학 전쟁'의 가장 치열한 전장(戰場)이다. 그리고 이 논쟁은 종료된 전쟁이 아니라, 이제 그 전장을 대중이 가깝게 관찰하도록 해야 하는 것이다. 이것은 앞으로 과학과 대중의 커뮤니케이션에서 과업의 우선 순위를 정한다면, 가장 먼저 해야 할 일일 것이다. 그리고 어느 정도까지는 반복적으로 해야 할 일일 것이다. 아직까지는 과학의 중립성이 과학자들 자신이 가장 선호하는 반복적인 대답이기 때문이다.

### 중립은 있는가?

지난 수십 년 동안 과학의 중립성 주장과 그에 대한 회의(懷疑)로서 과학의 비중립성 주장은 역사 · 정치 · 경제 · 사회 · 문화 등 여러 차원에서 있어 왔다. 이에 대한 전문적인 자료 정리가 필요하고, 그것을 대중이 이해하기 쉬운 언어로 폭넓게 전달할 필요가 있다. 이 글에서는 역사적 계기, 경제적 차원, 과학자의 욕망이라는 관점 등에서 간단히 몇 가지만 짚어보기로 한다.

첫째, 많은 학자들은 과학의 중립성이 본격적으로 주장되기 시작한 역사적 계기를 2차 세계 대전 당시 원자폭탄 개발과 그 사용 이후 물리학자들에게 양심의 위기가 초래했기 때문이라고 보고 있다. 인류의 재앙 앞에서, 물리학을 사용한 결과와 물리학 자체를 구분할 필요가 생겼다는 것이다. 즉 물리학은 중립적이었으며 그 것을 활용한 행위가 비난의 대상이 되었어야 한다는 것이다. 그 이후로 과학-기술의 생산 주체와 사용자를 구별하고자 하는 시도는 계속되었다.

이렇게 면죄부를 얻기 위한 이분법은 1960년대 말부터 시작된 새로운 과학 운동에서 과학 이데올로기 비판의 대상이 되었다. 과학은 본질적으로 중립적이고 인류에게 행복을 보장해주는 것이지만, 그것의 평화적 이용(利用)이 아닌 오용(誤用)이 인류에게 해악을 가져왔다는 식의 단순한 과학주의가 주된 비판 대상이었다.

따라서 과학의 오용이나 악용에 대한 궁극적 책임이 과학과 과학자에게 있는 것이 아니라 사회와 사용자에게 있다는 주장은, 과학자들의 공감을 얻어낼지는 모르지만, 과학에 대한 올바른 인식 및 과학 운동의 올바른 방향과는 거리가 멀다는 것을 점차 의식하게 되었다.

둘째, 현대 과학의 경제적 특성은 "갈릴레오 이후의 과학자들은 자신들의 연구를 응용하여 돈을 벌 수 있는 기회를 가질 수 있게 되었다"는 말로 대표된다. 더 나아가 현대 과학은 자본주의 경제에 종속되어 있다는 비판에 놓여 있기도 하다.

과학의 경제적 차원은 우선 과학의 산업화와 연관이 있다. 그래서 정부와 기업체로부터 많은 재정 지원을 받는 이른바 '거대 과학(Big Science)'이 생기고, 소위 '순수' 과학 분야에서도 사회 문화적으로 영향력을 발휘하는 과학적 성과는 대형 연구팀에서 나오는 경우가 많다. 어떤 학자의 말대로 오늘날의 과학은 지적 · 기술적 · 경제적 · 정치적으로 복잡하게 얽힌 하나의 정신 체계라고도 할 수 있다.

산업 과학의 등장은 인식론적 관점에서도 과학사가와 과학철학자 들로 하여금 과학 이론이나 연구 내용보다는 과학적 실천(scientific practice)에 주목하게 했다. 즉 과학자들의 실험실, 각종 기기, 데이터의 생성 등 구체적이고 실천적 의미의 과학 활동을 연구 대상으로 삼게 했다. 그러므로 과학 지식은 — 전통적으로 인식하고 있듯이 자연의 실재를 반영하기도 하지만■ — 또한 실험실이라는 공간에서 다양한 이론적 · 물질적 연구 자원을 사용하여 과학자에 의해 구성되는 것으로 인식되어 사회구성주의의 입장을 강화시켰다.

---

■ **산업 과학의 등장과 연구 목적의 순수성** 오늘날 비용이 많이 드는 연구(인간 게놈 계획이나 허블 천체 망원경, 초거대 입자 가속기, 고성능 슈퍼컴퓨터의 이용 등)에 대한 재정권을 정부나 산업체가 쥐고 있는 한, 실용성이나 연구 성과의 이윤 창출에 따라 연구 동기가 유발되고 연구 계획이 수립되기 때문에, 많은 과학자들은 자금 확보를 위해 자신의 연구가 실질적 이용 가치가 높다는 것을 강조해야 한다. 하지만 대부분의 과학자들은 또한 자신들의 연구가 자연의 실재를 반영하고 자연에 대한 이해를 증진시키는 데 연구 목적이 있다고 어떤 식으로든 강조하는 것을 잊지 않는다.

셋째, 과학자의 욕망(또는 야망)이라는 맥락에서 과학의 비중립성을 관찰하는 것 또한 흥미로운 일이다. 그렇지만 앞의 두 관점과는 달리, 이에 대해서는 체계적인 연구보다는 단편적인 지적들이 많았던 것도 사실이다.

과학자들을 순수한 지적 호기심과는 다른 전문적 활동으로 몰고가는 요인을, 자신이 성취한 일에 대해 동료들의 존경을 받고자 하는 욕망 및 과학 발전에 영향력을 행사하고자 하는 야망이라고 보는 견해도 있다. 그래서 역사상 발견과 발명의 우선권에 대한 논쟁도 치열하게 있었다는 것이다.

한편 과학의 대중화라는 차원에서도 과학의 중립성과 거리가 먼 과학자들의 의도를 관찰할 수 있다. 과학자들이 순수하게 정보의 제공이나 대중적 흥미를 불러일으키려는 바람을 가지기도 하지만, 상당수는 자기 연구 분야에 대한 다른 과학자들의 이해와 지원을 유도하거나, 좋은 연구원과 제자 들을 유치하기 위해서, 그리고 예산의 확보 · 유지 · 증가의 목적으로 과학 대중화 활동을 한다는 사실은 이미 오래 전에 '들킨' 일이기도 하다.

또한 오늘날 과학자가 출세의 척도이기도 한 노벨상을 타기 위해 노력한다는 것 자체가 과학적 행위의 비중립성을 보여준다. 어떤 과학자는 "노벨상은 과학을 위해서는 대단히 좋은 일이지만, 과학자에게는 가혹한 재난이다"라고까지 말한다. 노벨상을 한 번 받은 과학자는 두 번째 수상의 욕망 때문에 연구에 더욱 박차를 가하기도 한다는 것이다. 역사상 노벨상을 세 번 받은 과학자는 없었지만, 두 번 수상했으면 세 번 수상하기 위해 노력해야 할지도 모를 일이라는 냉소도 나온다.

이 모든 것은 결국 순수한 호기심과 열정이 과학적 탐구 및 그 대중적 전달의 유일한 동기는 아니라는 점을 말해준다. 바꾸어 말해, 과학 행위에는 복합적인 동기가 개입한다는 뜻이다.

이상은 과학적 탐구의 외적 맥락을 주로 관찰한 것이라고 할 수 있다. 반면 즉각적인 적용이 불확정적이고 임무 지향적이지 않은, 이른바 순수 기초 과학은 이러한 비판에서 제외된다는 반론이 있을 수 있다.

그러한 경우가 오늘의 현실에서 얼마나 가능할지는 모르겠지만, 극단적으로 논지를 밀고 간다면, 논점은 그곳에 이르게 될 것이다. 그러나 이에 대해서도 비판은 있어 왔다. 특히 쿤의 패러다임 이론을 수용하는 입장에서는 순수 기초 과학의 연구조차도 중립적이지 않다고 단언한다.

과학자가 일정한 패러다임 안에서 연구한다는 것을 전제한다면, 그 패러다임은 중립적이지 않기 때문이다. 패러다임은 연구 주제에 대한 연구자의 질문 형태를 결정하며, 따라서 연구 과정을 통해 구하는 해답의 형태를 결정한다는 것이다. 즉 패러다임은 질문에 대한 해답의 가능성을 연구를 본격적으로 시작하면서부터 바로 그 패러다임 속에 위치시킨다. 다시 말해, 중립적이지 않은 것은 이미 질문과 그 틀이라는 것이다.

이상의 입장들에 대해서도 논란의 여지는 아직 많다. 그래서 과학의 중립성-비중립성에 대한 논쟁은 열려 있고, 그러한 논쟁이 있다는 사실을 수시로 대중들에게 전달해야 한다. 이 점에 대한 앞으로의 풍부한 토론을 위해, 지금까지의 논쟁에서 쉽게 간과된 것 중 대중의 이해에 도움이 될 수 있는 필자의 견해를 몇 가지 더 제시하고자 한다.

**첫째**는 과학적 탐구의 시발(始發)과 과정에 대한 인식이다. 과학적 탐구의 순수성을 주장하는 사람들은 이런 명언들을 많이 인용한다. "모든 인간은 본성적으로 알고자 하는 욕구가 있다"는 아리스토텔레스의 말이나(그의 저서 《형이상학(*Metaphysica*)》의 첫 문장이다), "과학자가 자연을 연구하는 것은 연구가 유용하기 때문이 아니다. 자연이 아름답기 때문에 기쁨을 얻고, 기쁨을 얻기 때문에 자연을 연구한다"는 수학자 프앙카레(J-H. Poincaré)의 말 등이 그것이다.

그러나 이런 명언을 내세운 과학의 순수성과 중립성 방어는 과학 탐구에서 중요한 점을 간과하고 있다. 그것은 호기심과 열정에 의한 탐구의 시발만 염두에 두었지, 그 욕구 충족을 이루어가는 과정을 생각하지 않은 것이다.

과학 연구 과정은 시발점에서 가졌던 순수성과 중립성을 유지할 수 없게 할 가능성이 너무 크다. 그것은 인간의 다른 행위와 마찬가지로, 많은 시간과 노력 그리고 경우에 따라 외부 자원을 필요로 하고, 또한 탐구자 자신도 확실히 느끼지 못하는 가운데 탐구의 효율을 위한 선택들을 하기 때문이다. 연구 과정에서 중립성을 지속적으로 유지한다는 것이 현실적으로 얼마나 힘든 일인지는 과학자들 자신이 더 잘 알 것이다.

그리고 순수한 호기심에 의한 과학적 탐구 자체가 탐구의 과정에서 어떤 비극적 파국을 몰고올 수도 있다는 점을 염두에 둘 필요가 있다. 셸리의 소설 《프랑켄슈타인》은 과학적 성과의 오용이나 악용이 아닌, 과학 연구의 과정 자체가 과학자를 어디로 끌고갈지를 잘 보여준다.

소설의 주인공 빅토르 프랑켄슈타인은 프앙카레의 말처럼, 자연 현상의 원인을 탐구하며 기뻐하고, 숨겨진 자연 법칙을 캐내고자 하는, 호기심에 가득 찬 청년 과학도이다. 그가 마침내 자연 속 생명의 비밀을 발견하고 사체(死體)에서 채취한 신체의 각 부분들을 재조합하여 다시금 생명을 불어넣어 새로운 생명체를 창조했을 때, 그는 자신의 피조물이 괴물이 된 것을 보고 공포에 질려 달아난다.

빅토르의 과학적 탐구는 처음부터 어떤 목표를 설정해놓았던 것은 아니다. 만일 그가 구체적인 성과를 전제했다면 괴물을 창조하고 달아나지는 않았을 것이다. 자신의 피조물이 괴물의 형태를 갖출 것이라고 미리 알았을 것이기 때문이다. 이는 탈목적적이고 몰가치적인 과학자의 행위도 탐구 과정을 거치면서 '거부해야 할 대상'을 만들어내며, 초기의 열정과 순수성을 상실한다는 것을 암시한다. 열정이 혐오를 낳고, 그 결과 무엇을 거부하게 된다는 것은 중립적인 행위가 아니다.

이상의 관찰은 과학적 연구와 적용의 '비(非)단계성'이라는 나의 두 번째 입장과도 연관이 있다. 프랑켄슈타인의 탐구는 이론적 자연 법칙의 발견에서 구체적 피조물을 얻기까지의 과정이 어떤

---

■ **과학적 성과와 기술적 적용** 이는 또한 과학과 기술의 관계를 이해하는 데도 필요한 관점이다. 우리는 흔히 과학의 이론적 성과가 기술적으로 적용된다는 고정 관념을 가지고 있다. 하지만 과학 이론보다 실질적인 기술이 앞선 경우도 많다. 예를 들어 과학이 증기기관의 발명에 기여했다기보다는 증기기관이 열역학이라는 과학에 공헌한 바가 더 컸다. 과학과 기술은 상호 영향을 주고 받는 다양한 '인테페이스'를 형성한다고 할 수 있다. 그러므로 철학의 입장에서도 과학철학 외에 '기술철학', 더 나아가 '과학-기술철학'을 적극적으로 개발할 필요가 있다.

단계들로 구분될 수 없을 정도로 진행된 것이다. 이런 비단계성은 적용의 목표를 설정한 연구 계획에서도 마찬가지다.

그리고 오늘날 대부분의 과학적 성과와 그 적용은 순수한 연구의 성과가 있은 다음 적용하는 단계성을 띠고 있지 않다.* 단순한 호기심에서 시작한 연구가 적용으로 바로 이어지기도 하고, 더욱이 적용(상업적 목적을 포함한)을 전제로 한 연구가 오늘날 각 연구 기관의 과업 중 대다수라고 할 수도 있다. 이 점에서도 과학의 중립성 주장의 입지는 너무 좁다.

**셋째,** 어떤 과학적 결과와 업적의 평가는 이미 가치 중립적이 아니다. 당연한 말이지만 평가 자체가 비중립성을 전제하기 때문이다(따라서 노벨상을 비롯한 각종 상의 수상자들은, 평가되는 것을 받아들였기 때문에 이미 가치 중립적 과학자가 아니라고 할 수 있다). 그런데 이 너무도 당연한 사실이 때론 무시되기도 한다.

1980년대 후반, 필자는 로마에서 있었던 학회에 청중으로 참여한 적이 있었다. 학회의 주제는 당시 현존하는 서구 과학자들의 업적을 평가하고 그것의 사회 문화적 의미를 조명하는 것이었다. 그런데 토론자로 참여한 한 과학자가 앞서 언급한 레비-몬탈치니와 벌필드 식의 과학의 중립성을 주장했다.

당시 필자는 아직 유학생 신분이었고 단순히 청중의 한 사람이었지만 청중에게도 질문할 기회를 주었기 때문에, 그 과학자에게 다음과 같은 반론을 개진했다. "적어도 이 자리에서 과학의 가치 중립성을 주장하는 것은 무의미하다. 아니, 그런 주장을 하지 않는 것이 예의라고 해도 지나치지 않다. 왜냐하면 과학적 업적의 평가는 이미 과학이 비중립적이라는 것을 전제하기 때문이다. 다시 말해, 학회에서 과학에 대해 가치 판단을 하고, 사회 문화적 평가를 하고자 할 때에는 이미 과학이 중립적이라는 것을 한편으로 젖혀 놓고, 비중립적일 가능성과 그 가능성의 여러 측면을 논하고자 하는 것이다. 그런데도 중립성을 주장한다면 대화를 단절하자는 의도로밖에 여길 수 없다"는 것이 그 요지였다. 그 과학자는 재반론을 시도했지만, 토론 참석자와 청중들 사이에서는 내 입장에 호응하는 분위기를 느낄 수 있었다.

**네 번째로** — 이 점도 간단하고 당연한 문제인데 흔히 간과되고 있지만 — 과학이 가치적이고 윤리적인 문제에 대해 주체적으로 대답하지 않는다는 것과, 과학이 가치 판단과 도덕 판단의 대상이 되지 않는다는 것은 전혀 다른 문제라는 점을 사족(蛇足)으로 강조하고 싶다.

이것이야말로 사족 같은 첨언인데, '과학의 윤리적 비개입성'이라는 것을 주장하여 대중을 혼동에 빠뜨리는 경우가 있기 때문에 그냥 넘어갈 수 없다. 물론(?) 과학은 좋은 것과 나쁜 것에 대해, 그리고 우리가 어떻게 살아야 하는지에 대해 지금까지 대답하지 않았고, 대답하지 않으려 한다. 하지만 과학이 어떤 주제에 대해 말하지 않는다고, 그 주제로 과학에 대해 말하지 못하는 것은 아니다. 즉 그 주제로 과학을 조명하고 비판하지 못하는 것은 아니다.

**다섯 번째로,** 과학의 가치 중립성을 주장하는 과학자들도 과학의 공헌을 주장할 때는 자기도 모르게 가치 지향적이 된다는 점을 지적하고 싶다. 오스트리아 출신의 영국 생화학자 막스 페루츠 (Max F. Perutz)는 "과학이 인간에게 단지 인간의 이익을 위해 이용할 수 있는, 자연 세계에 대한 지식을 준 것이 아니라, 더 나은 것을 추구할 수 있도록 인간의 태도를 근본적으로 변화시키는 데 영향을 미쳤다"고 주장했다.

과학이 세계를 이해하는 기능과 함께 세계를 변혁하는 기능을 함께 한다는 것은 익히 알려진 바이다. 더구나 인류로 하여금 '더 나은 것'을 추구하도록 변화의 방향을 제시한다면, 그것은 과학이 가치 중립적이 아니라 가치 지향적이라는 사실을 잘 보여주는 것이다.

## 과학을 위하는 길

과학이 자신의 중립성을 주장하면 할수록 문화의 다른 영역과의 대화는 단절된다. 궁극적으로 모든 비판 가능성으로부터 면제될 수 있는 조건을 갖추는 것은 자신을 절대화하는 것이고, 바로 여기에 권력으로서의 과학의 위험이 도사리고 있다.

그러므로 과학 스스로 현실에서 중립성이라는 '허구의 권력'으로부터 해방되어야 한다. 이는 과학이 권력으로서가 아니라 본연의 모습인 지식으로 남기 위해서 필요하다. 이는 또한 과학의 발전을 위해서도 매우 실용적인 과제이며, 과학 자신을 위하는 길이다.

과학은 이미 많은 권력을 가지고 있다. 어떤 과학 평론가의 말처럼, 이제 "과학은 의심할 여지없이 강력하다. 어쩌면 일상생활과 사회 구조에 영향을 미친다는 측면에서 지식의 모든 형태 중에서 가장 강력할 것이다."

그런데 과학의 중립성 주장은 과학에 더 큰 힘을 실어준다. 그러잖아도 강력한 과학이 주체할 수 없을 정도로 많은 권력을 갖는 것은 자멸의 시작일지도 모른다. 과학자가 많은 권력을 가지면 탐구자로서의 자유는 상실된다. 과학의 역사 초기부터 변함없이 과학자들 스스로가 가장 아끼는, 호기심과 순수한 열정을 지닌 탐구자로서의 이미지도 사라진다.

그리고 과학이 비중립성을 '고백'하는 것은 과학의 신뢰성 및 투명성과 연관이 있다. 대중이 과학에 대해서 안다는 것은 무엇을 뜻하는가? 일반인들에게 그것은 꼭 개별 과학 지식을 아는 것을 의미하지는 않는다. 그리고 아주 전문적인 내용을 일반인이 알 수 있는 것도 아니다. 그것은 무엇보다도 과학과 과학자의 활동이 우리 생활에 미치는 영향과 그 현실적 의미를 안다는 것을 뜻한다.

엄밀하게 따지면, 대중이 전문 과학 지식을 이해하기는 거의 불가능하다. 대중은 과학과 일상생활의 상호 관계에 대한 지식을 알 수 있고, 알고 싶어하는 것이다. 그것은 전문 지식을 이해하기 위해서가 아니라, 우리의 과학적 삶을 이해하고 그 속에서 편안해지기 위해서다. 다시 말해, 대중은 과학과 과학자를 믿고 싶은 것이다. 과학의 발전을 위해서도 대중의 신뢰는 필수적이다.

그리고 과학이 대중의 신뢰를 얻기 위해서는 — 인간 삶의 다른 분야와 마찬가지로 — 투명해야 한다. 투명하기 위한 본질적 조건 중의 하나가 과학의 중립성이라는 권력을 버리는 것이다. 가장 아끼는 것을 버려야 가장 중요한 것을 얻을 수 있다.

과학에 대한 비평도 과학을 위하는 길이다. 더구나 오늘날의 과학은 단순한 자연의 탐구에 머무는 것이 아니라 무엇인가를 '만들어낸다'(과학-기술이란 말이 붙어다니는 것을 보아도 알 수 있다).

더 나아가 21세기에는 과학도 예술처럼 '작품을 만들어내기'를 바라야 한다.

따라서 좁은 의미의 과학 비판을 넘어서는 폭넓은 비평이 필요하다. 예술에서도 좋은 비평은 예술 창작에 훌륭한 자극제와 자양분이 된다. 문학비평, 미술비평, 영화비평도 있듯이, '과학비평'이 필요하다. 따라서 과학-기술적 창조물에 대한 미학적 접근 역시 본격적으로 시작되어야 할 것이다(이 말이 좀 이상하게 들릴지 모르겠지만, 예를 들어 유전공학의 산물인 복제양 돌리에 대한 미학적 접근을 왜 생각하지 못하는가? 이런 접근은 오늘의 문제를 훨씬 더 다각적으로 조명해주고 다양한 해결책을 제시해줄 수 있을 것이다. 미래의 과학이 좀더 인간적이기 위해서는 과학과 예술의 결합이 다양한 차원에서 이루어져야 할 것이다).

전문 과학자들은 과학비평을 의혹의 눈으로 바라볼지 모른다. 하지만 문학비평가가 소설이나 시를 직접 쓰는 창작가가 아니더라도 비평 작업을 하고, 화가가 아닌 사람이 미술비평을 하듯이, 과학자의 작업을 비과학자인 과학비평가가 비평할 수 있는 것이다(이는 또한 지금까지 과학 비판에 대한 역비판에서 많이 거론되는, '무지의 소치'라는 반박이 더 이상 타당하지 않게 될 것이라는 점을 의미한다).

그리고 과학비평이야말로 과학 커뮤니케이션과 과학의 대중화라는 과제에 필수적이다. 과학의 성과를 대중이 편안히 접할 수 있는 언어로 해석해내는, 지식인으로서 과학비평가의 중요성은 두말할 나위도 없다. 이런 의미에서 과학비평가는 다른 비평가들과 마찬가지로 전문 분야 성과물의 대중적 스타일리스트(stylist)

이며, 현실적이고 효율적인 지식 소통 네트워크의 조정자라고 할 수 있다.

이 모든 것은 과학이 문화 안에 자리잡기 위해서도 필요하다. 물론 과학이 문화에 안주하기가 쉬운 일은 아니다. 역사를 살펴보아도 알 수 있듯이, 과학이 문화로부터 이탈하려는 시도도 있었고, 문화가 과학을 축출하려는 시도도 있어 왔다. 과학 발달에 대한 비관주의적 문화가 과학을 마녀 사냥하려 했던 경우도 있었기 때문이다. 오늘날 과학자들의 우려도, 과학 연구 자체가 위축되거나 억압받지 않을까 하는 데 있는 것 같다. 물론 과학적 탐구는 계속될 것이다. 하지만 나는 과학자들 스스로가 공개적이고 솔직하라는 주문을 하는 것이다.

나는 개인적으로 과학의 발전에 기대와 희망을 거는 쪽이다. 그렇지 않다면 우주에 관심을 갖고 '탈지구적' 미래 전망을 제시했겠는가(이 점에 대해서는 단편적이지만 여러 글에서 다루었고, 이는 앞으로 필자의 주요 집필 주제 가운데 하나다. 우선 《문화적인 것과 인간적인 것》에서 다루었고, 이 책의 1막 2장과 3장에서도 일부 언급했다). 그래서 지금까지의 과학에 대한 나의 비판도 **과학을 위하는** 길로서 한 것이다.

19세기 러시아 사상가 니콜라이 페도로프(Nikolaj Fëdorov)는 21세기에 보아도 최첨단이라고 할 수 있는 독특한 사상을 전개했다. 그 세계관의 핵심은 인류의 공통 과제를 설정하는 것이었다. 그 과제는 과학 발전을 통해 '죽은 자들의 부활'을 가능하게 하는 데 필요한 조건을 창출해내는 것이었다. 그래서 지금까지의 인류의 조상들을 모두 부활시키고자 했다. 이에 당연히 따라오는 인구

증가를 그는, 드넓은 우주의 다른 별들을 삶의 터전으로 개척함으로써 해결할 수 있다고 보았다.■

혹자는 어처구니없는 상상이라고 하겠지만, 페도로프는 죽은 조상들이 다시 살아난다는 그 자체만으로도 인류에게 우주 탐험에 대한 의지를 불어넣기에 충분한 드높은 이상을 제공할 수 있으리라고 생각했던 것 같다. 왜냐하면 그에게 인류의 공통 과제는 우주에 떠다니는 죽은 자들의 물리적 입자들을 모아 가지고 육신을 재조합해서 그 속에 영혼이 다시 안주할 수 있을 정도로 자연 법칙을 발견하는 일이었기 때문이다.

그는 조상들의 부활을 이루어낼 수 있을 정도로 자연을 정복해야 하며, 그것이 이타주의의 궁극적 목표라고 보았다. 페도로프의 이런 사상은 우주에서 인간이 처할 수 있는 운명에 대한 복합적이고 상상력 풍부한 이해의 결과이며, 그것은 인류의 삶 전체에 대한 어떤 도덕적 의무감에서 비롯한 것이라고 할 수 있다.

사실 과학은 역사적으로 우주와 대화를 하고자 하는 형이상학적 상상력과 함께 인문적 · 도덕적 문화를 내포하고 있었다. 아니, 그 속에 자리하고 있었다고 할 수 있다. 과학 발전에 따른 미래 전망은, 비관주의자들이 보듯 그렇게 비관적이지도 않으며, 낙관주

---

■ **페도로프의 상상력** 필자가 로마 그레고리안 대학에서 수학할 때 필자의 스승 가운데 한 분이었으며, 국제적인 명성을 가진, 러시아 사상 전공자였던 지노 피오베자나(Gino Piovesana) 교수도 페도로프의 상상력이 윤리적 열정에서 비롯한 것이라는 점을 누차 강조했다. 그리고 20세기 전반 소련의 우주 탐사 계획에 정신적인 비전을 제공한 것도 실제로 페도로프의 철학 정신이었다는 것을 우리는 매우 흥미롭게 공부하곤 했다. 사실 페도로프만큼 전통적인 종교(러시아 정교)의 영성 및 전통 문화와 첨단 과학의 사회 문화적 임무를 접목시켜 도덕적 비전을 제시한 철학자도 드물 것이다.

의자들이 주장하듯 그렇게 낙관적이지도 않다.

　다만 인류의 문화가 과학에 적절한 자리를 제공하고 보장해줄 때, 과학의 발전은 훨씬 희망적일 수 있다. 우주로 나가는 길에서 문화의 손을 잡고 가는 과학의 진보야말로, 새로운 밀레니엄의 시발점에 선 21세기 초 인류가 기대해야 할 일일 것이다.

**3-02**

# 과학적 권위, 신과학 그리고 SF

　오늘날 과학 커뮤니케이션과 과학 대중화가 현대 과학의 중요한 사회 문화적 과제라는 데에는 과학 비평가들뿐만 아니라 과학자들도 동의한다. 이에 시민 단체들의 '과학-기술의 민주화' 운동도 중요한 관심의 대상이 되고 있다.

　실제로 최근 몇 년 동안 — 특히 20세기를 마감하고 21세기를 시작하는 과정에서 — 과학에 대한 관심이 일반인들 사이에 넓게 퍼진 것도 사실이다. 이는 출판 분야에서 과학 서적 판매가 꾸준히 증가하고 있는 것을 보아도 알 수 있다.

　과학에 대한 관심의 증가는 과학과 연관된 모든 것들에 대한 관심의 증가를 의미하기도 한다. 그 가운데에서도 이른바 신(新)과학과 SF(Science Fiction)가 대중의 시선을 끄는 현상은 — 과학자들이 원하든, 원하지 않든 — 과학의 대중화와 거의 정비례한다고 볼 수 있다.

이런 분야는 — 자기만의 세계를 구성하고 있는 듯해서 문외한인 대중이 접근하기 어려워 보이는 이른바 정통 과학계나 '과학자 사회'와는 달리 — 대중과 친밀하게 직접적인 소통과 교류를 할 수 있어서 더욱 폭넓은 관심의 대상이 되기도 한다.

신과학과 SF의 정의가 무엇이든지간에 이들은 오늘날 과학을 논하면서 그냥 지나칠 수 있는 분야가 아니다. 이들은 과학의 개념 문제를 건드리면서 현대 과학의 다양한 이중적 성격, 즉 창조적인 동시에 파괴적이고, 개방적인 동시에 폐쇄적이며, 대중적인 동시에 귀족적이고, 민주적인 동시에 권위주의적일 수 있는 과학의 자기 모순 양상들을 다면경(多面鏡)으로 비추듯이 보여줄 수 있기 때문이다. 그와 동시에 신과학과 SF 역시 과학 못잖은 자기 모순을 지니고 있다는 것도 관찰하게 된다.

과학적 권위, 신과학, SF는 모두 과학이란 말을 포함하고 있다는 점에서는 공통 분모를 갖지만, 이들이 과학이라는 이름으로 행하는 것들에서는 매우 다른 문화적 코드들을 읽을 수 있다. 그리고 그들 사이는 서로 우호·적대·애증 등이 복잡하게 교차하며, '지키기', '따라가기', '놀리기', 그리고 '만나기'라는 말로 묘사될 수 있는 관계라는 점에서, 오늘날 문화 담론에 흥미로운 소재를 제공한다.

## 권위 지키기

오늘날 과학이 사회 문화뿐만 아니라 정치 경제를 포함하는 인간 삶의 거의 전 분야에 권위를 행사할 수 있는 위치에 있다는 것에는 크게 이견이 없으리라고 생각한다. "과학이라는 개념이 무엇을 의미하는지에 대해서는 심지어 전문가들 사이에서도 명확한 합의가 이루어지지 않았다"면서 과학 개념의 모호성을 주장하는 과학 비평가도 자신의 주장은 '과학적'이라고 한다. 오늘날은 '과학적'이어야만 다양한 분야에서 설득력이 있고, 최종 의사 결정권을 가지며, 신뢰를 얻을 수 있다. 그러면 과학적 권위는 어디에서 오는가?

지금까지 인류 역사에서 권위는 그 말이 일반적으로 적용되는 정치 · 법 · 사회적 차원 이외에 신(神)의 말씀, 우주를 관장하는 법칙 등 진리의 개념과 연관되어 있었다. 시대의 변화에 따라 인간 삶을 주도하는 권위가 어떻게 변해왔던지간에 그것은 '참'이라는 것과 분리될 수는 없었다. 그것이 신적인 것과 성스러움으로 상징되었든, 지식과 과학의 틀로 정해져 있었든, 규범과 법의 옷을 입고 있었든, 다른 어떤 개념보다도 그것이 진짜인지 아닌지 하는 문제와 격리된 적은 없었다.

과학적 권위가 확립될 수 있는 첫 번째 준거 틀은 '과학 = 진리의 탐구'라는 인식에 있다. 이는 또한 '과학 이론 = 자연의 법칙 반영'이라는 구체적인 입장을 낳는다. 물론 오늘날에는 '과학 ≒ 진리' 또는 '과학 이론 ≒ 자연의 법칙'으로 이해하고 있지만(아직까지도 과학 비판에서 많이 거론하는, 과학이 자연의 거울이라는 고정관념은 사실 많이 약해졌다), 진리나 자연의 법칙에 관한 한 과학의 배타적 권위는 존재한다.

따라서 '과학적(scientific)'이라는 말은 '진리에 대한 복종'이라는 것에 연관된다. 과학자들 자신도 "과학에서는 어떤 법칙이나 발견도 신성 불가침이 아니다"라고 겸허하게 주장하지만, 모든 것은 '과학적'이어야 한다. 또한 "과학의 법칙 또한 상대적이다. 이들 법칙은 언제, 어디서나, 그리고 어떤 조건에서나 진리라는 것은 아니다. 새로운 지식은 새로운 법칙과 새로운 이해, 새로운 문제의 발견을 낳는다"라고 주장하지만, "진리의 탐구는 결코 끝나지 않으리라"고 선언하면서 그것이 '과학적' 태도임을 확인한다. 이상에서 보았듯이, 진리와 과학, 진리의 탐구와 자연 법칙은 순환 논리 구조 안에 있으면서 서로 자기정당화한다.

두 번째, 기존의 과학이 그밖의 지식에 대해 '비과학적'이라는 딱지를 붙일 수 있을 때 권위는 발휘된다. 더구나 지식으로서 대안의 가능성을 원천봉쇄할 때 과학적 권위는 권위주의가 된다. 이에 비과학적이라는 말은 과학적이라는 말만큼이나 사회적 의식 형성을 권위주의적으로 조정하는 언어가 된다.

이러한 과학적 권위는 현대 과학이 경제적 요인과 연결되면서 매우 '효과적'으로 이용되기도 한다. 예를 들어 이른바 우월하다는 과학-기술을 장악하고 있는 집단이 그것을 경제적 이해와 연계하여 사용하고자 할 때, 그런 과학-기술에 반대하는 세력이 있어 그들이 어떤 대안을 제시하면 그것을 비과학적이라고 딱지를 붙인다. 그러면 사람들의 의식은 그 우월한 과학-기술에 대한 선호로 가득 찬다.

한때는 오늘의 과학이 미신이라고 규정하는 다양한 믿음들이 권위일 때가 있었다. 과학자들은 그때는 "과학과 미신의 투쟁에서 많은 과학자들이 생명을 빼앗기는 운명에 처해 있었다"라고 말하기를 잊지 않는다. 하지만 오늘날 다양한 이해 관계에 깊이 연관된 과학자들이 자기 밥그릇을 지키기 위해 과학의 권위를 은근한 폭력으로 사용할 가능성에 대해서는 심각하게 고려하지 않는 경향이 있다.

세 번째, 과학자 사회의 독립성(또는 고립성) 또한 과학적 권위를 강화한다. 이것은 일반 대중뿐만 아니라, 비과학도인 다른 학술 분야 종사자들 사이에서도 있을 수 있는 심리 현상이다.

"비과학도들이 생각하는 과학자들은 대부분 어디까지나 저편 세계에 속한 '그들'이다"라는 의식 등이 그것이다. 원래 권위는 그 밖의 것과 구분되는 아우라(aura)를 필요로 했고 지금도 그렇다. 그런데 흥미로운 것은 그 아우라를 권위의 밖에 있는 사람들이 형성해주기도 한다는 점이다.

네 번째, 기존의 권위는 '공식화'라는 작업을 통해 더욱 강화되어 권위주의가 되기도 한다. 공식화 작업은 대개 과학자 집단의 정기 간행물이라는 매체를 근간으로 한다. 예를 들어 〈네이처(Nature)〉, 〈사이언티픽아메리칸(Scientific American)〉 같은 잡지에 글을 싣는 것은 이런 권위 구조와 매우 밀접하다. 정통 과학자 사회의 일원뿐만 아니라 비정통이라고 불리는 이른바 주변부 과학자, 대체이론을 주장하는 과학자 들까지도 이런 전문지에 글을 실어 권위의 '은혜'를 입고자 한다.

'벨리코프스키 사건'은 이를 잘 보여준다. 1950년 벨리코프스키(I. Velikovsky)는 인류 역사 · 점성술 · 생물학을 다시 써야 할 정도의 비정통적 우주론을 제창했다. 그의 책《충돌 속의 세계(World in Collision)》는 과학자들 사이에 엄청난 논쟁을 불러일으켰고, 세계적인 베스트셀러가 되었다.

이 책은 학교 교재를 많이 출판하는 맥밀런 출판사에서 출간되었는데, 이에 미국의 과학자들은 맥밀런 사의 교재를 쓰지 않기로 합의했다. 맥밀런 사는 할 수 없이 교재를 그리 많이 발행하지 않아서 학계의 보이콧에 상관하지 않아도 되는 다른 출판사로 판권을 넘겼다. 그래도 논란은 계속되었는데, 이에 〈사이언티픽아메리칸〉지는 이 책에 대한 비평을 실었다. 벨리코프스키가 이 비평에 적극 회답하려고 하자 잡지의 편집장은 그의 책이 과학의 대중 이해에 치명적인 손상을 입혔으며 벌써 너무나 많은 이들에게 알려졌으므로 과학 잡지가 그를 도와주기는 어렵다고 답했다.

이는 두 가지 점을 시사한다. 첫째로 벨리코프스키에게 인세나 대중의 관심보다 더 중요한 것은 권위 있는 과학 잡지에 글을 싣는 것이었고(권위 있는 잡지로부터 모욕을 당했음에도 불구하고), 둘째로 그 잡지는 과학의 권위로 정통 과학자 사회의 '지킴이' 역할을 한 것이다.

이것은 50여 년 전 사건이지만, 오늘날에도 세계 곳곳의 연구자들은 위에서 언급한 권위 있는 과학 잡지에 자신의 논문이 올라간 것으로 그 이론과 업적을 인정받는다. 또한 역으로 신과학이나 초과학 등을 주장하는, 이른바 비정통 과학자들이 자신들의 주장을 뒷받침하기 위해서 권위 있는 학술 잡지의 논문들을 다량으로 인용하는 사례들도 흔하다.

끝으로, 과학적 권위는 어떤 전문 분야의 권위가 아니라 궁극적인 '최고의 권위'를 지향한다. 그럼으로써 그 권위는 더욱 탄탄해진다. 이는 서구 과학이 신의 세계에 자꾸 발을 걸쳐놓으려 할 때 관찰할 수 있다.

이것은 보통 과학적 성과가 '신의 계획'을 안다는 것에서 은유의 방식을 차용할 때 여실히 드러난다. 어떤 과학자는 "인간은 항상 신과 과학 사이에서 갈등한다. 그래서 신적 권위와 과학적 권위 사이에서 안주하려 한다"고 말하지만, 과학이 신의 권위를 은유로 차용함으로써 자신의 권위를 더욱 강화한다는 것을 솔직히 말하지는 않는다.

스티븐 호킹(Stephen Hawking)은 베스트셀러가 된 그의 책《시간의 역사(*A Brief History of Time*)》에서 신은 현대물리학과 무관하다는 사실을 역설하는 데 책의 대부분을 할애한다. 그러면서도 그가 결론 부분에서는 고에너지 입자물리학이 우주에 대한 궁극적이고 일치된 이론으로 이어질 것이라는 전망을 표현하기 위해 신과 관련된 은유를 사용한 것은 유명한 사실이다. 그는 "우리는 신의 마음을 알게 될 것이기 때문이다"라는 문장으로 결론을 맺고 있다.

이 점에서 스티븐 호킹을 꼬집은 어떤 과학 비평가는 "과학자들은 끊임없이 자신들의 작업이나 주제를 대중화하기 위해 신의 이름을 들먹였다"고 하지만, 사실은 대중에게 자신이 절대 진리의 담지자이자 최고 권위의 소유자라는 것을 은근히 확인해보이려고 그랬다는 표현이 더 맞을 것이다.

물리학자 프리먼 다이슨(Freeman Dyson)은 한술 더 떠서, "유전자 언어를 충분히 이해하고 쓸 수 있다면 우리는 신과 경쟁할 수 있는 능력, 즉 주라기 공원을 세우고 우리가 만든 공룡으로 공원을 채울 수 있는 능력을 가지게 될 것"이라고, 적극적으로 신과의 경쟁이라는 은유를 차용한다.

17세기에 교황청이 갈릴레오에게 했던 것과는 달리, 서구에서 기독교적 권위는 19세기에 들어서면서 **과학적 권위에 점차적으로 포섭되는 경향**을 보이기 시작했다. 그만큼 과학적 권위가 최고의 권위로 부상하기 시작했다는 말이다.

스위스 출신의 미국 자연학자 루이 아가시(Louis Agassiz)는 이를 풍자하여 다음과 같이 말했다. "모든 위대한 과학적 진리는 세 단계를 거친다. 처음에 사람들은 그것이 성서의 내용과 일치하지 않는다고 말한다. 그 다음에 사람들은 그것은 전에 이미 발견된 것이라고 말한다. 마지막으로 사람들은 그것은 항상 믿어왔던 것이라고 말한다." 이제 신은 단순히 양보하는 것이 아니라 과학적 권위의 지킴이가 되고 있는지도 모른다. 진리의 처소(處所)가 이동하고 있기 때문일까?

## 권위 따라가기

곧 자세히 알아보겠지만, '신과학'이란 말도 과학적 권위 때문에 생긴 것이라고 할 수 있다. 신과학이라는 말은 한편으로는 신시대 과학(New Age Science)의 줄임말로 인식되지만, 사실 오늘날에는 기존의 정통 과학의 경향에서 벗어나는 여러 가지 지식의 경향들을 통칭하는 말이기도 하다.

현재 이 말이 지칭하는 것들은 너무 다양하고, 그들 사이에도 많은 차이를 보이고 있다. 다만 그들이 어떻게 자칭(自稱)하고 또는 지칭(指稱)되는지에 관계없이, 모두 '과학 지향성'을 갖는다는 공통점은 확실하다. 즉 과학의 권위 '따라가기'가 그들의 특성이다.

이런 현실을 볼 때 신과학에 대해 본격적으로 논하기 전에 우선적으로 할 일은 신과학의 유형론(Typology)이다. 하지만 이런 유형론은 별도의 방대한 작업을 필요로 한다.[■] 이 글에서는 하나의 범례로 1970년대 이른바 신과학 운동의 선봉에 섰던 한 과학자의 이론적 입장을 살펴보는 것으로 제한한다.

오스트리아 출신 미국 물리학자 프리초프 카프라(Fritjof Capra)의 저서들, 특히 《현대물리학과 동양사상(*The Tao of Physics*)》은 국제적으로 많은 영향을 주었는데, 특히 우리나라에서는 그의 입장이 유난히도 열렬히 환영을 받았으며, 최근까지도 자주 인용되는 등 꾸준한 관심의 대상이 되고 있다.

이 책의 목적은 부제(副題)에 나와 있듯이, '현대물리학과 동양 신비주의를 대비 탐구'하는 데 있다(카프라는 힌두교 · 불교 · 중국 사상 · 도교 · 선(禪) 등을 'Eastern mysticism'이라고 통칭한다). 고전 물리학의 기계론적 자연관이 상대성 이론과 양자 역학을 필두로 하는 현대물리학에 이르러 유기체적 자연관의 도전을 받는 과정을 살피고, 현대물리학의 세계관과 직관 및 명상을 동력으로 하는 동양 신비주의 세계관 사이의 유사성을 탐구한다.

---

■ **신과학의 유형론** 신과학의 유형론을 해야 하는 구체적 이유는 첫째, 20세기 후반에서 지금까지 과학의 발전과 정비례해서 이른바 신과학적 욕구가 늘어나는 경향을 보이기 때문이다. 많은 의사과학(pseudo-science)이 생긴 것은 무지몽매한 것으로 생각되던 과거가 아니라 현대에 와서였다는 당연한 지적에 주목할 필요가 있다. 즉 과학이 권위와 권력으로 자리를 잡으면서부터라는 것이다(물론 의사과학이라는 표현 자체가 당연히 과학의 권위를 전제하는 것이지만). 이는 과학 발전에 대한 '위기 의식'하고도 연관이 있다(그 위기감의 현실적 타당성은 따져보아야 하겠지만). 둘째, 그것이 상당한 대중 침투력을 가지고 있기 때문이다. 셋째, 들어둘 만한 소리가 있는지 확인할 필요가 있기 때문이다. 이를 과학 지상주의 대(對) 새로운 패러다임의 가능성이라는 구도에서 볼 수도 있다. 물론 새 패러다임이 기존 과학에 대해 설득력이 있으려면 혹독한 여과 과정을 필요로 하는 것은 두말할 나위도 없다.

예를 들면 현대물리학의 시 · 공간 불가분 이론과 비교해 공간과 시간의 상호 관통(貫通)을 깨달을 것을 가르치는 《화엄경》의 경지를 설명해주고, 도교 · 선 · 이기론(理氣論) · 힌두교의 경전을 동원해 빛의 파동설과 입자설, 우주 팽창설, 우주선(宇宙線)의 움직임 등도 설명한다. 특히 관찰 대상인 객체와 관찰자인 주체를 분리하는 근대 과학 방법론에 의문을 제기한 양자 역학과 연관해, 주객 분리의 분별지(分別智)를 멀리하는 불교의 가르침을 배워야 한다고 주장한다. 결국 직관과 관조를 근간으로 하는 동양 신비주의는 고전물리학을 극복하려는 현대물리학의 과학적 입장들과 만난다는 것이다.

그렇다면 카프라의 주장의 핵심은 무엇인가? 그것은 지금까지 현대 과학이 무시하고 있던 동양 신비주의가 매우 과학적이라는 것이다(동양에서, 특히 우리나라에서 카프라의 입장이 대환영을 받은 것도 바로 이 점 때문이다). 다시 말해, 국제적인 물리학자인 카프라는 '정통 과학자의 권위'로 지금까지 '비과학적'이라고 알려졌던 인간의 지식과 지혜에 '과학적 위상'을 부여한 것이다.

이것은 두 가지 시사점을 던져준다. 하나는 사람들이 과학적 권위에 귀를 기울였다는 점이고, 다른 하나는 동양 신비주의가 과학적 위상을 부여받은 것에 사람들이 매우 만족했다는 점이다. 다시 말해, 비과학적이라고 치부되던 분야가 힘들게 과학 '따라가기'를 하기 전에 과학의 권위가 따라오도록 도와준(?) 것이다.

카프라의 저서가 더욱 관심을 끈 것은 ― 주장의 참신함 때문이기도 하지만 ― 그가 정통 과학자 사회에서 인정받는 물리학자라는 점 때문이다. 즉 정통 과학자의 신과학 제안이라는 점 때문이다.

이는 카프라가 책의 상당 부분을 기존 과학 이론을 설명하는 데 할애하는 것을 보아도 알 수 있다. 카프라의 책에서 물리학을 설명한 부분은 이해하기 쉽게 잘 되어 있다는 것을 관찰할 수 있지만, 힌두교·불교·중국 사상·도교·선(禪)을 다루는 몇십 쪽 안 되는 동양 사상 설명 부분이, 그가 극찬하듯이 '심오한' 사상을 드러낼 수 있는지는 매우 의심스러우며 자기 모순처럼 보인다(그후로 그가 동양 신비주의에 대한 구체적인 내용을 심도 있게 다룬 방대한 저서를 썼다는 말은 아직 듣지 못했다). 카프라의 책은 오히려 현대 물리학의 대중 설명서로 더 가치를 갖는지도 모른다.

결국 카프라가 한 일은 현대 지식 세계의 최고 권위라고 할 수 있는 과학이 비과학적이라고 치부되던 다른 지식과 지혜의 분야에 **과학적 위상**을 부여함으로써 많은 사람들을 만족시킨 것이라고 할 수 있다.

과학적 위상을 영어로 하면 'Scientific Status'가 된다. 라틴어 'Status'라는 말은 매우 관료적인 술어다. 이는 원래 중세 유럽에서 관공소 용어로 사용되었다. 이 말에서 오늘날 '국가'를 뜻하는 'State'도 나왔다. 필자가 과학 문화 현상을 설명하면서 굳이 스테이터스라는 말을 사용한 것은 이 말이 카프라의 의도와 그에 호응하는 사람들의 심리 상태를 잘 반영하기 때문이다. 즉 '권위'가 '지위'를 부여한 것에 비유될 수 있기 때문이다(왕은 봉건 영주들에게 작위를 수여한다).

사실 카프라가 말하는 동양의 신비주의가 어느 정도 과학적인지 여부는 둘째 문제일지 모른다. 더 중요한 것은 그것이 '왜 과학적이어야 하는지'를 묻는 것이다. 이것은 "동양의 신비주의가 과학적이지 않으면 어떤가?"라는 질문을 포함한다. 특히 우리나라에서 카프라의 주장에 대해서, 드디어 동양 사상이 과학적인 것이 되었다는 점을 환호하고 대견스러워했지만, '왜 그래야 하는지'에 대해서는 아무도 의심을 한 것 같지 않다.

동양 신비주의든, 동양 사상이든 그것이 과학적 위상을 부여받을 필요가 있을까? 그것이 신과학의 범주에 들어갈 필요가 있을까? 나는 아니라고 생각한다. 그것은 과학적 위상을 부여받을 필요없이 그 자체로 대단한 가치가 있기 때문이다. 그리고 그것이 대단히 심오하다면 현대물리학 이론의 차원에서 쉽게 운운할 수 있는 것도 아니다

동양 신비주의처럼 서구 과학 이외의 사상과 삶의 지혜가 현대 과학-기술의 폐해를 수정 보완하는 역할을 하는 데도 과학적 지위를 가질 필요는 없다. 아니, 오히려 그렇게 하지 않는 것이 바람직하다. 동양 사상은 과학이 아닌 인간의 지식과 지혜라는 자격으로 충분히 인류에 공헌할 수 있다.

만일 현대 과학자들이 동양 사상에서 반성의 계기와 과학 선용을 위한 중요한 아이디어와 개념적 수정의 단초를 얻거나, 더 나아가 새로운 패러다임을 창출해낼 수 있다면, 그것은 좋은 일이고 그들의 작업에 큰 도움이 될 수 있다.

하지만 과학계가 자신의 권위로 그것을 과학 세계 안으로 포섭하는 것은 위험하다. 동양 사상가의 입장에서는 동양 사상이 임의로 과학에 포섭되는 것을 오히려 경계해야 한다. '동양적인 것'은 서양 과학에 포섭되지 않아서 더 가치가 있다. 동양학자의 입장에서 카프라의 주장은 환영의 대상이 아니라 오히려 세심한 주의의

대상이다.

과학자들이 즐겨 인용하는 라틴어 격언에 이런 말이 있다. "의심이 있는 곳에 자유가 있다(Ubi dubium ibi libertas)." 이 말은 정통 과학을 주장하든, 신과학을 주장하든 과학자들에게도 역으로 적용되어야 한다.

카프라가 시도한 것은 서구 과학의 진정한 반성이라기보다 동양 신비주의의 과학성을 발견하는 것이다. 더 나아가, 동양 신비주의를 과학의 새로운 발전 가능성을 위한 포섭의 대상으로 본 것이다. 카프라는 암암리에 서구 전통에 있는 과학의 발전이라는 개념을 기본으로 '과학적 성숙'을 시도한다. 이런 점에서 보면 그의 입장도 과학적 진보주의에 다름 아니다.

서구 사상사를 잘 관찰한 사람이라면, 형이상학(Metaphysics)에서 물리학(Physics)의 원리가 될 수 있는 단초를 가져오고자 하는 것이 서양의 전통이라는 것을 알 수 있다. 이는 일종의 세계적 패러다임(World Paradigm)을 세우고자 하는 의도를 내포하는 전통이다. 카프라는 말한다. "우리는 꾸준히 증가되는 정밀성을 가지고 자연 현상의 끊임없이 증대되는 영역을 총망라하는 미래 이론들의 조직 체계를 상상해볼 수 있다." 그렇게 함으로써 그는 또한 지금까지의 서구 과학의 이미지를 개선하고자 한다. 앞으로의 발전을 위한 과학의 새로운 이미지 메이킹 작업이라고 할 수 있다.

또 하나 제대로 관찰해야 할 점은 카프라가 동양 신비주의의 본질적 특성을 직관과 감성으로 보면서도 이성적 언어로 신비주의를 설명하고 있다는 것이다. 더 나아가 카프라의 책에서도 '과학주의'의 흔적을 곳곳에서 발견할 수 있다. 한 예로, 그가 아원자(subatom, 亞原子)의 세계를 설명하면서 '뚜렷하고 명확한 모형'을 추구하는 것을 보면 알 수 있다(여기서는 그런 자세의 맞고 틀림, 또는 옳고 그름을 말하는 것이 아니라, 그의 전통 과학적 태도를 지적하는 것이다). 이외에도 카프라의 책을 분석해보면, 자기의 주장과 실제 의도 사이의 자가당착적 모순들을 여럿 발견할 수 있다.

이제 정말 중요한 것은 획일성과 다양성이라는 관점에서 관찰할 수 있다. 동양의 신비주의가, 동양 사상이, 아니 '기존의 과학적인 것에서 벗어나는 것'들이 과학적 위상을 획득하고 과학에 포섭되면 될수록 세상은 획일화된다. 다양성의 가능성은 점점 줄어들고, 미래의 언젠가 활용될지 모르는 '대안의 준비'라는 점에서도 우리가 잃는 것은 많다.

다시 말해, 동양 신비주의의 '비과학성'을 보존할 필요가 있다. 그래야만 진정한 대안의 가능성은 보전된다. 잘못하면 과학적 포섭이 신비주의를 비롯한 모든 다양성을 말살시킬 가능성이 있다.

이것은 다른 신과학적 경향에도 그대로 적용된다. 다양한 인간 지식과 지혜와 아이디어 등이 어떻게 해서든 과학적 위상을 획득하고자 할 때 다양성은 상실된다. 사실 과학적 위상을 차지하기 위한 노력과 싸움은 그 자체로 '과학적인 것 따라가기'의 마술에 걸려 있는 것이다.

이런 의미에서 '신과학'이라는 말은 역으로 새로운 지평을 향해 반성과 자기 개선을 추구하는 기존 과학자 집단이 취해야 하는 것이지, 새로운 아이디어와 패러다임 제공 가능자들이 과학자 집단에 편입되기 위해서 외쳐야 할 일은 아니다.

다양성을 위해서는 과학의 권위에 대해서 "과학적 위상을 부여해주어서 대단히 고맙다"고 할 것이 아니라, "과학적 위상 필요없다"라고 주장해야 하는 것이다. 더 나아가 "동양 신비주의, 제발 그냥 놔두어라" 하고 외쳐야 할 판이다. 과학은 신비주의에서 아이디어를 그냥 가져가면 되고, 신비주의는 자신의 고귀한 자산을 우리 삶 속에서 유지하면 되는 것이다. 그래야만 과학에도, 신비주의에도 도움이 되고, 필요할 때 진정한 의미에서 교류할 수 있는 것이다.

우리는 이제 차분히 생각해야 한다. 문학·철학 등 인문학적 사고를 비롯한 인간의 지식 및 예술적 감각은 어떤 형태로든 과학과 연결되어 있다. 하지만 그것이 오늘날 어떤 사고가 곧바로 과학적이라는 것을 의미하지는 않는다. 아니, 이런 인간의 지식과 지혜의 빛나는 편린들은 과학적이기를 원하지도 않는다.

고전물리학과 달리 현대물리학의 양자론이 제시하는 본질적인 아이디어 가운데 하나가 물리 현상에서 대상의 실체성 소멸과 객체와 관측자 사이의 관계성의 부상이다. 약 2백 년 전에 이탈리아의 시인 레오파르디(G. Leopardi)는 "자연과학은 '관계의 과학'에 다름 아니다. 인간 정신의 모든 발전은 이런 관계를 발견하는 데에 있다"라고 말했다. 그렇다고 우리는 이에 과학적 지위를 부여할 텐가. 시인 레오파르디는 자신이 남긴 글 가운데 한 문장이 과학적 위상을 획득하는 것에 관심이 없다. 물론 과학자가 그것에서 아이디어를 얻어가는 것은 좋은 일이다. 그렇다고 과학의 권위로 과학적 위상을 부여하는 것은 무덤 속의 레오파르디조차 불편하게 만드는 일일 것이다.

현대 과학이 자기 성찰과 새로운 지평에 대해 열린 자세를 갖기 위해서는 여러 가지 지식 형태들을 '과학화'할 것이 아니라 그 자체로 받아들이도록 노력해야 하며, 문화 다양성 보존이라는 차원에서 세상을 대해야 할 것이다. 이런 의미에서 우리의 의식은 과학의 이름으로 서로 진실을 내세우는 분야에만 머물 것이 아니라, 과학과 교류하되 아예 노골적으로 허구를 내세우는 분야에도 눈을 돌려야 할 것이다. 이 점에서 SF를 살펴보는 일은 매우 흥미롭다.

## 권위 놀리기

SF라는 말은 1920년대에 "과학적 사실과 예언적 비전이 뒤섞인 소설"이라는 의미로 처음 등장했다고 한다. 그래서 우리나라에서도 문학 분야에서는 '과학 소설'이라고 번역한다. 하지만 나는 이 글에서 그것을 직역해서 '과학적 허구'라고 쓰거나, 아니면 이미 많이 알려진 대로 그냥 SF로 쓰기로 한다. SF는 소설이라는 문학 장르뿐만 아니라 이미 만화·영화 그리고 오늘날 특히 컴퓨터 게임 등 다른 분야에도 널리 활용되고 있기 때문이다. 그리고 SF가 과학과 맺는 관계는 SF의 특성들을 살펴봄으로써 잘 파악할 수 있다.

첫 번째 특성은 ─ 많은 반론이 있겠지만 ─ 그 명칭에 관한 나의 생각이다. 나는 여러 해 전부터 SF는 ─ 굳이 말을 새로 만들어 표현하자면 ─ **TF(Technology Fiction)**라고 하는 것이 더 걸맞지 않을까 하는 생각을 해보았다. 우리가 소설을 읽거나 영화를 보면 알 수 있듯이, SF 안에 등장하는 것들은 공상적이지만 기술적 발명품들이다. 우리는 베른(J. Verne)의 해저 잠수함에서부터 웰스(H. G. Wells)의 타임머신, 그리고 로봇과 사이보그에 이르기까지 다양한 도구 · 기계 · 첨단 발명품 들을 SF 속에서 만나게 된다.

이 점은 특히 영화에서 두드러지는데, 관객들이 영화에서 즐기는 것은 가상적인 기술적 성과물들이다. 관객들이 직접 대하는 것은 그 가상 발명품들에 대한 과학적 설명보다 그 발명품과 그것의 기술적 작동 구조와 과정이다. 이런 의미에서 SF는 과학에 근거한다기보다 기술에 근거한다고 볼 수 있다.

그럼으로써 관객은 기술적 가상의 세계에 빠져들며, 기술과 인간의 가상적 관계를 체험하고 그에 대해 생각한다. 물리학자 다이슨도 "기술 전문가가 아닌 사람들이 기술을 이해하는 데에는 과학보다 SF가 더 좋다"고 생각한다. 왜냐하면 "SF는 기술이 인간에게 미치는 영향을 보여주기" 때문이다.

이는 다이슨이 지적하듯이, SF 소설의 대가 웰스가 생물학자로 과학적인 훈련을 받았음에도 불구하고, 자신이 죽고 얼마 지나지 않아 분자생물학이라는 새로운 과학이 나타나리라고는 상상조차 못했지만, 그의 《타임머신》은 기술과 기계에 대한 엄청난 상상력으로 미래에 대한 통찰을 제공하는 것을 보아도 알 수 있다. 하기는 이 모든 것을 종합해보면 SF와 TF를 합쳐 STF라고 해야 할지도 모르지만. 오늘날 SF의 특성을 보여주고자 해본 말이다.

두 번째 특성은 SF의 이중적 성격들이다. 우선 SF는 그 명칭과는 모순되게 두 가지 점에서 탈과학적이다. 우선 지금까지 대다수의 SF는 과학-기술에 대한 비판을 그 주제와 내용으로 했다. 다시 말해, 상당수의 SF가 과학적 허구를 이용하여, 가능할지도 모르는 과학적 사실에 대해 거의 반과학적인 경고를 담고 있다고 할 수 있다.

이것은 물론 허구를 이용할 줄 아는 인문학적 비판 정신과 상상력이 가미되었기 때문이기도 하다. 이는 SF 역사의 초기부터 그랬는데, 소설에서 웰스의 《타임머신》은 물론이고, 무성영화 시대 때 SF 장르의 원형을 제시했다고 볼 수 있는 프리츠 랑(Fritz Lang)의 〈메트로폴리스(Metropolis)〉 등 그 예는 무척 많다.

또 다른 탈과학적 성격은 SF의 환상성에서 찾아볼 수 있다. 얼른 보아 환상적인 것은 과학적인 것에서 벗어나는 것이라고 여겨진다. 하지만 이 점은 그 자체로도 매우 복합적이다. 잠시 언어 표현을 살펴보자. 독일어나 프랑스어에서는 발음과 표기법에 약간 차이가 있지만 'Science Fiction'이라는 영어 표현을 그대로 가져다 쓴다. 그런데 흥미로운 것은 이탈리아어에서는 'Fantascienza'라는 표현을 쓴다. 즉 환상(fanta-)과 과학(scienza)을 뜻하는 말들의 합성어로 되어 있다. 나는 이 표현이 SF의 본질을 잘 반영한다고 본다. 환상 소설처럼 환상적 허구에는 과학성이 반드시 동반되는 것은 아니지만, SF처럼 과학적 허구에는 환상성이 반드시 동반되기 때문이다.

그런데 재미있는 것은 이러한 환상성이 그 자체로 또 이중성을 갖는다는 사실이다. SF의 환상적 상상력은 그 비판적 성격에도 불구하고 현재의 과학-기술에 실질적인 발전 방향을 제시한다. 즉 모순적인 것 같지만, 환상성이 실제 과학-기술을 유도한다고 할 수 있다.

이런 예는 무수히 많다. 4차원의 세계 · 유전공학 · 로켓 · 잠수함 · 레이더 · 로봇 · 뇌파 검사기 · 시험관 아기 · 형광등 · 평면 스크린 등은 현실의 과학-기술에 앞서 SF에 의해 제시된 것들이다.

세계적으로 유명한 기술대학인 미국의 MIT에서 SF를 교과 과목으로 가르치는 것도 이런 일면을 잘 보여준다.

SF의 이러한 성격은 여러 경향의 신과학과 대비하여 흥미로운 관찰을 하게 한다. 신과학은 과학적 위상을 획득하려 하기 때문에 오히려 상상력이 제한될 수 있으나, SF는 이렇게 이중적으로 탈과학적인 성격 덕에 엄청난 상상력으로 과학-기술 세계를 비판적으로 놀리기도 하면서, 또한 그것에 구체적인 발전 방향을 제시하기도 한다.

따라서 과학-기술에 새로운 패러다임을 제시할 현실적 가능성에서 SF가 앞서간다고 할 수 있다. 이에 가장 훌륭한 SF는 '과학적인 것'에 대한 일반적 통념이 잘못이라는 것을 항상 인식해왔다는 말은 귀담아들을 만하다.

이는 기존의 정통 과학자 사회가 신과학에 대해서는 비난이나 거부의 자세를 누그러뜨리지 않지만, SF에 대해서는 그로부터 비판을 받으면서도 호의적인 자세를 취하는 결과로 나타난다. 과학의 세계는 SF에게 놀림을 받으면서도 그것으로부터 무엇인가를 얻고자 한다.

신과학이 과학적 권위에 포섭되기를 은근히 기대한다면, SF는 과학적 권위로부터 노골적으로 환상적 탈주를 시도한다. 그러면서도 과학으로 하여금 그 자신의 현실에 눈을 돌리게 한다.

세 번째 특성은 SF의 실존 의식이다. 수많은 SF 작품들이 보여주는 것은 흥분을 불러일으키면서도 섬뜩한 두려움을 주는 '미래와의 대면'이다.

미래와의 대면을 표현하는 방식은 '현재 속의 미래'로 구성될 수도 있고, 가상적이지만 '구체적 미래의 시간을 설정'하는 것으로 구성될 수도 있다. 예를 들면 SF의 모든 특질을 갖춘 최초의 소설이라고 인정받는 《프랑켄슈타인》이 전자에 해당되고(이야기의 배경은 저자 메리 셸리가 살았던 1800년대 초이고, 이야기의 컨텐츠는 미래의 것이다), 2029년이란 가상적 시간을 설정한 영화 〈터미네이터〉가 후자에 해당된다.

미래와의 대면 방식이 어떤 것이든지간에, 미래와의 대면에서 SF는 '제어 불가능성'의 주제를 다룬다. 이 점에서도 SF는 과학이란 말과 연관된 다른 분야와 차이를 보인다. 과학은 자연 법칙을 함축된 상징 언어에 담아(예를 들어 $E = mc^2$) 자연에 대한 제어 가능성을 추구하고, 기술은 구체적으로 작동하는 도구와 기계로 인공적 삶에 대한 제어 가능성을 실행하며, 신과학은 과학적이어야 하므로 과학과 같은 성격의 제어 가능성을 획득하려 한다.

반면 SF는 자연에 대해서든, 인공물에 대해서든 제어 불가능성을 더 드러내 보인다. 이런 특성은 SF에 유토피아보다는 디스토피아를 다룬 경우가 더 많다는 것과 연관된다.

제어 불가능성에 대한 의식은, 일차적으로는 흔히 말하듯 SF의 음울하고 불길한 디스토피아 묘사가 당대 사회에 대한 저항 신호이자 현재에 대한 강력한 경고 발언이지만, 더 나아가 그것을 넘어서는 것이다. 즉 문학 평론과 영화 평론에서 말하듯, SF의 진짜 관심사는 사실 미래가 아니라 현재이며, SF는 그 장르의 탄생에서부터 인류를 위해서 현대의 양심을 창조하고자 노력해왔다는 관점을 포함하지만, 그것을 넘어서는 것이다. 다시 말해, SF는 일차적으로는 의무론적 윤리관을 보이고, 더 나아가서는 **실존적 세계관에**

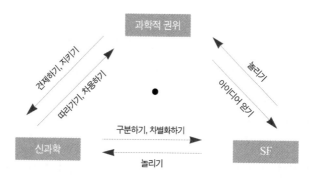

과학적 권위와 신과학 그리고 SF의 관계는 위와 같은 삼각 구도로 표시할 수 있다.
기존의 과학적 권위는 신과학을 견제하고 자신을 지키려 하지만, 신과학은 '과학적
위상'을 얻기 위해 과학을 따라가려 한다. 이런 과정에서 이른바 정통 과학의 권위
를 편의에 따라 차용하기도 한다.

신과학은 '과학적'이기를 원하므로, '허황한 이야기'인 SF와 차별화를 시도한다.
SF의 입장에서는 과학적 위상은 관심 밖이기 때문에 신과학의 이런 태도에 무관심
하거나, 자신이 생산하는 허구적 이야기 속에서 그것을 놀릴 수도 있다.

사실 SF의 놀리기가 진짜 대상으로 하는 것은 정통 과학과 그 권위다. 반면 후자는
SF로부터 놀림을 받으면서도 그에 대해 호의적인 자세를 취할 경우가 많다. SF로부
터 자기 발전을 위한 아이디어를 얻을 수 있기 때문이다.

연관된다.

 SF는 자연에서 일어나는 것에서든, 인공적으로 이루어지는 것
에서든 인간의 입장에서는 근본적 제어 불가능성이 내재해 있다는
것을 보여준다. 지구에 대한 혜성 충돌과, 인간으로부터 완벽하게
독립성을 획득하는 인공 피조물의 경우가 그에 해당하는 예다. 이
것은 형이상학적이고 세계관적인 문제이다. 이에 제어 가능성을
전제하는 정통 과학의 과학적 권위든, 신과학의 과학적 위상이든
SF의 실존적 '놀림' 앞에서는 무기력해진다.

물론 SF가 보여주는 제어 불가능성이 '제어하지 못한다'는 것을 뜻하지는 않는다. 말 그대로 '제어하지 못할 수도 있다'는 것을 뜻한다. 이것이 SF에서 서스펜스를 야기하고, 감동을 주고, 고민하게 하고, 흥분과 두려움을 일으킨다. 제어 불가능성이 언제, 어디서, 누구의 실존에 딴죽을 걸지 모르기 때문이다.

여기에서 우리는 SF가 과학에 관한 것처럼 보이지만 사실은 인간 삶에 대한 실존적 탐구라는 그 본래의 목적을 수행하기 위해, 정확·부정확과는 별문제로, 실제로 과학을 허구적으로 이용하면서 놀리고 있음을 보게 된다. 이는 다시 SF의 탈과학적 성격으로 이어진다. 과학에 굵은 끈을 대고 있으면서도 탈과학적인 것, 그래서 SF는 사실 철학이다.

## 함께 만나기

어떤 평론가는 SF의 소재는 무한하다고 말한다. 이렇게 말하는 것은 인간의 과학과 기술이 무한히 발전할 수 있고, 끊임없이 이야깃거리를 제공해주기 때문이 아닐 것이다. 과학-기술이 무한히 발전해도 SF는 단순히 그것으로부터 소재를 가져오지는 않는다. 오히려 그 상상력은 그들을 앞서가기 때문이다.

SF의 소재가 무궁무진한 것은 그것이 '사람의 과학'에 대해서 이야기하기 때문이 아니라 '우주의 이야기'를 하기 때문이다. 과학은 사람의 과학이지만, 뛰어난 SF의 서사가 궁극적으로 은유하는 것은 우주의 이야기다. 인간이 생산해내는 과학-기술에 대해서 이야기해도, 우주 속 사람의 의미, 우주 속 과학의 의미 등을 이야기하는 것이다.

물론 이야기도 사람이 늘어놓는 것이지만, 어쩌면 하늘에서 별빛처럼 떨어지는 '우주의 존재'와 '우주 속 존재'의 의미를 담은 이야기들을 그저 사람의 상상력이 주워 담아 다시 펼쳐놓는 것인지도 모른다. 우주는 위대한 서사의 보고(寶庫)이다. 이것을 조금 더 친근감 있게 표현하면 무한한 '이야기 보따리'이다

우주는 인간에게 참으로 많은 것을 '무료로' 제공한다. 어떤 과학자는 입자 연구를 위하여 엄청난 자금이 드는 대형 입자가속기를 개발하느니(즉 인공적으로 입자를 방출하느니), 그보다 훨씬 저렴한 지하검파기를 설치하여 우주에 널리 퍼져 있는 태양계 및 미지의 외계 입자들을 무료로 공급받아 연구하는 것이 여러 면에서 효과적이라고 주장한다. 이것도 매우 실리적인 관점이지만, 진짜 실용적인 것은 우리가 우주에 관심을 둘 때 우주가 공짜로 제공하는 무궁무진한 이야깃거리를 얻는 일이다.

다만 신비로운 우주의 이야깃거리를 공짜로 얻으려면, 그 신비 자체를 있는 그대로 온몸으로 느낄 줄 알아야 한다. 프리초프 카프라는 인도의 여신 시바(Śiva)의 춤을 입자물리학과 대비하면서 "현대물리학자에게, 시바의 무도는 아원자(亞原子)적 물질의 무도가 된다"고 말한다. 그에게 우주적 무도인 시바의 춤은 실로 "틀림없는 과학"인 것이다.

이렇게 해서 지고의 아름다움과 우주적 신비를 지닌 시바의 춤은 과학적 위상을 부여받는다. 그래서 더 이상 신비로울 수 없게 된다. 더 이상 몽매한 현대인들에게 신비로운 우주의 기운을 느낄 수 없게 하고, 우주의 이야기를 들려줄 수 없게 된다.

오늘의 여러 정황을 볼 때 과학은 더욱 발전해야 하지만, 발전

의 자세와 발전의 방향을 잘 잡아야 한다. 그 발전의 과정에서 적어도 다양한 타자(他者)들의 성격과 모습을 자신의 권위로 마음대로 바꾸어놓아서는 안 된다. 그래야만 서로를 배려하며 '만나기'가 가능해진다. 즉 진정한 **문화적 화합**이 가능해진다.

과학의 권위가 권위주의가 되지 않고, 여러 다양한 지식들이 억지로 과학적 위상을 가지려 하지 않으며, 과학적 상상력이 솔직하게 우주의 이야기를 받아들일 때, 그리고 이들이 서로 편안한 마음으로 만날 때, 우리는 과학을 비롯한 인간의 지식과 지혜 그리고 과학적 판타지가 제공하는 실존적 해학(諧謔)에 인류의 미래에 대한 희망을 걸 수 있지 않을까.

## 3-03

# 도구 · 기계 · 기술 · 첨단 그리고 인간

    과학에 대해 이야기하다 보면 기술을 논하지 않을 수 없다. 그것은 과학이 반드시 기술과 밀접한 관계에 있기 때문만은 아니다. 물론 우리가 흔히 '과학기술'이라는 표현을 쓰듯이 오늘날 과학과 기술의 관계는 밀접하다. 또한 오늘날 과학의 큰 부분을 이루고 있는 것이 기술과학(technoscience)과 산업과학(industrialized science)이다. 하지만 과학과 기술을 논하는 것은 과학과 기술이 서로 긴밀한 관계를 가지면서도 서로 다를 뿐만 아니라 구분되기 때문이기도 하다.

    과학과 기술의 구분이나 비분리성에 대한 논쟁은 20세기 후반에 지속적이었고 지금도 활발하다. 하지만 실제로 중요한 것은 오늘날 과학과 기술이 동일하게 취급되는 하나의 실체인지, 아니면 확실히 구분되는 두 영역인지를 각기 주장하는 데 있지 않고, 과학과 기술이 어떻게 다양한 **인터페이스**를 이루어가고 있으며(인터페이스를 이루는 관계라 함은 접점과 구분을 모두 포함하는 의미이다), 그런 인터페이스 이루기의 과정과 양상 들이 우리의 실제 생활에 어떤 영향을 미치는지를 파악하는 데 있다.

그래서 나는 '과학기술'이라고 하나의 단어처럼 표현하기보다는 '과학-기술'이라고 연자선(連字線)을 그어서 표현하는 것을 선호한다. 과학과 기술은 그들이 만나고 협동하며 상호 적용하는 지점들에서 절합(節合, articulation), 즉 분절(分節)과 연합(聯合)의 관계에 있다. 이런 관계가 오늘날 그들이 사회 문화적 기능에서 갖는 효율성을 보장한다. 이 점을 포착하는 것은 오늘날 과학-기술을 이해하고 대처하는 데 핵심적이다.

그런데 과학과 구분되면서도 그와 밀접한 관계를 가지는 것에는 기술만 있는 것이 아니다. 흔히 과학-기술이라는 말로 오늘의 세계를 구체적으로 조명하고 이해하려 하지만, 과학과 기술이라는 말이 철학이나 사회학 못지 않게 추상적이라는 사실은 흔히 잊고 있다.

그러나 우리가 도구라는 말이나 기계라는 말을 쓸 때는 구체성이 우선적으로 부각된다. 망원경이나 현미경 같은 도구와 과학의 관계는 자세한 설명 없이도 거의 직관적으로 연계된다. 또한 시계 · 자동차 · 비행기 · 생산 라인의 로봇 같은 기계와 과학의 관계도 마찬가지다. 따라서 과학과 기술의 추상성은 도구와 기계의 구체성과 함께 다루어질 필요가 있다. 그래야만 오늘의 과학-기술 세계가 제대로 조명될 수 있다. 이는 또한 변화하는 오늘의 세계를 추상성과 구체성을 아우르면서 좀더 전체적으로 이해하는 방법이다.

이 장에서는 먼저 과학-기술과 구체적 연관을 가지고 있는 인공물인 도구와 기계에 대해서 살펴보고, 이에 연관하여 과학-기술이 발전하며 새로운 도구와 기계 들이 생산되는 시대에 사회 문화적 체제로서의 기술의 성격과, 우리 삶에서 첨단 과학 · 첨단 기술 등 첨단(尖端)이라는 것이 갖는 의미를 짚어본다.

과학 · 기술 · 도구 · 기계 등에 대한 탐구는 결국 이들이 인간과 갖는 관계에 대한 성찰이자 인간성에 대한 성찰이 될 것이다. 모든 인공적인 것에 대한 탐구는 그것을 만들고 사용하며 그것으로부터 영향받는 인간에 대한 성찰로 이어지기 때문이다.

### 도구의 효과

도구는 인간의 인공물 또는 피조물이다. 도구는 또한 기계적 도구일 수 있다. 망치는 기계성을 갖지 않는 단순한 도구이지만, 전기 드라이버는 기계적 도구이며, 컴퓨터에 이르면 그것은 더욱 발달된 기계이자 도구이다.

망치 같은 비기계적 도구는 인간의 에너지가 바로 동력이 되어 인간의 손놀림에 따라 작동한다. 전기 드라이버는 전기 동력을 사용하지만 아직 사람의 수동 조작에 의해 그 기능을 발휘한다. 반면 컴퓨터 자동 시스템 같은 기계적 도구는 전기 동력을 받아 자체 구조 내의 여러 장치들이 그 동력을 전달해가며 작동한다.

인류학자들은 흔히 인간이 도구를 개발하고 사용해 자기 신체 능력을 연장하거나(손에 잡고 사용하는 도구는 거의 신체의 연장으로 여겨지는 경우가 많다), 동작의 획기적 발전을 기하면서 동물과 구분되기 시작했다고 주장한다. 구석기의 도구에서 신석기·청동기·철기 등의 도구 발전 과정을 인류 역사의 시기 구분으로 삼는 것이 교과서적 설명이 된 지도 오래다. 그만큼 도구는 인간의 피조물이지만 인간 역사의 흐름에 지대한 영향을 끼친다.

그런데 도구와 문명 발전 사이의 관계가 상식적이라면, 도구의 발전을 과학 혁명과 연관지어 보는 데는 소홀한 경향이 있다. 물리학자 다이슨은 도구가 과학 혁명을 일으킨다는 점에 주목한다. 그는 두 종류의 과학 혁명이 존재한다는 것을 강조한다.

역사 속에서 어떤 과학 혁명들은 자연을 관찰하기 위한 새로운 도구들의 발명으로 일어나기도 하고(망원경으로 천체를 관찰했던 갈릴레오의 경우), 다른 혁명들은 자연을 이해하기 위한 새로운 개념들의 발견으로(만유인력과 운동의 법칙을 발견한 뉴턴의 경우) 일어나기도 한다는 것을 살펴볼 수 있다. 다이슨은 '과학 혁명의 구조'를 설명한 쿤이 개념들에 의한 혁명에 대해서만 논하고, 도구들이 일으키는 혁명에 대해서는 거의 언급하지 않았음을 지적한다.

다이슨의 주장에 의하면, 지난 5백 년 동안 개념이 일으킨 혁명으로는 코페르니쿠스·뉴턴·다윈·맥스웰·프로이트·아인슈타인의 이름과 관련된 여섯 가지 주요 혁명이 발생했지만, 같은 기간 도구가 일으킨 혁명은 20가지 정도 일어났다는 것이다. 도구가 일으킨 혁명 가운데 중요한 두가지는 천문학에서 망원경을 사용함으로써 일어난 갈릴레오 혁명과, 생물학에서 엑스선 회절(回折)을 사용하여 분자 구조를 알아낸 크릭-웟슨 혁명이다. 다이슨은 과학의 여러 분야에서, 특히 천문학과 생물학에서는 도구가 일으킨 혁명이 우세했다는 것을 주지시킨다. 다이슨은 21세기의 과학-기술 발전을 예견하면서 쓴 최근 저작《태양, 지놈 그리고 인터넷(*The Sun, the Genome & the Internet*)》(1999)에서 책 제목대로 태양 에너지, 지놈, 인터넷의 세 가지 분야에서 21세기의 3대 과학 혁명을 예견했는데, 이 모두가 도구의 개발에 의한 혁명이라고 한다. 이 점에서 책의 부제 '과학 혁명들을 위한 도구들(Tools for scientific Revolutions)'은 특별한 의미를 갖는다.

더 나아가 다이슨은 생물학자들이 도구에 대한 생각과 태도에서 천문학자들로부터 배워야 한다고 불평 담긴 비판을 한다. 천문학자들은 전통적으로 자신들의 도구를 발명하고 만들었지만, 생물학자들은 특별한 경우를 제외하고는 전통적으로 도구를 사면 샀지, 만들지는 않았다는 것이다. 생물학자들은 도구를 만드는 것을 자신의 문화에 속하지 않는 것으로 보기 때문이라는 것이다.

다이슨은 이 점에서 구체적인 예를 든다. 지금 의학자들과 생물학자들은 바이러스와 세포를 과학적으로 이해하는 데서 하나의 혁명을 일으킬 기회를 맞이하고 있는데, 만약 그들이 두 개의 도구를 발명할 수 있다면 혁명은 시작될 것이라고 한다. 혁명에 필수적인 도구 중 하나는 DNA의 개별적인 분자들을 배열하기 위해 액체 화학을 이용하기보다 직접적으로 물리학적 방법을 이용하는 'DNA 염기 서열 결정기(The desktop DNA sequencer)'이고, 다른 하나는 단백질 분자의 3차원적 구조를 결정할 수 있는 '단백질 현미경 (The desktop protein microscope)'이다.

앞으로 의학자들과 생물학자들이 위에서 언급한 분야의 과학 혁명을 위해 효과적인 도구를 개발할 것인지, 하지 않을 것인지 (아니면 못할 것인지)는 모를 일이지만, 그렇게 하려면 그들이 '게

으름'과 도구 개발에 대한 그들 문화의 배타성에서 벗어나야 한다
는 것이, 다이슨이 그들을 암묵적으로 질타하는 지점인 것 같다.

이렇듯 우리가 단순히 도구라고 하는 것이 인류 역사의 흐름을
바꿀 **과학 혁명과 맞물려** 있다. 이는 또한 앞서 언급한 도구 제작 기
술과 과학 사이에 이루어지는 인터페이스의 한 양상이기도 하다.

오래 전, 석기를 일상적 편의를 위한 도구로 쓰던 시대에서 도
구가 과학 혁명을 일으키는 시대에 이르기까지, 도구 발달의 역사
는 인간의 삶 전체에 폭넓게 걸쳐 있다. 더욱이 과학과 기술을 이
해하는 데 도구에 대한 인식은 중요하다.

다이슨도 지적했듯이, 과학은 두 개의 오래된 전통이 용해되어
서 발생하였다. 그들은 고대 그리스에서 시작한 '필로소피아'로서
철학적 사고의 전통과, 그보다 더 오래 전에 시작되어 중세에 번성
하였던 장인 정신과 '장인적 기능(craft)'을 바탕으로 한 숙련된 기
술의 전통이다. 철학은 과학에 개념을 제공하였고, 숙련된 기술은
과학에 도구를 제공하였다.

우리는 오늘날 과학과 기술의 폐해에 대해 매우 민감하며, 그에
대한 비판과 대처에 고심하고 있다. 하지만 과학과 기술을 가능하
게 했던 '정신'에 대한 탐구와 비판 및 인간이 매일 사용하고 있는
도구에 대한 구체적 관찰과 비판에 대해서는 소홀하다(바늘 · 가
위 · 연필 · 만년필 · 다리미 · 냉장고 · 유무선 전화기 · 개인용 컴퓨
터 · 자전거 · 자동차뿐만 아니라 식탁 위의 각종 도구들이 과학 및
기술 세계와 어떤 연관이 있는지에 대해서는 일상 속에서 잊기 십상
이다).

아마 정신은 좋은 것이라는 선입견과, 도구는 이로운 것, 즉 이

기(利器)라는 고정 관념이 우리의 과학-기술 비판의 폭을 좁히고 있는지도 모른다. 과학-기술 비판과 철학('필로소피아'라는 의미에서)을 비롯한 인간 정신에 대한 비판이 동반되어야 한다. 다시 말해, **과학-기술 비판은 인문 정신 비판과 함께 이루어져야** 한다. 그런데 우리는 이 점을 놓치고 있었다. 그래서 인문학자의 과학-기술 비판과 과학-기술자들의 자기 방어만이 있었을 뿐이다. 이는 별도의 방대한 작업을 필요로 하는데, 진정한 학제성(學際性)은 이 점에서도 수확되어야 할 것이다(이 점은 3막 4장에서 다시 다루기로한다).

그리고 오늘날 우리가 과학과 기술의 혜택과 폐해를 실감하고 있지만, 사실 단순한 도구조차 인간에게 이로울 수 있거나 해로울 수 있다. 도구는 원초적으로 이기(利器)이자 해기(害器)이다. 이렇게 보면 오늘날 과학-기술의 양면성을 더욱 잘 이해할 수 있다.

그리고 현대 과학이 원자탄과 같은 가공할 무기를 만들어냈지만, 태초에 인간이 도구를 만들면서 가장 중요시했던 것도 사실 무기였다. 뾰족한 석기는 무엇을 찌르거나 자르는 데도 썼지만, 다른 동물과의 투쟁에서, 그리고 사람들끼리의 싸움에서도 사용되었다.

고대와 중세 그리고 근대에 이르기까지 칼만큼 인간 문명을 대변하는 도구도 없을 것이다. 신체의 연장으로서의 도구라는 면에서도 칼은 그 대표적인 예가 될 수 있다. 또한 장인 정신을 대변하는 것도 칼을 만드는 대장장이다. 도공(刀工)이 신화화되는 것은 여러 문명권에서 관찰된다. 오늘날도 명검(名劍)을 집 안에 모시는 사람들이 있다. 단번에 사람의 목을 자를 수 있는 칼이라는 무기를 말이다.

그리고 도구라는 말이 대변하는 '문명 이기'에서도 양면성을 관찰할 수 있다. 우리는 문명 이기라는 말에 현혹되기 쉽지만, 앞서 언급했듯이 해롭지 않은 문명 이기는 없다. 이 모순적인 말이 도발적으로 들린다면 이렇게 말할 수 있다. 인간의 모든 피조물은 인간 자신에게 해로울 수 있는 가능성을 내포하고 있다. 이것을 다시 바꾸어 말하면, 인간에게 이롭기만 한 문명 이기는 없다.

작고 가는 바늘을 한번 보라. 바늘은 매우 유익한 발명품이다. 그러나 바늘에 찔리거나, 방 안에서 잃어버린 바늘이 언제 사람을 찌를지 몰라 불안해하던 경험을 상기해보면, 문명 이기의 모순적 양면성을 이해할 수 있을 것이다.

인간이 이루어낸 문명은 언제나 이로움과 해로움이라는 야누스적 두 얼굴을 가지고 있었다. 그것은 21세기에도 예외가 아닐 것이다. 더구나 오늘날 첨단 과학 문명의 산물들이 지닌 양면성은 가공할 만하다. 그것은 원자탄과 같이 과학 문명의 성과물이 엄청난 힘을 지니고 있기 때문만은 아니다. 그보다도 그것들이 **일상적으로 대중의 소유와 활동의 대상**이 되기 때문이다.

예를 들면 자동차·컴퓨터·휴대전화 등은 이미 거의 모든 사람들의 일상생활에 침투해 있다. 따라서 이러한 문명 이기들은 여러 사람에게 이로운 만큼, 해로울 수 있는 가능성의 폭도 비례하여 커진다. 다만 바쁘고 습관화된 삶 속에서 대부분의 사람들이 이 사실을 잘 느끼지 못하고 살아가고 있을 뿐이다. 그것은 아마도 문명 이기(利器)의 '이로울 이(利)'자의 함정 때문인지도 모른다. 사실 어떠한 이기도 '해기(害器)'일 가능성을 내포한다는 것을 가끔(너무 자주 그럴 필요는 없지만) 되뇌어볼 필요가 있다.

더욱 중요한 것은 인간이 도구를 비롯한 자신의 피조물에 대해 완벽한 통제력을 갖고 있지 않다는 사실이다. 자신이 만든 것을 완벽하게 통제할 수 있고, 마음대로 다룰 수 있다고 생각하는 것은 대단한 착각이다.

그것은 인조인간의 반란 같은 SF적 이야기를 굳이 들먹이지 않더라도, 얼마 전까지(지금은 벌써 다 잊어버렸는지 모르지만) 전 세계를 불안에 떨게 했던 컴퓨터 연도 표시 혼란에 연관된 'Y2K' 문제만 보아도 알 수 있다.

인간이라는 자기 한계를 지닌 창조자에게는 피조물의 변덕(?)조차도 큰 위험 부담이다. 인간의 피조물은 언제, 어디서 그 창조자인 인간을 골탕먹일지 모를 일이다. 그래서 인간은 궁극적으로는 자신의 피조물을 마음대로 어쩌지도 못하는 불완전한 창조자다. 하지만 그러면서도 일상에서 피조물들을 상당 부분 제어하기 때문에 그들과 상호 관계를 맺으며 살아가고 있는 것이다. 이런 면에서 경계는 필요하지만 비관적일 필요는 없다.

## 인간과 기계의 연속성

불완전한 창조자인 인간은 자신의 피조물만은 그래도 완전하게 만들려고 노력한다. 완전한 피조물에 대한 열망은 불완전한 인간에 대한 보상으로 작용한다. 그것 또한 인간의 욕망이자 특성이기도 하다. 역사학자 브루스 매즐리시(Bruce Mazlish)는 이 점을 유심히 관찰하면서 인간과 기계의 관계를 다룬다. 매즐리시는 《네 번째 불연속(*The Fourth Discontinuity*)》이라는 제목의 책에서, 인간과 기계의 연속성이라는 '네 번째 연속'에 대해서 논한다. 그러니까 네 번째 불연속은 극복되어야 할 것이라는 뜻이다.

그가 말하는, 인류 역사에서의 세 가지 불연속의 극복은 각각 지동설·진화론·정신분석학에 의해서 이루어졌다. 코페르니쿠스와 갈릴레오에 의해 지구는 우주의 중심이 아니고 거대한 우주의 일부임이 밝혀졌고, 다윈에 의해 인간이 동물과 연장선상에 있다는 것이 주장되었으며, 프로이트에 의해 의식적 자아가 육체의 주인이 아니라 인간은 무의식의 진행에 상당한 영향을 받는다는 것이 알려졌다.

인간의 자존심에 가해진 우주론적·생물학적·심리학적 충격으로 인간은 우주·동물, 그리고 자기 자신을 구성하는 무의식과 연속적인 스펙트럼 안에 놓이게 되었다는 것이다. 매즐리시는 이상의 분야에서 "이제 인간과 세계 사이에는 불연속이 존재하지 않는다. 인간이 이러한 상황을 일단 받아들이고 나면 세계 내의 다른 존재들과 조화롭게 살아갈 수 있다"고 단언한다.

하지만 우리 시대에도 아직까지 네 번째 불연속이 존재하는데, 그것은 인간과 기계 사이의 불연속이다. "다시 한번 인간은 자신이 기계보다 특별하고 우월한 존재라고 생각하고 싶어한다. 이런 생각은 심리적으로나 사회적으로 중요한 목적에 봉사하지만, 환상에서 깨어나 현실에 가까이 다가가기 위해서는 버려야 할 족쇄"라고 매즐리시는 주장한다. 그리고 인간의 자존심과 인간-기계의 연속성을 부정하려는 경향이 산업 사회에서 기술을 불신하는 배경이 된다고 한다.

매즐리시는 "궁극적으로 이러한 불신은 인간이 자신의 본질, 즉 자신이 만든 기계나 도구와 연속적인 존재라는 사실을 이해하고 수용하는 것을 방해한다. 이러한 불연속을 극복하고 나면 우리가 기계와 기계 문명을 어떻게 다루어야 할지 더 의식적으로 판단할 수 있는 위치에 서게 될 것"이라고 주장한다.

인류는 20세기 후반부터 이른바 인간 중심주의에 대한 자성의 소리를 높여 왔다. 매즐리시도 인간 중심주의라는 말을 쓰지만, 인간의 순수한 자존심에 상처를 입히는 '불연속 깨기'는 엄밀히 말하면 인간 중심주의의 타파라기보다는 '인간 상위주의'의 타파라고 할 수 있다(인간이 모든 면에서 가장 우월하다는 **인간 상위주의**와 동물의 서열주의는 우리의 인식에도 적잖게 영향을 미치는데, 예를 들어 유전공학에서 개미의 복제보다 양의 복제가 더 어렵고, 양의 복제보다 인간의 복제가 더 어렵다는 것을 선험적으로 무조건 받아들이는 경향도 그중 하나라고 할 수 있다. 이 점에 대해서는 유전공학이 해답을 주겠지만, 인간의 존엄이 꼭 **동물 서열주의**에 의존하는 것에 대해서는 자성이 필요할지 모른다. 진정한 인간의 존엄은 다른 차원에 있을 것이기 때문이다).

더욱이 인간이 앞의 세 가지 불연속의 극복보다 네 번째의 불연속 깨기를 받아들이기 힘든 것은 기계가 자신의 피조물이기 때문일 것이다. 첫 번째 연속성의 근거인 우주는 이미 있는 것이고, 다윈이 주장한 동물 세계도 기존의 것이며, 프로이트의 무의식도 이미 존재하는 것이지, 인간의 인공물은 아니다. 하지만 기계는 인간의 피조물이다.

어떤 존재를 가능하게 한 자의 우월감, 그것은 어쩌면 부모가 어린 자식의 충고와 우월성을 받아들이기 힘든 것과 유사한 속성을 갖는 것인지도 모른다. 하지만 가정의 행복을 위해서는 불필요한 우월감을 버려야 할 때가 있을지도 모른다.

불필요한 우월감을 버리는 것은 또한 인간 자신을 잘 아는 방법이 될 수 있다. 매즐리시가 여러 가지 역사적 사실을 고증하면서 찾고 있는 것도 솔직한 인간상이다. 즉 그는 "인간이란 무엇인가?"라는 인간학적 물음에 답하려 하고 있으며, 그 답의 실마리는 인간은 진화하는 존재라는 것, 더 나아가 기계와 함께 공진화(共進化)하는 존재라는 솔직한 입장이다.

즉 인간이 계속 기계를 만들어간다는 의미에서 기계는 진화하고, 기계는 인간의 진화에 영향을 끼친다는 의미에서 인간을 만들어간다고 할 수 있다. 그래서 그의 책《네 번째 불연속》의 부제가 '인간과 기계의 공진화(The Co-evolution of Humans and Machines)'이다.

매즐리시는 인간이 도구와 물리적·정신적·감정적 교류를 하면서 다른 동물로부터 진화해왔다는 것을 보여주는 증거가 많다고 한다. 그래서 그의 진화론은 인간의 동물적 본성뿐만 아니라 '기계적' 본성을 밝히는 데 필요한 관점들을 제시하고자 한다.

이런 의미에서 인간의 진화는 인간이 만드는 인공물과 연관이 있으며, 점점 더 문화, 즉 인간의 '제2의 본성'을 중심으로 전개된다고 할 수 있다. 매즐리시는, 기계는 인류 문화의 주요 부분이며 문화의 한 부분으로, 기계는 인간이 만들었지만 그 자체가 생명을 가진 것으로 보인다고까지 말한다.

결론적으로 인간의 본성을 완전히 이해하려면 인류 진화의 독특하고도 복잡한 방식을 이해해야 하며, "인간 본성의 진화를 이해하려 할 때, 인간의 본성은 단순히 진화하는 것이 아니라 인간의 기계 창조와 밀접한 관계를 가지고 진화한다는 점을 알아야 한다"
는 것이다. 그리고 인간과 기계의 공진화에서 기계의 '진화'는 자
연 선택이라기보다 인위적인 선택이다. 인간이 기계를 만들기 때
문이다.

여기서 우리가 관찰해야 할 점은 매즐리시의 진화론이 비결정
론적이라는 사실이다. 생물학적 진화론에서 흔히 보이는 결정론이
아니라, 도구와 기계를 만드는 인간의 자유와 자율을 인정하고 그
바탕에서 진화를 논한다. 그가 기계를 인간 진화의 연속선상에 놓
는 것이 매우 '기계적'인 것 같지만, 사실 그것은 자연 법칙의 기
계관과는 전혀 다르며, 오히려 반대라는 것을 알 수 있다.

이는 매즐리시가 인간의 고유한 특성 가운데 첫 번째로 꼽는,
인간은 '인위적 환경'을 만드는 존재라는 것에 연관된다. 인간은
자연 대신에 자신이 만든 것으로 스스로를 둘러싼다. 즉 인간은 인
공물로 자연을 완전히 지우려는 특성을 갖는다.

인간은 도시를 만들고, 우주 개척에서도 생명 유지용 우주 캡슐
까지 만들어서, 환경을 그냥 받아들이기보다 통제하기 위해 노력
한다. 그리고 만들어진 환경과 밀접한 것이 기계의 창조라는 것이
다. 그러므로 매즐리시는 다음과 같이 인간을 정의한다. "사실 내
가 가장 옳다고 생각하는 인간의 정의는, 인간은 기계를 창조함으
로써 동물계를 벗어난 동물이라는 것이다."

기계를 창조하는 인간은 그것을 자신의 보철적(補綴的) 확장에
사용한다. "예를 들어 인간은 망원경을 이용함으로써 독수리의 눈
을 얻었고, 증기기관이나 내연기관을 발명함으로써 말이나 코끼리
의 힘을 얻었다. 대부분의 이러한 보철적 확장은 기계에 힘입은 것

이다." 매즐리시는 프로이트의 말을 빌려 기계는 인간을 '보철을 한 신'으로 만들었다고 한다.

인간과 기계에 대한 이러한 매즐리시의 입장은 인간 신체의 진화에서도 유전적 또는 인위성이 가미된 유전공학적 진화보다는 보철적 진화에 관심을 보인다. 예를 들어 기계는 인간에게 인조 뼈, 인공 심장, 인공 눈 등을 제공한다. 이것들이 몸 속에 '끼워'지는 것이다. 그는 "벌거벗은 동물은 이제 기계 인간으로 대치된다"고까지 말한다. 이런 점에서 유전공학은 보철적 확장의 '동물적' 측면이다. 유전공학은 인간을 치료하기 위해 기계 장치를 '끼워' 넣기보다 장기(사람의 것이든, 동물의 것이든)를 이식하려는 시도이기 때문이다.

그렇다면 "무엇이 인간으로 하여금 기계를 만들게 했는가?"라는 물음에 이르게 된다. 매즐리시는 생존 경쟁의 필요성, 인간의 호기심, 현대에 이르러서 소비의 자극에 따른 폭발적인 기계화라는 경제적인 요인 등을 들기도 하지만, 무엇보다도 불완전한 인간의 완전성에 대한 열망을 가장 큰 이유로 든다. 그는 완전한 기계에 대한 열망은 '인간적 불완전함'을 지닌 인간이 '비인간적 완전함'을 추구하는 분열된 욕망에서 비롯된 것이라는 통찰의 실마리를 던진다.

이 점은 우선 인간의 몸을 통해 관찰될 수 있다. 인간은 불완전하고 때론 거부감을 느끼게 하는 자신의 육체에서 벗어나고자 하는 열망을 갖는데, "짐승의 육체에서 벗어나려는 희망은 천사뿐 아니라 기계로도 향한다. 기계가 등장하자 인간은 기계에게서 육신을 벗어나는 느낌을 얻었다"는 것이다. 천사가 인간의 완전성을 향하는 기독교의 표지였듯이, 기계는 세속적인 인간에게 완전성의 표지가 된다.

매즐리시는 기계가 완전하다는 것을 기계는 실수를 하지 않기 때문이라는 해묵은 상식으로 설명한다. 이런 해묵은 상식은 서구인들의 인식 구조와 연관이 있다. 즉 기계 자체를 하나의 세계로 볼 때, 그 세계 안에서의 완전성이라는 것이다. 일정한 구조 안에서의 완전성을 추구하는 서구인의 경향은 이 점에서도 관찰되는데, 여기에는 일정한 명제가 그 논리 구조 안에서 형식적으로 완전할 수 있고, 그래야 한다는 형식논리학의 전통이 스며 있다.

그러니까 무엇보다도 기계는 그 자체로 완전성을 약속한다. 그러므로 "기계가 완전하다면 그것은 인간이 아니다. 기계가 완전하지 않다면 우리는 그런 기계를 원하지 않는다"라는 매즐리시의 말은 성립된다. 이는 인간은 이성적이기보다는 비이성적이지만, 기계는 완벽하게 합리적인 구조를 추구한다는 것과도 연관된다. 매즐리시는 완전성을 약속하는 기계는 "생명에 대한 위협이 되기도 하지만, 반대로 죽음을 물리치는 희망이 되기도 한다"고 그 분열된 양면성을 주장한다.

불완전한 인간으로서의 특성, 즉 "죽음에 대한 공포, 육체의 혐오, 윤리에 대한 열망, 잘못을 저지르지 않으려는 욕망 등이 자연을 지배하려는 진화적 욕구와 함께 기계를 창조하는 근본적인 힘으로 작용"한다는 것이다. "달리 말하면 인간은 분열된 존재여서, 인간의 '인간적'인 특징이 또한 인간을 '비인간성'으로 몰고간다"는 것이다.

어떻게 보면, 인간과 기계의 공진화는 분열된 인간의 인간성과 비인간성이 접합하는 지점을 찾아가는 과정인지도 모른다. 이 과정에서 당연히 기계는 인간과 뗄 수 없으며, 또한 인간 이해의 열쇠이기도 하다.

여기서 기계가 인간 이해의 열쇠라고 하는 것은 인간-기계의 공진화에 대한 일반적 관찰을 넘어서 좀더 특수한 데까지 우리의 사고를 이끈다. 매즐리시가 '네 번째 연속'을 다루면서 강조한, 인간의 진화가 도구 및 기계와 뗄 수 없는 상관 관계에 있다는 것은 '일반 공진화 이론'이라고 할 수 있다.

'특수 공진화 이론'은 인공 지능을 가진 기계와 연관하여 생각해볼 수 있다. 이는 물론 컴퓨터와 사이버네틱스의 발전과 연관된 것으로, 인간과 기계의 관계에서 인간 두뇌에 관한 이해가 인공 지능 연구의 실마리가 된다는, 어쩌면 당연한 사실을 넘어서, 역으로 '생각하는' 기계에 적용되는 개념의 틀이 인간 두뇌에도 적용될 수 있는가 하는 질문에 관한 것이다.

매즐리시도 이 점에 대해서 언급하지만, 깊게 이론 전개를 하지는 않는다. 그러기 위해서는 사이버네틱스와 신경공학에 대한 전문적 지식이 필요하기 때문이다. 다만 그는 사이버네틱스의 연구가 인간 지능 연구에 피드백할 가능성을 보여주었다는 점은 확신하고 있다.

오늘날 인간 피조물의 지능을 창조자인 인간의 지능을 이해하는 데 역으로 적용하는 것은 이미 다른 분야에서 행해지고 있다. 그 대표적인 것이 인지과학(Cognitive Science)이다. 인지과학은 세계에 대한 인간의 인식 또는 인지가 어떻게 이루어지는지를 연구하는 분야로, 이에는 철학 · 언어학 · 심리학 · 전산학 · 신경생리학·동물학 등이 함께 참여하고 있다.

인지과학이 시작된 지는 이제 반세기 남짓한데, 컴퓨터 과학과 인공 지능에 대한 연구가 그것의 주요 기반이 되었다. 이 분야 연구자들은 인간의 지능과 인지 행위 자체도 컴퓨터처럼 일정한 프로그램을 수행하는 것에 다름 아닐 것이라는 가설에서 출발한다.

철학자로 인지과학을 선구적으로 이끌고 있는 사람은 대니얼 데닛(Daniel Denett)이다. 그는 인간의 인지 과정이 계산기가 문제를 푸는 과정과 기본적으로 같은 구조를 가지고 있다고 본다. 좀 거친 예를 들면, 사람이 어떤 대상을 보게 되면 우선 그 사람 눈의 망막에 영상이 맺히고 이 영상은 두뇌를 거쳐 그 대상이 무엇이다는 판단을 산출한다. 여기서 망막의 자극은 계산기의 자판을 누르는 것에 대응하고, 두뇌를 거쳐 산출된 판단은 계산기에서 계산 결과 화면에 나타나는 답에 대응한다. 계산기에서 자판을 누르는 입력과 화면의 출력이 일정한 프로그램을 통해 진행되듯이, 인간의 정신도 일정한 프로그램을 수행하는 체계로 볼 수 있다는 것이다.

다만 인간의 정신은 현재 우리가 갖고 있는 어떤 컴퓨터보다도 복잡하지만, 단순한 연산만이 아니라 여러 기능을 동시에 수행할 수 있다는 점에서만 다를 뿐이라는 것이다. 하지만 인공 지능에 대한 연구가 더 발달하면, 그 결과를 역적용하여 인간 두뇌와 정신의 좀더 복잡한 작동 체계를 이해할 수 있다는 것이다.

컴퓨터 과학과 인공 지능 연구에서 아이디어를 가져온 데닛의 이런 입장은 인간의 정신 이해에 인간의 피조물인 기계의 기능 이해를 역적용한 것이라고 할 수 있다(데닛의 입장에서는 '역적용'이라는 말도 모순적일지 모른다. 그는 이런 적용이 인간 이해를 위해 취해야 할 방법이라고 생각하기 때문이다). 인간에 대한 이런 기계론적 입장은 이 이론의 초창기부터 강한 반론에 부딪혔다. 하지만 데닛의 급진적 과학주의 입장에서 보면, 인간의 인지 행위는 단지 외부의 자극에 대응해 행동하는 복잡한 구조이며, 사람들이 이를 설명하는 과정에서 믿음 · 욕구 · 심성 등을 가정하는 것일 뿐이다.

데닛 역시 매즐리시처럼 인간이 진화하는 존재임을 강조하며, 지금의 진화 단계에서 인간을 이해하는 데는 인간 진화의 산물인 피조물의 성격으로부터 인간을 이해할 수 있다는 입장을 전제한다고 볼 수 있는데, 데닛의 이런 입장은 창조자와 피조물의 일반적 관계에 대해 다시금 생각하게 한다.

서구의 전통은 오랫동안 신의 피조물인 인간의 지능을 '신의 지능'을 이해하고자 하는 데 — 때론 막연한 추측으로, 때론 매우 이론적으로 — 적용해왔기 때문이다. 기독교가 번창한 중세에도 신에 대한 인간의 이성적 접근 가능성은 지속적으로 추구되었는데, 그 배경에는 인간의 지능이 신의 지능을 닮았기 때문이라는 생각이 깔려 있었다(신의 모습으로 사람이 지어졌다는 것은 이것을 포함한다).

토마스 아퀴나스(Thomas Aquinas)가 "인간 정신은 어떻게든 모든 것에 열려 있다(intellectus quodam modo omnia)"라는 말을 할 때에는 인간 정신이 신의 정신을 이해하는 길에도 열려 있다는 점을 의미하는 것이었다고 할 수 있다. 이는 인간의 정신은 소문자로 쓴 'intellectus'이고, 신의 정신은 대문자로 쓴 'Intellectus'라는 것을 의미한다.

다시 매즐리시의 말을 들어보자. "네 번째 불연속, 진화하는 인

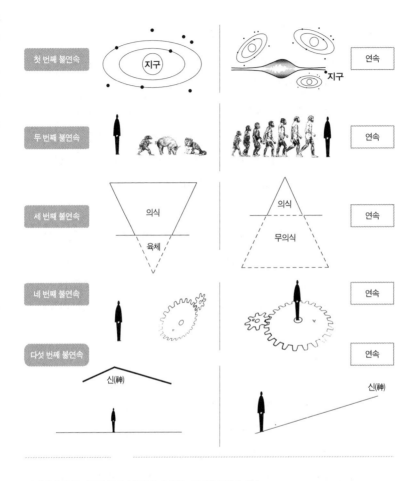

이 장에서 말하는 '불연속' 은 '연속' 을 전제하는 것이라고 할 수 있다.

(1) 첫 번째 불연속과 연속 : 지구는 우주의 중심이며, 다른 별들을 거느리고 있다./ 지구는 거대한 우주의 일부일 뿐
   이다.
(2) 두 번째 불연속과 연속 : 인간은 동물에 대해 절대 우월하고 동물과 별개다./ 인간은 동물의 연장선상에 있다.
(3) 세 번째 불연속과 연속 : 인간에게는 의식적 자아가 존재하며 그것은 인간의 육체를 관장한다./ 인간은 무의식의
   진행에 영향을 받으며, 무의식의 연장선상에서 의식적 인간은 이해된다.
(4) 네 번째 불연속과 연속 : 인간은 자기의 피조물인 기계에 대해 절대 우월하고 존재론적 입장에서 인간과 기계는
   별개다./ 기계는 인간의 연속이고, 인간과 기계는 공진화(共進化)한다
(5) 다섯 번째 불연속과 연속 : 신은 인간을 창조했고, 인간에 대해 절대 우월의 존재다./ 신은 인간의 연장선상에 있
   다. 인간이 신의 모습을 닮았다는 명제의 진정한 의미는 이 연속성을 인정하는 것이다.

간의 본성, 기계의 미래는 서로 밀접하게 연결되어, 서로가 서로를 비추고 있다." 그는 이런 맥락에서 창조자와 피조물의 관계를 구체적으로 재조명한다. "기계를 만듦으로써 인간은 그 자신이 움직이는 피조물을 만드는 창조자가 되었다." 근대에 들어서면서 "서구인들은 점점 신의 형상을 지우고 다른 것으로 대치하고자 했다. 그래서 처음에는 신을 뉴턴의 기계로 바꾸었다가 나중에는 신을 진화적 과정으로서의 자연과 합쳐버렸다."

이 말은 신과 인간의 관계에서 "기계를 창조함으로써 인간은 신과 같은, 또는 최소한 프로메테우스적인 성질을 가지게 되었다. 하지만 현대로 오면서 인간은 신 또는 신들이라는 개념을 자연으로 바꿨고, 더 나아가 스스로 신과 같은 존재가 되거나 되고 있으며, 이것은 진화의 의식적인 작인이라는 매우 고유한 역할을 했다"는 주장에 연결된다.

이러한 매즐리시의 입장에서 우리는 또 하나의 확장된 입장을 도출해낼 수 있다. 인간과 기계의 불연속을 제거하는 것은 신조차도 이 세계의 다른 존재와 완전 불연속의 관계에 있지 않다는 것을 함의한다. 매즐리시는 이 점을 명시적으로 말하지는 않는다. 그것은 매우 위험 부담이 큰 주장이기 때문이다.

그러나 "인간은 신과 같이 기계의 창조자가 되었지만 기계의 통제자는 아닐지도 모른다"는 그의 표현에서 우리는 그가 인간을 신이 만든 기계로 보며, 인간과 그 피조물인 기계의 관계와 신과 그 피조물인 인간의 관계가 서로 유사하게 대응되는 것으로 보고 있다는 사실을 알 수 있다(신이 자신의 형상으로 인간을 만들었듯, 인간은 기계를 만들면서 그 속에 자신의 모습을 녹여놓으려 한다).

매즐리시의 입장을 더 밀고나가면 결국 '제5의 불연속'조차 깨진다. 내가 말하는 다섯 번째 불연속은 신과 인간의 불연속이다. 창조자와 피조물의 관계에서 인간이 행해온 것은 창조자와 피조물의 연속성을 확인하는 것이고, 이는 창조자로서의 신과 그의 피조물로서의 인간과의 관계에도 적용될 수 있다. 매즐리시는 결국 네 번째 불연속을 깸으로써 — 그가 의도했든, 그렇지 않았든 — 신과 인간의 관계에 관한 '다섯 번째 불연속'조차도 깨고 연속성으로 재정립하는 길을 열었다.

서구 지성사와 문화사를 오랫동안 연구해온 이 원로 역사학자의 주장들이 어떤 사람에게는 황당하거나 괴기스럽게 들릴지도 모르겠다. 그의 입장을 연장 해석한 필자의 '다섯 번째 불연속과 연속의 가능성'에 대한 생각은 더욱 그러할 것이다. 하지만 우리가 인간 이해와 세계 이해의 지평을 넓히고자 한다면 이런 말들에 귀 기울이는 것에 인색할 필요가 있을까?

## 기술전체주의(Technototalitarism)

매즐리시의 《네 번째 불연속》은 1993년에 출간되었다(물론 그의 이론적 주장들은 1967년 전문학술지 〈기술과 문화(*Technology and Culture*)〉에 처음 발표된 이후 지속되어왔지만). 서구에서 1980년대가 미래 예측적 밀레니엄 논쟁이 활발했던 시기라면, 1990년대는 개별적인 과학-기술 분야의 발전 전망에 대한 논쟁이 활발했던 시기라고 할 수 있다.

특히 1990년대 초는 한편으로는 PC와 인터넷의 세계적인 확산이 시작된 시기여서 이른바 '컴퓨토피아'에 대한 희망이 부상하였고, 다른 한편으로는 이에 맞서 컴퓨터 기술의 진보가 몰고올 전 지구적 재앙의 가능성에 대한 경고도 활발했다.

커뮤니케이션 이론가이자 문명 비평가인 닐 포스트먼(Neil Postman)의 《테크노폴리(*Technopoly*)》는 매즐리시의 책과 비슷한 시기인 1992년에 출간되었다. 이렇게 말하면 필자가 두 학자를 대립적 관계에 놓는 것처럼 비칠지 모르지만, 매즐리시는 기계와 기술 문명에 대해 낙관주의적 견해를 갖고 있지는 않았다. 그는 기계와 함께 진화하는 인간의 이해라는 관점에서 이론을 전개한 것일 뿐이다. 반면 포스트먼은 현대 기술 문명에 대해 비관적이기까지는 아닐지 모르지만 경고의 목소리를 높이고 있는 것이 사실이다. 그런 점에서 그의 말에도 귀기울일 필요가 있다.

포스트먼은 우리가 지금 "미친 은유가 난무하는 시대에 살고 있다"고 한다. "'인간도 어떤 면에서는 기계를 닮았다'는 명제가 '인간은 기계와 다를 바 없다'는 명제로 탈바꿈하고, 결국 '인간은 기계다'라는 명제로 바뀌었다. 그리고 궁극적으로는······'기계가 인간이다'라는 명제로 귀착된다"고 비판한다. 이런 비판은 컴퓨터 문화에 대한 경고에서도 "컴퓨터는 인간으로서의 기계, 그리고 기계로서의 인간이라는 은유를 터무니없이 확대하였다"는 말로 나타난다.

더 나아가, "'우리는 컴퓨터를 써서 계산한다'는 말은 기묘한 문법의 연금술을 통해 '컴퓨터가 계산한다'는 말로 탈바꿈했다"고 지적하며, 이런 식의 사고를 '주체의 전이'라고 부른다. 포스트먼의 조롱 섞인 비판은 어떻게 보면 매즐리시 같은 학자들을 겨냥하고 있는 듯하다. 하지만 그의 비판 대상은 좀더 넓은 맥락에서 찾아야 할 것이다.

그러면 포스트먼의 공격이 궁극적으로 겨냥하고 있는 것은 무엇인가? 그것은 문화의 획일화에 대한 비판이다. 즉 기술이라는 하나의 기준에 의해서 인간의 문화가 획일화되고, 기술에 의해서 문화의 다른 영역들이 모두 대치되는 것에 대한 경고다. 이는 《테크노폴리》의 부제가 '기술에 항복하는 문화(The Surrender of Culture to Technology)'인 것을 보아도 알 수 있다.

그러면 어떻게 기술이 인간의 문화를 모두 항복시키고, 인간 삶 자체를 자기의 독점적 지배 아래에 둘 수 있는지 묻지 않을 수 없다. 인간 삶에는 사랑도 있고, 우정도 있으며, 예술도 있고, 정치도 있으며, 수없이 많은 분야들이 함께 작동하고 있는데도 말이다.

다이슨 같은 사람은 "기술은 인류 역사를 움직이게 하는 수많은 힘 중의 단지 하나이다. 정치와 종교, 경제와 이데올로기, 군사와 문화 사이의 경쟁이 적어도 기술보다는 더 중요하다. 기술은 단지 우리에게 도구를 제공할 뿐이며, 인간의 욕망과 제도가 우리가 그것을 어떻게 사용할지를 결정한다"고 말하고 있는데 말이다(물론 다이슨의 주장에는 문제가 있다. 다이슨은 그 총명함에도 불구하고 무책임하게 '기술의 중립성'을 은근히 강조한다. 하지만 기술을 이용한 도구 제작 자체가 애초부터 인간의 욕망을 반영한다는 것을 은폐하고 있다. 과학자들은 좀더 솔직할 필요가 있다).

이것을 이해하기 위해서는 포스트먼이 사용하는 기술이라는 말의 영어 표현을 유심히 살펴볼 필요가 있다. 이 점은 포스트먼 자신도 설명하지 않고 그냥 넘어가고 있지만, 이해의 핵심은 여기에 있다.

포스트먼이 사용하는 기술이라는 말은 'technique'이 아니고 'technology'이다. 우리말로는 모두 기술이지만 서구어 표현에서는 분명히 뜻이 다르다. 'Technology'는 그리스어 'techne'와 'logos'의 합성어에서 유래한다. 즉 테크놀로지는 '기술적 로고스의 체계'라고 할 수 있다. 그것이 단순히 테크닉이 아니라 로고스(만물의 법칙·지적 체계·총체적 인식·판단의 기준 등의 뜻을 가진)이기 때문에 총체적 기준이 되고, 모든 분야를 관할하며 지배 통제할 가능성을 내포하는 것이다.

이것은 다이슨이 말하는 '도구'와 매즐리시가 말하는 '기계'와는 다른 차원의 논의다. 물론 그들 사이에 긴밀한 연관성이 있지만, 차원의 차이가 분명히 존재한다. 이 점은 우리가 앞으로 과학-기술 비판에서 반드시 염두에 두어야 할 내용이다. 사실 포스트먼 자신도 이런 구분에 대해서는 매우 소홀하며, 더 나아가 거의 무책임할 정도로 간과하는 경우조차 있다. 이제 우리는 과학-기술 비판이 얼마나 세심한 주의와 치밀성을 요구하는지 새삼 인식해야 한다. 잘못하면 비판의 성급함이 치밀성의 결여를 유발한다.

포스트먼이 "기술적 변화는 단순히 더하느냐 혹은 빼느냐의 문제가 아니다. 이것은 생태학적인 문제이다. ……하나의 중대한 변화는 총체적 변화를 수반한다는 의미다. ……이것은 바로 매체생태학의 작동 방식이다. ……모든 기술을 둘러싸고 있는 것은 사회 제도이다. 이 사회 제도들의 조직 — 존재 이유는 말할 것도 없고 — 에는 기술이 조장한 세계관이 반영되어 있다"고 말할 때, 그는 기술을 분명히 테크닉이 아니고 테크놀로지로 인식하고 있는 것이다(이런 관점에서 포스트먼이 사용하는 기술 개념은 때로는 매우 넓다. 그에게는 언어도 기술이고, 학교 같은 교육 제도도 기술 그 자체다).

그가 컴퓨터는 "우리의 본성, 우리의 생태, 우리의 감정, 우리의 영성에 대한 소유권을 노리고 있다. 컴퓨터는 인간 경험의 전 영역에 대한 통치권을 주장한다"고 할 때도 그의 테크놀로지에 대한 인식은 분명하다.

그래서 포스트먼은 매체를 단순히 도구적 개념으로 이해하지 않고, 그 자체가 우리 삶의 환경을 구성한다는 기술 환경론적 인식과 함께, 어떤 기술이 환경의 구성 요소로 기존 환경에 더해졌을 때 그 결과로 오는 것은 기존 환경에 대한 새로운 요소의 첨가가 아니라 완전히 새로운 환경이라는 기술 생태론적 인식을 가지고 있다.

반면 그가 기술을 비판하며 유난히 물질성과 계산적 성향만 강조하거나, 기술과 과학의 관계를 설명하면서 "과학은 인간이 창의성을 발휘하는 것으로 기술과는 전혀 다르고, 과학에는 철학이 있지만 기술에는 그렇지 않다"는 것을 역설할 때는 로고스의 체계로서의 기술을 간과하고 있다. 이런 점에서 그의 테크놀로지에 대한 인식은 치밀성과 포괄성 사이에서 그네를 타는 듯하다.

테크놀로지의 의미에 대한 인식이 분명하면, 포스트먼이 '테크노폴리'라는 말로 지칭하고 비판하는 것들이 한눈에 들어온다. 포스트먼은 인류 문화의 역사가 도구 사용 문화에서 기술주의 문화로, 그리고 오늘날의 미국 사회로 대표되는 테크노폴리의 단계로 변화해왔다고 한다.

도구 사용 문화에서 기술은 완전히 인간의 물적 환경 개선에 봉사한다. "도구 사용 문화에서 도구는 침입자가 아니다. 그것들은 한 문화권의 세계관과 크게 대립되지 않는 방식으로 그 문화권에 통합되기 때문이다."

기술주의 문화에서는 사회적 관습과 종교적 전통에 의한 통제가 매우 느슨한 반면, 발명을 위한 충동에 의해서는 크게 영향을 받는다. 그러나 기술이 부분적으로 문화적 전통과 가치에 도전하더라도 여전히 전통적 세계관에 의해 조정된다.

필자의 은유를 이용해 표현하면, 기술주의 문화에서는 아직 '피노키오의 법칙'이 적용된다. 기술주의 문화의 시민들은 "도구가 건방지고 공격적이고 무례하며 뻔뻔스러운 하인이 되도록 내버려두었으나, 정작 그 도구들이 종의 위치를 벗어나 주인의 위치를 차지하리라는 것은 상상하기 어려운 일"이었기 때문이다.

콜로디(C. Collodi) 동화의 주인공 피노키오는 태어나면서부터 (엄밀히 말해 만들어지면서부터) 엄청나게 말썽을 부리고 자신의 창조자이자 아버지 격인 제페토의 속을 썩이지만, 결국 말 잘 듣는 착한 아이로 돌아온다(이 주제는 필자의 다른 저서《문화적인 것과 인간적인 것》의 제7장 '창조자와 피조물의 변증법'에서 자세히 다루었다). 이런 의미에서 기술주의 문화에서는 창조자와 피조물의 관계에서 아직 피노키오의 법칙이 통한다.

하지만 테크노폴리에서는 이 법칙조차 통하지 않는다. 피조물인 피노키오가 창조자이자 아버지인 제페토의 말을 듣고 착한 아이가 되는 것이 아니라, 그 스스로가 주인이 되어 모든 것을 자신에게 종속시키기 때문이다.

테크노폴리에서는 모든 형태의 문화가 기술에 종속된다. 이는 포스트먼이 도구 사용 문화나 기술주의 문화라는 말과는 달리 '테크노폴리 문화'라는 말을 쓰지 않는 것을 보아도 알 수 있다. 여기에서 문화는 테크노폴리에 흡수되어 더 이상 없다는 의미가 함축되어 있다.

더욱 중요한 것은 테크노폴리의 단계에서는 기술이 모든 대안을 제거한다는 사실이다. 즉 총체적 획일화에 이르게 된다. 바로 이 지점을 포스트먼은 최악의 상태로 본다. "테크노폴리는 자신을 제외한 다른 모든 대안을 제거한다. ……테크노폴리는 자신을 대체할 대안들을 보이지 않게 함으로써 무의미한 것으로 만들어버린다. 이를 위해 테크노폴리가 취하는 전략은 종교 · 예술 · 가족 · 정치 · 역사 · 진리 · 프라이버시 · 지성 등의 의미를 새롭게 규정하여 자신의 것으로 만들어서 이러한 새로운 요구에 따르도록 하는 것이다. 이렇게 볼 때 테크노폴리는 전체주의적 기술주의 문화다."

포스트먼 비판의 진정한 표적은 모든 다양성과 대안을 제거하고 **테크놀로지의 로고스 체계**로 획일화하는 기술 전체주의다. 그런데 흥미로운 점은 이것을 표현하기 위해 포스트먼이 테크노폴리라는 말을 쓴다는 것이다. 나는 **기술전체주의(Technototalitarism)**라는 조어가 그의 입장을 더 잘 표현한다고 생각한다.■

전체주의 국가에서 그랬듯이 테크노폴리에서는 "'진리란 무엇인가', '지능이란 무엇인가', '선한 삶이란 무엇인가' 등의 문제로" 고민하지도 않는다. "테크노폴리는 그러한 지적 고투를 필요로 하지 않는다. 기계가 모든 복잡함과 의심 그리고 애매함을 제거하기 때문이다." 기술이 하나의 토털 시스템을 이루면서 모든 것을 통제하는 전체주의의 특성을 보이는 것이다. 전체주의에서는 개성과 다양성이 인정되지 않는다.

이는 '컴퓨터 전체주의'(이것은 기술 전체주의처럼 포스트먼의 말이 아니고 필자의 조어다)를 보는 포스트먼의 시각에서도 알 수 있다. "컴퓨터가 과학적 창의성을 고사시켰다. ……컴퓨터를 통해 수행되는 융통성 없고 폭 좁은 연구는 '뜻밖의 발견'이라는 이름의 축복 받은 능력을 자유로이 발휘할 수 없도록 한다. 즉 뜻밖의 좋은 발견을 할 수 있는 비결을 상실하게 되는 것이다."

그래서 포스트먼이 테크놀로지가 전체주의적 로고스 체계가 되지 않도록 하기 위해서 제안하는 것도 다양성을 살리기 위한 것들이다. 이 세상이 하나의 로고스에 의해서 전체적으로 획일화되지 않도록 다양한 요소들을 수혈하자는 것이다.

그가 제시하는 것들은 시행의 어려움이 있고, 인간 의지에 기대는 경향이 있어도 받아들일 만한 가치가 충분히 있다. 그는 교육에

---

■ **테크노폴리** 참고로 말하지만 테크노폴리는 잘 만든 조어는 아니다. 만일 포스트먼이 독점 판매 또는 전매(專賣)라는 뜻의 '모노폴리(Monopoly)'를 염두에 두었다면, 뭔가를 착각한 것이다. 'Monopoly'는 '단독'이라는 뜻의 그리스어 'monos'와 '팔다'는 뜻의 'polein'의 합성어다. 이 경우 '많다'는 뜻의 'poly'와 착각해서는 안 된다. 반면 흔히 조어의 접두사로 많이 쓰이는 '많다'는 뜻의 'poly-'를 염두에 두었다면 그것은 'polychromatic', 'polyandry' 등 수많은 경우처럼 단어의 머리에 붙였어야 한다(그렇게 되면 기존의 'polytechnic'과 혼동의 우려가 있어서 그것을 피했는지도 모르지만). 이도 저도 아니고 'metropolis'(어머니라는 뜻의 'meter'와 도시나 국가라는 뜻의 'polis'의 합성어)처럼 도시나 어떤 지역을 의미하려고 했다면(그는 미국을 현재 유일하게 테크노폴리의 단계에 도달한 나라로 보고 있다. 그렇다면 이 추측이 가장 타당할 것 같다), 'Technopolis'라고 했어야 한다. 이런 지적은 사족 같지만 오늘날 중요한 의미를 갖는다. 서구 지성인들은 아직도 여전히 그리스어와 라틴어를 합성하여 조어를 만들기를 즐겨하지만, 오늘날 서구의 젊은이들은 그 뜻을 잘 모르는 경우가 많다. 그럴수록 조심해야 한다. 이는 앞서 언급한 'Technology'의 어원이 갖는 의미를 제대로 인식하는 문제와도 연관된다. 포스트먼은 그냥 넘어갔지만, 이는 오늘날의 서구 젊은이들에게도 설명이 필요하고, 다른 언어권 사람들에게는 더 말할 나위도 없다.

서 해결책을 찾는다. 그의 말대로 "학교도 기술 그 자체이지만, 여타의 기술과는 다른, 좀 특별한 것이다. 그것은 습관적으로, 그리고 끊임없이 조사와 비판과 수정의 대상이 되기 때문이다." 포스트먼이 말하는 기술 전체주의의 폐해에 저항하는 교육이란, 역사와 전통을 재구성하고 도덕적 건강성을 회복시키는 이른바 인간 교육을 의미한다.

그는 이것을 '인간성의 상승'이라는 말로 도식화하는데, 이를 위해서는 과학에 예술성을 접목시켜야 하며(이것은 내가 생각하는 '기술적 피조물의 예술성' 및 '기계의 미학'과 연관되는데, 별도의 작업으로 소개할 예정이다), 과거와 현재를 결합시켜야 한다는 것이다. 무엇보다도 인간성의 상승이라는 주제가 교육에 비기술적이고 비상업적인 정의를 부여해준다는 것이다.

결국 획일화를 벗어나 다양성을 찾자는 데 그 주안점이 있다. 이는 그가 학교 교육의 구체적 과목으로 제안하는 것들을 보아도 알 수 있다. 그는 역사 교육, 과학철학, 의미론, 예술의 형식사, 기술의 역사, 비교종교학을 필수 과목으로 제안하고 있다. 포스트먼은 이 과목들을 대학 과목으로서만이 아니라, 초등학교부터 대학에 이르기까지 교육 수준에 따라 단계적으로 도입할 것을 제안하고 있다는 점에서 주목할 만하다.

포스트먼은 오늘의 세계(지금으로서는 미국이지만 그 확산을 예상해서)가 기술 전체주의의 획일화에서 다양성을 찾을 수 있는 길을, 어렵지만 장기적 안목에서 구체적으로 제시하고 있다고 할 수 있다.

## 첨단의 이편과 저편

이 책의 다른 장들과는 달리, 이 장에서 다양한 이론들(그들 사이에서 상이점들을 보이는)을 해설한 것은 그 다양한 입장들을 독자들에게 소개하고 싶어서였다. 그럼으로써 같이 생각에 참여해볼 수 있는 희망을 갖는 것이다. 앞으로 과학-기술에 관한 한, 사회 구성원 모두의 관심과 참여가 필요할 것이기 때문이다(이 점에 대해서는 3막 4장에서 좀더 다룰 것이다).

지금까지 우리는 앞의 두 장(3막 1장과 2장)에서 과학의 여러 측면들을 살펴보았고, 이 장에서 도구·기계·기술에 대해서 알아보았다. 이제 이런 인류의 문명 산물들에 둘러싸여 살고 있는 우리가 어떤 자세로 이 세상을 대하고 살아갈지에 대해서 생각해보기로 한다. 나는 이것을 **첨단**이라는 화두와 연관지어 생각해보고자 한다.

과학-기술 비판에서는 흔히 대립적인 입장이 그대로 평행선을 달리기 쉽다. 특히 빠른 속도로 발전하는 과학-기술일 경우는 더욱 그렇다. 과학과 기술이 일정한 사회와 문화가 충분하게 소화할 정도로 천천히 변화한다면, 즉 첨단을 지향하지 않는다면 문제는 크지 않을 것이기 때문이다. 과학-기술을 논하면서 첨단을 중심 화두로 위치시키는 이유가 여기에 있다.

하지만 첨단 기술을 개발한 어떤 과학자가 '돌아온 탕아'가 되어서 참회의 자세로 "인류의 종말을 몰고올 기술 개발을 중지해야 한다"는 입장을 보일 때, 다른 쪽에서는 "기술의 문제는 기술이 해결한다"는 일종의 기술 결정론적 주장으로 맞받아치기를 계속할 수만은 없다. 그리고 서로 상대방을 뭉뚱그려서 비판하는 것도 지양되어야 한다.

물론 어느 누구라도 이 점에 대해 명쾌한 해답을 내놓기는 어려울 것이다. 이런 딜레마에서는 딜레마 자체를 깊이 들여다보는 것이 우선적으로 필요하다. 나는 여기서 우선 문제에 접근할 수 있는 '현실 인식'으로 첨단이라는 것이 오늘날 우리 삶에 어떻게 작용하는지를 살피고, 이와 연관하여 문제 해결에 필요한 것으로 인간의 '상기(想起) 활동'과 '윤리적 상상력'에 대해서 말하고자 한다.

현실 인식에서 중요한 것은 오늘날 우리가 첨단의 시대에 살고 있다는 사실이다. 지금 10대와 20대 초반의 세대는 다이얼이 무엇인지 모른다. 그들 이전의 세대가 '다이얼 세대'였다면 그들은 '버튼 세대'이자 '클릭 세대'이기 때문이다.

다이얼은 20세기 문명의 꽃이었다. 전화기의 다이얼은 지난 세기 통신 혁명의 상징이었다. 흘러간 명화들의 여러 장면에서 "따르륵 따르륵" 다이얼 돌리는 소리는 그 자체로도 대단한 음향 효과였다. 또한 각종 금고의 다이얼을 한번 생각해보라. 리모콘이 나오기 전에는 방송국 채널도 TV 바로 앞에 가서 다이얼 식으로 돌려가며 맞추던 시절도 있었다.

지금 태어나는 세대들은 선(線)이 무엇인지 모르게 되는지도 모른다. 유선으로 연결되던 것이 점차 무선으로 전환되기 때문이다. 이미 무선 전화, 무선 인터넷, 컴퓨터의 무선 키보드와 마우스는 오늘 우리의 일상현실이다. 음성 인식 기술이나 안구 홍체 인식 기술이 발달하면 각종 버튼을 작동하는 일도 점점 줄어들 것이다. 머지않아 마우스 자체가 사라질 가능성도 있다.

첨단의 비밀은 '새로움'과 '변화'에 있다. 인간이 첨단을 쫓는다는 것은 새로운 것을 계속 만들어낸다는 뜻이다. 새로움은 변화를 일으키고 인간은 자신이 일으킨 변화에 때론 당혹스러워한다. 요즘같이 새로움의 창출과 변화의 유발이 빠르게 진행되는 경우는 더욱 그러하다. 즉 오늘날 첨단 문명의 효과가 더욱 강력한 힘을 발휘하는 것은 바로 속도 때문이다. 이제 '업-투-데이트'한 감각으로는 지금의 첨단 문명의 속도를 따라갈 수 없을지도 모른다. 최소한 '초(up-to-the-second)' 수준의 감각이 필요할지도 모른다.

첨단의 효과는 우리의 일상에서 직접적으로 감지되지만, 자주 학자들의 뒤통수를 때리기도 한다. 매즐리시는 상상력 풍부한 학자로, 인간과 기계의 공진화라는 독특한 이론을 제시했고, "원격 이동에서 복제는 유전공학이 아니라 기계적인 성격을 지니게 된다"며 신과학적 패러다임의 전망을 내놓기도 했지만, 과학-기술의 발달, 특히 기계의 발달이라는 점에서는 불과 몇 년 앞도 내다보지 못했다.

그가 기계론적 진화에 더 관심이 많고 유전공학에 대한 관심이 덜해서 그런지 몰라도, 그는 동물 복제의 실현에 대해서도 회의적이었고, 인간 복제에 대해서는 "과학적 성과로서의 인간 복제는 현재 가능하지도 않으며, 앞으로도 오랫동안 실현되지 않을 것 같다"라고 1993년에 말했다.

그가 말한 '오랫동안'이 얼마인지는 모르지만, 그로부터 불과 4년 후인 1997년 그 유명한 복제양 돌리가 탄생했으며, 그로부터 또 4년 후인 2001년 내내 인간 복제를 바로 실시하겠다고 호언장담하는 생의학자들로 뉴스의 지면은 붐볐다. 더구나 이 글을 쓰고 있는 2001년 11월 26일, 인간 배아 복제에 성공했다는 뉴스를 라디오로 들으면서 나는 이 원고의 추고 작업을 하고 있다.

그리고 매즐리시는 1993년, 체스 시합에서 인간을 이길 인공 지능을 가진 기계는 쉽게 나오지 않을 것이라는 예측도 했다. 하지만 우리는 복제양 돌리가 탄생한 해인 1997년에 당시 거의 무적의 세계 체스 챔피언 카스파로프(Gary Kasparov)가 딥 블루(Deep Blue, IBM 체스 게임 소프트웨어 프로그램)에게 졌다는 사실을 알고 있다.

같은 해에 일어난 이 두 사건에서 미래 구상적 물리학자이자 공학 기술자인 다이슨도 충격을 받았다. 그는 몇 년 후 당시를 돌아보며 "이 두 사건은 우리에게 충격으로 다가왔다. 이것은 그 자체가 중요한 것이 아니라 바로 미래의 혁명들을 예고하고 있다는 점이 중요하다. 딥 블루의 승리는 인공 지능에서 21세기 동안 펼쳐질 상상하기 힘든 엄청난 변화를 상징하는 것이었고, 복제양 돌리는 유전 조작에서의 엄청난 성장을 상징하는 것이었다"고 고백하고 있다.

인간의 보철적 진화에 관심이 많은 매즐리시에게는 아마도 이 분야에서 2001년 연말의 주요 뉴스인 인공 심장 아비오코(Abio-Cor)의 만족할 만한 성과와, 인공 눈 실용화가 임박했다는 소식이 더 큰 관심거리일 것이다.

티타늄과 플라스틱으로 만들어진 소프트볼 크기의 인공 심장 아비오코는 2001년 7월, 수명이 1개월도 채 남지 않은 로버트 툴스(Robert Tools)에게 이식돼, 그가 11월 30일 복부 출혈에 의한 합병증으로 숨질 때까지 2천만 번의 펌프질을 하면서 한 번도 말썽을 일으키지 않았다(인공 심장이라는 '도구'를 몸 안에 '끼워'넣고 있었던 사람의 이름이 'Tools'라는 것은 우연치고는 참으로 기연이라고 하겠다).

벨기에와 이탈리아 등지에서 본격적으로 개발되고 있는 인공 눈은 나노 테크놀로지와 신경공학의 발달 덕분으로 3~5년 정도 면 환자용뿐만 아니라 일반 시각 장애인을 위해서도 실용화 단계에 이를 것이라고 전망되고 있다.

또한 독일의 막스 플랑크(Max Planck) 생화학 연구소가 생물체의 신경 단위인 뉴런과 인공 반도체 사이에 쌍방향 신호 전달이 가능한 '뉴런 반도체'를 세계 최초로 구현하는 데 성공했다는 소식도 2001년에 있었던 일이다. 뉴런 반도체의 개발은 인공 지능 개발뿐만 아니라, 손상된 척수나 눈의 보수 등 미래의 기술 개발을 한 단계 앞당긴 것으로 평가받고 있다.

이에 발에 붙어 다니는, 서서 타는 자전거 식의 개인 이동 장치가 곧 상용화될 것이라는 소식을 들으면 매즐리시의 기분이 어떨까. 더구나 그것을 시험 착용해본 사람이 "운전하는 것 같지 않고 신체의 일부 같아요"라고 한 소감은 기계가 신체의 보철적 연장이라는 입장을 견지해온 그에게 꽤 만족감을 줄 것이다. 하지만 그 자신도 이런 첨단 기계들의 등장을, 속도를 따라잡으면서 예견하지는 못했다(하긴 인간의 다리 기능의 연장이랄 수 있는 퀵보드·스노보드·윈서프 등 어떤 표면을 막론하고 각종 타고 다니는 '판대기'가 나왔을 때, 어느 정도 예측된 변화였지만).

사람의 이동을 위한 보철적 연장을 더욱 넓게 잡으면 자동차 같은 교통 수단에까지 이른다. 이 분야에서도 '진화'는 계속된다. 그래서 앞으로의 컨셉 카는 웃고 울고 감정 표현하는 차라는 것이다. 하기는 자동 시스템이 추구하는 것이 인간과 감정을 나눌 수 있는 기능이라면, 로봇과 같은 기능의 자동차가 그런 방향으로 나아갈 것이라는 것은 별스런 일이 아닐지도 모른다.

더구나 인간의 도구는 각종 놀이와 연관될 때 지속적인 변화와 발전을 한다. 여기에서 게임이라는 인간 활동이 도구와 기계의 발달에 밀접하다는 것을 알 수 있다(컴퓨터의 발달도 게임과 연관되지 않았으면 지금과 같지는 않았을 것이다). 흔히 지나치는 예지만, 우리나라에서 곧 개최될 월드컵의 공식구 변천사를 보면 흥미롭다.

원래 소나 돼지의 오줌보에서 유래한 축구공이 이제 첨단 소재 공학의 결집체로 만들어진다. 1998년 프랑스 월드컵 공인구인 트리콜로(Tricolore)에 쓰였던 소재의 혁신적인 개량을 통해 반발력과 탄력, 회전력 등을 월등히 끌어올린 '2002월드컵' 공인구의 이름은 피버노바(**FeverNova**)다. 이 공은 정확성 또한 크게 향상돼, 35m 떨어진 곳에 놓인 다른 공을 로봇발로 차서 맞히는 2000회 실험에서 세 번만 실패했다고 한다.

공식구의 이름 피버노바에 노바라는 초신성(超新星)의 이름이 들어간 것도, 우리가 우주를 지향하는 과학-기술 사회에 살고 있다는 사실을 보여준다(포스트먼에 의하면 '테크노폴리'의 효과라는 것을 잊지 않으면서 하는 말이다). 월드컵과 우주 시대의 상징성 사이의 관계는 이미 공식 마스코트가 개최국의 토속적 캐릭터나 각 나라의 축구 전통에서 따온 것이 아니라, 사상 처음으로 **외계인**이라는(아토, 니크, 캐즈라는 이름의 세 명의 외계인 캐릭터가 선정되었다) 사실에서도 관찰할 수 있다.

이렇게 정신 없이 돌아가는 첨단 문명이 만들어놓은 삶의 환경 속에서 혹자는 "이제 그만!"이라고 말하고 싶기도 하고, 새로운 문명 이기를 쓰지 않으며 살고 싶다고 할지도 모른다. 하지만 우리는 현재의 문명 흐름을 억지로 막을 수도 없으며, 모든 사람이 옛날의 전원적 평온함의 시대로 돌아갈 수도 없다. 현 시점에서 인류의 역사를 모두 다시 쓸 수는 없기 때문이다.

이제 우리가 어떤 문명적 성취도 없는 무위자연의 상태로 돌아가기를 원한다면, 현재의 인류는 수천 년, 수만 년, 아니 그보다 훨씬 더 긴 세월의 길을 돌아가야 한다. 태초로부터 지금까지 인류가 걸어왔던 길 전체를 다 돌아가야만 하기 때문이다. 하지만 원초적 **자연으로 돌아갈 수는 없다.** 우리가 정녕코 돌아가고자 한다면 그가는 길목마다 피맺히는 고통을 즈려 밟고 가야만 할 것이다. 현실 도피적 자연주의는 순간의 위안을 줄지는 모르지만 오늘의 문제를 해결해주지는 않는다.

그리고 한 가지 분명한 사실은 내가 과학-기술의 발전에 기여하지 않아도 남들이 한다는 것이다. 첨단을 향한 노력의 경주도 마찬가지다. 우리는 이제 이 점을 무시할 수가 없다. 남들이 하니 따라 하자는 뜻이 아니라, 따라 하지 않더라도 남들이 이룬 일의 효과가 나에게 미친다는 것이다. 그것도 일상적인 삶에서 감지할 만큼 그 효과가 확산된다는 사실이다.

나노 로보틱스(나노 테크놀로지와 로보틱스를 결합한 연구) 분야에서 세계적인 명성을 얻고 있는 이탈리아의 파올로 다리오(Paolo Dario)는 한 인터뷰에서 다음과 같이 말한다. "제가 가르치는 학생들에게 공학은 시와 같다고 말한 적이 있습니다. 상상력을 통해 창조된다는 점에서는 시나 공학은 개념이 같습니다. 작가나 시인은 글을 쓸 때 자신의 꿈을 글로 바꿉니다. 마찬가지로 공학도도 자신의 꿈을 물건으로 바꿔놓습니다. 저의 꿈은 만드는 것입니다. 아주 특별한 것, 아주 진보적인 것을 만드는 것입니다."

과학-기술 발전에 기여하는 사람들은 자신의 활동에 매우 큰 의미를 가지고 하는 것이다. 그래서 내가 안 해도 남들은 의미를 갖고 보람을 느끼며 즐겁게 한다는 현실을 우리는 쉽게 지나칠 수가 없다(흔히 이 단순한 것도 잊고 있는 사람들이 많지만).

또 한 가지 우리 자신의 성찰에서 잊지 말 것은, 많은 사람들이 개별 과학-기술의 발달 효과는 즐기면서도 과학-기술 전체에 대해서는 뭉뚱그려서 혐오감을 느끼는 경향이 있다는 사실이다. 하지만 개별적 문명 이기의 발명은 과학-기술 발전 전체와 맞물려 있다.

최근 일본의 한 벤처기업이 '김이 서리지 않는 렌즈'를 개발했다. 겨울에 사람 많은 버스에 타거나 목욕탕에 들어가도 김이 서리지 않는 안경은 많은 안경 착용자들에게 희소식일 것이다. 그런데 여기서 잊지 말 것은 그런 렌즈의 개발은 개별적인 도구의 개발 기술에만 의존하지 않고, 광학 · 화공학 · 소재공학 등의 전체적인 발전에 빚지고 있다는 사실이다.

우리에겐 이제 과학-기술에 대한 비판과 함께(오늘날 비판의 가장 큰 기능은 발전의 '속도 조절'이다), 그것을 적극적으로 포용하는 자세를 가져야 한다. 첨단의 시대에는 첨단의 반대 방향으로 '숨어드는' 자세가 되기 쉽지만, 이런 때일수록 적극적으로 대응하는 자세가 더욱 필요하다. 그리고 바로 문제 해결이 가능하지 않다고 비관주의에 젖을 것이 아니라 **문제 해결을 위한 준비를 해야** 한다.

이 같은 과제 앞에서 한두 가지 우리가 소홀히 해온 것을 생각해볼 필요가 있다. 사람들은 흔히 문명 이기의 단순 도구적이거나 물질적 성격만 생각하기 쉽다. 문명 이기는 단순 도구적 의미만 갖는 것이 아니다. 포스트먼이 지적했듯이, 사회 문화적으로 수많은 부정적 의미는 말할 것도 없고, 그외에도 문명 이기는 인간 삶에서 다양한 의미들을 갖는다. 그것은 한 시대의 심벌이자, 그 시대를 사는 사람들의 일상생활에 깊숙이 들어와 있음으로써 그들의 정서와 낭만을 대변하는 것이기도 하다.

지금의 중년에게 다이얼 돌리는 소리가 짝사랑하는 사람의 집에 전화를 걸면서 망설이던 심정을 상기시킨다면, 요즘 젊은이들에게 마우스의 클릭은 '연애 이메일'을 보낼 때 마지막 '보내기' 클릭을 하면서 두근거리는 애틋한 감정을 담고 있다. 또한 마차를 몰던 시대에 낭만이 있었던 것처럼, 자동차로 드라이브하는 시대에도 낭만은 생동한다. 이렇게 서로 다른 시대의 예에서 드러나는 것은 동일한 인간의 감정이다. 이는 **문명 이기가 인간성을 반영하는 매체**라는 것을 보여준다.

또한 첨단의 시대라고 해서 과거의 문명 발전 단계가 모두 없어지는 것은 아니다. 과거의 문명 단계는 역사로서, 또한 개인적 추억으로서 다시 얻어지며 보존되기 때문이다(이 점에서 포스트먼의 교육 프로그램 제안은 소중한 조언이다).

인간은 '상기(想起)하는 동물'이다. 우리가 미래를 향해 앞으로 나가는 만큼, 과거의 단계는 상기의 형태로 회복되어 재축적된다.

기억 · 추억 · 전설 · 역사 등 인간의 상기 활동은 적어도 인간 삶의 반을 차지한다.

첨단의 첨(尖) 자는 클 대(大) 위에 작을 소(小)를 얹은 형태다. 즉 큰 것의 끝이 작고 뾰족함을 나타낸 것이다. 첨단 문명은 앞으로 나아가기 위해 뾰족해야 하지만, 그것을 받치는 몸통은 두텁고 굵어야 한다. 이 두터운 부분을 형성하는 것이 인간성에 대한 관심과 인간의 **상기 활동**이다.

이제 과학-기술의 발전에 대해 비관적 자세로 첨단의 예봉을 포기할 것이 아니라, 그것을 받치고 있는 몸통을 튼튼하게 하는 삶의 지혜가 필요하다. 즉 첨단의 저편을 포기하지 않으면서 첨단의 이편을 보살피는 '균형의 지혜'가 필요하다. 이제 왜 선진국에서 첨단 과학-기술 문명이 발달하는 만큼 인성의 중요성과 역사와 철학을 비롯한 인문학적 관심이 점증하는지 알 수 있을 것이다. 여기에도 필자가 일전에 말한(《문화적인 것과 인간적인 것》 참조) '문화환경 균형론'은 적용된다.

물론 과학-기술 문명의 발달은 사람들에게 점점 더 '정신 똑바로 차리고 살 것'을 요구한다(포스트먼이 강조하는 것도 사실 이 점이다). 그것은 자연의 동굴에 숨어 면벽(面壁) 수도승 같은 정신적 삶을 살라는 뜻이 아니다. 정신적 통제와 자기 성찰로 물질적 삶을 좀더 균형 있게 살아야 한다는 뜻이다. 여기에서 의식 있는 일상생활의 중요성이 부각된다.

의식 있는 삶의 조건 가운데 중요한 것이 상기 활동이다. 한 예로, 부모들은 자녀들과 어떻게 기계 문명의 발전과 일상적 사용이 이루어져 왔는지를 대화하는 습관이 필요하다. 생활의 영양분으로서 과거의 회복은 거저 얻어지는 것이 아니다.

다른 행성으로의 이주 전망을 이야기하는 다이슨은 "우리가 먼 미래에도 살아남으려면 우리의 긴 과거와 계속 관계를 맺어야만 한다. 우리가 지구를 하나의 문화 박물관으로 보존해야만 하는 것은 단지 미적인 이유 때문이 아니다. 수백만 종이 있는 지구는 우리 후손들에게 삶의 기술과 관련해서 좋은 본보기가 될 것이다. 문화 박물관은 후손들이 그곳에서 빠져나오려고 하면 할수록, 더욱더 후손들이 필요로 하는 것이 무엇인지를 알려줄 것이다"라고 말한다. 여기서도 중요한 것은 지구는 이미 원초적인 자연 박물관이 아니라 문화 박물관이라는 것이다. 우리가 상기해야 할 것도 바로 그것이다.

이제 어떻게 하면 억지로 문명 이전의 단계로 돌아갈까 궁리할 것이 아니라, 현재의 삶에서 인간성을 지키고, 과거에 대한 일상적 회복을 시도하며, 앞으로의 삶을 구상해야 한다. 물론 첨단 문명은 잃은 것에 대한 향수를 더욱 진하게 만든다. 하지만 "얻는 것이 있으면 잃는 것도 있다"에서 "잃는 것이 있으니까 얻는 것이 있다"라는 사고의 전환이 필요할지도 모른다(하긴 잃는 것만 생각하는 것처럼 '욕심스러운' 태도도 없을 것이다).

상기 활동과 함께 필요한 것이 윤리적 상상력이다. 윤리에 웬 상상력인지 의아해할지 모르겠다. 과학-기술자 다이슨은 "시장은 기술의 실제 효용을 통해, 그리고 기술이 의도한 일을 제대로 수행하는지 안 하는지를 통해 기술을 판단한다. 그러나 대단히 눈부시게 성공한 기술의 배후에는 항상 윤리 문제가 숨어 있다. 즉 기술이 의도한 일이 실제로 가치 있는 일인가 아닌가라는 문제가 있다. 윤리 문제를 가장 적게 제기하는 기술은 인간에게 적합한 기술, 개인의 생활을 밝혀주는 기술이다"라고 말한다. 그는 윤리 문제를 의식하지만, 그것의 가능한 해결은 모른다. 그것은 혼자서 해결할 수 있는 문제가 아니기 때문이다.

이제 그 어느 때보다 인문-사회학자들과 과학-기술자들 사이의 대화가 필요하다. 첨단의 시대, 새로운 윤리적 사고가 필요하기 때문이다. 끈질긴 대화 노력은 서로의 상상력을 자극할 것이다. 뛰어난 상상력의 결과는 천부적인 것도 아니고, 절로 얻어지는 것도 아니다. 그것은 좋은 해결을 위해 끈질기게 노력하는 과정의 어느 순간에 주어지는 보상이다.

첨단의 시대, 더 이상 인문학과 과학의 불연속을 놔두어서는 안된다. 실용적 차원에서 극복되어야 할 진정한 불연속은 이것일지도 모른다. 이 불연속을 극복하는 과정에서 나오는 윤리적 상상력이 오늘날의 문제 해결의 가능성이라는 것은 단순한 희망 이상이다. 그리고 이 과제는 첨단의 속도 이상으로 시급한 것인지도 모른다.

마지막으로, 우리가 오늘날 첨단 과학-기술의 현실을 인식하는 것은 무엇보다도 **미래 세대** 때문이다. 미래 세대는 오늘의 현실에서 발전한 환경과 상황 속에서 살아갈 것이기 때문이다. 우리의 역사관은 상기의 형태로 삶에 재입력됨과 동시에 미래 전망의 형태로 재출력되어야 한다. 그것은 또한 공시적일 뿐만 아니라 통시적으로도 세대를 이어가면서 타자를 생각하는 윤리 의식을 동반한다.

# 21세기의 앙가주망,
# 과학과 인문학의 접속

'인문학과 자연과학의 불연속'은 원래 없었다. 앞의 장들에서 언급했듯이, 현대 과학의 형성에는 고대 그리스에서 시작한 철학적 사고의 전통이 용해되어 있기 때문이다. 좀더 구체적으로는 고대의 형이상학적 상상력과 오늘날의 첨단 과학의 성과 사이에도 연속의 줄기는 이어지고 있다.

그런데도 불연속을 말하는 것은 — 학문으로서 내적 발전의 과정에서 둘 사이의 연속성이 존재해도 — 오늘날 '참여'라는 면에서 어떤 단절들이 존재하기 때문이다(학제적 연구에 대한 관심이 최근의 일인 우리나라의 경우는 심하다). 이것은 오늘의 문제가 인문학과 과학의 문제가 아니라, 인문학자들과 과학자들의 문제라는 것을 말해준다. 참여는 사람이 하는 일이기 때문이다.

참여는 여러 가지 형태로 이루어질 수 있다. 우선 '옆집에서 무

슨 일을 하고 있나' 하는 단순한 호기심에서 옆집을 기웃거리는 것
도 참여의 시발이다. 괜히 그 일에 참견하고 싶어진다면 그 또한
참여의 원초적 동기가 될 수 있다.

그러다가 단순한 말걸기에서 서로 진지한 대화를 나누고 싶어
지고, 토론의 매혹에 이끌리며, 논쟁의 불씨를 당길 수도 있다. 더
나아가 서로 비판하고 견제하며 각자 하는 일의 사회적 파급 효과
를 경고할 수도 있다.

때론 서로 아이디어를 교환하여 각자의 탐구의 길에 획기적인
돌파구를 제공해 큰 성과를 얻게 해줄 수도 있다. 반면 어떤 아이
디어의 위험성을 미리 간파하거나, 연구 결과의 실용화에 이견이
있어서 서로 대립할 수도 있다. 아니면 연구 성과가 사람 살아가는
데 진정으로 도움이 되는 길을 같이 모색할 수도 있다.

이 모든 참여의 형태, 기웃거리고 참견하는 것에서부터 대화 ·
토론 · 논쟁 · 비판 · 견제 · 경고 그리고 상호 보완적 협조와 생산
적 협동에 이르기까지의 다양한 참여들은 '과학자와 인문학자의
불연속'을 깨고 그 원래의 연속성을 찾아주는 '21세기의 앙가주
망'일 것이다.

요즘 젊은이들에게 앙가주망이라는 말은 좀 생소할지 모르겠
다. 그러나 20세기의 전반부가 1, 2차 세계 대전이라는 대규모 전
쟁들로 특징지어진 시대였다면, 그 후반부는 세계 도처에서 일어
난 다양한 형태의 이른바 '국지전'들■과 그 파급 효과의 시대였고,
이에 대한 지성의 비판적 개입이 앙가주망의 대표적인 형태였다.
그 시기에 소년기, 사춘기, 청년기를 보낸 필자로서는 이 말의 의
미를 되새겨 오늘의 현실을 조명하고 미래를 전망하는 데 적용해

보고 싶었다. 이것은 첨단의 시대에 현대판 온고지신(溫故知新)의 한 방식일지도 모른다.

내가 굳이 '21세기의 앙가주망'이라는 표현을 쓰는 것은 그것이 20세기까지의 참여 방식들과 다른 어떤 특성을 지닐 것이고 그래야 한다고 보기 때문이다. 그러기 위해서는 지금까지의 앙가주망의 성격과 방식 들이 어떠했는지를 살펴보는 것이 도움이 될 것이다.

나는 이 글에서 — 도식적일 수 있다는 부담을 안고 — 네 가지 형태의 앙가주망을 설명하고자 한다. 그 첫 번째는 정치 참여로서의 앙가주망이고, 두 번째는 문화 참여로서의 앙가주망이며, 세 번째는 사회 참여로서의 앙가주망이다. 그리고 인문학자와 과학자의 상호 참여로서의 앙가주망이 그 네 번째다. 물론 이런 순서는 어떤 단계성을 의미하지는 않으며, **현실 참여**라는 큰 틀 안에서는 동시에 이루어질 수 있는 것들이다.

### 앙가주망 1

앙가주망(engagement)을 논하면서 사르트르(J-P. Sartre)를 언급하지 않을 수 없다. 앙가주망은 실존주의와 함께 사르트르가 고

---

■ **세계 도처에서 일어난 다양한 형태의 국지전들**  20세기 후반이 시작되는 1950년의 한국 전쟁을 필두로, 알제리 독립 전쟁을 비롯한 서구 제국주의 시대의 산물인 피식민지역에서 일어난 투쟁들, 베트남 전쟁, 몇 차례의 중동 전쟁들, 포클랜드 전쟁, 페르시아만 전쟁, 구 소련의 지배 체제가 무너지면서 일어난 코소보 사태 등 20세기 후반 전체에 걸쳐서(사실은 21세기 초인 지금도 계속되고 있는 '아프가니스탄 전쟁'으로까지 이어지며 앞으로도 계속될) 있었던 국지전들에는 '국지전'이라는 말이 무색할 정도로 세계적인 이해 관계가 얽혀 있다.

안해낸 2대 발명품이라고 평한 사람도 있다. 우선 이 프랑스어의 뜻을 살펴보자.

명사 engagement은 동사 'engager'에서 오고, 이는 명사 'gage'에서 유래한다. 이 말은 원래 저당/저당물, 담보/담보물, 내기/내깃돈(이 점에서는 독일어 'Wette'와 어원적 의미를 같이한다)을 뜻한다.

그래서 앙가주망이라는 말에는 어떤 일에 자기 자신을 담보하는 것, 다시 말해 어떤 일을 행하기 위해서 자기 자신을 구속하는 일종의 '자기 구속'의 뜻이 포함되어 있다. 그것이 자기 구속인 이상, 구속일지라도 행위자의 자유 의지에 의한 것이다. 자기 외부에서 지시된 것이 아니라, 스스로 현실에 적극적으로 참여하여 어떤 임무를 취하는 것을 의미한다(앙가주망이라는 단어가 갖는 이상의 복합적인 의미를 감안하여, 이 말을 번역하지 않고 그대로 썼다. 더구나 많이 사용하는 '사회 참여'라는 번역어를 선택하지 않은 것은 — 곧 알아보겠지만 — 앙가주망이 가지고 있는 정치성을 감출 수 있어서 선택하지 않았다).

사르트르가 말하는 참여는 물론 지식인의 현실 참여를 뜻한다. 구체적으로는 지식인의 하나인 작가(érivain)로서의 사르트르 자신의 현실 참여를 뜻한다. 이것은 그가 철학서《존재와 무(L'Être et le néant)》에서 주장한 '눈길을 돌리는 주체로서의 나'의 구체적 실존 방식을 나타낸다.

사르트르에게 앙가주망은 한 인간이 자신의 자유 의지로 세상사에 뛰어드는 것이다. 그가 자신의 앙가주망 정신을 정리한《지식인을 위한 변명》에서 "지식인은 고독한 존재이다. 아무도 그에게 어떤 역할을 맡긴 적이 없기 때문이다"라고 말한 것은 이를 잘 보여준다. 아무도 그에게 역할을 맡기지 않았지만, 개인의 자유에 기반해 현실 세계를 비판하고 새로운 세계를 향해 자기 자신을 담보하는 투기(投企)를 실천하는 것이다.

이 글에서 사르트르의 사상 체계를 자세히 다룰 수는 없지만, 그의 앙가주망 실천이 어떤 성격을 가졌는지 살펴보는 것은 우리의 주제 전개에 도움을 준다. 사르트르의 앙가주망은 철저하게 정치적 참여였다.

우선 행동하는 지성으로서의 그의 역정은 20세기 후반에 있었던 주요 국지전들과 깊이 연관되어 있다. 한국 전쟁이 진행 중인 1952년에 오스트리아 빈에서 있었던 평화 대회에 참석했던 사실 및 알제리 독립 전쟁과 베트남 전쟁 등에 대한 사르트르의 입장 표명과 반전 활동은 그의 앙가주망을 구체적으로 대변하는 것들이다.

사르트르가 지배 계급을 형성하면서 민중을 억압하고 있는 부르주아지에 대한 고발을 창작과 비평의 주제로 삼는 것이라든가, 정치 논설을 통해 투쟁을 시도했다는 것도 그의 앙가주망 실천의 특성을 보여준다. 또한 그가 '지식인의 임무'로서 "모든 권력에 대항하여 민중이 추구하는 역사적 목표의 수호자가 되어야 한다"고 선언한 것도 이와 같은 맥락에 있다.

사실 사르트르 이전이든 이후든, 지식인의 현실 참여는 항상 커다란 정치적 사건과 분리될 수 없었다. 그것은 각종 정치적 폭력과 억압에 대한 지식인의 비판과 항거라는 의미를 지니고 있었다. 이는 "지식인은 억압당하는 자의 편에 설 수밖에 없다"는 사르트르의 선언적 발언에서도 읽을 수 있다.

앙가주망이 정치성을 배제할 수 없다는 것은 상당수 지식인의 현실 참여가 모든 형태의 **권력** 행사에 대한 비판을 주된 임무로 하고 있다는 점을 보아도 알 수 있다. 호르크하이머(M. Horkheimer)는 지성과 권력의 관계에 대해, "생각은 권력을 결정적으로 굴복시키지 않는 한 권력 옆에서 항시 안전하지 못하다"고 했다.

나는 이 말을 거꾸로 읽어볼 필요가 있다고 본다. "권력은 **생각**을 결정적으로 굴복시키지 않는 한 생각 옆에서 항시 불안하다"고. 생각하는 사람으로서의 지성인의 존재 자체가 권력을 불안하게 만드는 것은 앙가주망의 가장 중요한 정치성을 보여주는 것인지도 모른다. 제대로 된 생각은 아무나 하는 것이 아니기 때문이며, 그것은 권력이 가장 두려워하는 것이다. 정치 현실에 언제 비판적으로 개입할지 모르는 '준비된 지성인'의 존재가, 준비 없는 참여보다 무서운 것이다.

현대의 지성으로, 오늘날 세계 최강대국의 정책에 대한 비판적 개입의 고삐를 늦추지 않고 있는 학자가 촘스키(N. Chomsky)다. 그가 세인의 주목을 받게 된 것도 1960년대 베트남전 반대 데모였다. 자기 전공인 언어학 연구 이상으로 정치 분석서를 내고 정치 강연을 하는 촘스키의 말은 앙가주망의 정치성을 잘 보여준다. 그는 한 인터뷰에서, 어떻게 저명한 언어학자이면서 강력한 정치 비평가가 되었느냐는 질문에 "정치학 훈련을 받은 사람만이 정치적 언급을 하는 것은 아니다"라고 답한다. 정치는 무엇보다도 인권 그 자체에 연관된 것이며, 인권은 만인에게 보장되어야 하는 것이기 때문이다.

지금까지도 앙가주망의 개념에서 정치성은 본질적인 것이다. 우리나라에서도 앙가주망을 '사회 참여'라고 번역해 쓰면서도, 사실 실천에서는 '정치 참여'인 경우가 대부분이다. 상당수 시민단체의 활동도 권력에 대한 감시라는 정치성을 강하게 띠고 있다. 물론 오늘날 정치성은 자본주의 체제에서 경제 권력에 대한 비판·견제·감시라는 면을 내포하지 않을 수 없어서, 경제적 요소 또한 앙가주망의 특성을 이룬다.

작가이면서 정치 활동을 했던 이탈리아 소설가 모라비아(Alberto Moravia)는 지식인의 정의를 다음과 같이 내린다. "지식인이란 동화 속 아이와 같다. 그 아이는 '임금님은 벌거숭이'라고 폭로한다." 아마 이 말은 지식과 권력 그리고 정치적 진실의 관계가 앙가주망의 본질을 이룬다는 것을 가장 잘 보여주는 것인지 모르겠다.

### 앙가주망 2

문화의 차원에서 앙가주망은 좀 특별한 형태를 띤다. 그것은 — 곧 살펴보겠지만 — 앙가주망의 정치적 성격을 유지하면서, **문화와 대중**을 매개로 현실 참여의 과제를 풀어나가려 하기 때문이다.

'앙가주망 1'을 논하면서 사르트르를 언급하지 않을 수 없었듯이, 문화 참여로서의 앙가주망을 논하면서 영국 '버밍엄 현대 문화 연구소(Birmingham Center for Contemporary Cultural Studies)'와 그 영향을 언급하지 않을 수 없다.

나의 이러한 해석, 즉 **현대 문화 연구**를 앙가주망의 한 형태로 보는 시각은 적지 않은 사람들에게 생소할지도 모르겠다. 더구나 지식인들이 당연히 문화 활동을 한다는 점에서, 문화 연구를 특별히 앙가주망의 관점에서 본다는 것이 이상할 수도 있다.

하지만 지금 내가 거론하고 있는 문화 연구(Cultural Studies)는 일반적으로 문화를 연구하는 행위를 총칭하지 않는다. 그것은 마르크스 사상을 그 학문 생성의 저변에 깔고 있으며, 구체적으로는 레이먼드 윌리엄스(Raymond Williams) 등이 주도한 1950~60년대 영국의 이른바 문화 마르크스주의(Cultural Marxism)의 영향을 받아 1960~70년대에 버밍엄 연구소를 중심으로 한 일련의 연구 작업으로 체계화되었고, 그 이후 지금까지 주요 학제적 연구 분야로서의 입지를 굳혀가고 있는 특정한 문화 연구와 그 영향을 가리킨다.

따라서 이 문화 연구는 특정한 이념적 배경과 가치 지향성 그리고 연구 방법론을 갖는다. **앙가주망의 차원에서 본 문화 연구**는, 그것이 대중적 문화 향유와 소비가 이루어지는 문화의 장을 매개로 해서 이념적 · 제도적 · 담론적 **개입**을 함으로써 정치적 특성을 갖는다.

그 연구 대상은 문화의 전통적 개념 자체에 대한 비판에서부터, 문화의 배경에서 이루어지는 권력 작용, 문화 생산과 소비에서의 이해 관계, 문화 체제의 권력 재생산 구조에 대한 개입에까지 이른다. 이러한 특정한 의미에서의 문화 연구는 개입과 참여의 국면을 중시하는 일종의 정치적 기획이라고 할 수 있다.

이런 문화 연구는 미국의 좌파 문화 연구자들에게도 영향을 주었는데, 그 대표적 인물 가운데 한 사람이 그로스버그(L. Grossberg)다. 그 역시 문화 연구의 정치주의와 맥락주의를 중시한다.

그에 의하면, 문화는 세상에서 벌어지는 정치적 갈등을 들여다보기 위한 매개적 창구에 지나지 않는다. 그러므로 문화의 다양한 현상들을 끊임없이 정치적 상황으로 되매김질하는 작업이 필요하다고 역설한다.

문화 연구는 문화로부터 시작하지만, 궁극적으로는 문화를 정치적 맥락 안으로 되돌려놓는다. 그래서 그 맥락 안에서 어떤 권력투쟁이 있었는지를 파악한다. 결국 문화 연구는 지적 실천을 맥락화하고 정치화하는 특정한 방법일 뿐이라는 것이다.

문화와 권력의 관계가 문화 연구의 초점인 것은 문화 마르크스주의의 특징이다. 이 점은 레이먼드 윌리엄스의 입장에서도 극명하게 나타나는데, 한 예로 그는 "교실 안의 권력은 질문하는 자에게 있다"고 말한다. 교수가 강의를 마칠 즈음 강의실을 둘러보며 질문이 없냐고 물을 때, 그것은 강의 내용에 대한 질문에 국한한다는 권력 행사의 표현이라는 것이다(물론 '의도'의 파악에 대한 확신성과 객관성의 문제를 낳겠지만).

문화 연구는 문화 생산과 그 성과물의 이면에서 작동하는 힘을 보고자 한다. 그것은 문화 자체를 권력의 생산과 재생산 그리고 권력 투쟁의 지점으로 이해하는 태도다. 여기서 권력은 단순히 가시적인 지배와 억압의 형태를 갖는 것이 아니라, 사회 구성원의 어떤 특정 분파에게는 유리하고 다른 분파에게는 불리하게 작용할 수 있는(예를 들어 문화 상품의 생산자에게는 무척 유리하고 그 소비자에게는 매우 불리한) 불평등한 힘의 관계로 파악된다.

이 점에서 '앙가주망 1'과 '앙가주망 2'는 차이를 보인다. 전자의 경우 지배와 억압을 행하는 권력은 — 전쟁을 수행하는 당사자나 압제를 행하는 위정자처럼 — 금방 드러나 보인다. 하지만 후자의 경우 그것은 문화 생산물과 문화 활동 이면에 숨겨져 있어서 쉽게 관찰되지 않는다.

이 점에서 "문화 연구는 끊임없이 일감을 찾아 나선다"는 그로스버그의 말은 성립된다. 즉 눈에 쉽게 보이지 않는 권력의 작동 방식과 권력 유지 구조를 찾아보아야 하기 때문이다. 문화 연구가 일감을 찾아서 개입하고 현실 참여한다는 것은 곧 문화 연구가 앙가주망의 성격을 획득함을 의미한다.■

### 앙가주망 3

명백히 눈에 보이든, 아니면 쉽게 눈에 보이지 않든, 지배 이데올로기와 권력 작용의 방식 그리고 정치적 이해 관계에 대한 비판적 개입은 '앙가주망 1'과 '앙가주망 2'의 공통된 점이라고 할 수

---

■ **문화 연구가 일감을 찾아서 개입하고 현실 참여** 이러한 입장의 문화 연구는 일부(어쩌면 상당 부분) 우리나라의 문화 연구에도 그대로 수입된 것 같다. 물론 순전히 버밍엄 학파의 이론이 수입되었다는 것이 아니고, 그것에 영향을 준 — 예를 들어 마르크스 사상은 물론이고, 그람시(A. Gramsci), 루카치(G. Lukács), 문화산업 비판의 선봉에 섰던 프랑크푸르트 학파의 아도르노 (T.W. Adorno)와 호르크하이머, 알튀세(L. Althusser) 등 — 학자들의 이론과 함께 우리나라에서도 정치적 맥락을 중요시하는 문화 연구가 이루어지고 있다는 뜻이다.

이는 1992년 '문화 이론 전문지'로 창간된 〈문화과학〉의 창간사를 보아도 알 수 있다. 그 가운데 일부를 인용한다. "……〈문화과학〉은 변혁의 꿈을 품고 출발한다. 우리는 자본주의 체제가 만들어내는 억압적 문화 현실을 더 나은, 살맛 나는 것으로 바꾸기 위한 전략을 모색하고자 한다. 이를 위해서는 자본주의 문화 현실에 대한 비판적 분석을 결코 소홀히 할 수 없다. ……비판적 분석은 **문화 현실에 대한 개입**을 목표로 하며 특히 지배 세력이 문화 현실에서 제거하고자 하는 **정치를 되살리려는 목적**을 가지고 있다." 이러한 입장은 영화 평론 등 이른바 대중 문화의 각 장르 평론가들의 글에서도 발견할 수 있다. "현대의 새로운 지적 전통들에 따르면 문화란 본질적으로 정치적이다"라는 표현 등이 그 예다.

있다. 그러므로 어떤 경우든 비판적 참여를 하는 주체 역시 권력적인 성격을 띨 수 있다. 또한 전자의 경우는 민중의 이름으로 '정치 참여'를 함으로써 민중의 주목과 지지를 받을 수 있으며, 후자의 경우는 대중의 이름으로 '문화 참여'를 함으로써 대중의 주목과 지지를 받을 수 있다.

그런데 인간의 삶 속에는 쉽게 가려지고 잊혀지는 분야가 있다. 그 분야에 눈길을 돌리는 사람은 별로 주목의 대상이 되지도 않는다(그럴 필요도 없지만). 우리가 앙가주망을 현실 참여 외에 '사회 참여'라고 번역해서 쓰지만, 진정으로 사회 참여가 있었는지 의심이 들기 때문이다(이는 내가 앙가주망을 사회 참여로 번역해서 쓰지 않는 또 다른 이유다). 내 개인적 에피소드를 예로 들어보자.

어느 날 술자리에서, 정치에 관심이 많고 참여 정신의 실현이라는 모토 아래 시민 단체 활동을 하기도 했던 내 친구가 나보고 지성인으로서 현실 참여 정신이 없다는 비판을 했다. 그는 내가 신문·잡지 등에 칼럼을 기고하는 것을 알고, 왜 이슈가 되는 정치 문제에 대해 글을 발표하지 않느냐는 것이었다. 언제부터인가 우리나라에서 '유행'하는 "왜 입장 표명을 하지 않느냐"는 비판 내지는 주문을 하는 것이었다.

나는 조용히 듣고 있다가 그에게 되물었다. "나는 그동안 줄곧 청소년 문제, 노인 문제, 재래시장 문제, 그리고 무엇보다도 '서민들의 삶'이라고 할 수 있는 문제들에 관심을 가져왔고, 내가 확보할 수 있는 공적 지면(서민의 삶에 할애되는 공적 지면이란 협소하기 짝이 없지만)에 글을 기고해왔다. 그런 것은 현실 참여가 아닌가?" "정치 문제에 ― 특히 큰 국제적 사건이 터지거나 선거철에 ― 공적 지면을 통해 개입하는 지식인의 행동은 대중의 눈에 크게 띄어 참여이고, 평소 서민의 현실에 관심을 갖고 그를 위해 글을 쓰고 발언하는 것은 참여가 아닌가?"라고 물었다. 또한 이렇게 덧붙였다 "정치적 이슈를 좇아 발언하는 사람이 서민의 구체적 삶에 관심을 갖고 그를 위해 현실 참여 정신을 발휘하지는 못하는가?" 이번엔 내 친구가 갑자기 조용해졌다.

서민이란 참으로 묘한 것이다.■ 무엇보다도 그들의 삶이 특별히 주목을 끌거나, 그들의 문제가 별로 공론화되기 쉽지 않기 때문이다. 한편으로는 정치·경제적 이슈에서도 그들의 문제는 소외되기 쉽고, 다른 한편으로는 사회의 특수한 문제들에 비해서도 주목받지 못하기 때문이다.

전자의 경우를 보면, 우리는 지구 반대편에 있는 나라에서 일어나는 커다란 정치적 분쟁과 경제적 파탄에 대해서는 멀리 떨어져 있어도 매스컴의 덕으로 일상 속에서 바로 옆 동네 일처럼 상세한 소식을 접할 수 있다. 반면 바로 옆 동네 서민들의 삶은 별로 관심

---

■ **서민의 의미** 서민만 묘한 것이 아니라, 서민이란 말 자체도 묘한 것 같다. 우리에게 매우 친숙한 말인데도, 사전에서조차 우리의 현실을 반영하면서도 한눈에 들어오는, 제대로 된 정의를 찾기가 어렵다. 예를 들면 큰 국어 사전에도 서민을 평민(平民), 일반 국민, 범민(凡民) 등과 거의 동의어 수준으로 정의해놓았다. 그 말이 그 말이고 뭔가 차별화된 의미는 드러나지 않는다. 또는 옛날식 정의로 "아무 벼슬이 없는 일반 평민", 아니면 사회·경제적인 관점을 집어넣어 "사회적 특권이나 경제적인 부를 누리지 못하는 일반 사람" 등으로 정의되어 있다.

한자어를 보면 '서(庶)'자는 '무리', '여럿'이라는 뜻이고, '민'은 '백성'이다. 그러므로 "백성들 중에서 ― 오늘의 현실에서는 국민들 중에서 ― 상당수를 서민으로 보면 된다"는 결론에 이른다. 물론 전문 경제 용어로는 상위층(upper class/upper-level income earners/high-wage earners), 중산층(middle class/middle-income earners), 하위층(low class/low-income earners) 등으로 구분하여 소득 수준에서 하위 20%를 서민층과 동일시하기도 하지만, 일상적 용어 사용에서 우리가 흔히 느끼는 것과는 거리가 있고, 현실을 반영하지 못해 보편적인 정의는 아니다.

의 대상이 되지 않는다. 후자의 경우를 보면, 간혹 극빈자의 문제는 뉴스거리가 되어도, 서민들의 문제는 뉴스의 초점이 되지 않는다. 흔히 말하듯, 그들의 삶이 '그냥 그런 대로' 돌아가는 것처럼 보이기 때문이다.

어떤 시민 운동가는 장애인 그리고 동성애자 들의 문제에 더욱 관심을 갖는 지식인들이 필요하다고 한다. 물론 맞는 말이다. 하지만 서민의 삶은 — 서민이 이 사회의 다수라 할지라도 — 이들의 문제보다 관심의 대상이 되지 못하는 경우가 많다. 그것이 별 뉴스거리가 되지 않기 때문이며, 노골적인 권력이든 숨은 권력이든, 권력을 비판하는 매력이 없기 때문이며, 어쩌면 그 문제에 개입하는 지식인 자체가 주목의 대상이 되지 않기 때문인지도 모른다.

하지만 서민은 곧 우리다. 앞서 언급했듯이, 경제 이론에서는 하위 20%를 서민층으로 정의하기도 하지만, 그것은 일상에서 우리가 느끼는 것과는 거리가 있다. 그 이유가 요즘 논란이 되고 있는 '20대 80'의 사회로 가고 있기 때문만은 아니다. 일상적 인식에서 서민층의 폭은 훨씬 더 넓다. 이른바 중산층이 무너진 오늘의 우리 현실에서는, 과거의 중산층을 포함해 그 이하의 모두를 지칭하는 것이 서민일 것이다. 그래서 서민의 삶은 대부분 '우리의 삶'이고 서민의 이야기는 '우리의 이야기'다.

서민에 대한 관심과 서민 문제에 대한 참여는 진정한 의미의 **사회 참여로서의 앙가주망**일 것이다. 지식인의 사회 참여가 앙가주망이라면 '서민적 지식인'이 필요하다. 오늘의 현실에서 비교적 경제적인 안정을 갖춘 지식인들도 꽤 있다. 그들에게 서민의 삶을 살라고 할 수는 없지만 '서민적 지식인'이 되라고 할 수는 있다.

물론 서민 문제도 정책적 개선이 있어야 하고, 각종 이해 관계가 작용한다는 점에서 정치적인 문제라고 할 수 있다. 서민이 곧 백성인 현실에서 정부는 너무도 당연히 서민을 의식하고 서민을 우선하는 정책을 펴야 하지만, 무엇보다도 중요한 것은 경제적 수준에서 서민이라는 범주 밖에 있다고 자타가 인정하는 지식인들이 일상생활 속에서 서민을 생각해야 한다. 왜냐하면 '앙가주망 1'과 '앙가주망 2'에서는 권력이 문제가 되지만, '앙가주망 3'에서는 무관심이 문제가 되기 때문이다.

내가 독일에 있을 때 알던 한 물리학 교수는 평소에는 승용차를 타고 다녀도 한 달에 몇 번 정도는 일부러 공중 교통 수단을 이용해 시내를 돌아다닌다거나, 시장 터에 가본다거나, 공장 지대 등을 돌아다녀본다고 했다. 자기 전공과 직접적인 관계가 있어서가 아니라, 교육자이자 학자로서 세상의 현실을 잘 안다는 것은 중요하기 때문이라고 했다. 이것은 서민에 관심을 갖고 그들과의 관계를 의식하는 태도이다. 즉 '무관심한 사람'이 아니라 '관심 갖는 지식인'이 되는 것이다.

이러한 의미의 사회 참여로서 앙가주망은 세인에게 주목받는 앙가주망이 아니다. 권력 비판 속에서 그 역시 권력이 될 수 있는 앙가주망은 더더구나 아니다. 하지만 서민적 지식인으로서의 사회 참여는 사회 공동체의 진정한 연대를 위한 앙가주망이다. '앙가주망 3'은 서민의 이름으로 사회적 연대를 창출하고자 하는 노력이다.

## 앙가주망 4

지금까지 우리는 민중의 이름으로, 대중의 이름으로, 그리고 서민의 이름으로 현실 참여의 형태들을 살펴보았다. 이제 마지막으로 인류의 이름으로 현실 참여를 논하고자 한다. 이는 이 글의 마지막 주제지만 오늘날 그 어느 것보다 중요한 주제일 수 있다. 정치 권력은 민중을 억압하고, 문화 권력은 대중을 지배하며, 사회적 무관심은 서민을 삭제하지만, 과학-기술의 힘은 극단적으로 말해서 인류를 멸종시킬 수도 있기 때문이다.

또한 '앙가주망 4'는 미묘한 문제를 제기한다. 올바르게 행사되지 않는 힘에 대한 부정 기능으로서의 개입과 참여뿐만 아니라, 긍정적 참여도 동반되어야 하기 때문이다. 즉 과학-기술에 대한 비판 및 경고와 함께, 그것과 협동 및 협조를 해야 하기 때문이다. 이것이 '앙가주망 4'(이제 편의상 '과학 참여'라고 부르자)의 어려운 점이자, 동시에 긍정적인 미래 건설의 가능성이다.

20세기의 앙가주망이 주로 전쟁과 같이 분명히 나쁜 것에 대한 양심 있는 지식인의 개입과 참여였다면, 21세기의 '과학 참여'로서의 앙가주망은 양면성을 갖는다. 과학-기술이 인류와 맺는 관계는 — 혜택이자 폐해일 수 있는 것처럼 — 양날의 칼이기 때문이다. 따라서 21세기의 앙가주망 역시 양면성을 갖는다.

그러므로 '앙가주망 4'에는 앞서 설명한 앙가주망 형태들의 특징이 모두 반영되어야 한다(이제 독자들은 내가 이 지점에 도달하기 위해 우회 전략을 쓴 이유를 이해할 것이다). 과학-기술에 대한 권력 비판적 시각(이 점에서는 '문화 연구'가 과학-기술의 주제를

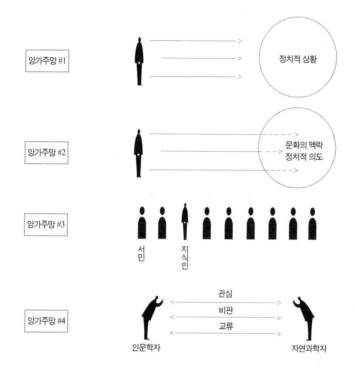

본문에서 설명한 네 가지 '앙가주망'의 특징들은 이렇게 그림으로 나타낼 수 있다.

(1) '앙가주망 1'은 흔히 '사회 참여'라고도 표현해왔지만 사실 정치 참여이다. 정치 권력의 비판이 주된 임무이기 때문이다.

(2) '앙가주망 2'는 명목상 문화 참여이지만, 문화 향유와 소비가 이루어지는 문화의 장을 매개로 해서 이념적·제도적·권력 비판적 개입을 함으로써 정치 참여적 성격을 갖는다. 특히 문화 생산물과 문화 활동 이면에 숨겨진 권력 관계와 권력의 재생산 방식을 주시하고자 한다.

(3) '앙가주망 3'은 진정한 의미에서 사회 참여라고 할 수 있다. '서민적 지식인'의 활동이라는 점에서, 앙가주망을 수반하는 관찰과 실천이 서민들의 생활 세계에서 이루어진다.

(4) '앙가주망 4'는 과학자와 인문학자 사이의 상호 관심, 비판, 학술적 교류라는 점에서 종합적 앙가주망의 성격을 갖는다고 할 수 있다.

다루어야 한다), 과학에 대한 무관심으로부터의 탈피(이 점에서는 관심이 곧 비판과 견제의 전제가 된다는 것을 인식해야 한다) 등이 그것이다.

이와 함께 지금까지의 참여 형태들과 다른, 특별한 협동과 협조의 차원이 포함되어야 한다. 생물학자 최재천도 최근 발표한 글에서 생명과학의 발달에 따라 새로운 윤리적 지평을 열어야 할 필요성을 제시하면서, "인문사회학자들과 생명과학자들의 학제적 공동 연구가 절실하다"며 협동을 강조한다. 더 나아가 과학자로서 "인문사회과학자들의 도움이 절실하다"고 협조의 손길을 요청한다.

학제적 공동 연구는 생명윤리학 등 윤리적 지침을 재검토하고 재정립하기 위해서 필요한 것만은 아니다. 다시 말해, 과학-기술의 발전에 따라 윤리가 전통적 당위성에만 머물지 않고, 과학-기술과 대화하면서 새로운 지평을 열기 위해 노력하는 작업에만 국한되는 것은 아니다. 물론 그것이 우리에게 절실하고 시급하지만 말이다.

이와 함께 좀더 인간의 삶에 도움이 되는 창조적 성과를 위해서도 학제 연구는 필요하다. 다시 말해, 과학적 연구 과정 자체에서 전문 과학-기술자들이 인문학자 및 예술가 등과 학제적 교류를 시도할 필요가 있다. 이것은 단순히 아이디어 교환과 학술적 조언의 차원을 넘어, 과학-기술적 성과가 이러한 교제(交際)와 교류를 거치는 과정에서 좀더 인간적인 모습을 갖기 위해서 필요하다.

우리가 이렇게 복합적인 차원들을 염두에 두고 '과학 참여'를 해야 하는 이유는, 언급한 과학-기술의 본질적 양면성 외에 다른 이유들이 있기 때문이다. 그것은 첫째, 과학-기술은 빨리 변하기 때문이다. 둘째, 과학-기술 성과물들의 일상적 사용이 빠르게 확산되기 때문이다. 셋째, 과학-기술의 지속적인 발전을 위한 노력은 국가적 차원과 대규모 기업 차원에서 이루어지기 때문이다. 넷째, 오늘날 과학-기술의 발달은 그 어느 분야보다 인간의 미래와 관계가 있기 때문이다.

각각의 이유를 설명해보자. **첫째**, 과학-기술은 빨리 변한다. 다이슨은 "경제와 기술은 천천히 변하지만 순수 과학은 빨리 변한다"는 점을 주목한다. "과학에서는 십 년 또는 그 안에 급격한 변화가 일어나도 아무렇지도 않다. 십 년은 과학 혁명이 일어나는 전형적인 시간 단위이다"라고 강조한다.

물론 과학적 패러다임의 변화는 개념적 변화이고, 기술적 변화는 변화의 성과로서 실물을 만들어내야 하기 때문에 그럴 수도 있다. 하지만 기술의 변화도 다른 분야에 비해 무척 빨라졌다. 촘스키는 "테크놀로지가 급속도로 변화·발전한다"는 점을 주시하며, 그것이 상당수 국가의 주도권에 의한 것임을 지적한다.

변화의 속도가 빠르면 빠를수록 과학-기술 사회가 그 발전 과정에서 그밖의 분야의 학문과 교류할 가능성이 줄어들 수 있다(적어도 아무런 개입 노력 없이 변화의 속도에만 맡겨둔다면). 과학-기술자가 변화·발전 과정 자체에 몰입할 가능성이 높기 때문이다. 즉 자신의 과업에만 몰두할 가능성이 높아진다. 따라서 더욱 외부의 개입이 필요하다.

**둘째**, 과학-기술의 일상적 침투 또한 신속하다. 이것은 오늘날 우리가 경험하고 있는 디지털 정보 기술, 생명공학 기술, 우주항공 기술 등의 성과물이 일상에 어떻게 전용되고 있는지를 보아도 알 수 있다. 바로 이 점에서 '앙가주망 4'의 의미는 부각한다. 사회에 넓게 퍼져 일상적으로 영향을 주는 것들에 대해 개입하는 행동이야말로 '현실 참여'를 실행하는 것이기 때문이다.

그리고 이것은 일상생활을 변화시키는 과학-기술의 성과물이라는, 매우 구체적인 대상의 작용과 영향에 개입하는 것이다. 그렇기 때문에 **현실 참여로서의 앙가주망의 본질적 성격**을 잘 반영한다.

**셋째**, 과학-기술의 발전은 국가적 차원에서 지원된다. 최근 우리나라 정부도 '과학-기술 기본계획'의 6대 기술을 확정하고 그것을 적극 추진하고 있다. 곧 정보 기술, 생명공학 기술, 나노 기술, 환경 에너지 기술, 우주항공 기술, 문화 컨텐츠 기술이 그것이다.

이 글을 추고하면서 〈과학 대통령을 기다리며〉라는 어떤 과학 저널리스트의 칼럼을 읽었다. 그는 국가과학-기술자문회의 연구 보고서인 《과학-기술 발전을 위한 최고 정책 결정자의 역할》에서 제시된 "과학-기술 정책의 주도자 · 추진자 · 조정자로서의 대통령의 역할"을 상기시키고 있다. 과학-기술의 발전에서 부작용이 있어도 그 발전을 위한 지원은 국가 차원에서부터 적극적이고 대규모적인 방향으로 흘러가고 있다.

일개 국가 차원 외에 다국적 조직에 의한 연구 지원도 있고, 대규모 기업 집단의 투자에 의한 연구 기술 개발도 있다. 이미 잘 알려져 있듯이, 2000년 6월 26일 '인간 유전체 지도 초안'은 18개국 공동 연구진인 HGP(Human Genom Project)와 민간업체인 셀레라(Celera Genomics)가 공동으로 발표했다. 이러한 현실 상황은 비판적 앙가주망으로서의 '과학 참여'가 더욱 적극적이고 다양한 경로를 통해 이루어질 것을 요구한다.

넷째, 과학-기술의 발달은 인간의 미래와 연관이 있다. 여기서 '앙가주망 1'에서 다루었던 사르트르에게로 돌아가보자. 사르트르는 생전에 시인 프랑시스 퐁주(Francis Ponge)가 말한 "인간은 '인간의 미래'다"라는 말을 즐겨 인용했다.

그래서 《지식인을 위한 변명》에서 제시한 '지식인의 여섯 가지 임무'에서도, 그 네 번째 임무가 "지식인 고유의 목적(지식의 보편성, 사상의 자유, 진리의 탐구) 등을 회복하고, 그런 연후에 투쟁을 통하여 성취될 만인을 위한 현실적 목표, 다시 말해서 **인간의 미래**를 내다보는 일이다"라고 적고 있다(진한 표시는 필자가 한 것임).

인간이 '인간의 미래'라는 것은 어떤 앙가주망 형태에도 해당된다. 더구나 오늘날 과학-기술의 발달이 첨단 지향적이 됨으로써, 인간의 미래에 대한 기대와 희망만큼이나 회의와 불안도 함께한다.

이럴 때일수록 현실에 대한 인식과 그것을 바탕으로 한 미래 전망이 균형을 유지해야 한다. 균형은 치우침을 거부한다. 즉 과학-기술에 치우친 경향도 거부하지만, 지나친 위기 의식에 의한 반(反)과학-기술의 경향도 거부한다.

이런 의미에서도 과학 참여로서의 '앙가주망 4'는 인문학과 과학의 연속선상에서 그 해답을 찾아야 할 것이다. 바꾸어 말하면 **인문학과 과학의 연속을 재발견**하는 것, 그것이 네 번째 앙가주망의 본질일 것이다.

# 제 4 막

# 인간의 시간, 세계의 변화

빠름과 느림, 그리고 속도의 스펙트럼　　세계화의 진자, 가벼움과 무거움
공존의 축제, 문화 정체성과 다양성　　새로움과 변화, 세계의 조건

인간이라는 배우는 시간 위를 달리며 '속도의 스펙트럼'을 발산하고, 세상
속에 침잠해서 무거움의 고통을 짊어지며, 세계를 끌어안음으로써 가벼움
의 비밀을 터득한다.

사회 속 '관계의 끈'을 확인하며 '같음'을 의식하고, 문화의 다양한 지형을
넘나들면서 '다름'을 배우며, 변화와 불변의 정곡을 가로지르며 깨달음을
얻는다.

인간이란 배우가 주연인 연극은 이렇게 막을 열고 막을 내린다. 그래서 인
간의 이야기는 커튼콜을 받는다. 닫힌 막은 다시 열리기 위해 있다.

# 빠름과 느림,
# 그리고 속도의 스펙트럼

"우리는 이 세상의 장엄함이 새로운 아름다움으로 풍부해졌다고 단언한다. 그것은 속도의 아름다움이다. 경주용 자동차를 한번 보라. 마치 똬리를 튼 뱀같이 일련의 굵은 튜브의 모터가 보닛에 장착된 경주용차와 그 폭발적 호흡⋯⋯그것은 포효하는 자동차다. 그는 마치 난사되는 기관총의 총알처럼 달린다. 〈사모트라케의 니케〉보다 아름답지 않은가."

이 글은 지금으로부터 거의 백 년 전 미래파(Futurismo)의 창시자인 이탈리아 작가 마리네티(F. T. Marinetti)가 1909년 2월 20일, 프랑스 파리에서 발표한 〈미래파 선언〉 가운데 일부다. 그의 발언은 가히 도발적이다. 그 '괴물' 같이 생긴 자동차를, 더구나 굉음과 먼지를 내고 달리는 자동차를 헬레니즘 시대 예술의 정수라고 하는 〈사모트라케의 니케(Nike of Samothrace)〉에 비유하다니. 아니, 그보다 더 아름답다고 하다니.

마리네티가 굳이 니케를 그 비유 대상으로 삼은 것은 그가 미래파 선언문을 파리의 〈피가로(Le Figaro)〉지에 발표했기 때문이다. 승리의 여신상 니케는 파리 루브르 박물관의 대표적인 소장 미술품 가운데 하나다.

한편 이런 해석도 가능하다. 루브르 박물관에서 니케의 조각상을 본 사람들은 알겠지만, 박물관에 전시된 작품 니케는 그 역동적인 날갯짓과는 달리 역설적으로 정적인 분위기를 풍긴다. 아마 하체를 휘감고 있는 튜닉(tunic) 자락과 하대(下臺)에 달라붙어 있는 두 다리 때문인지도 모른다. 그녀는 날갯짓을 하지만 날지 못하고 있다. 그녀는 정지의 상태, 곧 절대 느림의 상태에 있다. 박물관의 정적인 분위기와 함께 방문객에게는 비상(飛上)을 상징하지만, 상징할 뿐 절대 느림의 조각상 그것이 니케이다.

경주를 하는 자동차는 그와 대척점에서 시간을 거세게 빨아들여 속도로 분출하며 빠름을 실현한다. 유선형(流線型)의 몸체를 갖기 위해 완전 절제된 모습으로 정지 없는 지속적 역동성을 속도의 날개 위에 싣고 달린다. 그것은 생동감의 획득을 넘어 새로운 생명력에 대한 과감한 지향이다. 이 과감한 지향이 미적 욕구와 이종교배(異種交配)한다. 새로운 잡종의 탄생을 위하여. 자동차의 거친 호흡과 포효, 배기(排氣)의 굉음은 위대한 광기의 시작이다. 그것은 속도의 광기일 뿐만 아니라 미적 혁명의 광기다.

에밀 시오랑(Émile Cioran)이 그랬던가. "각질화되지 않기 위해, 이 세상은 새로운 광란(狂亂)을 원한다"고. 오늘날엔 누군가 이렇게 반박할지 모른다. "광란이 자체 폭발되지 않기 위해, 이 세상은 새로운 각질화를 원한다"고.

빠름과 느림은 단순히 속도를 더 내고 덜 내고 하는 데 국한되는 것이 아니라, 그 자체가 인간 삶을 총체적으로 반영하는 복합적인 개념이다. 그것에는 다양한 인간 욕구의 발현과 인간이 지향하는 세계관이 함께 얽혀 있다.

### 유토피아와 유크로니아

인간의 욕구 가운데서도 해방의 욕구는 참 묘한 것이다. 어쩌면 설명할 수 없는 것인지도 모른다. 그렇지만 우리는 그 욕구에 대해 서로 공감한다. 그러면서도 서로 속박의 굴레 채우기를 서두르기도 하지만.

인간의 해방 욕구는 여러 가지 현상으로 나타난다. 그 가운데서도 인간의 존재 조건의 가장 큰 틀이라고 할 수 있는 공간과 시간에 대해 치열하게 나타난다. 치열한 욕구는 상상력을 자극하게 마련이다. 그래서 이 세상에 있을 수 '없는' 것도 상상하게 된다.

우선 공간적 상황으로부터의 해방 욕구는 '유토피아(utopia)'로 나타난다. 오늘의 현실에 '없는(ou) 장소(tópos)'인 유토피아에 대한 의지는 모어(Thomas More)가 이 말을 만들어내기(1516년) 전부터 있었고, 근·현대사의 커다란 조류이며, 앞으로도 우리 삶의 틈새를 파고드는 활력으로 존재할 것이다. 그것은 대개 다음과 같은 세 가지 특성을 띠며, 그들은 하나의 유토피아의 구성 안에서 서로 혼합하여 나타나기도 한다.

첫째, 말 그대로 실제로는 존재하지 않는 상상의 장소다. 지금

이곳을 떠나 있는 이상향(理想鄕)으로 존재하는 것이다. 그것은 하나의 공동체인 '생활 모델'을 설정하는 역할을 하기도 한다. 이는 토머스 모어의 작품을 비롯해, 캄파넬라(T. Campanella)의 《태양의 나라(*Civitas solis*)》, 베이컨(F. Bacon)의 《노바 아틀란티스(*Nova Atlantis*)》 등 16~17세기의 유토피아 구성 때부터의 특성이다.

둘째, 오늘의 세계와 다른 세계의 건설이라는 구체적인 계획과 실행으로 나타난다. 그것은 새로운 '생활 공간'의 창조다. 그러므로 지켜야 할 수많은 생활 지침을 동반한다. 그러나 그것은 실패가 전제된 과업이 되고 만다. 그리고 그때 제시된 지침들은 폭력적이 되고, 지킬 수 없는 것이 된다. 이는 실현되지 못할 것에 대한 구체적인 실현 계획과 시도가 되어 '유토피아적'이라고 불린다. 역사 속에 있었던 크고(구소련 등의 현실 사회주의도 이 가운데 하나다) 작은(이른바 공상적 사회주의자들의 시도에서 볼 수 있는) 수많은 유토피아 공동체의 실현 시도와 그 실패가 이를 잘 대변한다.

셋째, 오늘의 생활 공간이라는 현실에 대한 비판적 거울이자, 이 생활 공간이 좀더 나은 삶의 조건을 갖기 위해서 끊임없이 지향해야 할 지평으로 나타난다. 그 지평 위에 떠오르는 것이 곧 실현될 수 없는 것일지라도 인간은 그것을 지속적으로 지향하며, 그 지향성이 현실을 조정하고 변화시킬 가능성을 갖는다. 이에 대한 인식은 칸트가 '초월적 이념이 갖는 현실 조정 기능'에 대한 개념적 기반을 제공함으로써 명확해졌는데, 이는 유토피아의 긍정적 역할을 보여주는 것으로 현대 사상가들에게도 큰 영향을 끼쳤다.

이 세 가지는 그것이 환상적 바람이든, 실패가 전제된 시도이든, 인간 공동체의 자기 성찰을 위한 매개체이든, 그 어느 것이나 삶의 공간에 연관된 것이다. 그러나 그 어느 경우든 실질적 장소로서 확보되지는 못한다. 그 이유는, 첫째는 상상 속에만 남을 것이고, 둘째는 실패가 예상된 것이고, 셋째는 현실에 대한 비판과 조정 역할이 주된 것이기 때문이다. 그래서 그들은 영원히 '없는-장소', '유-토피아'로 현실에 존재하는 것에 만족해야 한다. 하지만 그것이 현실에서 어떤 경향이나 사건 또는 사건 유발의 가능성으로 존재하는 것만은 사실이다.

한편 시간적 상황으로부터의 해방 욕구는 '유크로니아(uch-ronia)'로 나타난다. '없는(ou) 시간(chrónos)'인 유크로니아에 대한 의지는 내가 이 말을 만들어내기 전부터 있었고(《문화적인 것과 인간적인 것》 참조), 오늘의 유행 경향이며, 앞으로도 우리 삶에 줄기차게 동반할 탈시간적 충동일 것이다.

내가 보기에, 유크로니아의 추구는 유토피아의 경우보다 — 특히 오늘의 경향들로 보아서 — 훨씬 더 다양하고 복잡한 양상을 띠는 것 같다(좀더 심도 있는 연구는 별도의 저서에서 소개할 예정이다). 그러므로 이 항(項)에서는 지금까지 인류 역사에서 있었던 '고전적' 유크로니아에 대해서만 언급하고, 빠름 및 느림, 즉 속도의 다양한 양상들과 그 문화적 파급 효과에 연관된 유크로니아에 대해서는 다음 항들에서 설명하기로 한다.

유토피아가 '공간 찾기'나 '공간 만들기'라면, 유크로니아는 '시간으로부터 벗어나기'나 '시간 없애기'다. 유토피아의 경우, 현재의 공간을 벗어나려 하지만 새로운 생활 공간을 추구한다는 점에서 공간 없애기는 아니다.

하지만 유크로니아의 경우에 그것은 탈시간적 욕구의 발현이자, **이상시(理想時)**에 대한 추구이다. 고전적 유크로니아에서는 전자의 성격이 특히 부각된다. 왜냐하면 이상시의 측면은 속도와 밀접하나, 고전적 유크로니아는 속도의 문제가 본격적으로 부상하기 전의 경향이기 때문이다.

고전적 유크로니아도 다양한 양상으로 나타나는데, 우선 영원성의 등장을 들 수 있다. 영원성 앞에서 시간의 현실적 길이는 무참히 삭제된다. 영원 앞에서 천 년은 일 년과 별 차이가 없다. 영원성이야말로 인간의 기발한 발명품(아니면 발견?)이다. 그것은 시간의 위력을 단번에 없애버리는 효과를 갖는다.

영원성은 시간의 의미와 위력을 삭제한다. 그래서 영원성은 시간의 범주에 속하지 않는다. 인간의 영원성 추구는 시간을 없애버리고자 하는 탈시간적 유크로니아의 가장 극단적인 표현이다. 하지만 "무엇이 영원할 수 있는가?" 하는 문제 또한 영원한 수수께끼일 것이다.

영원성보다는 인간의 열망이 덜 실려 있는 것 같지만, 시간의 위력을 상당히 축소하는 효과가 있는 인류의 발명품으로 윤회성(輪廻性)이라는 것이 있다. 시간의 지배를 받는, 즉 시간에 따라 진화하고 변화할 수밖에 없는 모든 존재가 시간의 흐름에 완전 소멸하는 것이 아니라, 일정 기간을 주기로 끊임없이 다시 돌아올 수 있다는 상상과 믿음 역시 시간의 위력을 상당히 축소시킨다. 바로 끊임없는 윤회라는, 영원의 성격을 갖기 때문이다. 다시 말해, 윤회 자체의 영원성을 갖기 때문이다.

이 점에서 윤회성 역시 영원성 못지 않게 유크로니아적 열망이 심화된 표현이라고 할 수 있다. 시간과 타협하지만, 결국 시간을 우회적인 방법으로 무력화하고자 하는 의도를 품고 있기 때문이다.

탈시간적 욕구의 발현의 또 다른 방식은 순간의 의미와 중요성을 절대화하는 것이다. 어느 순간이 절대화되면 그 순간은 정지되고, 나머지 시간들은 무의미해진다. 그 순간 시간의 흐름은 무시된다. 순간의 절대 중요성은 시간성을 배제한다.

순간의 엑스터시(ecstasy)를 위한 인간의 욕망을 한번 생각해보라. 그것은 태초로부터 지금까지 꺼지지 않는 시간 배제의 유크로니아적 욕망이다. 다만 그것이 '시간 잊기'라는 현실의 기만성을 품고 있기도 하지만. 그렇다고 해도 순간의 만족, 순간의 환희, 순간의 쾌감 등을 제공한다는 유혹들이 현대 문화에서도 그치지 않는 것은 이런 유크로니아적 욕구가 곳곳에 잠재해 있기 때문이다. 그래서 괴테의 파우스트가 말했듯이, 순간(Augenblick)은 멈춰 세워질 수만 있다면 그렇게 아름다운 것인지도 모른다.

고전적 유크로니아는 줄곧 인간의 삶과 함께 해왔다. 오늘날에도 그 욕구의 에너지가 그대로 유지되고 있다는 말이다. 이와 함께, 근현대 사회로 들어오면서 유크로니아 지향성은 속도와 밀접하게 연관되어 나타난다. 빠름과 느림이라는, 어쩌면 '부적절한 이분법'을 바탕으로 속도를 대하는 인간의 태도를 나누기도 한다. 이제 이 현대적 유크로니아에 대해서 알아보자.

### 빠름의 세계, 빠름의 광기

"흔히 '빠른 발(velocipedi)'이라고 부르는 기계를 타고 달리는 것이 행인들에게 위험할 수 있다는 사실을 지금까지의 경험을 토대로 확인한 바, 밀라노 경시청은 다음과 같이 명한다. 야간에 '빠른 발'을 타고 주거 지역이나 도심 광장 안을 돌아다니는 것을 금지한다. 그러나 야간일지라도 주거 지역으로부터 멀리 떨어진 광장에서나 도시 외곽 지역에서의 사용은 허가한다. 상기 사항을 어기는 자는 사용 기계를 몰수당하는 형을 받을 것임을 공포한다."

　이것은 1811년 6월 26일자 이탈리아 밀라노(Milano) 경시청의 공식 대민 공포문에서 발췌한 것이다. 이는 도심과 주거 지역에서 행인의 안전을 위해 야간에 두발자전거 사용을 금지한 것이다. 이 두발자전거의 공식 명칭은 '빠른 발(velocipedi)'인데(영어로는 velocipede), 라틴어로 빠르다는 뜻의 'velox/velocis'와 발이라는 뜻의 'pes/pedis'의 합성어다(이 단어는 아이들이 타는 세발자전거 등 다양한 형태의 초기 자전거들도 지칭했는데, '빠른 발'이라는 뜻의 이 조어에도 **3막 3장**에서 언급한 넓은 의미의 '보철을 한 인간'이라는 서양인들의 의식이 반영되어 있다).

　당시의 두발자전거는 앞뒤 바퀴의 크기가 같은 오늘날의 자전거와 달리, 우리가 간혹 영화에서 보듯이 앞바퀴는 굉장히 크고 뒷바퀴는 아주 작은 형태로 되어 있었다. 따라서 요즘 자전거보다도 훨씬 느렸으며, 좌우 균형을 잡기도 힘들었다. 하지만 지금으로부터 거의 2백 년 전의 사람들에게는 그것도 매우 빨랐고 바로 그 속도 때문에 위험했던 것이다.

　당시는 물론 자동차가 발명되기 전이며, 비행기의 실용화는 꿈도 꿀 수 없었던 시대다. 하지만 우리는 오늘날 시속 100km 이상의 속도는 별 것 아닌 자동차를 서민들도 타고 다니며, 보통 사람들도 음속에 육박하는 속도의 비행기로(보통 승객용 항공기가 시속 1,000km에 가까운 속도로 비행한다는 것을 아는 사람은 드물지만) 여행할 뿐만 아니라, 콩코드 같은 초음속 비행기가 나온 지도 수십 년이 되었으며, 스페이스셔틀로 우주 관광을 하는 사람이 나오는 시대에 살고 있다.

넓은 의미에서 인간의 속도 추구의 역사는 오래 되었다고 할 수 있다. 걸어다니던 시대에서 나귀나 말같이 동물을 길들여 타고 다니기 시작한 지도 수천 년 전 일이다. 짐을 나르는 등 이동 수단으로 이용된 최초의 동물이 나귀였다는 기록도 있다. 나귀가 수송 수단으로 처음 이용된 시기는 적어도 기원전 3000년 이전이었다고 추정되기도 한다. 하지만 근대 이전의 수송 수단 개발은 반드시 속도를 의식해서만은 아니었다. 인간이 감당할 수 없는 무게를 동물을 이용해 수송하고자 하는 목적이 컸다.

속도에 대한 관심은 산업 사회가 시작되면서 급속히 불붙기 시작했다. 육상 교통과 해상 교통에서 시작한 속도 추구의 역사는 오늘날 비행기와 우주선에 이르기까지 — 지난 수천 년 동안의 변화에 비하여 — 지난 2백여 년 동안 그 자체가 현기증 날 정도의 속도로 발전해왔다.

18세기 후반 산업 혁명 초기의 증기자동차는 사람이 걷는 속도를 넘지 못했다. 즉 시속 4km에 못 미쳤다. 하지만 오늘날 우리는 시속 300km 이상의 경주용 스포츠카를 생산한다. 좀더 일상적인 예를 들면 실감 나는데, 요즘 웬만한 승용차도 최고 시속은 200km에 육박한다. 다만 안전상의 문제로 속도를 제한할 뿐이다. 기차와

배의 속도도 괄목할 만큼 발전했지만, 정말 놀라운 것은 비행기의 속도 변화다.

라이트 형제(Wright Brothers)가 1903년, 역사상 처음으로 동력 비행기 '플라이어 1호'로 비행에 성공했을 때의 기록은 12초 동안 0.036km를 난 것이었다. 이것을 시속으로 환산하면 10.8km다. 이는 보통 사람이 뛰는 속도에도 못 미친다. 그로부터 불과 6년 뒤인 1909년, 글렌 커티스(Glenn H. Curtis)는 시속 56km의 속도로 39.5km를 비행하기에 이르렀다. 그후로 불과 5년 뒤인 1914년, 제1차 세계 대전 발발 때의 비행기는 시속 200km 이상으로 날 수 있었다. 2차 세계 대전 직후인 1947년, 제트기는 시속 1,225km의 음속을 돌파했고, 1958년 미국 록히드 사의 F-104A가 마하 2의 속도벽을 넘었으며, 1962년 록히드의 A-11은 마하 3의 속도를 달성했다. 이것도 지금부터 40년 전의 일이다.

이상은 사람이라는 주체가 기계를 타고 이동하는 ─ 말을 만들어 표현하자면 ─ '주체의 속도'라고 할 수 있다. 하지만 오늘날 우리 삶에 영향을 미치는 것은 많은 경우 ─ 이 경우도 조어를 사용하면 ─ '상황의 속도'다.

주위 상황이 빠르게 돌아가는 것이다. 이 점에서 통신의 속도는 묘한 것인데, 그것은 자신의 속도는 변하지 않으면서 상황의 속도에 자극을 주어왔다. 이탈리아 과학자 마르코니(G. Marconi)가 1897년 도버 해협을 사이에 둔 영국-프랑스 간 무선통신을 실현시킨 이후, 통신의 속도는 항상 기본적으로 빛의 속도다. 따라서 속도의 변화라기보다 지난 백 년 동안 그 기본 속도를 이용한 다양한 상황의 변화가 생긴 것이다. 전신 · 전화 · 라디오 · TV · 인터넷 · 위성통신에 이르기까지 그 무엇이든지 우리 생활에 상황 변화를 일으킨 것이다.

빌 게이츠(Bill Gates)가 주장하는 '생각의 속도'도 이러한 시대 조류의 일면이다. 그것은 이른바 디지털 신경망을 구축하여 생각과 실천, 기획과 실행, 아이디어와 적용 사이의 시간 소요를 최소화한다는 뜻이다. 즉 상황의 속도를 발전시킨다는 것이다. 다시 말하면 빠름과 신속함으로 주변 상황을 구축한다는 뜻이다.

현대 문화에서 유크로니아에 대한 의지는 지속적인 속도의 추구로 나타난다. 이동하는 주체의 속도는 물론이고, 상황의 속도를 계속 업그레이드하고자 하는 것이다. 속도라는 말은 이미 중립적 의미의 시간 측정 개념으로서 속도(speed)를 지칭하기보다, 빠름의 의미로서 속도(being speedy)를 지칭하는 말이 되어버렸다.

디지털 시대가 되면서 '광속도 서비스'니 '생각의 속도 수준'이니 하는 말은 일상화되었다. 빠르면 시간을 줄인다는 너무도 당연한 인식이 이제는 절대 필요성으로서 무자비한 일상적 과제가 된 것이다. 그래서 광적(狂的)이라는 말도 나오는 것이다.

인간이 시간의 영향을 최대한 벗어나고자 하는 21세기 유크로니아에 대한 의지가 가장 극명하게 나타나는 분야는 바로 속도다. 초고속에 대한 욕구는 시간을 '조각내기'까지 한다. 일상적 시간 측정의 최소 단위도 소수점 이하 몇 자리까지 나간다. 초 단위가 빠르게 느껴지던 시대는 이미 지나갔는지도 모른다. 이미 천분의 일초 단위 표시도 낯설지 않다.

그러나 아무리 세밀하게 쪼개고 아무리 축소해도 시간은 남는다. 없어지지 않는다. 속도로 시간의 위력을 삭제하고자 하는 완벽한 유크로니아는 말 그대로 이상시(理想時)일 뿐이다. 시간은 속도에 대해 천적(天敵)이다. 더구나 절대 우월의 천적이다. 그래도 인간은 '최대한 빠르게', 즉 '시간 극소화'의 유크로니아적 의지를 포기하지 않는다.

그래서 이상시를 얻기 위한 구체적인 계획을 세우고 실행하고자 한다. '시(時)테크'는 이미 구닥다리 구호가 되었고, '속도테크'의 생활 지침이 등장해야 할 지점에 와 있다. 아니, 이 말을 쓰지 않을 뿐, 적지 않은 사람들이 이미 속도테크를 위해 무척이나 바쁜지도 모른다.

### 느림의 세계, 느림의 기만

"오토바이 위에 바싹 엎드려 있는 사람은 오직 달리고 있는 자신의 현재 순간에만 집중할 수 있을 뿐이다. 그는 과거와 미래로부터 단절된 시간의 한 조각에 매달린다. 그는 시간의 연속에서 빠져나와 있다. 그는 시간의 바깥에 있다. 달리 말해서 그는 엑스터시의 상태에 있다."

쿤데라(Milan Kundera)의 소설 《느림(La lenteur)》(1995)의 한 대목이다. 쿤데라는 오토바이를 타고 질주하는 사람이 '시간의 밖에 있음'으로써 '엑스터시 상태'에 있다고 한다. 쿤데라는 엑스터시의 그리스어 어원이 '밖에 있다(ex-histánai)'는 뜻을 가진 것에 착안하여 이렇게 표현한 것 같다.

그러나 사실 질주하는 사람은 '시간의 밖'에 있어서가 아니라, '자기 자신의 밖'에 있음으로써 엑스터시한 것이다. 질주하는 자는 그 속도로 인해 자기 자신으로부터 빠져나와 있는 것이다. 엑스

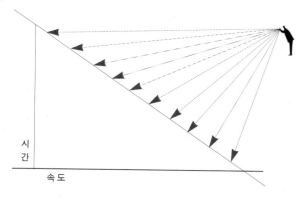

▶ 속도의 스팩트럼

시
간

속 도

---

자연 속에든, 사회 속에든 수천, 수만 가지 다른 속도들이 공존한다. 그래서 특히 오늘의 세상을 이해하는 데 빠름과 느림의 이분법은 부적절할 수 있다. 이분법은 여러 현상을 설명하는 데 매우 실용적이지만, 다양한 속도의 연속성 때문에 이 경우는 그 효과가 매우 미약하다. 속도의 다양한 스펙트럼이 존재한다고 보는 것이 현상을 이해하는 데 도움이 된다.

도표에서 보듯이 시간과 속도는 반비례 관계에 있다. 내 표현대로 하면 서로 '천적(天敵) 관계'에 있다고 할 수 있다. 관찰자는 시간과 연관해서 일어나는 속도의 현상들을 마치 다양한 스펙트럼을 보듯이 대한다.

터시는 무엇인가에 몰입함으로써 자신으로부터 이탈하는 상태다.

사실 속도를 내 질주하는 것은 시간 안으로 점점 더 몰입하는 것이다. 쿤데라 자신도 속도를 보고, 속도를 감지하면서, 점점 더 속도의 상황에 연루되어, 시간과 속도의 의미에 관한 혼란에 빠져들었는지도 모른다.

속도라는 것은 항상 시간에 기준하는 것이다. 그리고 속도를 내면 빠름이 되고 속도를 줄이면 느림이 된다. 그러나 어떤 것이든 시간의 손아귀 안에 있다. 빠름이든, 느림이든 시간에서 해방을 추구하지만, 그것은 '시작부터 진 게임'이거나 시간에 더욱 몰입하는 결과를 가져오기 십상이다.

쿤데라도 — 그 자신 개념의 혼동을 겪고 있지만 — 시간 앞에서 빠름의 어리석음을 들추어내 보이고자 한다. 그리고 그 대안으로 느림을 강조한다. 이제 '없는 시간' 유크로니아에 대한 의지는 느림의 추구로 나타난다. 인간은 속도에 쉽게 지친다. 그것이 시간의 지배에서 자유로워지는 것이 아니라, 더욱 그 속으로 몰입하는 것이라는 사실을 늦게나마 깨달은 것이다.

그래서 적극적 시간 퇴치 전략에서 **소극적 시간 무시 전략**으로 선회한다. 그러나 느림을 추구하는 사람들은 느림 역시 빠름과 마찬가지로 시간을 기준으로 하는 현상이라는 것을 너무 쉽게 간과한다. 사람들은 시간을 무시하고 싶고, 그렇게 하고자 할 뿐이지, 그것에 완전 무관심할 수 없다는 사실을 잊고 있다.

빠름과 느림은 정반대의 움직임 같지만, 그것은 경향의 문제일 뿐이다. 그것은 시간과 속도라는 동일한 기준 아래에서 각기 다른 경향의 움직임일 뿐이다. 그 어느 것이나 시간과 속도에 매어 있음에는 다를 바가 없다.

최고의 속도에 이르러도, 아니면 부동에 가까울 정도의 느림의 경지에 이르러도, 그 몰입의 순간에 '엑스터시'의 상태에 이를 수 있을 뿐이지, '엑스크로노스(ex-chrónos)'의 상태에 이르지는 못한다. 즉 '자기 밖'을 벗어나는 상태에 이를 수 있을지언정, 시간을 기준으로 하는 한 '시간 밖'으로의 이탈을 이룬 것은 아니다.

그래도 느림의 전도사들은 느림으로써 이상시를 구현하려고 — 이상향을 구현하려고 했던 사람들처럼 — 수많은 생활 지침을 제시한다. 그리고 그 지침들은 거의 폭력적 강요라는 성격을 띠기도 한다. 하지만 시간에 기준을 두는 한 '느림'은 없다.

유토피아든, 유크로니아든 그것이 직접 이상향과 이상시를 현실에서 구현하고자 할 때 위험은 도사린다. 유토피아가 구체적 장소의 실현을 기준으로 하는 추구가 아니고 더 나은 세상을 위한 사회 비판의 이념으로, 그리고 인간 공동체가 지향해야 할 지평으로 받아들여질 때 우리의 삶에서 의미 있는 것으로 기능할 수 있는 것처럼, 유크로니아도 시간을 기준으로 한 추구가 **아닐 때** 우리의 삶에 의미 있고 유익한 것으로 기능할 수 있다. 시간의 기준에서 벗어나는 것은 '느림의 실행'에서 핵심적이다.

느림은 느림을 직접적으로 추구할 때 얻어지는 것이 아니라, 시간 및 속도와 관계없이 행동할 때 그에 따라오는 것이다. 누구든 한 번쯤은 이런 경험을 했을 것이다. 어떤 아름다운 경관을 하염없이 바라보고 있다가, "아, 나는 정말 시간 가는 줄 몰랐어"라고 했던 경험 말이다.

시간 가는 줄 몰랐다는 것은 그 순간이 시간과 관계없는 삶이었다는 뜻이다. 적어도 그 순간만은 시간이 정지된, 따라서 시간이 부정된 유크로니아의 상황이 이루어진 것이다. 시간이 흐르지 않은 것 같다는 최고의 느림은 그저 따라온 것이다. 느림을 겨냥하고 추구하지 않은 상황에서 느림이 따라온 것이다.

이것은 또한 무엇을 말하는가? 절로 시간을 잊게 해주는 어떤 공간이 느림을 유발한다는 것을 의미한다. 시간은 그 어느 것보다 필연적인 필연성의 개념이다. 시간을 불러 세우는 건 괴테의 연극에나 나오는 얘기다. 시간에 진정한 빈틈이 있을까? 시간을 기준으로 하는 행위에 평온함이 있을까?

신화 속 시간의 신(神) 크로노스는 자식들을 통째로 삼키는 잔인함의 전형이다. 시간은 잔인하다. 시간은 폭력적이다. 시간은 차갑다. 시간에 안주할 수는 없다. 그렇다고 시간의 밖에 안주하는 것도 불가능하다. 그것은 완전한 영원성을 얻은 후에나 가능할지 모른다.

하지만 인간은 공간에 안주할 가능성을 가지고 있다. 시간의 존재를 절로 잊게 해주는 공간 말이다. 그것은 자연적인 공간만을 의미하지는 않는다. 인공의 공간도 미적 상황을 연출하며 안주의 공간이 될 수 있다. 즉 **인간을 위한 장소**가 될 수 있다. 도심 속 잘 꾸며진 공원을 산책하다 보면 시간 가는 줄 모르게 되고, 도심 속 포근한 분위기의 찻집에서 시간 가는 줄 모르고 창 밖을 내다보고 있을 수 있다. 이런 뜻에서 공간이 느림을 준다는 것은 곧 구체적인 장소의 분위기가 느림을 준다는 것에 연결된다.

그러면 인간은 자신도 모르게 느림을 즐기게 된다. 그러한 공간적 상황을 우리는 일상에서 창조해내고 보존해서 가지고 있을 수 있다. 그러면 어느 순간 누군가에게 느림을 절로 제공하게 된다. 느림의 비밀은 바로 여기에 있다. 시간을 잊을 수 있는 공간을 창조하는 것 말이다. 이는 또한 우리에게 사회적으로 이런 공간을 유지하고 창조해야 한다는 과제를 제시한다.

사람들은 잊고 있다. 우리의 삶에는 시간을 기준으로 하지 않으며 빠름이든, 느림이든 속도를 목표로 하지 않을 때 얻어지는 유크로니아의 순간들이 참 많다는 것을. 온몸과 마음으로 사랑을 하는 밤의 시간은 얼마나 늘어져 시간의 소멸로 이어지는지…… 성애의 엑스터시야말로 엑스크로노스로 이어진다. 그러고는 시간도 깨우지 못할 수면의 심연 속으로 그렇게 이어진다. 누군가를 혼신으로 사랑한 밤에 이어진 아침엔 그 얼마나 늘어지는 게으름과 느림의 포근함에 있을 수 있는지.

느림을 염두에 두지 않고, 느림을 겨냥하지 않으며, 느림을 추구하지 않을 때 느림은 **절로 따라온다.** 그것이 그밖의 인간 행동과 다른 느림의 특성이다. 그리고 그러한 행동의 가능성은 우리의 일상 속에 있다.

그런데 요즘 느림의 전도사들은 참으로 어려운 것들을 제시하고 있다. '천천히 걷기', '권태 즐기기', '기다리기' 등등. 그런데 이런 것들은 속도 늦추기, 곧 느림의 확보를 너무 의도하고 있어서 더욱 속도의 의미와 상황에 몰입하게 하는 것은 아닌가? 더구나 느림에 대한 본질적 인식이 결여되어 있어서 그들이 내놓는 붕어빵에는 붕어가 없다는 비밀을 감출 수도 없는 것 아닌가?

그리고 범인(凡人)으로서는 온갖 재주를 부려야 간신히 이룰 수 있을까 말까 한 것을 권고하고 강요하기까지 하면서 깨달은 자의 권위를 내세우고 있다는 비판을 면하기 힘든 것 아닌가? 느림의 가르침에 느림이 없다. 일상과 서민을 생각하지 않는 제안이라는 점에서도 느림의 도(道)를 전(傳)하는 전도사들의 말에 느림은 없다.

1막 1장에서도 말했듯이, 나는 요즘 느림의 주위에서 거센 **빠름**의 기운을 느낀다. 느림에 대해서 이야기하느라고 엄청나게 분주하고, 느림 세미나에 가느라고 서둘러야 하며, 기업들은 느림 캐릭터 등 느림을 상품화하느라고 바쁘고, 소비자들은 그런 상품들을 사느라고 바쁘다.

우리나라에선 시대의 화두 따라잡기에 느림은 실종된다. 이 기회에 느림에 관한 책을 한 권 쓰고 있는 작가가 있다면 그 또한 얼마나 바쁘겠는가? 느림의 추구와 느림의 주장에 느림이 없다. 더구나 이 나라 서민들의 추운 삶 속에 정말 느림이 없다는 것이 가슴 아파할 시간조차 없을 만큼 뭔가 나를 재촉한다. 뭔가 빨리 하라고 말이다.

빠름의 세계든, 느림의 세계든 그 어느 것이나 이상시 유크로니아의 욕구에 다름 아니다. "우리는 단지 불가능성의 매력에 이끌려 행동한다"는 에밀 시오랑의 말은 반어적이지만 진실의 정곡을 찌른다. 이제 중요한 것은 오늘 **가능한 현실**을 어떻게 살 것인지일 것이다.

### 자연의 리듬, 문화의 리듬

"자연적 진화의 느린 속도와 비교해보면 우리의 기술적 진화는 폭발적으로 빠르다. 우리는 조상들의 정적인 세계를 부수고 몇천 배 빨리 질주하는 새로운 세계를 만들었다. ……우리는 자신의 삶과 운명을 가이아의 생명과 운명에 적응시키는 방법을 배워야 한다. ……우리가 직면한 문제는 칠러스가 직면한 문제와 비슷하다. 칠러스의 관점에서 볼 때 인간은 산만하고 불완전하다. 그리고 어리석고 우둔하다. 우리는 너무 느려서 칠러스들을 안달이 나서 미치게 만든다. 인간의 관점에서 볼 때 가이아는 산만하고 불안전하고 어리석고 느리다. 이 느림이 우리를 미치게 한다. 이것이 인간이 처한 곤경 중의 하나이다. 우리는 우리의 시간 단위뿐만 아니라 가이아의 시간 단위에 맞추어 사는 기술도 배워야 한다."

프리먼 다이슨의 말이다. 다이슨이 인용한 칠러스(Cheelas)는 로버트 포워드(Robert Forward)의 SF 소설 《공룡의 알(Dragon's Egg)》에 나오는 외계 생명체들이다. 칠러스는 인간이 사는 것보다 천 배 빨리 산다. 서로 다른 시간 단위를 가진 두 존재가 어떻게 의사 소통을 할 수 있는지가 이 소설이 제기하는 물음이다. 소넨필드 감독의 영화 〈맨 인 블랙〉에도 인간과 다른 시간 단위를 가진 외계 생명체가 나오는데, 그가 하루 종일 일하는 것처럼 보이는 것은 그의 하루가 24시간이 아니라 37시간이기 때문이다.

시간 단위의 다양성은 우리의 삶 전체를 둘러싸고 있다. 위의 예는 시간 단위가 서로 아예 다른 존재들 사이의 관계를 말하고 있다. 하지만 동일한 존재에게도 각기 다른 시간 단위가 있다. 《시간(Zeit)》의 작가 가이슬러(Karlheinz A. Geißler)는 바로크 양식의 계단이 에스컬레이터와는 "다른 시간을 유발한다"는 점에 주목한다. 그것은 우리가 어슬렁거리며 걸을 때면 빨리 걸을 때와는 다른 방식으로 다른 것에 관해 이야기를 나누는 것과 마찬가지다. 따라서 모든 시간은 동일한 사람의 입장에서도 각기 다른 단위로 존재할 수 있다.

다이슨이 말하는 가이아는 지구만을 뜻하지 않고 '우주적 가이아'를 뜻한다. 다이슨은 지구의 시간 단위뿐만 아니라, 우주 자연의 시간 단위까지도 우리의 인생관에 포함시킬 것을 암시하고 있다.

하지만 나는 다이슨처럼 자연의 속도를 느림의 관점에서만 보지 않는다. 다이슨은 진화라는 관점에서 느린 가이아를 상정하지만 그것은 거시적인 관점일 뿐이다. 자연을 미시적으로 잘 관찰하면, 자연의 속도에도 무척 빠른 것들이 많다는 사실을 알게 되기 때문이다. 그러므로 요즘 유행의 물결 속 느림의 찬양에서 흔히 거론되는 '자연 ＝ 느림'이라는 고정 관념은 충분히 의문의 대상이다.

우선 빛의 속도가 그렇다. 소리의 속도도 그렇다. 그러니까 빠름의 상징으로 초당 음속을 나타내는 마하라는 단위를 사용하는 것이다. 그것은 식물과 동물의 세계도 마찬가지다. 옛날 동네 어귀의 느티나무는 더 이상 자라지 않아 정지된 것 같지만, 싹이 텃나싶은데 며칠 만에 다 자란 꽃들은 우리를 놀라게 한다.

가뢰는 곤충계의 홍길동이라 할 수 있는데, 동에 번쩍, 서에 번쩍 어디서 나타나는지 모르게 나타나고 눈깜짝할 사이에 사라진다. 그 순간동작에서는 타의 추종을 불허한다. 눈앞에 있던 가뢰가 순간 사라지는 속도는 엄청나다. 하긴 우리 주위에서 흔히 볼 수 있는 모기와 파리의 순간동작을 상상해도 이해가 쉽게 될 것이다.

사슴을 쫓는 치타의 속도를 보라. 쉽게 잡히지 않는 사슴 또한 빠르기 그지없다. 어떤 작가는 치타의 질주처럼 아름다운 것을 보지 못했다고 한다. 넘치는 생명력이 있기 때문이란다.

바쁨은 인간의 몫이고 한적함은 자연의 몫이라는 고정 관념도 근거 없는 것이다. 이제 곧 봄이 오면 뒷동산 잔디에 가 앉아 보라. 그러고는 앉은 자리에서 잔딧풀 사이를 한번 보라. 얼마나 많은 생명체들이 바쁘게 움직이는지를 목격하게 될 것이다. 개미에서부터 이름도 알 수 없는 수많은 곤충과 벌레 들이 바삐 움직이고 있다. 특히 현대인의 바쁨을 전원에서의 한가로움에 비교하는데, 시골에서 농사일에 바쁜 사람들은 또 어떤가.

그런데도 느림의 찬양자들은 이 명백한 진실을 보지 않으려 한다. 쿤데라도 "어찌하여 느림의 즐거움은 사라져버렸는가?"라고 한탄하고는 "자연과 더불어 사라져버렸는가?" 하고 묻는다. 그 역시 '느림 = 자연'의 고정 관념에 사로잡혀 있는 것이다.

이것은 인간의 오만이고 자기 오해라고 할 수 있다. 인간이 자연 속에서도 언제나 느리고 유유자적할 수 있는 것은 문명화의 덕분이다(인간이 다른 동물처럼 이른바 순수 자연 상태에 있다면 언제, 어디서 자기보다 힘센 맹수에 바쁘게 쫓겨다닐지도 모를 일이다). 이는 자연을 어느 정도 제어할 수 있는 상태에 있는 인간이 괜히 여유를 부리는 것인지도 모른다.

자연 속에도 **빠름**과 느림은 공존한다. 정확히 말하면 수천, 수만 가지 다른 속도들이 공존한다. 그래서 빠름과 느림은 부적절한 이분법이라는 생각이 든다(이분법은 현상을 설명하는 데 매우 실용적이지만, 다양한 속도의 연속성 때문에 이 경우에는 그 효과가 매우 미약하다). **속도의 다양한 스펙트럼**이 존재한다는 말이 현상을 제대로 반영하기 때문이다. 이것을 수많은 삶의 형태들로 이루어진 자연이라는 사실과 같이 놓고 보면, 이 세상에는 다양한 **자연의 리듬**이 존재한다고 할 수 있다.

**문화의 리듬** 역시 다양하다. 오늘날 우리는 각종 문명 이기가 제공하는 **빠름**을 이용하고 있다. 초고속 차량과 열차, 항공기 등은 이동의 **빠름**을 제공하고, 컴퓨터와 인터넷망은 정보 획득과 업무의 **빠름**을 제공한다. 빠름의 양상은 실시간 서비스나 실시간 경영 같이 서비스와 기업 경영 양상으로도 나타난다.

이런 것들은 기능의 속도이자 상황의 속도다. 빠른 상황을 조성해주기 때문이다. 반면 느린 문화적 상황도 많다. 창조의 시간은 무척이나 늘어질 때가 많다. 그것은 빠른 기능의 속도를 가진 발명품을 만들 때도 마찬가지다. 예술 활동에서 흔히 관찰할 수 있는 느림도 있다. 일상적 여가에 느릿한 시간을 보내는 것 등 그 예는 많다. 자연만큼이나 문화 속 속도들도 다양한 스펙트럼을 갖는다.

속도의 차이는 세대간에도 있다. 엄밀히 말해 세대간 다양한 문화의 리듬이 있는 것이다. 요즘 10대와 20대 초반의 세대를 '초고속 감각 세대'라고 한다. 20대 후반의 입장에서 봐도 벌써 그들의 삶은 온통 빠름의 행동으로 가득 차 있고, 빠름의 상황으로 둘러싸여 있는 듯하다.

그들의 빠른 삶을 보여주는 예들은 무척 많다. 초고속 인터넷망에 익숙해 있다든가, 심지어 노래도 전주 없이 1절만 부르고 빨리 다음 곡으로 넘어간다든가, 유행의 부침(浮沈) 또한 무척 빠른 속도로 이루어진다든가 하는 등이다. 그래서 그들은 패스트 푸드만 먹는 것이 아니라, 아예 '패스트 컬처(Fast Culture)'의 세대가 된 듯하다고도 한다. 그런데 현실은 그들 자신은 그것을 빠르다고 생각하거나 느끼지 않는다는 데 있다(우리는 여기서 인간의 습관적 적응 능력의 폭이 얼마나 확장될 수 있는지 다시금 생각하게 된다).

이상의 관찰은 빠름과 느림의 주제에 대해 우리의 시각을 좀 바꿀 것을 조언한다. 첫째, 느림을 자연 해석의 기준으로 삼으려는 경향이나 고정 관념에서 벗어날 필요가 있다(이에 대해서는 앞에서 언급한 예들이 도움이 될 것이다). 둘째, 빠름을 추구하든, 느림을 추구하든 그것을 하나의 인생관이나 세계관으로 틀지우려 하지 않는 것이 우리의 삶에 도움이 될 것이다.￭ 셋째, 자기의 생활 리듬을 쉽사리 보편화하려고 하지 말아야 한다. 그것은 공동체 구성원들 사이에 위화감만 조성할 가능성이 높다. 자신의 선택일 뿐이라는 자세를 가질 필요가 있다.

많은 사람들이 지금까지 빠름에 대한 느림의 비판 속에서도 '빠름과 느림의 조화'라는, 어찌 보면 너무 당연한 해결책을 내놓는다. 가이슬러의 말을 들어보자.

"사람들은 빠르기도 하고 느리기도 해야만 삶을 유지할 수 있다. 중요하고 성공적인 빠름이 되려면 느림이 필요하다. 마찬가지로 창조적인 느림이 되려면 빨라질 수 있는 가능성을 가지고 있어야 한다. ……우리가 지향해야 할 이상형은……서로 다른 시간 형태의 '조화로운 다양함'이다. 그렇게 해야만 우리 역시 조화롭게 살 수 있다. 우리에게는 가속의 상태와 함께 정지의 상태도 필요하다. 단기성과 함께 장기성이, 유동성과 함께 정주성(定住性)이 필요하다."

물론 이것은 당연하고 좋은 조언이다. 하지만 빠름과 느림이라는 기준으로 삶을 보는 것에 머물지 말고, 자연의 리듬, 문화의 리듬 등 삶의 복합적 리듬을 염두에 두면서, 일상생활에 적용되는 속도의 다양한 스펙트럼들을 서로 조언하고 교환하는 태도를 취하는

---

■ **선용의 방법인가? 세계관인가?** 한 가지 예를 들면, 우리나라에서 베스트셀러가 된 피에르 쌍소의 《느리게 산다는 것의 의미》는 그 원제가 '느림의 선용(善用)에 대하여(du bon usage de la lenteur)'라는 것을 주목할 필요가 있다. 이것은 말 그대로 느림을 잘 이용해보자는 것이다. 이는 일상적 삶을 사는 데 도움이 되는 실용적 생활 방식들을 제공하고자 한 것이다. 그런데 이것을 마치 현대인이 추종해야 할 인생관이나 세계관으로 몰고가는 문화적 분위기를 만드는 것은 우리 삶에 도움이 되지 않는다. 이런 조류를 틈타 다시 한번 '자연 회귀'를 지성인들도 훈계하듯 외치는 분위기가 형성되었다는 것은, 우리가 문화 이데올로기에 얼마나 취약한지를 보여주는 것이기도 하다.

것이 필요하다.

그것이 또한 각 세대간 빠름과 느림이라는 이분법적 위화감을 줄이는 길이며, 서로 세밀하고 구체적인 조언을 해줄 수 있는 방법일 것이다. 이는 우리에게 그 스펙트럼의 현란한 빛과 색 들을 세밀하게 관찰할 것을 요구한다. 앞으로 시간과 속도라는 관점에서의 일상생활 연구는 여기에 집중되어야 할 것이다.

토마스 만(Thomas Mann)은 "시간이란 무엇인가?"라는 질문을 제기하고 이렇게 답했다. "시간은 비밀이다. 실체가 없으면서 전지전능하다." 나는 이 말을 바꾸어 이렇게 표현하고자 한다. "속도는 비밀이다. 실체가 없으면서 우리 삶 속에 편재(遍在)한다."

비밀은 밝혀지기 위해 존재한다. 이 점에서 신비와 다르다. 더구나 전지전능한 시간이라면 밝혀질 비밀도 많이 가지고 있을 것이다. 우리 삶 속에 편재하는 속도의 비밀도 마찬가지다. 이제 우리 삶 곳곳에 두루 스며 있는 다양한 속도의 비밀들을 밝혀 생활에 선용하는 자세가 필요하다. 한탄(恨歎)의 시대는 지났다.

# 세계화의 진자, 가벼움과 무거움

앞 장에서 우리는 빠름과 느림에 대해서 이야기했다. 내 표현대로라면 일상생활 속 '속도의 스펙트럼'과 그 활용에 대해서 이야기를 나누었다. 내가 스펙트럼의 비유를 택한 것은 이분법적 설명이 속도의 다양성을 제대로 보여주지 못하기 때문이다.

그런데 무거움과 가벼움에 관해서는 이분법적 접근이 설명의 효과를 높여주는 것 같다. 이 글을 읽다 보면 알겠지만, 이분법을 구성하는 요소들이 서로 포용적 이분법을 지향하기 때문이다. 방법은 효율성에 따라 채택된다. 이 장에서는 가벼움과 무거움이라는 은유로, 세계화하고 있는 오늘의 세상을 살펴보고자 한다.

밀란 쿤데라는 《참을 수 없는 존재의 가벼움(L'insoutenable légèreté de l'être)》에서 가벼움과 무거움의 은유를 처음부터 도입한다. 그는 파르메니데스(Parmenides)가 우주를 설명하기 위해서 제시하는 대칭적 쌍(雙)들(밝음과 어두움, 얇음과 두꺼움, 뜨거움과 차가움 등)은 유치한 단순함으로 보일 수 있지만, 한 가지 예외는 있다고 했다. 그것이 가벼움과 무거움의 쌍이다.

내가 — 특히 우리나라의 상황과 연관하여 — 가벼움과 무거움의 주제에 관심을 갖게 된 데에는 물론 이유가 있다. 해외에 있을 때나 고국에 있을 때나 수시로 관찰한 바로는 1980년대 후반부터 지금까지, 우리나라에서 유난히 '무거움'으로 은유되는 것들을 배척하고 '가벼움'으로 은유되는 것들을 강조하는 말이나 글들을 접할 기회가 많았기 때문이다(이것은 일반 대중에게서 느끼기도 했지만 신문 · 방송 · 출판 등 공적인 매체에서도 감지할 수 있었다).

예를 들어, 좀 어려운 것에 대해서 무겁다고 거부한다거나, 가벼움의 이름으로 쉬운 설명만을 취하려 한다거나, 진지함을 무거운 엄숙주의로 몰아세운다거나, 윤리적 필요성에 대해 무겁다고 냉소적 태도를 취하는 것 등이 그것이다. 무엇보다도 깊고 신중한 사고를 바탕으로 하는 이성적인 것은 '무거운 것'이고, 감성적이고 감각적인 것은 '가벼운 것'이라는, 일종의 대중적 인식이 더욱 강화되어 무거움을 무조건 수용하지 않으려는 경향을 보인다.

이성과 생각을 무거움으로 은유하는 경향은 동서고금에 줄곧 있어 왔다. 문제는 그 무거움의 의미이자 무거움을 취하는 태도다(우리는 이 점에서 실수하고 있는 것 같다). 이성과 생각의 무거움은 또한 가벼움의 비밀을 간직하고 있기 때문이다.

생각의 결과로 추구하는 것은 깨달음이다. 깨달음의 순간은 날아갈 듯 가볍다. 이것은 꼭 인생관이나 세계관처럼 종합적인 사고에만 해당하는 것이 아니다. 구체적이고 실용적인 문제에 대해서도 이리저리 따져보고 깊이 생각하는 것은 명쾌한 해결에 도달하기 위해서다. 명쾌한 해결은 가볍다.

우리는 여기서 가벼움과 무거움의 연결 고리를 본다. 생각과 학문, 곧 인간의 사고와 세상에 대한 공부는 가벼움으로 시작해서 가벼움으로 끝날 수 있는 것이 아니다. 가벼움은 궁극적인 미덕이다. 하지만 그 미덕을 이루어내는 노력의 과정에는 무게가 실릴 수밖에 없다. 인간 사고의 날아갈 듯 명쾌한 결론은 날릴 듯 가벼운 사고의 결론이 아니기 때문이다. 무거움은 과정이고 가벼움은 목표다.

쿤데라가 거론한 철학자 파르메니데스도 궁극적으로 가벼움을 부정이 아니라 긍정으로 보았다. 흔히 '무거움의 철학자'로 알려진 헤겔 역시 가벼움을 긍정적인 것으로 택했다. 헤겔이 그 방대한 저서 《정신현상학(Phänomenologie des Geistes)》에서 추구하는 것을 보면 알 수 있다.

그에 의하면, 모든 물질은 무게가 있지만 정신(Geist)은 물질과 반대로 무게가 전혀 없다. 그것은 절대 무중력의 상태에 있다. 그러므로 한없이 가볍게 날 수 있다. 따라서 정신의 본질은 자유다. 하지만 절대 무중력의 정신과 자유의 획득에 이르는 길은 헤겔 자신이 보여주었듯이 엄청난 중력을 어기며 걷는 무거움의 행진이다.

학문의 궁극적 가벼움, 그것은 학자가 추구하는 바이다. 하지만 그 길은 경신(輕身)의 내공을 쌓듯 무겁게 견뎌야 한다. 그래야 가벼움의 도를 터득한다. 사람들은 삶의 궁극적 가벼움을 추구한다. 그러나 그것도 가벼움으로 시작하고 가벼움을 거쳐서 가볍게 얻어질 수 있는 것은 아니다. 무거움의 통행료를 내야 한다.

## 가벼움과 무거움의 역설

우리 사회가 그동안 무거움의 담보 없는 가벼움을 추구하게 된데에는 물론 여러 가지 이유가 있을 것이다. 어쩌면 1988년 서울올림픽을 전후한 시점에서 1997년 금융 외환 위기 때까지 지속된 '의사풍요(擬似豊饒)' 속에서 사회 문화적 진정성이 사라졌기 때문일 수도 있다. 경제적 풍요는 그것이 사이비 풍요라 할지라도 무거운 이성보다는 가벼운 감성을 선호한다. 이른바 감성지수(EQ)의 중요성이 유난히 강조된 것도 이 시기였던 것 같다.

1990년대 초에 시작된 디지털 인터넷 문화의 확산도 큰 이유 중의 하나다. 이 새로운 문화의 사용자이자 소비자에게는 감각적 반응과 감성적 수용이 필요하기 때문이다. 하지만 — 곧 살펴보듯이 — 그것은 이 문화의 창조자가 갖추었던 이성적 능력을 간과하는 것이다.

지성계의 차원에서 지목될 수 있는 이유로는, 이른바 1990년대 전반에 걸친 포스트모더니즘의 이성주의 비판일 것이다. 이와 연관하여 이성을 바탕으로 한 이른바 근대적 '계몽의 기획'에 대한 알레르기성 반응도 그 이유 중의 하나일 것이다. 수입된 사조인 만큼 서구에서보다 훨씬 뒤늦게 온(움베르토 에코는 이미 1980년대 초에 포스트모더니티 개념의 남용을 풍자한 바 있다) 포스트모더니즘 유행의 열풍은 흔히 추측할 수 있는 것보다 그 강도가 높았던 것 같다.

서구 이성에 대한 비판은 이른바 '동양적인 것' 찾기의 유행에서도 관찰할 수 있다. 그것은 동양학 스스로가 비판하는 서구 이분법을 역설적으로 받아들여, 서양은 이성과 논리이고 동양은 감성과 마음이라는 대립 구도를 설정하고 이것이 대중화되면서 일종의 고정 관념화하는 경향까지 보인다. 따라서 서구적인 것에 대한 비판이나 거부는 이성적인 것으로부터 거리를 두는 효과(?)를 낳기도 한다.

좀더 구체적인 경제 상황에서 본다면, 1997년 금융–경제(이 표현을 쓰는 것은 외환 위기가 시발이었지만 근본적으로 구조적인 문제가 얽혀 있었기 때문이다) 위기 이후 지금까지 각 기업체들은 생존을 위해 치열한 마케팅 전략을 써야 했다. 이 과정에서 문화적 요소가 기업 경영에 무차별적으로 이용되었다. 그 대표적인 것이 상품 홍보다. 감각적이고 감성적인 것을 자극하는 것, 다시 말해 '가벼운 것'을 절대 추구하는 홍보의 봇물은 — 그것이 잠재적 기업 윤리와 연관된다는 것은 생각할 겨를도 없고 — 오늘 광고의 주류를 이룬다. 더구나 그것은 대부분 감성과 함께 이성적 성장이 동반되어야 하는 청소년들에 집중되어 있다.

어쨌든 넓게 잡아 1980년대 후반부터 지금까지 무거움과 동일시되는 '이성적인 것'의 입지는 매우 좁아졌다는 것을 실감한다. 오늘날의 전반적인 문화가 '생각 없는 삶'을 배태하고 있는 듯하다.

물론 감각적인 것은 억압될 수 없고 오히려 그 자유로운 분출은 보장되어야 한다. 하지만 그만큼 이성적인 것으로 균형을 맞추어 주는 것이 '문화 전략적'으로 필요하다. 그래야 넓은 의미의 문화 전반이 균형을 잡는다.

그런데도 지난 십수 년 동안 그런 일을 해야 할 적지 않은 지식인들이 지식 권력을 추구하고, 사회 문화 담론을 주도하고자 하는 과정에서 편향적으로 무거움을 걷어내는 데 집중하지 않았나 묻게 된다. 그것은 진지함과 신중함을 비꼬고, 성찰보다는 느낌을, 이성보다는 감성을, 합리적인 것보다는 감각적인 것을, 이론적 준비보다는 즉각적 행동을 **편향적으로** 부추기는 경향을 띠기도 했다.

한편 이런 경향은 성찰-느낌, 이성-감성, 합리성-감각성, 이론-행동 등의 대립 구조에서, 우리 역사 속에서 그동안 억압되어 왔다고 인정되는 어느 한 편의 손을 들어주고자 하는 시도의 성격을 띠기도 했다. 또한 이성주의적 무거움이 엄숙한 권위와 억압의 권력으로 이용되는 것에 대한 반기이기도 했으며, 허위허식에 짓눌렸다고 판단되는 사회를 가벼움을 무기로 비판하고자 하는 의도를 담고 있기도 했다.

하지만 이러한 시도 과정은 오히려 앞서 열거한 것과 같은, 별로 실용적이지 못한 대립 구조들을 더욱 강화하기도 했다. 그리고 각 개인이 무거움과 가벼움이 은유하는 것의 진의와 그 사회적 기능을 제대로 인식하고 자율적으로 행동하도록 하는 데에는 도움이 되지 못했다. 즉 **진의를 가린 가벼움**이거나 **가장된 가벼움**이기 쉬웠다. 그러다 보니 진정한 감각과 감성의 중요성을 전달하는 데에도 효과적이지 못했다.

오히려 가벼움 추구의 자세가 그 자체로 갖고 있는 역설적 무거움이라는 이면을 은폐하기 십상이었다. 감성을 강조하는 이성적 주장을 하고, 가벼움을 무겁게 주장하면서도 그것을 의식하지 못하는 경우도 많았기 때문이다. 가벼움을 주장하지만 진짜 가벼울 줄 아는 언행 일치는 극히 적었다. 어떤 경우는 지성인으로 무거움의 고독과 싸우느니 가벼움과의 영합을 선택하는 길이 되기 쉬웠다.

그것은 사회적 공인(公人)에 해당하는 사람들의 인기와 비인기라는, 간과할 수 없는 중요한 이해 관계와도 연관되어 있었다. 이는 방송의 영향력이 유난히 큰 우리나라에서 분명히 사회적 영향력으로서의 권력의 획득 및 개인의 소득으로서의 경제적 득실과도 연관되어 있었다. 이에 감각의 옹호가, 억압되어왔던 감각의 해방을 위한 것인지, 감각적 호소를 통해 대중의 인기를 획득하기 위한 것인지 구분되기 힘들기도 했다.

그들은 서민들을 무거움으로부터 해방시키는 전사임을 자임하기도 했지만, 현실적으로 서민들의 일상적 삶의 무게를 덜어주는 데에서조차도 도움이 되지 못했다. 지식과 그 전달 수단의 권력을 갖지 못한 대부분의 사람들은 그들의 현란한 언어 및 진실을 자임하는 가르침에서 현실 도피적 위안을 받는 정도였다.

이 과정에서 오는 것은, 그런 가벼움들이 도저히 지탱할 수 없는 무거움으로 다가올 수 있다는 리스크다. 진의를 상실한 가벼움과 가장된 가벼움 때문에 현실이 무거워지는 것이다. 칼비노는 1980년대 초 유럽에서 밀레니엄 담론이 한창일 때, 무거운 현실과 진정한 가벼움에 대해 다음과 같이 말했다.

"내가 만일 새 밀레니엄을 맞이하는 축하의 심벌을 고른다면, 나는 이것을 고르겠다. 이 세상의 무거움 위로 솟구쳐 오르는 시인-철학자의 돌연하고도 민첩한 도약 말이다. 시인-철학자의 도약은 그 자신의 중력이 가벼움의 비밀을 갖고 있다는 것을 보여주며, 많은 사람들이 시대의 활기라고 믿고 있는, 소란스럽고 공격적이며 억압적이고 큰소리치는 태도들이 사실은 녹슨 자동차들의 폐차장같이 죽음의 왕국에 속한다는 것을 폭로할 것이다."

### '감각의 창' 안의 세계화

이제 중요한 문제는 지난 십수 년 동안 이성적인 것으로부터 거리를 두게 하는 문화적 분위기가 감성 시대의 조류를 읽는 듯한 지성인들의 자기 과시나 이른바 대중의 도피적 위안이라는 현상으로 끝나지 않는다는 것이다. 그것은 단순히 가벼움으로 위장된 일상생활이라는 문제를 넘어서, 오늘날 거대한 전지구적 움직임의 물결에서 이 나라 사람들이 도태될 수 있는 가능성을 제공하는 사건이 될 수 있기 때문이다.

엄밀히 말해 전지구화라는 의미로서의 세계화에 오늘날 우리는 어쩔 수 없이 적응해야 하는 입장에 있다. 익히 알려져 있듯이, 세계화는 정보화와 지식 자본화라는 물결을 동반하고 있다. 17세기 과학 혁명 이후 산업 사회를 거쳐 지금까지 서구인들이 줄기차게 추구해오고 있는 과학-기술 발전의 **첨단화**와 그 성과물의 **일상생활화** 또한 세계화의 중요한 차원이다. 이는 구체적으로 기초 과학 연구를 바탕으로 한 지속적인 신기술 개발과 적용을 수반한다.

당연한 말겠지만, 과학적 발명, 지식의 창출, 정보의 제공은 느낌, 감성, 감각적 분출, 즉각적 행동이 주가 되어 이루어지는 것이 아니다(하긴 이런 당연성도 간과하기 때문에 문제가 되지만). 그것은 철저한 합리적 기획, 감각의 자료를 치밀하게 활용하는 이성적 작업, 보편성을 추구하는 추상적 이론화로 이루어진다. 즉 이 모든 것이 이성과 논리를 바탕으로 이루어진다.

감각과 감성이라는 관점에서도 우리는 서구인들의 세계 경영 전략을 유심히 관찰할 필요가 있다. 한 예로, 그들은 디지털과 인터넷으로 대표되는 사이버 문화가 이미지·소리·말로 이루어진 인간 사이의 복합적 상호 작용을 활용한 생활 환경을 조성해서, 그동안 무거운 이성적 문명 속에 억눌려 있던 인간의 모든 감각과 감성을 회복시킬 것이라고 주장한다.

그것은 어떤 의미에서는 매우 바람직한 생활 공간일 것이다. 중요한 것은 이렇게 감각과 감성의 완벽한 해방을 약속하는 삶의 공간이, 철저하게 이성적 탐구와 논리적 사고를 바탕으로 하는 첨단 과학-기술 및 합리적이고 치밀한 기획 능력을 수단으로 하여 만들어진다는 것이다.

또 다른 예를 든다면 이른바 21세기 세계적 문화 산업의 주류가 될 엔터테인먼트 산업(환상의 세계를 일상화하고 모든 꿈을 현실화한다는) 역시 철저한 합리적 기획과 설계로 창조되고 유지된다. 감각을 자극하고 감성을 만족시켜 '노는 것'을 제공하는 데에도 이성적 기획은 필수적으로 따라다닌다.

또한 가장 일상화된(따라서 가장 영향력을 발휘하는) 문화적 분위기를 조성하고 있는 ─ TV·PC·게임기 등의 모니터에서 개인 전자수첩(PDA) 및 휴대전화의 표시 화면에 이르기까지 ─ '전지구적 문명 전달의 틀'로서 '정보와 엔터테인먼트의 창(窓)'은 인간의 예민한 감각성을 요구한다. 사용자의 감각은 문명 이기가 제공하는 매체로서의 창을 통해 삶을 풍부하게 할 수 있고 즐겁게 할 수 있다.

오늘날 '감각의 창'은 특별히 강조하지 않아도 컴퓨터의 모니터나 휴대전화의 화면처럼 대다수의 사람들에게 항상 열려 있다 (IMT-2000 계획이 곧 상용화되면 더할 것이지만). 곧 그들의 감각과 감성에 열려 있다. 하지만 그 감각의 창 너머의 기획과 조정은 지식 창조자, 과학 발명자, 정보 제공자의 몫이다.

이 나라에서 변화의 세태를 이해하고 시대를 앞서간다는 지식인들이 지난 십여 년 동안 주장해온 감각의 해방과 감성의 개발은 이 나라 사람들을 문명 이기의 사용자, 지식의 취득자, 정보의 수용자로의 자질을 키워주는 데는 공헌했다. 그것도 중요하다. 그것은 오늘날 우리에게 필요한 생활인의 조건이다.

그러나 오늘의 젊은이들이 지금은 그렇지 못할지라도 미래의 어느 시점에라도 세계화의 주체로 성장하는 데 필요한 것을 제공하지는 못했다. 즉 **문명 이기의 단순한 사용자를 넘어서 발명자로서, 지식의 수동적 취득자가 아닌 창조자로서, 정보의 일방적 수용자가 아닌 제공자로서의 자질**을 키워주는 데에는 성공하지 못했다.

"이제는 감성이다", "이제는 이미지다", "디지털은 느낌이다", "생각하지 말고 느끼고 행동하라", "동물적 감각이 필요하다", "정보 처리 방식을 바꿔라" 등의 구호성 가르침은 사용자를 위한 행동 지침이자 사람들을 수용자로 길들이기에는 적합하다. 반면 창조자 · 발명자 · 제공자로 발전할 수 있는 가능성을 키워주지는 못한다.■

디지털 시대의 도래와 함께 시대가 변했다고는 외쳐도 우리가 어떻게 변해야 하는지, 그리고 그것에 어떻게 대처해야 하는지에 대한 설명은 궁색하다. "디지털은 느낌이다"로는 전체를 보여주지 못한다.

문화 컨텐츠의 중요성은 외쳐도 그것을 얻을 수 있는 올바른 방법을 가르치는 데는 소홀하다. 한 예로, 한국의 프로게이머가 세계 일류 수준이라고 해도, 세계적 수준의 게임 프로그램의 개발과 제작은 밑바닥을 헤매고 있다. 이미 있는 컴퓨터 그래픽을 활용하는 데는 뛰어나도, 새로운 그래픽 기술을 개발하는 데는 서툴다.

세계 속 미래 변화의 주체가 될 가능성에서 한국의 젊은이들은 점점 더 소외되고 있는지도 모른다. 우리는 '감각의 창' 안에서 이루어지는 세계화에 적응하기에 급급하다. 아니, 그 점에서는 우리의 현실적 조건과 능력에 비해 오히려 앞서가고 있는지도 모른다.

오늘날 우리의 젊은이들은 '감각의 창' 속에 깊이 빨려들어가 있다. 하지만 '감각의 창' 너머의 세계화의 기획과 조정에는 참여하지 못하고 있다. 그뿐만 아니라 이성적 능력을 활용하는 수준이 지금의 상태라면 앞으로도 그 참여의 가능성은 희박해 보인다.

■ **시대를 역행하는 경향들** 우리나라에서 대학의 기초 학문 분야 지원생들이 줄고, 심지어 최근 몇 년 동안 고등학교에서 이과반 지망생이 급감하는 데에는 이런 문화적 분위기도 한몫했다고 생각한다. 대학의 문제는 오래 된 것이고, 최근 통계에 의하면, 3~4년 전부터 서울의 주요 고등학교에서 문과반과 이과반의 학생 분포도가 역전되기 시작했다는 것이다. 이것은 '머리를 쓰는 공부'를 하지 않으려는 경향을 반영한다. 이 같은 현상은 대학에 쉽게 가자는 실리적인 풍조가 학생들 사이에 만연해 있기 때문이다. 특히 수능을 문과로 응시하고 대학은 이과로 지원해도 불이익이 없는 교차 지원이 대폭 확대되면서 "이왕이면 어려운 수학과 과학은 문과에서 쉽게 해치우자"는 분위기가 확산되고 있다고 한다. 다시 말해, 노력보다는 요령을 찾는 경향이 심하게 나타나고 있다. 여기서 또한 우리가 주목해야 할 것은 문과반에 가는 학생들이 문과 기초 학문을 선호해서가 아니라는 것이다. 학생들의 선호도는 대부분 경제 · 경영이나 예능 등에 있다. 이에 몇 년 전부터 "영어와 컴퓨터만 잘하면 된다"는(한심하게도 여기서의 영어는 전반적 영어 실력이 아니라 영어 회화이고, 컴퓨터는 컴퓨터 공학이 아니라 컴퓨터 작동일 뿐이다. 그런데 요즘 젊은이들치고 컴퓨터 작동에 문제가 있는 사람이 얼마나 되겠는가) 구호가 정부의 교육 지침에서부터 적지 않은 대학의 방침으로 일반화하면서 머리를 쓰는 공부가 젊은이들의 관심 밖의 일이 되는 경향을 부추긴다.

## '감각의 창' 너머의 세계화

이러한 현상이 지속되면 거시적 차원에서도 큰 문제를 불러일으킬 수 있다. 세계화의 **주도적 참여**가 지금처럼 계속 서구의 일부 국가에만 한정된다면, 그것은 그 참여에서 소외된 어떤 나라만의 문제를 넘어선다. 그것은 인류 전체의 문제로 전이될 것이다.

이것은 문제를 괜스레 부풀려서 하는 말이 아니다. 지금까지의 인류 역사의 경험으로 보아, 권력이 치중해서 좋은 일은 없었다. 그것이 어떠한 성격의 권력이든 상관없이, 권력의 치중은 권력이 폭력으로 전이할 수 있는 가능성을 내포하기 때문이다.

촘스키(N. Chomsky)는 한국인 학자와 가진 인터뷰에서, "세계화가 진행될수록 결국 부정적인 측면이 더 나타나지 않겠느냐"는 질문에 이렇게 대답했다. "세계화 자체에는 아무런 문제가 없다. 서로 이국인인 당신과 내가 이렇게 만날 수 있는 것도 세계화다. 어떤 종류의 세계화인지, 누구의 이해 관계에 따른 세계화인지가 문제다."

오늘날 세계화의 권력은 미국이라는 한 나라를 중심으로 한 서구 세력에 치중해 있다. 그것이 장기적으로 지속된다면 인류의 위기가 올 것이다. 이를 예방하기 위해서는 당연히 견제와 균형이 필요하다. 그 방법으로 다양한 지역의 젊은이들이 **미래 세계 운용의 역할**을 나누어가질 수 있는 가능성을 준비해야 한다. 그런 젊은이들을 각 나라에서 키워가야 한다. 단기적으로 돌파구가 쉽게 보이지 않는다고 장기 계획을 소홀히 할 수 없다.

이것은 단순히 민족주의적 차원에서 이 나라 젊은이들이 미래의 세계에서 당당한 위치를 점해야 한다는 것만을 위해서 하는 말이 아니다. 그것을 넘어서 보편적 개념의 인간으로도, 한 개인으로도, 그들이 세계의 균형적 발전을 위한 참여 주체로 성장해나가야 한다는 말이다. 이는 인류사적인 문제이기도 하다.

사실 오늘날 문화 추이에 대한 논쟁은 정치 경제적 차원에서의 신자유주의에 대한 논쟁과 유사한 성격을 띠고 있다. 자유 경쟁과 시장 원리가 신자유주의가 내세우는, 발전을 위한 자생적 메커니즘의 순기능적(주장하는 사람의 입장에서) 요소들이라면, 감각의 최대 활용과 감성 발현의 극대화 원리는 디지털 문화를 위시한 현대 문화가 내세우는 즐거운 삶을 위한 자생 메커니즘의 순기능적(희망 사항으로서) 요소들이다.

물론 이러한 메커니즘들이 어느 정도까지 '자연스럽게' 돌아갈 수 있고, 얼마나 부작용 없는 성공이 보장되어 있으며, 정말로 이러한 경제 문화의 자동 조절 장치에 우리 자신을 마음놓고 맡길 수 있는지는 미지수다. 경제 논쟁이든, 문화 논쟁이든 앞으로 모든 논쟁은 이 점에 집중할 것이다. 논쟁의 결판은 쉽게 나지 않을 것이다.

더 나아가, 외부적 개입과 조정 없이 내부 운용 자체의 완벽함을 지향하는 이러한 장치는 하나의 '형이상학적 체계'나 '존재론적 불변의 구조'로 자리잡고자 하는 경향을 띨 것이다(이 점에 대해서는《문화적인 것과 인간적인 것》에서 언급한 바 있다). 우리가 오늘날 이성적 관찰을 필요로 하는 이유는 또한 이 점 때문이기도 하다. 앞으로 더욱 세계화된 지구에서 살게 될 젊은이들은 그 체계의 진실을 꿰뚫어볼 줄 아는 혜안을 가져야 한다. 체계의 수정과 개선 가능성은 '이성의 힘'을 가진 앞으로의 젊은이들 손에 달려 있다.

어쨌든 오늘의 현실에서 무엇보다 중요한 것은 자생적 기능으로 움직이기를 기대하는 신자유주의와 현대 디지털 문화의 실현 뒤에는 역설적으로 그것을 만들어낸 '이성의 기획'이 있었다는 것을 잊지 않는 일이다. 또한 그 현실적 운용의 문제점과 그것을 논쟁의 소재로 도입하고 주제화하는 일에도 인간 사고가 개입한다는 당연한 사실을 의식하는 일이다. 그것이 '감각의 창' 너머의 세계화를 주시하는 길이다.

우리나라에서 선진국의 영향을 받아 '감성의 시대'가 도래했고 감성지수가 중요하다고 외치기 시작한 지도 벌써 여러 해 되었다. 하지만 우리나라 사람들이 그 진의에 대해서 얼마나 주의 깊게 생각해보았는지는 되물어보아야 할 것이다. 심지어 적지 않은 사람들이 'EQ'에서 'E'가 뜻하는 것이 'Emotional Intelligence'라는 것조차도 별로 염두에 두지 않는다. 그것은 동명(同名)의 저서에서 미국의 심리학자 골맨(Daniel Geleman)이 주장한 것인데, 말 그대로 '정서적인 면에서의 지능'이다. 그 '매혹적'인 약자에도 지능이란 말은 내포되어 있다.

또한 서구에서 이제 감성의 중요성을 역설하는 것은 그들에게 이미 이성의 역할이 어느 정도 충분하기 때문이다. 서구인들이 이성의 오류를 밝혀내고자 하는 것은 이성을 더욱 갈고 닦기 위해서다. 즉 이성의 역할을 올바른 위치에 놓기 위해서이다. 그들이 도구적 합리성의 세계를 질타하는 것은 이성과 다른 분야 사이의 균형을 잡기 위한 전략적 태도이다.

비합리성과 감성적 차원의 중요성이 증가하는 만큼, 합리적 태도와 이성적 차원의 필요도 늘어나는 법이다. 이제 우리가 분명히 알아야 할 점은 감성의 시대로 이성의 시대를 대체하는 것이 아니라, 이성과 감성이 모두 균형 있게 공존할 수 있도록 하는 것이다.

21세기는 이성과 감성 그 어느 것도 억눌림 없는, 인간 자질의 확장 시대이다. 이성과 감성의 조화뿐만 아니라, 개인의 내부적 자질과 능력을 이루는 모든 요소들 사이의 조화를 필요로 한다는 뜻이다. 지금까지 조화의 개념은 많은 경우 공동체 구성의 조화였다. 그러나 21세기는 각 개인의 내재적 차원에서의 '조화의 시대'일 것이다.

세계화의 미래가 젊은이들 손에 달려 있다는 당연한 인식은 또한 그들의 교육 문제를 생각하지 않을 수 없게 한다. 닐 포스트먼은 《테크노폴리》에서 "대중 예술 상품은 문화 자체가 공급하는 것만으로도 충분하다는 것이다. 학교는 고전적 예술 형식을 갖춘 상품을 생산해내야 한다"고 주장했다. 내가 이 말을 인용하는 것은 포스트먼의 주장 자체에 대해서 논하려는 것이 아니고(사실 나는 그의 말에 전적으로 동의하지는 않는다), 그 주장의 패턴을 좀 전용해서 쓰고자 함이다.

전체 사회 문화적 분위기에서 절로 제공되는 것에 대해서 신경 쓰기보다는 제대로 제공되지 않는 것을 배려하는 것이 필요하다는 사실을 말하고 싶어서이다. 오늘날 젊은이들을 둘러싸고 있는 문화적 분위기는 확실히 감각적이고 감성적이다. 그것을 잘 접하도록 교육하는 것은 물론 필요하다.

이와 함께, 문화적 분위기에서 별로 부각되지 않는, 이성적이고 합리적인 것을 접하도록 하고, 그것을 제대로 다룰 줄 알도록 교육하는 것이 또한 필요하다. 이는 교육 커리큘럼을 기획하는 데 반드시 염두에 두어야 한다. 더구나 지성인으로서 교육자의 주요 임무가 대세에 합류하는 것이 아니라 대세에 감추어져 있는 것들을 찾아내주는 것이라면, 이 주장은 교육을 행하는 사람의 입장에서도 타당하다.

오늘의 문화적 특성은 감각 · 직관 · 자극 · 충동 · 속도 · 이미지 · 감동 유발 · 엔터테인먼트 효과 등으로 대변된다. "놀듯 일하고 일하듯 논다"는 구호는 벌써 몇 년 전부터 이른바 신세대 직장인들 사이에서 유행하고 있다. 이제는 "놀듯 공부하고 공부하듯 논다"는 구호가 일반화될지 모른다.

오늘의 젊은이들은 경제 · 교육 · 문화와 어울려 뛰어난 감각과 풍부한 감성을 가지고 놀고 싶어한다. 하지만 그들과 놀면서도 그들에 대해 생각할 때가 필요하다. 그래야만 그들과 더 재미있게 놀 수 있기 때문이다.

### '생각의 회복'을 위하여

우리가 생각을 하는 것은 감각적 삶 자체를 감시하고 지도하기 위해서가 아니다. 누군가의 생각이 감각과 감성을 이용하는 것을 비판하기 위해서이다. 즉 누군가의 생각이 부정적 힘을 발휘하는 것을 견제하기 위해서이다. 구체적으로는 감각의 창 너머의 이성적 기획을 관찰하기 위해서이다. 감성의 시대가 은폐하는 것을 주시하기 위해서이다. 내가 생각을 포기하거나 소홀히 해도 누군가 생각을 하는 사람이 반드시 있기 때문이다.

이와 함께 우리의 일상생활과 연관하여 생각이 필요한 실용적인 이유는 많지만, 오늘의 현실에서 주목해야 할 것은 우리의 삶속에 첨단 과학-기술의 성과물들이 일상화되어 있다는 사실이다(컴퓨터와 휴대전화는 이제 너무 진부한 예가 될 정도다). 따라서 그것의 합리적 사용이 필요하다.

새로운 문명 이기들이 지속적으로 등장해서 실용화될수록, 각자 자신의 생활을 자율적 사고로써 조정해야 할 필요성은 더욱 커진다. 더구나 새로운 문명 이기와 그것을 사용하기 위한 소프트웨어 프로그램들은 — 이미 인터넷, 게임, 휴대전화로 경험하고 있는 바지만 — 몰입성을 가져오고 전세계적인 네트워크라는 흥미를 유발하기 때문에 **사용자의 자체 조정 능력이 요구**된다.

말하자면 문명 이기의 일상적 코디네이션(coordination)이 필요해졌다. 디지털 시대의 현대인은 각자 자기 **생활의 코디네이터**가 되어야 한다. 이런 **코디네이터십**(coordinatorship, 이것은 필자의 조어다)은 감성과 조화를 이루는 이성적 능력에 의해 가능하다. 이런 의미에서 넓고 깊은 생각은 감성을 포용한다. 그래서 내적 무거움이 있다. '생각의 무게'라는 은유의 의미는 바로 여기에 있다.

감각의 해방과 감동적 삶을 위해서도, 오늘날 그 어느 때보다도 '생각의 회복'은 절실하다. 물론 생각한다고 이 세상의 모든 문제에 해답을 줄 수 있는 것은 아니다. 하지만 생각은 적어도 '세상에 대한 관심'을 증가시킨다. 무엇인가 은폐되는 것을 방지한다. 이에는 감각의 창 너머에 숨어 있는 모든 것들과, 일상적으로 사용되는 모든 첨단의 문명 이기와 그 사용 프로그램이 감추고 있는 것도 포함된다. 생각의 회복은 생각의 권위를 위해서가 아니라, 그것이 가지는 실용성을 위해서이다.

따라서 어느 학자나 전문가의 생각보다 개개인의 생각의 회복은 더욱 중요하다. 사람과 생각을 분리하고자 하는 소수의 이성적 권력이 존재하는 시대에 각 개인의 생각은 그 어느 때보다 중요하며 '생각의 연습' 또한 필요하다. 흔히 간과하는 것이지만, 생각을 해본 사람만이 제대로 생각할 줄 알기 때문이다.

감각의 창 안의 세계화가 부작용을 최소화하며 즐겁고 행복하게 유지되기 위해서는 감각의 창 너머의 세계화를 주시하고 언젠가 그 주도적 기획에 참여할 준비를 해야 한다. 그것은 생각의 힘으로 볼 수 있고, 얻을 수 있다. 감각의 시대에 생각의 가능성을 부정하면 생각이 삭제되는 것이 아니라 현실이 반토막 나는 것이다.

시인 릴케(R. M. Rilke)가 로댕(A. Rodin)의 걸작 〈지옥문〉을 구성하는 〈생각하는 사람〉의 형상을 보고 한 말은 오늘 우리를 위한 소리인지도 모른다.

"고요하게 닫혀 있는 공간 속에 〈생각하는 사람〉의 형상이 앉혀져 있다. 그는 이 전체 장관의 위대함과 모든 경악을 본다. 생각하기 때문이다. 그는 침잠한 채 묵묵히 형상들과 사상의 무게를 지고 앉아 있으며, 온 힘으로 생각하고 있다. 이것은 행동하는 사람의 힘이다. 그의 몸 전체가 두개골이며 혈관 속에 흐르는 피는 모두 뇌수이다. 그의 위로 가로 테두리 위에는 남자 셋이 더 서 있지만 이 문의 중심점은 바로 생각하는 사람이다. 위에 있는 세 사람에게는 심연이 영향력을 끼쳐,……머리를 숙인 채 서로 기대고 있는 이들이 앞으로 내민 팔 셋은 한 지점에서 만나 아래쪽 같은 곳을 가리키고 있다. 중력의 힘으로 그들을 끌어내리는 저 나락을 가리키고 있다. 그렇지만 생각하는 사람은 자신의 내부에 중력을 지니고 있음에 틀림없다."

'생각하는 사람'은 자신의 밖이 아니라 자신의 내부에 지닌 중력 때문에, 밑으로 무겁게 쏠리지 않는 가벼움의 비밀을 지니고 있다. 무중력의 가벼움은 자기 내부에 중력을 모으고 있어야 얻어진다.

**4-03**

# 공존의 축제,
# 문화 정체성과 다양성

정체성과 다양성이라는 주제는 그것을 다루는 사람에게 적지 않은 리스크를 지운다. 그 자신도 어떤 형태로든 일정한 사회 문화 정체성의 그물에 걸려 있기 때문이다. 예를 들어 내 경우는 솔직히 '한국적······'이라는 형용사가 들어갈 때는 더욱 긴장이 된다. 제목에서 '문화 정체성'이라고 표현한 것은, 내 입장에서는 '한국적 문화'의 의미에 직결된다. 이때의 다양성이라 함은 물론 '문화적 다양성'을 의미한다.

그러므로 내 자신과 연관된 구체적 맥락에서 보면 위의 제목은 '한국적 문화'와 '문화적 다양성'에 관한 것이다. 이렇게 바꿔 써 놓고 보면 이 말 자체가 현실적 긴장감을 담게 된다. '한국적 문화'와 '문화적 다양성'······. 앞의 말에서는 어떤 것이 문화를 수식하고, 뒤의 말에서는 문화가 어떤 것을 수식한다. 그런데 앞에서는 수식하는 것(한국적)에 방점이 있고, 뒤에서는 수식되는 것(다양성)에 방점이 있다. 적어도 이 대구적(對句的) 구조가 주는 느낌은 그렇다.

'한국적'과 '다양성'은 서로 강조되면서 대립하고 있다. 그리고 둘 사이를 이어주면서도 맞서게 하는 연결 고리가 '문화'다. 즉 문화가 둘 사이의 '관계 설정'이자, 동시에 '갈등 조건'이다. 다시 제목과 연관지어 보면, 문화 정체성과 다양성은 관계 설정과 갈등 조건이라는 문제를 동반한다는 것을 알 수 있다.

우리는 오늘날 "우리 것이 좋은 것이야"라는 당연성과, "다른 것이 아름답다"는 시대적 요청 사이의 갈등 속에 있다. 그리고 그것은 세대간 입장 차이라는 것에 곧바로 반영되기도 한다. 한국 사회의 문화 정체성은 특히 젊은 세대의 문화가 더 이상 한국적이지 않다는(즉 한국적인 것과 다르다는) 의식을 하면서 문제로 부각되고, 더 나아가 위기감 조성으로까지 발전하기 때문인데, 이에 앞서 정체성에 문제를 일으키는 다양한 요소들이 유입되는 주된 통로가 바로 젊은 세대이기 때문이다.

그러므로 오늘날 문화 정체성과 세계적 문화 변동에 따른 문화적 다양성에 관한 논의는 상당수가 젊은 세대의 문화 트렌드에 그 초점이 맞춰진다. 앞의 장에서 '이성과 감성 그리고 세계화'의 주제를 다룰 때도 그랬지만(세계화-정체성-다양성은 서로 밀접하게 연관되어 있다), 상당수 오늘의 이슈들은 젊은 세대의 현실적 문제와 미래 전망에 직결되어 있다.

따라서 오늘날 문화 담론과 주장에는 '미래 세대의 삶'을 위한 것이라는 입장이 상당 정도 전제된다. 방법론적으로도 미래로부터 현재를 역조명하는 자세가 필요하다. 그것이 또한 현재의 문화적 변동을 이해하는 길이다. '프롤로그'에서도 언급했듯이, 인간은 과거와 미래를 모두 끌어당겨 현재를 구성하는 동물이다. 다만 지금까지 '현재의 과거적 구성'이 중요했다면, 이제는 '현재의 미래적 구성'으로 중요도의 축이 이동한 것뿐이다. 이것은 단순히 미래 지향적이라는 20세기적 인식 수준을 넘어서는 입장이다. 미래가 이미 현재와 공생하기 때문이다.

그리고 미래 세대의 삶이란 표현이 지칭하는 것은 매우 구체적이다. 사람들이 흔히 지나치지만, 그것은 추상적 의미의 세대가 아닌 오늘날 청소년 한 사람 한 사람의 미래를 의미하며, 그들의 구체적 '삶의 기간'과 연관되어 있기 때문이다. 지금 태어나는 아이는 물론이고 오늘의 청소년들은 앞으로 1세기를 살 사람들이다. 이런 전망에 수명학(壽命學)의 전문적 입장에서도 크게 이의가 없을 것이다. 즉 인간으로서 활동 기간을 앞으로 백 년쯤 남겨놓고 있는 사람들이 오늘의 청소년들이다. 그들은 현재 입장에서의 상상을 초월하는 변화의 경험을 예약해놓은 세대이다.

20세기 후반부터 지금까지 서구 학계에서 '삶의 지속 가능성'과 '사회 계약의 통시성(通時性)'이라는 것을 시대적 명제로 내세운 데에도 앞에서 언급한 관점들이 전제되어 있다고 볼 수 있다. 미래의 삶을 염두에 두기 때문에 지속 가능성을 거론하며, 미래의 세대를 대상으로 하기 때문에 통시적 계약이라는 공상 같은 가정을 한다. 20세기까지는 사회 계약(루소의 이론을 포함하여)이 동시대 사람들 사이의 공시적(synchronic)인 것이었다. 하지만 이제는 미래의 세대를 계약 상대로 가정하는 조건에서 이루어져야 한다. 따라서 어떠한 공적 결정도 미래를 현재의 기획에 참여시켜야 한다. 즉 통시적(diachronic)이어야 한다.

물론 이것은 가상적인 계약 상대를 설정하는 것이다. 하지만 '미래의 상대를 초청한 현재의 기획'으로서의 사회 계약은 현재와 미래 모두에 그 실효를 발휘한다. 그리고 공시성과 통시성을 모두 확보한 사회 계약은 그 윤리적 타당성을 폭넓게 획득한다. 미래 세대를 위한 이타적 입장이 반영된 것이기 때문이다.

이상의 것들을 전제하면서 '현실적 긴장감'을 담고 있는 문화 정체성과 다양성이라는 주제에 대해 **사회와 문화의 교차성, 세계의 복잡성, 탈지구성** 등 오히려 좀 '느긋한' 세 가지 관점에서 논하고자 한다. 이런 관점들은 얼른 보아 문화 정체성과 문화 다양성 논의에 직접적인 연관은 없어 보이지만, 사실은 그것을 배태하고 있는 본질적 조건들이며, 현재 진행형의 문화 변동에 실질적 영향을 끼치고 있는 것들이라고 생각한다. 나는 이런 관점들이 또한 정체성과 다양성에 연관된 구체적이고 세세한 문화 담론에 전제되는 것이라고 믿는다. 그리고 현재 우리나라의 문화 담론에서 결여된 부분이라고 추측한다.

## 교차하는 사회와 문화

문화인류학자들은 문화라는 요소가 사회보다 인간의 속성을 더 잘 표상한다고 주장한다. 왜냐하면 인간 외의 동물, 곧 벌, 개미, 늑대, 고릴라 등 여러 동물 집단에서도 사회적 관계를 발견할 수는 있지만, 문화적 성과는 발견할 수 없기 때문이라는 것이다.

이러한 이론적 입장을 포함해서 사회와 문화의 개념 형성의 역사와 논리적 구조로 보아, 사회는 '관계'의 요소를 본질로 하며, 문화는 '실현'의 요소를 본질로 한다고 볼 수 있다.■ 현대 사회에서도 사회는 사람 사이의 관계, 체제 사이의 관계, 그리고 사람과 체제 사이의 관계를, 문화는 생산을 포함하는 인간의 실현 능력과 자기 실현의 가능성을 주로 의미한다.

따라서 실현과 그 실현의 성과물로서의 현대 문화는 사람 사이

■ **사회와 문화의 개념에 연관하여** 참고로 말하면, 서구 사상사에서 사회와 문화 두 개념은 모두 인간의 삶을 **총체적**으로 묘사하고 분석하려 했기 때문에 서로 동일시되기도 했지만 오히려 서로 배타적인 개념들이 되기도 했다. 퍼스(R. Firth) 같은 사회학자는 society, culture, community를 대표적인 총체적 성격의 개념으로 분류했다.

'넓은 의미의 문화'는 문화인류학에서 문화를 인간 삶을 총체적으로 파악하는 개념으로 사용하면서 자리잡게 되었다. 초기 문화인류학자였던 타일러(E. B. Tylor)는 문화를 일정 사회의 'complex whole'이라고 정의함으로써 그 총체성을 강화했고, 이같이 정의하는 경향은 소로킨(P. A. Sorokin) 같은 사회학자에게까지 이어졌다. 그래서 일부 문화인류학자들은 "문화라는 말은 삶이라는 단어와 혼용되어도 별 문제없다"는 입장까지 갖게 되었다.

그러나 인간 삶 전체를 반영하려는 총체적 성격의 개념이 갖는 '개념적 문제'는 근본적으로 총체성의 의미를 철저히 이해하지 못한 데서 기인한다는 비판을 받을 수 있다. 삶 전체에 대한 인식과 설명을 위한 총체성이란 '인식론적 의도'와 인간의 '지식 취득을 위한 욕구'이지, 그 총체적 개념이 현실적으로는 인간 삶의 모든 요소를 다 포함할 수 없어 개념의 내용으로는 오히려 그 자격을 상실한다는 사실을 간과했다는 비판이 그것이다.

또한 사회와 문화가 모두 인간 삶 전체를 조명하고자 하는 개념이었기 때문에 — 지금 들으면 이상하겠지만 — 오늘날 문화라는 말을 적극적으로 활용하고 있는 프랑스 학계의 일부에서는 불과 20세기 초까지 사회의 개념과 혼동된다는 이유로 문화라는 말의 술어적 사용을 거부하기도 했다.

사회의 개념을 관계(realtion)의 의미와 연관지어 파악하고, 문화의 개념을 실현(realization), 또는 좀더 구체적으로 창조 및 생산 그리고 그 영향과 연관짓는 것은, 서양어의 라틴어 어원에서 사회는 '동료(socius)'라는 뜻에서, 문화는 '경작(cultura)'이라는 뜻에서 유래했음을 보아도 그 타당성이 있다고 할 수 있다. 생산의 맥락에서 보아도, 사회의 개념을 통해서는 생산 행위가 이루어질 때에 생산 주체 사이의 관계를 주로 관찰하려 하고, 문화의 개념을 통해서는 생산이라는 실현 과정을 주로 분석하려 한다(이상은 참고로 말한 것이고, 사회와 문화의 개념에 대해서는 별도의 전문적 연구가 지속되어야 할 것이다).

의 사회 관계에 끊임없이 개입한다. 예를 들어 휴대전화나 인터넷처럼 물질적 성과를 그 기본으로 하든, 아니면 대중 음악과 각종 퍼포먼스같이 예술적 성과를 기본으로 하는 문화적 실현은 사회 관계에 개입한다. 다시 말하면, 사회 관계는 문화적 성과에 의해서 끊임없이 매개되며 간섭받는다고 할 수 있다. 즉 문화와 사회가 서로 끊임없이 교차한다고 할 수 있다. 과거에 문화가 사회를 동반했거나 서로 거의 일치했던 것과는 다른 양상을 보인다.

여기에서 문제는 비롯된다. 사회는 기존의 관계를 유지하려는 관성을 가지고 있다. 더 나아가 아직 사회는 정치적 성격으로부터 자유롭지 못하다. 즉 통제하고 관리하려는 경향을 갖는다.∎ 규범적 성격을 강하게 유지하고 있는 것은 물론이다.

따라서 사회는 거의 '본능적'으로 문화의 간섭과 매개가 규범의 망을 흔들고, 더 나아가 아노미(anomie) 현상을 초래할 것에 대비하려는 경향을 갖는다(문화가 철저하게 사회 관계의 분열 요소가 될 수도 있다고 주장하는 학자도 있다). 반면 상당수의 문화적 실현과 성과는 비규범성(반규범성이 아니라)을 갖는다. 사회와 달리 문화는 규범을 그 본질로 하지 않기 때문이다. 문화가 오히려 잠재적으로 아노미를 지향하는 것도 이 때문이다.

---

∎ **문화적 혼란과 문화적 획일성**  이것은 '문화적 혼란'과 '문화적 획일성'이라는 주제와 연관된다. 문화적으로 혼란스럽다는 것은 문화의 영역에 '정치성'의 개입이 적다는 증거일 수도 있다. 반면 문화적 획일성이 존재한다는 것은 어떠한 형태로든 정치성이 개입해 있다는 뜻일 수 있다(역사가 가르쳐준 것이지만, 전체주의 국가에서처럼 직접적 개입일 수도 있고, 그렇지 않더라도 종교적 신념, 사회 질서 유지를 위한 규제 등 여러 가지 형태로 변형되어 개입해 있을 수 있다). 더구나 그것이 — 상황에 따라 정도의 차이일 뿐 — 억압의 형태로 개입해 있다는 증거일 수 있다. 즉 무엇인가를 '통제하는 힘'으로 개입해 있다는 뜻이다.

사회가 기존의 관계를 유지하고자 하는 필요는 곧바로 정체성의 문제에 연관된다. 정체성은 사회적 관계의 구조 속에서 구성되고, 다른 사람들과의 상호 인식을 기반으로 하기 때문이다. 또한 정체성은 구성원의 동일성을 전제함으로 해서 구성원 사이에 존재하는 '관계의 평화'를 존속시키는 힘이기 때문이다.

사회적 필요성 때문에 사람들은 때로 문화적 매개가 관계를 이어주기보다는 방해할 것이라는 경각심을 갖는다. 특히 인간 정신과 기술의 생산 능력이 고도에 이른 시대에는(예를 들어 발전된 지식 정보 사회에서는) 문화적 실현, 성과, 각 개인의 일상적 문화 활동의 결과는 매우 복합적이고, 관계를 매개하는 방식도 극도로 다양해진다.

그 결과로 오는 것은 문화가 ― 사회와 동행하는 문화적 정체성을 믿었던 시대와는 달리 ― 공동체의 정체성으로부터의 이탈 가능성을 제공한다는 사실이다. 관계를 기본으로 하는 사회적 정체성은 위기감을 느끼게 되는 것이다. 이에 사회와 문화의 갈등적 교차성은 부각된다.

세계화 시대에 서구적 문화 성향의 확산에 따른 문화 변동이 정체성의 맥락에서 문제가 되는 이유는 바로 여기에 있다. 따라서 '한국적 문화'에 대한 위기 의식은 단순히 문화적 속성 때문이 아니라 사회적 속성과의 복합 관계 때문이다. 사회와 문화의 문제는 점점 복잡해진다.

## 복잡한 세계

사회적 '관계의 평화'를 유지하려는 입장에서는 사회 구성원 사이의 문화적 차이가 문제가 된다. 그리고 그 차이는 주로 세대간 차이로 인식된다. 앞서 언급했듯이, 정체성에 문제를 일으키는 다양한 문화 요소들이 외부에서 유입되는 주된 통로가 바로 젊은 세대이기 때문이다.

하지만 세대 차이를 나이 구분에 의한 전통적 사회 관계의 입장에서만 보면(즉 나이가 어리니까 당연히 그렇다는, 나이 들면 기성세대와 같아진다는), 관계의 평화로운 유지를 목적으로 하는 사회적 맥락에 문화적인 것을 흡수하려는 경향을 보이게 된다. 하지만 현실은 그것을 쉽게 허용하지 않는다. 그러다 보면 상황이 복잡해 보이고 그 복잡함을 잘 견디지 못하게 된다.

이렇게 되면 세대간 문화적 차이가 사회 관계의 평화에 실질적 위협이 되기도 전에 경각심부터 갖는 경향을 보이기 쉽다. 문화적 차이가 사회의 관계를 어떻게 매개하는지는 인내심을 갖고 지속적으로 관찰해야 할 것임에도 불구하고 말이다. 오늘날 사회와 문화가 지속적으로 교차하면서 만들어내는 복잡성은 관찰과 이해의 능력을 더욱 요구하지만, 현실에선 그렇지 못한 경우가 많다(그럼에도 이해는 관용의 전제다. 특히 차이를 관용하기 위한 전제다. 구체적으로는 차이를 보이는 사람과 대화하고 타협하며 그를 설득시키고, 또한 그로부터 설득당하기 위한 전제다).

세대 차이는 항상 있어 왔다. 즉 어제오늘의 현상이 아니라는 말이다. 하지만 그것이 **문화적 차이**로 대표되는 것이 오늘의 특징이다. 즉 오늘날의 세대 차이는 전통적 개념에서의 세대 차이라는 사회적 차이가 아니라 문화적 차이다.

과학-기술의 발달에 따른 오늘의 우리 시대를 특징짓는 말에는 IT(정보 기술)도 있고 ICT(정보 통신 기술)도 있지만, 나는 DGT라는 말을 선호한다. 오늘날 우리는 디지털-지노믹-텔러매틱스(Digital-Genomic-Telematics)의 시대에 살고 있다고 할 수 있다. 현대 대중 문화는 DGT 시대의 과학-기술의 발달 효과를 빠르게 흡수하여 일상생활화하는 특징을 지니고 있다. 각종 영상물, 인터넷, 사이버 게임 등 그 예를 들기란 어렵지 않으며, 앞으로 위의 기술들이 합성된 성과물들이 쏟아져나올 것이다. 당연히 새로운 세대일수록 이런 문화 트렌드에 잘 적응한다. 따라서 문화적 차이와 복잡성은 오늘날 거의 '자연스런' 현상이다.

그리고 이런 문화 트렌드와 문화적 차이가 사회 관계를 매개하는 것임에는 틀림없지만, 관계의 평화를 전적으로 해치거나 파괴한다는 확실한 증거는 없다. 물론 그것을 지속적으로 유심히 관찰할 필요는 있다.

요즘 "문화적 차이를 극복해야 한다"는 말을 많이 한다. 그러나 사회적 관계의 원활함을 위해서 성급하게 문화적 차이를 극복해야 할 당위성은 없다. 사회적 관계의 평화는 그런 극복이 아니라, 인간 관계를 위한 다양한 교육의 병행으로 얻어질 수 있다(이 점은 중요하고 이 글의 주제와 깊은 연관이 있지만, 전문적이고 종합적인 담론 및 학제적 연구를 필요로 한다). 오히려 섣부른 극복은 서둘러 현실을 은폐하게 할 것이다.

이제 "문화적 차이를 어떻게 극복할 것인가?"라고 물을 것이 아니라, "문화적 차이들, 어떻게 공존할 것인가?"라고 물어야 한다. 즉 극복의 의지가 중요한 것이 아니라 공존의 지혜가 필요하다. 공존의 지혜와 함께 차이와 복잡성은 문화적 다양성으로 아름답게 꽃피울 수 있기 때문이다. 오히려 우리나라의 문제는 아직 문화적 다양성을 제대로 확보하지 못한 데에 있는지 모른다.

태곳적부터 사실 이 세상에 같은 것들은 별로 없었다. 사람들은 같은 종의 동물들을 보면서 그 차이를 잘 보지 못한다. 우리 눈에 침팬지는 — 그들 사이의 엄청난 다양성에도 불구하고 — 모두 똑같은 침팬지로 보인다. 우리가 아직 그들 개개의 모습과 성질에 대해서 아는 것이 별로 없고, 느낌의 깊이가 없기 때문이다. 일반인의 눈에 표범의 얼룩 무늬는 모두 같아 보이지만, 동물학자들은 자기가 관찰하는 표범들 사이의 세세한 차이를 육안으로도 구분한다.

서구인들이 아메리카 대륙에 처음 도착했을 때, 그들의 눈에 인디오들은 모두 똑같아 보였다. 가까이 '다가가서' 세심하게 정을 나누어야 할 상대로 보지 않았기 때문이다. 어느 날 외계인이 지구에 도착하여 무심한 자세로 지구인들을 본다면 "모두 똑같애"라고 할지 모른다.

하늘의 별들은 모두 똑같아 보인다. 멀리서 보기 때문이다. 우리가 개개의 별에 다가가 세세히 알게 되면 그들이 얼마나 다르고 다양한지 알게 될 것이다. "하늘의 별들은 다 똑같애"라고 하는 사람은 우주의 진리를 알 수 없다.

사회와 문화 구성을 '우주의 구성'을 보는 시각으로 볼 필요가 있다. 사회 속 각 개인은 우주 속 별과 같다. 어떤 하나의 고정된 시각에서 거리를 두고 보면 모두 같아야 하지만, 사실 모두 다르다. 각각의 별들이 개성을 가지고 우주 구성에 참여하듯, 각 세대, 각 개인은 차이를 가지고 사회 구성에 참여한다.

오늘날 문화적 차이와 다양성은 우리에게 공존의 지혜와 우주적 확장의 가능성을 시험한다. 21세기 우주 시대가 우리 일상에서 구체적으로 실현되면 문화적 삶을 포함해 이 세상은 정말 다양해질 것이기 때문이다.

### 지구성을 넘어서

유럽 대륙과 지중해 주변이 곧 세계였던 때가 있었다. 지금은 지구를 곧 세계로 여긴다. 전지구화를 세계화로 인식하는 것을 보아도 알 수 있다. 그러나 지구(Globe)는 세계(World)가 아니다. 세계는 지구 너머를 포함한다.

전지구화는 곧 그 이후를 생각하게 한다. 제1막의 장들에서 간단히 언급했듯이, 그 이후는 당연히 탈지구(Post-Globe)다. 이를 바꾸어 말하면 전지구성(globality)은 탈지구성(post-globality)의 전(前) 단계다. 오늘날 젊은이들에게 "세계는 넓다"고 말할 때, 그 세계는 이미 지구를 넘어서는 것이어야 할 것이다. '탈지구성의 시대'는 이미 시작되고 있기 때문이다.

탈지구성 시대 개념은 통상적인 우주 시대 개념의 막연함을 극복하게 해준다. 코페르니쿠스의 이론과 갈릴레이의 실험이 있었어도 인류는 아직 지구 기준적 사고 체계와 삶을 살고 있다. 그들이 주장하고 밝혀낸 것은 지동설이었지, '탈지구적 사고 체계와 삶'이 아니었기 때문이다.

현대 과학자들도 흔히 간과하고 있지만, 아직은 과학도 '지구 기준적 사고 체계'이다. 관찰자로서의 과학자는 지구에 상주(常住)하기 때문이다. '탈지구'의 시대가 오면, 즉 지구 밖 상주라는, 관찰자의 위치 이동과 관찰 조건이 획기적으로 바뀌면 우주적 패러다임에 따른 새로운 과학 혁명은 불가피할 것이다.

포스트글로브의 차원은 여러 가지지만(이것은 별도의 저서에서 소개할 예정이다), 그 하나는 인류의 지구 밖 상주와 연관되어 있다. 이 말은 — 내가 다른 책들에서도 강조한 바이지만 — 인류 전체 또는 그 일부가 삶의 터전을 지구가 아닌 다른 별이나 우주 기지로 옮길 가능성이 반드시 실현될 것인지 아닌지를 의미하지는 않는다. 그것의 실현 가능성 여부와 관계없이 그러한 발전 기준과 지향점에 따라 인류의 문명과 역사는 진행되어나갈 것이기 때문이다. 그리고 그 효과와 부산물 들이 우리의 정치 · 경제 · 사회 · 문화 체계뿐만 아니라 우리의 조그만 일상까지도 크게 변화시킬 것이기 때문이다.

그와 함께, 정체성의 차원에서도 우리는 큰 변화와 대면하지 않을 수 없다. 탈지구성의 시대에는 어떤 나라의 민족, 아니면 국민으로서의 정체성이 아니라 인간으로서의 정체성, 좀더 정확히 말하면 '지구인으로서의 정체성' 형성의 과제가 대두될 것이기 때문이다.

이는 또한 정체성의 근거가 민족이나 국가가 아닌 인간성이란 기준으로 확대되어야 하는지에 대한 지금까지의 막연한 물음에 구체적 돌파구를 제공할 수 있는 계기가 된다. 원래 '나'의 정체성은 **타자**와 **타세계**를 전제한다. 탈지구의 전망 없이 지구인의 정체성이란 그 의미를 획득하기 어렵다.

이와 연관하여 탈지구성의 관점은 또 다른 딜레마에 해답을 준다. 20세기 말 전지구화의 물결이 본격적으로 지구 곳곳으로 밀려나가기 시작할 때, 사람들은 다음과 같은 물음을 가졌다.

민족적이고 국가적인 정체성이 보다 폭넓은 의미의 정체성을 위해 극복될 수 있을지, 아니면 — 네이스비트(J. Naisbitt) 등이 주장한 이른바 글로벌 패러독스(Global Paradox)의 입장에서 — 오히려 후퇴적이고 자기 고립적 경향을 띨 것인지에 관한 질문이었다. 적지 않은 문명 비평가들이 전지구화의 물결 속에서 오히려 지역주의 또는 문화적 부족주의의 경향이 심화될 것이라고 예견했으며, 지금 이 순간에도 그런 주장은 계속되고 있다.

이는 그들이 지구적 시각을 견지하고 지구성의 패러다임 안에서만 사고하고 예측하기 때문이다. 당연하게도 지구적 차원에서는 전지구화, 아니면 퇴행적 부족주의나 지역 고립주의라는 선택밖에 없기 때문이다.

이런 소극적 시각을 벗어나는 것이 탈지구성의 전망이다. 전지구화 이후에 탈지구성의 실현이 올 것이라고 순차적 단계성으로만 생각하지 않고, 탈지구적 지향이 전지구화를 가져올 수 있다고 생각할 수도 있기 때문이다. 물론 평화로운 전지구화를 전제하면서 하는 말이다.

탈지구성의 전망이 '과도한 예측'으로 비칠지는 모르겠다. 하지만 여러 가지 상황과 변화의 흐름은 인간이 '지구 밖'을 지향한다는 결론에 이르지 않을 수 없게 한다. 상상 속에서라지만 태초로부터 시공을 넘나들며 하늘과 바다 속으로 확장하고자 하고, 우주와 의미 있는 관계를 맺고자 하는 인간은 이미 초지구적(Meta-global)

요소를 내재하고 있었다.

그리고 문화적 관점에서 더욱 중요한 것은 앞으로 한 세기를 그 삶과 활동의 시간 영역으로 갖고 있는 청소년들의 입장에서 세계를 보아야 한다는 점이다. 우리는 오늘날 2025년이나 2030년까지의 미래 예측에서만 어느 정도 확실성을 가지고 있을 뿐이다. 그이후의 변화 추이를 보기 위해서는 상상력이 필요하다.

문제는 이제 어떤 선택을 할 것인가이다. 1세기에 가까운 미래를 앞에 놓고 있는 오늘의 청소년들에게 세계의 시야를 축소해서 제시할 것인가, 아니면 확장해서 제시할 것인가의 문제이기 때문이다. 좀더 실질적으로 말해, 그것은 빈곤한 현실을 보여줄 것인가, 아니면 풍요한 현실을 보여줄 것인가의 문제이며, 문화적 지평의 폐쇄인가, 아니면 개방인가에 연관된 문제다.

**무엇을 지향할 것인가?**

'현실적 긴장감'을 내포하는 이 글의 주제의 배경이 되는 것들을 어느 정도 제시해보았다. 좀더 넓은 맥락에서 본 정체성의 구성과 다양성의 존재에 대한 인식이 — 긴장감을 풀면 — 훨씬 융통성을 가질 수 있다는 것을 보여주고자 했다.

정체성과 다양성의 문제는 국지적 맥락과 차원에서 보면 확실한 기준점을 가질 수 있을 것 같지만, 문제 해결의 가능성을 찾아내지는 못한다. 그래서 관찰의 시야와 사고의 지평을 넓게 펼쳐보는 시도가 필요하다.

물론 적지 않은 사람들에게 넓은 차원에서 본 '한국적 문화'의 의미 축소가 아쉬울 수도 있다. 정체성 상실을 우려할 수도 있다.

하지만 현실을 제대로 보는 것이 더 중요하다. 그리고 문화 창조자로서의 한국인의 의미는 쉽게 축소되지 않을 것이라는 전망이 있으며, 그것은 정체성의 문제를 다시금 복합적으로 보게 한다.

사람들이 흔히 간과하는 것이지만, 문화 정체성이 전지구적으로, 더 나아가 탈지구적으로 확대되어도, 가족·세대·혈연 등 사회 정체성은 '토속성'을 유지할 것이라는 점이 그 복합적 인식의 근거다. 이것은 현재 우리나라에서 서구 문명과 문화를 — 좀 과장해서 표현하면 — 거의 통째로 받아들여도, 서구인과의 혈연 관계 맺기(예를 들어 결혼)는 눈에 띄게 증가하지 않는 것을 보아도 알 수 있다.

그것은 — 상상의 날개를 활짝 펴서 — 우리가 드넓은 우주에서 외계인들의 문화를 받아들이면서 그 실현을 본질로 하는 문화 정체성을 끊임없이 재구성한다 하더라도, 관계를 바탕으로 하는 사회 정체성은 단기간에 급격히 재구성되지 않을 것이라는 예측 때문이다(만일 사회 정체성에 변화가 온다 할지라도, 장기간에 걸쳐 이루어질 것이므로 원만한 적응에 필요한 시간은 확보할 수 있다).▪

문제는 앞으로 신속히 다양하게 재구성을 거듭할 문화 정체성과, 어느 정도 현상 유지할 사회 정체성 사이의 교차적 상황이 다시 부각된다는 것이다. 하지만 한 사회 속의 다양한 문화의 존재는 앞으로 불가피한 현실일 것이다.

오히려 그런 상황을 갈등으로서가 아니라, 사회적 관계와 문화적 실현 사이의 '게임'처럼 대할 수 있는 가능성을 찾아야 할 것이다. 문화가 정체성과 다양성 사이의 갈등 조건이기보다는 관계 설정의 가능성을 높이는 것이라면, '한국 사회 속의 문화적 다양성'

은 아름답게 실현될 수 있을 뿐만 아니라 오히려 우리의 정체성을 풍부하게 할 것이다.

이제 중요한 것은 한국적 문화의 정체성이 아니라, 앞으로 다양한 문화 현실을 맞게 될 젊은 한국인들의 장래와 그에 대한 배려

■ **〈슈렉〉의 예를 통해 본 사회 정체성의 아이러니**  나는 여기서 영화 이야기를 하나 하고자 한다. 2001년 대성공을 거둔 드림웍스사의 〈슈렉〉은 영화의 작품성 외에 여러 가지 화제를 불러왔다. 나는 1막 2장에서 판타지를 설명하면서 '다름'의 요소를 중요시했다. 〈슈렉〉도 '다름'의 주제가 강조되었다. 오우거(Ogre)와 사람(Woman)이 사랑에 빠진다거나, 당나귀를 암컷 용이 짝사랑하다 결국은 그의 사랑을 얻게 된다는 설정은 다름을 바탕으로 한 상상력을 극대화한 것이라고 볼 수 있다.

그런데 문제는 이 영화의 엔딩 부분이다. 많은 관객들이 해가 져서 오우거로 변한 피오나가 슈렉의 키스를 받고 다시 아름다운 여인으로 변신하지 않고 그대로 흉측한(우리의 눈으로) 오우거로 남게 되는 것을 쉽게 받아들이지 않으려 했다는 점이다. 소설가 김영하는 "마지막 장면에서 피오나는 아름다운 여인으로 변신하지 않고 뚱뚱하고 못생긴 모습 그대로 남는다. 물론 그것은 정치적으로는 대단히 올바르다! 그렇지만 많은 아이들이 그 장면에서 울음을 터뜨렸다. 아이들은 정치적 올바름이나 교훈에는 관심이 없다. 아이들로서는 그 장면이 어쩐지 개운하게 느껴지지 않는 것이다"라고 비판했다. 이에 대해 어떤 기자는 "나 역시 이 장면을 보고 뒷끝이 개운하지 못했다. 누군가는 '판타지 법칙을 따라도 불만이고, 따르지 않아도 불만이라면 결론이 뭐냐!'라고 화를 낼지 모르겠다. 하지만 공주가 마법에 풀린 순간 나와 다름없는 평범한 외모로 변한다면 그녀가 왜 공주이며, 마법을 풀어야 하는 이유는 무엇인가"하고 맞장구를 쳤다.

그런데 오우거로 변한(아니, 그대로 남은) 피오나는 오우거의 세계에서는 아름답다. 슈렉도 오우거로 남은 피오나를 보고 "너, 정말 아름다워"라고 하지 않는가. 피오나가 흉측하다는 것은 우리(사람)의 관점이다. 아이들이 울음을 터뜨리고, 어른들이 개운치 못한 기분을 느낀 것은 안 된 일이지만, 영화는 평화로운 '오우거 부부'의 장래를 위해 그렇게 끝나야 했을 것이다.

그러나 여기서 내가 말하고자 하는 것은 좀 다르다. 이 영화에서는 당나귀와 용이 사랑에 빠지고 곧 결혼을 할지 모른다(암컷 용은 피오나가 던진 부케를 잽싸게 낚아채 그것을 입에 물고 발갛게 상기된 얼굴로 당나귀 동키와 볼을 부빈다). 즉 전혀 이질적인 종(種)에 속한 동물들끼리 '뜨거운 관계를 맺고' 짝을 이루는 것이다. 오우거와 사람도 다른 종이다. 그런데 그들은 다른 종끼리 짝을 맺고 결혼하는 결말을 갖지 못한다. 이질적인 것끼리의 결합은 이루어지지 않는다. 피오나가 영원히 오우거로 남기 때문이다. 사실 슈렉이 파콰드 영주의 땅으로 오는 여정에서 사랑에 빠진 대상은 오우거로서의 피오나가 아니라, 아름다운 사람의 모습인 피오나 공주인데도 불구하고 말이다.

혹 이 영화의 제작진들은 인간이 다른 종과 짝을 맺는 설정을 피하려 했던 것은 아닐까? 이질적인 것들끼리는 어느 하나가 변해서라도 서로 같은 종이 되지 않고는 혈연 관계를 맺을 수 없다는 대원칙을 — 당나귀와 용에는 적용치 않고 — 사람에게는 그 존엄을 위해 어떻게든 적용하려 했던 것은 아닐까? 디즈니사의 〈미녀와 야수〉에서 여주인공 벨과 맺어지기 위해서 야수가 인간 왕자로 변한 것이나, 피오나 공주가 오우거로 변한 것이나, 아무리 상상 속 이야기라도 동종(同種)이 되어야 — 적어도 인간에 관한 한 — 맺어질 수 있다는 강박 관념을 반영하는 것은 아닌가? 보이지 않는 서구인들의(어쩌면 인류의) 순종주의(純種主義)를 반영하는 것은 아닌가? 어쩌면 그럴지도 모른다. 혈연 관계 맺기에서 동서를 막론하고 같은 인종이나 민족과의 교류를 지키려는 경향은 강한 것 같다. 이것은 우리의 주제와 연관하여 어떤 시사점을 던져준다. 각자 생각해볼 화두로 남겨두기로 한다.

이왕 영화 이야기가 나왔으니 한두 가지 첨가한다. 최근 우리나라에서는 '뒤집어보기'를 꽤 좋아하는 것 같다. 영화 평론을 비롯해 각종 평론에서 그런 경향을 자주 관찰할 수 있다. 하지만 뒤집어보려면 한이 없을지도 모른다. 앞서 김영하가 '정치적 올바름'을 언급했는데, 사실 피오나가 오우거로 변해서 슈렉과 결혼하는 설정은 정치적 공정함이 아니라 반대로 정치적 불공정함이다. 정치적 올바름이란 인종, 학벌, 신체 조건 등을 이유로 차별을 두지 않는 것이다. 예를 들어 피부색이 다른 연인끼리 결혼을 반대하는 것은 불공정함이고 기꺼이 허용하는 것은 공정함이다. 그런데 슈렉은 오우거이기 때문에 오우거하고만 맺어져야 하는 설정(나의 뒤집어보기 입장에서)은 슈렉에 대한 불공정함이다. 정치적 올바름, 그것은 서구인들이 만든 또 하나의 기만일지 모른다. 우리는 그 기만의 잣대로 누구를 비난하고 누구를 찬양하고 있는 것인지도 모른다(이 영화에는 — 많은 평자들이 정치적 공정함을 실현했다고 찬양했지만 — 이외에도 정치적 불공정함이라고 할 수 있는 것들이 눈에 띈다).

앞서 언급했지만, 마음먹고 얼마든지 뒤집어볼 수 있지만 이 정도로 해두는 것이 좋을 것 같다. 참고로 내가 '오우거(Ogre)'라는 말을 그대로 쓰는 이유를 설명한다. 주인공 슈렉은 오우거다. 영화 자막에서는 우리말로 괴물이라고 번역했는데, 원작에서 괴물을 뜻하는 다른 말들(예를 들어 Monster)을 놔두고 오우거를 택한 것은 이유가 있다. 오우거는 서양 동화 속에도 나오는데 그 특징은 사람을 잡아먹는다는 것이다(사람 잡아먹는 괴물에 대한 사람들의 공포는 영화의 도입부에도 희화화되어 있다). 그래서 오우거는 먹는 것과 항상 연관이 있다. 서양에는 "오우거처럼 먹는다"는 말이 있다. 영화에서도 슈렉의 식성은 끝내준다. 동물의 눈알을 칵테일에 담가 마시고 들쥐 구이는 꼬리까지 싹 먹어치운다. 그러니 트랙터 굴러가는 소리로 트림을 하고 압축 출력기에서 뭐 쏟아져나오듯 배변을 하지 않겠는가.

오우거라는 말은 동화집으로 유명한 17세기 프랑스 작가 페로(Charles Perrault)의 조어에서 유래하는 것으로 알려져 있다. 하지만 내가 보기에 페로도 라틴어 오르쿠스(Orcus)에서 아이디어를 가져온 것 같다. 로마 신화에서 오르쿠스는 죽은 자들이 가는 지옥 또는 서양식 염라대왕을 뜻한다. 그러니까 의미상 이 말과 사람 잡아먹는 괴물 사이의 어떤 관계를 연상하면서 그 이름을 지은 것이 아닌가 추정된다. 이 점을 지적하는 것은 '별난 괴물' 오우거를 고유명사처럼 사용하는 것이 좋을 것 같아서이다.

다. 다시 말해, '한국적 문화의 미래'를 염려할 것이 아니라, '한국인들의 미래 문화'를 생각해야 한다.

따라서 오늘의 청소년들에게 미래의 현실을 헤쳐나갈 수 있는 문화 적응력과 문화 구성력을 키워주기 위해서 노력하는 것이 우리의 과제이다. 그들이 만들어낼 '미래의 문화'가 중요하기 때문이다.

그들 각자가 넓고 복잡한 세계 속에서 능력 있고 현명한 문화 창조자로 성장해나가는 것이 중요하다. 그리고 그들이 창조하는 문화가 꼭 지금의 기준에서 한국적일 것을 기대할 일이 아니라, 그것이 진정한 의미에서 세계적이기를 바라야 한다. 앞으로의 세계는 그렇게 다양하게 창조된 '세계적인 것들'로 구성될 것이기 때문이다. 세계적인 것들이 모여서 세계를 구성한다.

이제 이 글의 서두에서 한 말로 돌아가보자. "정체성과 다양성이라는 주제는 그것을 다루는 사람에게 적지 않은 리스크를 지운다. 그 자신도 어떤 형태로든 일정한 사회 문화 정체성의 그물에 걸려 있기 때문이다." 하지만 오늘날 이에 대한 문화 담론은 생명을 가진 한 사람 한 사람의 삶과 그 미래를 위한 것이다. 곧 그것은 — 민족에 관한 문제거나 국가에 관한 문제이기 이전에 — 인권에 관한 문제다. 리스크를 진 이론적 선택은 불가피하다.

**4-04**

# 새로움과 변화, 세계의 조건

나는 2002년을 맞으면서, 그 숫자가 주는 편안함을 느꼈다. 이유가 무엇일까 생각해보았다. 특별한 새로움이라는 감동을 주지 않았기 때문이었다. 그래서 오히려 편했던 것 같다. 특히 2년 전 2000년을 맞이하면서 새로움이 주는 감동과 열기와는 딴판의 분위기 속에서 새해 아침을 맞이했다.

2002년은 벌써(?) 새 천년 또는 21세기가 시작되고 세 번째 맞는 해이다. 어떤 이들에게는 두 번째 맞는 해이기도 하다. 하지만 지난 2년 동안, 새 천년의 시작을 위한 축배를 2000년 1월 1일에 들 것인지, 아니면 2001년 1월 1일에 들 것인지에 대해 심각하게 논쟁하던 사람들도, 올 1월 1일에는 새로움의 의미 부여에 각별히 신경 쓰지 않고 넘어간다. 이미 시작된 것에서 한 발 더 나간 것에 지나지 않기 때문이다.

'시간 숭배' 때문에 생긴 인간 감동의 여파는 짧다. 반면 현실은 훨씬 더 현실적으로 다가온다. 이미 세기적 전환의 감동으로부터 멀어져가는 진행의 연속인 2002년을 맞으며, 새로움과 변화의 의미에 대해 다시금 생각하게 된다. 감동은 약해졌어도 변화가 지속적으로 시대의 화두이며, 변화는 새로움의 개념 없이 생각할 수 없기 때문이다.

그래서 2년 전 가졌던 생각의 단편들을 정리해보게 된다. 이렇게 하는 또 다른 이유는 많은 사람들이 이제 정말 시작 단계일 뿐인 새 천년에 대한 배려를 이미 먼 기억의 창고에 넣어두었기 때문이며, 앞으로 새로움과 큰 변화를 맞게 될 때에 도움이 되는 성찰일 것이기 때문이다. 뒤를 돌아보며 앞으로 올 새로움과 변화의 의미에 대해 성찰하는 것은 시간을 세로지르며 '혼합의 시대'를 사는 한 방법일 것이다.

한 세기, 아니 한 천년기의 마지막 십 년은 참으로 요란스러웠다. 그것은 당연한 일이었다. 백 년도 살기 힘든 인간으로서는 문자 그대로 천 년마다 한 번씩 오는 신천년기(新千年紀, New Millennium)의 기회를 그냥 보낼 수는 없는 것이었다. 수명이 최소한 백 년이거나 그 이상인 사람이라야 100년마다 한 번씩 오는 신세기를 맞이할 기회가 보장되어 있고, 상당수의 사람들은 세기가 전환하는 해의 경험조차 할 수 없다. 그런데 천년기의 전환을 경험할 기회를 가진다는 것은 대단한 것이었다.

그 요란함 속에서 더욱 유난했던 것은 현란한 '말의 잔치'였다. 사람의 말이 인간 존재의 다양한 차원을 반영한다는 것은 너무도 당연한 사실이다. 밀레니엄의 잔칫상에서 난무하던 말들은 인류의 절망과 희망, 체념과 염원, 우울과 환희의 냄새를 사람의 살냄새마냥 유독 진하게 풍겼다.

지난 천년기의 마지막 십 년인 1990년대 전반기에 회자(膾炙) 되었던 말들은 모두 소멸과 끝을 뜻하는 것이었다. 종결, 종언, 종말 등이 그것이었다. 그리고 그 십 년의 후반기에는 탄생과 시작을 뜻하는 말들이 수없이 사람들의 입에 오르내렸다. 이 나라 사람들이 쓰는 표현에도 한글 '새'와 한자어 '신(新)', 그리고 영어 형용사 'new'가 어느 단어에든 항상 붙어다녔다.

그런데 새로움이란 도대체 무엇인가? 말처럼 새로움이란 있는 것인가? 새로움은 어떻게 생겨나는가? 새로움이 우리에게 좋은 것인가?

어떤 사람들은 너무도 당연한 사실에 대한 이러한 질문들을 탐탁지 않은 시선으로 볼지도 모른다. 이러한 질문들은 상식에 대한 모욕일 수 있기 때문이다. 더구나 신세기, 뉴밀레니엄, 신세대, 신경제, 신교육, 신바람, 새로운 리더, 참신한 정치 등 새로움이 미덕인 시대에, 그것은 전체 분위기에 찬물을 끼얹는 말일 것이기 때문이다. 하지만 모두 획일적으로 새로움을 찬양하고 추구하는 분위기에서 새로움을 문제삼고 논한다는 것 자체가 '찬물' 같은 새로운 주제일는지도 모른다.

## 새로움의 얼굴들

차가움이 따뜻함을 더욱 잘 느끼게 하고, 억압이 자유를 더욱 찾게 하듯이, 새로움도 그 반대 개념에 비추어보면 더욱 명료해질 수 있다. 언뜻 보아 새로움의 반대는 낡음이다. 그래서 신구(新舊)

는 항상 짝을 이루어서 이분법적 세계관을 나타내기도 한다.

또한 1990년대의 언어 사용 현상에서 보이듯이, 그 십 년의 초·중기에 우리의 삶을 동반했던 말들과, 그 후기에 사람들이 앞세웠던 말들은 서로 반대의 개념을 담고 있다. 십 년이란 기간에 서로 반대되는 말 사이의 대체 현상은 흥미로운 것이다.

그 상반된 개념들 가운데 **첫째**는 끝과 시작이다. 이는 시간의 차원과 연관하여 어떤 시점에서 무엇인가 끝을 맺고 다시 시작한다는 것이 새로움의 본질적 특성 가운데 하나임을 보여준다. **둘째**는 소멸과 탄생이다. 태어나는 것은 그 자체로 새롭다고 할 수 있으며, 역으로 새로움은 어떤 방식으로든 태어나는 것이기 때문이다. **시작**과 **탄생**은 시대성과 존재성의 차원에서 새로움의 본질을 나타내준다.

이외에도 새로움은 다양한 차원들을 포함한다. 그것은 '다르다', '처음으로' 등의 뜻을 지니며, 이에 연관하여 '바꾸다', '최근에', '거듭' 등의 부수적 의미를 내포하고, '신선한(fresh)', '젊은' 또는 '이상한' 등의 수식(修飾)을 동반하기도 한다. 새로움은 또한 창조, 발전, 진보, 개혁, 혁명, 희망, 소식(news), 탐구, 패러다임, 상기(想起) 등의 개념에 함의되어 있다.

이상 열거한 것들을 간단히 살펴보기로 하자. 우선 **다르다**는 것은 새로움의 조건이기도 하다. 새로운 것은 기존의 것과 다름으로써 의미와 가치를 획득한다. 사람들은 새해에는 무엇인가 다르게 살 것을 다짐한다. 그것은 새 삶을 다짐하는 것이다. 또한 새로운 세상은 지금과 다른 세상이다.

새로움의 발현은 **처음** 일어나는 사건이다. 그것은 지금까지 전혀 존재하지 않던 것이 발현하든, 아니면 이미 존재해 있었으나 이 제야 우리가 그것을 발견하고 의식하든 처음이라는 자격을 갖고 나타난다.

또한 일상에서 낡은 것을 **바꾸고자** 할 때에 새 것이 필요하고, **최근**의 것을 새로운 것으로 받아들이는 경향이 있으며, **거듭** 행하는 일을 새로움을 위한 것으로 본다. 그래서 '거듭 낳다'라는 말도 한다.

상식적인 관점에서 보아 **신선함**과 **젊음**은 새로움의 수식어라는 기능을 넘어서 때론 새로움 그 자체의 상징이 되기도 한다. 또한 새로운 것은 일반적이고 통상적인 것과 다르기 때문에 **이상한** 것으로 받아들여지기도 한다. 이 점은 흔히 그냥 지나치기 쉬우나, 새로움이 수용되기보다 거부되는 경우를 보아도 알 수 있다.

**창조**의 결과는 새로운 것이며, 발전, 진보, 개혁, **혁명** 등이 지향하는 것도 지금과 다른 새로운 무엇이고, **희망**은 현재 가지고 있는 것, 또는 처해 있는 상황과 다른 것을 바람으로써 새로움을 지향한다.

**소식(news)**도 그것을 접하기 전에는 이미 알고 있는 것이 아니다. 소식을 듣고 나서는 이미 들었던 것일 수는 있지만, 소식을 기다리는 동안에는 항상 새로움의 기대에 차 있다. 그래서 우리가 흔히 쓰는 새 소식이라는 말은 사실 동어 반복적 표현이라고 할 수 있다.

또한 **탐구** 행위가 찾는 것도 기존의 지식이 아니고 새로운 발견, 앎 그리고 깨우침이다. 기존의 지식에 관한 것이라도 그것의 새로운 면을 관찰하거나 발견한다. **패러다임**은 의미상 일정한 틀이 바뀌는 것을 내포함으로써 새로운 것으로의 전환을 뜻하기도 한다.

상기 또는 기억은 언뜻 새로움과 연관이 없어 보인다. 그것이 이미 지난 것, 낡은 것과 연관되어 있기 때문일 것이다. 하지만 과거의 것에서 무엇인가를 찾아내는 것은 현재의 사람에게 새로운 의미를 얻게 한다. 가다머(H. G. Gadamer)가 주장하듯, 과거를 상기하고 과거의 사실을 해석하는 것은 '의미를 위한 새로운 기획' 이다.

그의 말처럼 "새 것은 곧 헌 것이 되고, 헌 것은 새 것처럼 나타나기도 한다." 특히 신화, 언어, 사상 등 이른바 '문화적 추억'들은 우리 삶의 새로운 의미를 위한 것이라고 할 수 있다. 다시 말해, 새로움은 뒤에도 있다. 인간의 정신은 앞과 뒤 모두에 열려 있기 때문이다. 우리에게 '세로지르기'가 필요한 이유도 여기에 있다.

이상에서 살펴보았듯이, 새로움은 다양한 의미를 지니고 있으며, 또한 그 의미들은 양면성 또는 모순적 성격을 갖고 있기도 하다. 가장 모순적인 것은 아마도 생명과 시간의 관계에서 찾아볼 수 있을 것이다.

새로운 시간이 다가오는 만큼 생명체는 늙게 된다. 하지만 그 생명체에게도 다가온(아니면 그가 다가간) 시간은 새로운 시간이다. 다시 말해, 늙어감으로 해서 새로운 시간을 맞이할(또는 찾아갈) 수 있는 것이다.

백수(白壽)의 노인에게도 이 한 해는 새로운 한 해인 것이다. 사실 한 해만큼 더 늙은 몸도 이전과는 다르기 때문에 새로운 몸일 수 있다. 사실 지속적으로 변하는 생명체에게 낡음과 새로움은 단순히 반대 개념일 수 없는 모호성을 지니고 있다. 언젠가 어린 손자를 보고 "여기 새 주름 하나 더 생겼으니, 이제 할아버지 주름이 모두 몇 개지?" 하고 묻던 할아버지의 말씀이 생각난다.

새로움은 상황에 따라 모호할 뿐만 아니라, 돌연하고 예기치 못한 사건으로 나타나기도 한다. 전혀 예기치 못한 것, 돌연한 것이 진정으로 새로운 것이라는 주장은 일리가 있다.▪ 이러한 새로움은 그 발현이 주위에 결정적인 영향을 미치기 때문이다.

예상하지 못한 채로 일어난 전쟁도 새로운 사건이 된다. 자연 현상에서도 새로움은 돌발적으로 일어나기도 한다. 갑작스런 지각의 변동으로 침몰한 섬이라든가, 산처럼 솟아오른 지층은 자연에서의 새로움의 탄생이다.

하지만 오늘날 우리가 사용하는 새로움이라는 말은 되도록 현실의 삶에 직접적으로 도움이 되는 긍정적인 것을 지칭하고자 한다. 왜냐하면 그것이 우리의 **희망**과 **의지**를 담고 있기 때문이다. 이러한 경향은 신세계, 신문명, 신지식인 등의 말이 지니는 상징성을 보아도 알 수 있다. 또한 오늘날같이 아이디어 개발과 창의력 발휘의 시대에는 새로운 것을 제시하는 사람이 어디서든지 대우를 받는다.

---

▪ '새로움의 출현'에 관한 이론  학자들은 '새로움의 출현'을 설명하기 위한 이론들을 내놓기도 한다. 특히 현대 사상에서 진화 이론들이 그러한 시도를 했다. 그 가운데서도 모건(C. L. Morgan), 알렉산더(S. Alexander) 등이 주장한 창발적 진화론(Emergent Evolutionism)은 진화를 새로움의 발현이란 점에 핵심을 두고 설명하고자 했다. 이에 따르면 진화의 창발성이 세상에 일으키는 새로움은 세 가지 특성을 갖는다. 첫째, 단순히 기존 요소들의 재조합만이 아니고, 둘째, 우주 전체의 역사라는 관점에서 보아도 기존의 것과 양적일 뿐만 아니라 질적으로도 다른 것이며, 셋째, 전혀 예측할 수 없는 것이라는 특성을 갖는다. 창발적 진화론은 새로움(novelty)의 발현에 관해 여타의 인문 · 사회 과학에 이론적 아이디어를 제공하기도 했다.

그러나 하나의 새로움은 또 다른 새로움을 필요로 한다. 새로움이란 말 그대로 일시적이고 지나가는 것이어야 하기 때문이다. 한 번 새로이 등장한 것이 지속적이거나 영구하다면 그것은 새로움의 의미 자체를 소멸시키는 것이 되기 때문이다. 바로 이 새로움의 일시적인 성격 때문에 새로움은 덧없는 것이기도 하다. 그래서 사람들은 인생과 만물이 무상(無常)하다는 것, 곧 변하지 않는 것이 없다는 사실을 깨닫기도 한다.

종교적 창조론의 입장에서든, 천체물리학의 입장에서든, 창세(創世)가 한 번 있은 후(또는 최초의 빅뱅이 한 번 있은 후), 곧 최초의 새로움이 있은 후, 이 세상에서 모든 새로움의 탄생은 변화의 결과이다. 변화는 언제나 새로움을 동반하는 것이며, 새로움의 얼굴은 변화의 역사와 의미를 담고 있다.

### 변화를 앞세운 시대

하지만 변화의 결과로 새로움이 탄생한다는 말은 역으로 바꾸어쓸 수도 있다. 즉 새로움의 탄생이 변화를 유발한다고도 볼 수 있기 때문이다. 이와 마찬가지로 새로움의 얼굴이 변화의 흐름을 반영한다는 것도, 변화의 흐름이 새로움의 연속에 의해 구성된다고 바꾸어 말할 수도 있는 것이다.

변화와 새로움은 이렇게 서로 의미의 호환성(互換性)을 지닐 만큼 밀접한 관계에 있다. 자연 현상에서는 새로움의 탄생과 변화의 흐름이 서로 별 구분 없이 어우러져 있다고 할 수 있다. 하지만 인간의 삶에서는 인위적으로 새로움을 창출함으로써 변화를 유도하기도 한다.▪

다시 말해, 변화의 기획은 새로움의 제시를 내포한다(이런 점에서는 새로움은 실체이고, 변화는 현상에 대한 인식이라고 할 수 있다). 오늘날에는 이러한 경향이 더욱 가속화하고 있다. 인간의 창의력이 더욱 요구되는 것도 이러한 경향과 밀접하다.

요즈음 우리는 '21세기의 화두는 변화'라는 말을 자주 듣고 산다. 하지만 새로움을 제시할 수 있는 능력인 창조성을 지속 가능한 삶에 필요한 변화와 연관하여 생각하고, 그것을 위해 사용하는지는 문제로 남아 있다. 그리고 어떤 것에 변화와 쇄신이 필요한지 숙고하고 판단하며 실행하기보다는 변화를 위한 변화를 추구하는 데에 쉽게 빠질 가능성도 상존한다.

이러한 관점에서 보면 우리가 살고 있는 이 시대가 단순히 변하는 시대가 아니라, 변화를 앞세운 시대인 것만은 틀림없는 것 같다. 변화의 속도 또한 매우 빠르다. 이 시대의 '빠름의 화두'는 바

---

■ **피버노바(FeverNova) : 인위적 새로움 창출의 예** 인위적으로 새로움을 창출함으로써 변화를 유도하는 것은 근현대 문화의 특성이다. 새로운 것의 등장에 따라 변화가 따라올 수도 있지만, 상당수의 경우 변화를 일으키기 위해 새로움을 창출한다.

이는 축구공의 역사를 보아도 알 수 있다. 공을 차는 사람들의 필요에 의해서 축구공의 질과 형태가 변하기도 했지만, 새롭게 발명 생산된 축구공을 사용하게 함으로써 축구하는 방식을 바꾸기도 했다. 이것은 월드컵 공식구의 변천 과정을 보아도 알 수 있다. 1970년 멕시코 대회 때 처음 등장한 월드컵 공인구는 당시의 '텔스타(Telsta)'에서 2002년 한일 월드컵의 '피버노바(FeverNova)'에 이르기까지 프리킥과 패스를 비롯한 선수들의 공차기 방식을 바꿔왔고, 이에 따라 골키퍼들의 대응 방식도 바꿔왔다.

사람들은 혁신적 소재로 만들어진 피버노바가 '프리킥의 마술사'들을 양산(量産)하는 공이 되지 않을까 하는 예측을 한다. 하지만 그것이 또한 '고무인간'이나 '거미손' 같은 골키퍼들을 양산하는 계기가 될 뿐만 아니라, 세부 작전 수립에도 변화를 주는 계기가 된다는 것도 보아야 한다. 이는 스포츠같이 제한된 범주의 것이든, 사회 문화 현상 전반에 연관된 것이든 어떤 경우든 새로움에 따른 변화의 양상은 복합적으로 관찰해야 한다는 것을 의미한다.

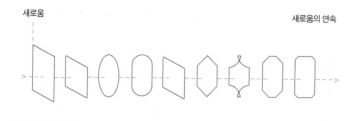

변화의 과정

'새 물결'이자 '헌 물결'

(1) 변화와 새로움은 서로 의미의 호환성(互換性)을 지닐 만큼 밀접한 관계에 있다. 이 세상에서 모든 새로움의 탄생은 변화의 결과이다. 변화는 언제나 새로움을 동반하며, 새로움의 얼굴은 변화의 역사와 의미를 담고 있다.

하지만 변화의 결과로 새로움이 탄생한다는 말을 역으로 바꾸어 쓸 수도 있다. 즉 새로움의 탄생이 변화를 유발한다고도 볼 수 있기 때문이다. 이와 마찬가지로 새로움의 얼굴이 변화의 흐름을 반영한다는 것도 변화의 흐름이 새로움의 연속에 의해 구성된다고 바꾸어 말할 수 있다.

(2) 장강(長江)의 뒷물결이 앞물결을 밀어내는 것은 너무나 당연하다. 그렇지 않으면 장강은 존재할 수도 없기 때문이다. 그러므로 흐름 속에 있는 물결은 모두 '새물결'이다. 물결이 서로 쉴새없이 밀어내고 흘러도 강은 강으로 존재하는 것이다. 아니, 바로 물결의 단절 없는 변화와 함께 강이 존재한다. 지속적 변화는 변함 없는 존재를 위해 봉사하고 있는 것이다.

로 변화와 직결되어 있다. 더구나 그것은 실리 추구의 영역에서 돋보인다.

오늘날 사회와 문화는 변화를 기획, 경영하는 전문가들의 지식과 그 적용에 거의 절대적인 영향을 받고 있다. 다시 말해, '변화 자본'을 운용하는 능력이 세계의 흐름을 주도하고 있다고 해도 과언이 아니다(이 점은 《문화적인 것과 인간적인 것》에서도 강조한 바 있다). 오늘날 사회 문화의 '경제화(經濟化)'라는 현상의 핵심은 바로 여기에 있다. 변화를 일으킴으로써 사회 문화에 영향을 주고 이윤을 창출하기 때문이다.

'변해야 산다'는 말은 오늘날 생존을 위한 모토이다. 하지만 그것은 또한 변화 자본의 경영자들이 그들 상품(물질적 제품뿐만 아니라 서비스와 금융 상품을 포함하는 넓은 의미에서)의 소비자들을 의식적으로 훈련시키고 빠른 변화에 습관이 되도록 하기 위해 사용하는 이데올로기이기도 하다.

이른바 지식 경영자들의 임무도 지식으로 변화를 창출하는 데에 상당 정도 있다. 무엇인가가 변화하는 것이 아니라, 그들이 변화시키고 있는 것이다. 변화 경영(Change Management)의 주임무가 더 이상 변화의 상황에 적응하는 데에 있는 것이 아니라, 변화를 만들어내는 데에 있는 것이다.

현대인에게 변화의 유도가 매력적이고 강한 흡인력을 발휘할 수 있는 이유는 앞서 언급했듯이 새로움이라는 것 때문이다. 그래서 신세대, 새물결, 신경향, 신상품 등의 언어적 상징성이 사람들을 유혹한다. 그리고 신세대, 새물결, 신경향은 신상품을 위해 봉사하는 도구적 이념으로 쉽게 전락하기도 한다.

경제가 문화적 기획과 손을 잡으면서 제품 생산과 판매의 전략적 기준도 이미 '질(質, quality)'에서 '신(新, novelty)'으로 급속히 이동하고 있다. 또한 새로움을 향한 업그레이드와 업데이트는 시대적 사명이 되었다.

이제 신속하게 새 것을 열고 낡은 것을 닫는 능력은 경제적 성공을 위해서 필수불가결해졌다. 미국 경제학자 레스터 서로우(Lester Thurow)는 경제와 경영의 관점에서 오늘날 막강 미국의 최대 강점은 새 것을 여는 능력뿐만 아니라, 바로 낡은 것을 닫는 능력이라고 한다. 즉 변화의 이행 과정을 최대한 신속하게 한다는 뜻이다.

요즘 우리나라 정치인들도 변화를 수행하는 임무를 자임한다. 그들도 변화를 앞세운 시대를 쫓아가려 하는 것이다. 'CEO 대통령'을 외치는 것이 유행이기도 한데, 그것에는 정치 개혁을 변화 경영의 마인드로 하고자 하는 것이 포함된다. 물론 단순히 인기를 얻기 위한 발언이 아니기를 기대하지만.

오늘날 문화적인 면에서도 새로운 것의 등장과 확산을 피하고 거부하는 기신주의자(忌新主義者, misoneist)는 만인의 기피 대상이 되고, 새로움을 좋아하고 추구하는 숭신주의자(崇新主義者, neophilist)는 쉽게 호감을 얻고 추종자들을 거느릴 수 있다.

### 변화와 불변의 섞임

니체는 "인류는 새로운 음악을 듣기 위한 귀를 갖고 있지 않다"고 했지만, 오늘날의 네오매니아(neomania)적 경향을 보면 어떻게 생각할까? 그러나 오늘날도 네오매니아의 쉽게 관찰되지 않는 모순은 곳곳에 숨어 있다.

그 한 예로, 영원한 젊은이로 남고자 하는 욕구와 그 구체적 시도를 들 수 있다. 어느 중년 탤런트는 아직도 애써 유지한 틴에이저 같은 모습으로 광고에 등장한다. 즉 '인공적 불변'을 시도하는 것이다. 그런데 젊음을 끝까지 지키고자 하는 것은 역설적으로 새로움과 변화를 거부하고 불변의 상태를 유지하고자 하는, 극단적으로 수구적인 태도라고 볼 수도 있다.

오늘날 경제 문화적으로 매우 중요한 기능을 지니고 있는 브랜드와 캐릭터도 인간 심리의 저변에 깔려 있는 무엇인가 불변의 것을 추구하고 그것에 의지하는 경향을 이용한 것이다. 유명 제품의 브랜드는 앞으로도 오랫동안 바뀌지 않을 것이다. 아니, 그것이 불변의 마크로 각인되도록 경영자들은 모든 전략적 노력을 경주할 것이다. 다시 말해, 불변을 위해 모든 경영 혁신과 변화를 추구할 것이다.

새로움과 변화 그리고 불변의 이러한 모순적이고 역설적인 뒷면은 사람들에게 귀찮은 지적일는지도 모른다. 이것은 그저 웃자고 하는 이야기일 수도 있다. 하지만 그 모순과 역설이 이 시대의 중요한 흐름을 포착해 알려주는 예민한 센서이기도 하다.

변화와 불변의 모순적이고 역설적인 섞임은 사실 본질적으로 세계관과 밀접하다. 이 세상을 불변의 존재로 인식할 것인지, 아니면 끊임없는 변화의 연속으로 볼 것인지는 고대로부터 대립해온 두 입장이라고 설명하기도 한다. 적어도 서양 사상사에서는 이러한 이항 대립적 해석의 시도가 줄곧 있어 왔다.

가시적 현상의 관점에서 보면, 불변의 존재를 주장하는 것은 설득력을 갖기 어려우나, 자연 현상과 인생 역정을 관찰해도 알 수 있는 변화의 연속은 쉽게 이해가 가는 것이며, 훨씬 우세한 입장에서 주장할 수 있는 것이다.

그런데도 지난 역사 속에서 현자(賢者)들은 불변의 요소와 그 근거를 찾으려는 노력을 멈춘 적이 없다.■ 그리고 그것이 깨달음의 길이고 그 깨달음이 또한 실용적 삶의 지표가 될 것이라는 믿음을 버린 적이 없었다. 그들은 변화와 불변이 상호 침투적으로 세상을 구성한다는 사실을 직감하고 있었기 때문이다.

"모든 것은 변하며, 끊임없이 지속되는 것은 변화 그 자체뿐이다." 다시 말해 "변치 않는 것은 모든 것이 변한다는 사실"이라는 명제 속에서 고대 그리스의 헤라클레이토스는 로고스(logos)를, 중국의 노자는 도(道)를 보았다. 이것은 그들에게 만물의 법칙으로 인식되었으며, 그 법칙으로 그들은 변화와 불변을 동시에 본 것이다. 그들의 혜안은 변화와 불변의 정곡(正鵠)을 가로지른 것이다.

사람들은 신세대, 새물결 등의 표현이 사실 동어반복일 수 있다는 것을 쉽게 간과한다. 예를 들어 유기적 자생력을 지니지 않은 물체인 헌 옷과 새 옷은 분명히 구분의 의미가 있지만, 세대나 물결처럼 자생적 역동성이 그 존재의 조건이라면, 지속적으로 태어나고 자라나는 세대는 모두 신세대이고, 흐름 속에 있는 물결은 모두 새물결인 것이다. 장강(長江)의 뒷물결이 앞물결을 밀어내는 것은 너

---

■ **불변의 요소와 그 근거들을 찾으려는 노력** 바로 이러한 노력이 철학을 비롯한 인문학뿐만 아니라, 오늘날의 자연 과학의 발달을 가능하게 한 직접적인 이유였다. 즉 가시적 현상 너머를 보려는 시도와 노력이 없었다면, 인간 사고의 발달과 학문의 체계적 발전 및 그것의 기술적 적용은 불가능했을 것이다.

무나 당연하다. 그렇지 않으면 장강은 존재할 수도 없기 때문이다.

　세대는 끊임없이 변해도 인간 존재는 그대로 있으며, 물결이 서로 쉴새없이 밀어내고 흘러도 강은 강으로 존재하는 것이다.[*] 아니, 바로 그 세대와 물결의 단절 없는 변화가 인간과 강을 변함없이 존재하게 하는 것이다. 지속적 변화는 변함없는 존재를 위해 봉사하고 있는 것이다.

　이렇듯 지속적 변화의 현상과 변화를 안고 있는 존재에 대한 불변의 인식에 대해 생각해보면, 변화와 불변의 비밀스런 역설은 이제 너무도 당연스러워 보인다. 사실 변화의 욕구는 이미 불변의 기획 안에 있으며, 불변의 인식은 변화의 과정에 수반한다. 그래서 현실적 삶에서 중요한 것이 불변의 타성에 감추어진 변화의 기운과, 변화의 현란함 속에 망각되는 불변의 숨결을 포착하는 태도이다.

　이제 우리는 변화의 욕구와 불변의 인식이 똑같이 궁극적으로 겨냥하는 것이 무엇인지 보아야 한다. 그것은 존재다. 구체적으로는 세상이 존재한다는 사실과 존재해야 한다는 사실이다. 또한 우리가 살고 있고 살아가야 한다는 엄연한 사실이다.

---

■ **강의 이미지와 헤라클레이토스 그리고 파르메니데스**　강의 이미지는 헤라클레이토스의 저 유명한 단편(斷編)을 떠오르게 한다. "모든 것은 흐른다." 사상사에서 있어 왔던 변화의 과정과 불변의 존재를 대립시키는 편협한 사고는, 헤라클레이토스의 생각을 불변이나 정체가 없는 변화와 흐름의 철학이라고 해석해 파르메니데스의 부동과 불변의 존재 철학에 대립시키고자 했다. 하지만 그것은 너무 단순한 해석이었다. 헤라클레이토스는 변화가 존재를 가능하게 하는 것으로 보았고, 파르메니데스는 이 세상 전체로서의 부동의 존재가 있어야만 변화의 움직임을 품고 있을 수 있는 것으로 보았다. 헤라클레이토스가 변화를 통해서 존재를 인식했다면, 파르메니데스는 '전체로서의 존재'를 인식함으로써 존재 안에서 가능한 변화를 인식한 것이다.

## 존재를 위한 새로움

"인간 영혼은 새로움을 향해 기운다." 로마 시대의 시인 오비디우스(Ovidius Publius)가 한 말이다. 새로움의 관점에서도 자연적 조건에 머무는 동물과 문화적 활동을 하는 인간의 차이는 관찰된다.

동물은 새로움과 변화보다는 지속적 안정을 추구한다. 동물은 되도록 새로운 것을 피한다. 사납고 용감해보이는 맹수도 익숙지 않은 것 앞에서는 몸을 사리고 두려워하며 도망치기까지 한다. 하지만 사람은 다른 동물처럼 진기함, 신기함, 놀라움 등 넓은 의미에서의 새로움에 대해 거부감을 갖기도 하지만, 그것을 향한 욕구와 정열에 사로잡히게 되는 경우가 많다. 더 나아가 인간은 새로운 것에서 위안을 받기도 한다.

이상은 주로 인간이 자신 밖에 있는 객체로서의 새로움을 대하는 태도이지만, 인간은 자아의 표출이라는 차원에서도 다양한 방식으로 새로움을 경험한다. 탐구 행위로 무엇인가 새로운 것을 깨닫고, 개혁과 쇄신으로 산적한 문제를 해결하며, 새로운 비전을 제시하여 사회 문화적 발전을 꾀한다.

사람들에게는 새로운 시도를 통해 무엇을 얻고 깨닫는 것이 큰 기쁨이 되기도 한다. 사람들은 낡은 것과 새로운 것을 바꾸는 방식을 각자 개성 있게 찾아내기도 한다. 내가 아는 어떤 사람은 전문 작가는 아니지만 자신에게 글쓰기의 과정은 관상(觀賞)을 가능하게 하고, 그것은 낡은 생각과 낡은 세계관을 벗어던지게 하는 교환의 필수 과정이라고 한다.

새해를 맞거나 어떤 계기를 만나면 모두들 새로움을 위하여 낡은 생각과 낡은 세계관을 벗어던지고자 한다. "묵은 것이나 폐단을 솔질하듯 털어 없애고 아주 새롭게 한다"는 뜻의 쇄신(刷新)은 시대의 화두이자 오늘날 모두가 지향하는 바이다.

하지만 여기서 우리가 진정으로 바라는 것은 새로움의 추구 그 자체가 아니다. 쇄신의 기운으로 다시금 생동할 우리의 일상적 삶이다. 더 나아가 그 새로움이 전체적 비전으로 보아 존재를 위한 것이기를 바라는 것이다.

볼테르(Voltaire)는 새로움을 향한 만인 공통의 취향은 자연의 선물이라고 했다. 선물은 좋은 것이다. 새로움을 찾는 경향과 새로움을 이루어내는 능력은 인간에게 주어진 선물이지만, 그것이 존재를 위한 것일 때에 비로소 선물로서 의미를 가진다.

존재를 위한 새로움은 탄생의 진통을 겪는다. 누군가의 삶에 진정한 의미가 있는 "한 송이의 국화꽃을 피우기 위해" 봄부터 소쩍새는 그렇게 울어야 하고, 천둥은 먹구름 속에서 또 그렇게 울어야 한다. 한 송이의 여린 국화꽃도 그렇게 탄생한다.

하지만 국화꽃은 언젠가 져야 한다. 시간의 지배 속에서 새로움의 탄생과 소멸, 즉 변화를 겪어야 한다. 시간의 흐름에 비기면서 변화와 새로움이 지속되는 삶을 살아야 하는 것이 이 세상의 일이다.

인간은 '시간의 진행'이라는 역설에 부딪히는 삶을 산다. 진화하고 부패할 수 있는 모든 유기체는 시간과 버겁게 비기며 살고 스러져 간다. 시간이 진행하는 것이 아니라 새로운 시간을 맞는 만큼, 우리가 성장 또는 쇠퇴의 진행을 하고 있다는 것이 더 현실적인 말일 것이다. 시간이 흐르는 것이 아니라 우리가 흐른다.

새로운 시대도 우리가 찾아가는 시대다. 지속적으로 존재하기 위해서 세우는 새로운 인생관과 세계관도 우리가 해야 할 일이다. 이제 축제와 흥분의 시간은 지나고 편안한 마음으로, 하지만 본격적으로 시작되는 새 천년은 우리에게 주어진 것이 아니라, 우리가 그 의미를 부여한 것이다. 쇄신의 기획과 새로운 인간상의 정립도 마찬가지다. 그 의미 부여의 책임 또한 우리에게 있다. 오늘 이 순간부터 우리가 만들어내는 모든 **새로움은 존재에 대해 책임**이 있다. 그리고 **우리는 그 새로움에 대해 책임**이 있다.

새로움을 위한 작업과 책임은 현재와 미래에만 연관된 것이 아니다. 그것은 과거의 모든 것에도 연관된다. 오늘 우리가 하는 일은 아무것도 씌어 있지 않은 흰 종이 같은 타불라 라사(tabula rasa)에서 시작하는 것이 아니기 때문이다. 오히려 과거가 '꽉 차게' 마련해준 타불라 플레나(tabula plena)를 가지고 다시 시작하기 때문이다. 이제 과거의 어두운 유산조차도 '살라 먹고' 오늘과 내일의 에너지로 삼는 것이다.

새 날의 태양도 지난 밤의 어둠을 살라 먹고 솟아오른다. 다시금 "말갛게 씻은 얼굴"로 솟아오르는 고운 해도, "산 넘어 산 넘어서 어둠을 살라 먹고, 산 넘어서 밤새도록 어둠을 살라 먹고" 솟아오른다. 그래서 새 생명이 넘치는 "이글이글 애띤 얼굴"로 솟아오르는 것이다.

새 날을 맞을 때마다, 낡은 세상을 모두 싹 쓸어버리고 정말 새롭게 시작하고 싶은 욕망을 인류가 저버린 적은 없다. 하지만 ― 기독교적 은유를 빌린다면 ― 노아의 대홍수는 신의 권한이고 신의 능력일 뿐이다. 인간이 처음부터 다시 시작하는 것은 말로써만 가능할 뿐이다.

엄밀히 말해 인간은 무(無)에서 새로움을 창조하지 못한다. 새로움을 '이어갈' 뿐이다. 새로운 시대, 새로운 인간상도 '이어감'의 지혜 속에서 이루어져야 할 것이다. 이는 또한 **혼합의 시대**가 내포하는 진정한 의미이기도 하다.

오늘날 시대의 새로움과 세대의 변화에 대한 기대와 함께 그것이 일으키는 갈등을 뼛속 깊이 느끼는 우리 보고 하는 소리 같아 소월의 시 한 구절로 글을 맺는다.

앞 강물, 뒷 강물,
흐르는 물은
어서 따라 오라고 따라 가자고
흘러도 연달아 흐릅디다려

# 세로지르기를 넘어

"혼합의 시대는 인식의 문제일 뿐만 아니라
무엇보다도 삶과 행동의 문제다.
그 안에는 학문적 삶과 행동도 포함된다."
('프롤로그'에서)

오늘날 우리는 다양성과 혼합성을 수평적 관점에서만 보는 경향이 있다. 수평적이라는 메타포를 사용하는 것은 인식의 지평이 주로 공시적 차원에만 열려 있다는 의미다. 다시 말해, 지금 이곳에서 일어나는 현상들 사이의 다양성과 혼합성에 주안점이 있다는 뜻이다. 이를 달리 표현하면 가로의 관점에서만 보는 것이라고 할 수도 있다.

지난 몇 년 동안 우리 사회의 특징들 가운데 문화 변동적 차원에서 특별히 관심이 가는 것은 일종의 '가로지르기'라는 말로 대표될 수 있는 현상들이다.■ 그것은 이질적인 것들 사이의 소통 ·

연계 · 교환 · 통합을 추구함과 동시에, 그런 추구를 가능하게 하는 자유의 확보에 연관된 것이다.

가로지르기라는 말이 다양하게 사용되고 있지만 그 다양한 사용들의 공통된 개념적 바탕이 있으며, 그 개념의 의미 요소들이 서로 비슷비슷한 용어들에 담겨 있는 것도 사실이다. 예를 들면 일상적으로는 넘나들기, 크로스오버, 퓨전, 하이브리드 등 대중적 문화 변동에서도 관찰할 수 있다.

그러나 — 설명을 위한 이런 도식적 구분을 허용한다면 — 오늘날 우리에게는 수직적 관점에서, 세로의 관점에서, 즉 통시적 차원에서 다양성과 혼합성을 볼 필요도 있다. 이것은 세계를 보는 눈을 다차원화하기 위해서도 필요하며, 어쩌면 오늘 우리의 문제를 더욱 잘 관찰할 수 있는 방법일 것이다.

'프롤로그'에서 제시한 '세로지르기'에 대한 인식은 일상생활의 사소한 것들에서부터 학문의 영역에 이르기까지 현재 우리 문화의 여러 중요한 차원들과 연관된다. 이 책에서도 통시적 다양성과 혼합성이라는 관점에서 여러 주제들을 다루었다.

이제 이 책을 닫으면서, 아니 다시 열기 위한 쉼표를 찍으면서, 세로지르기와 그것을 넘어설 수 있는 가능성이라는 관점에서 '공부하기 방식'에 대해 간단하나마 의견을 제시하고자 한다. 다시 말해, 공부하는 사람으로서 나 자신과 나의 '잠재적 동료'들의 문제

---

■ **가로지르기라는 말** '가로지르기'라는 말에 영어의 'transversality'나 그와 유사한 다른 서구어의 의미가 전용되지 않았나 추측되기도 한다. 'Transversality'는 20세기 후반 수학 · 물리학 등 자연과학뿐만 아니라 철학 · 사회학 · 심리학 · 문화인류학 등 인문 · 사회과학에서도 유용한 개념으로 사용되었다.

를 성찰하는 과제로 돌아와본다.

## 전문성과 학제성

전문적인 차원에서 세로지르기의 과제는 오늘날 학계에서 적극 주장하고 있는 분과 학문의 성벽 허물기 및 학제적인 것의 추구와 각종 통합 이론에 연관된다. 우리나라에서뿐만 아니라 이미 세계적 조류로 보아도 연계(連繫)와 통합의 욕구는 학계의 현실에 다양하게 반영되고 있다.

예를 들어 물리학의 '통일장 이론'뿐만 아니라 문학에서조차 시도되는 '대통합 이론' 등이 그것이다. 또한 디지털 미디어 시대를 맞아 문화예술과 과학-기술의 접목을 통해 새로운 창작 패러다임을 구축하려는 시도도 있으며, 영상 문화의 이름 아래 정치적 · 경제적 · 윤리적 · 미학적 · 기호학적 관심이 서로 연계되기도 한다. 이 모두 가로지르면서 각 학문의 구슬을 서 말씩 꿰어 보배를 만들고자 하는 것이다.

그런데 문제는 ─ 서구 학계에 비해 늦었다 하더라도 ─ 우리나라에서 분과 학문 체계의 극복과 학제성(學際性)을 추구한 지 벌써 여러 해지만 그 실질적 효과는 매우 미미하다는 것이다. 이것은 학계와 교육계 그리고 그 구체적 실행 무대인 대학을 생각할 때 더욱 심각하다.

그런 까닭은 학제적 가로지르기에 대한 의식이 부족해서가 아니다. 오늘날 그것을 적극 주장하는 것 자체가 그것을 강하게 의식하고 있다는 뜻이기 때문이다. 문제는 분과 학문의 높은 성벽을 허물었는데, 막상 보니까 성(城) 안에 별 것이 없다는 사실이다. 가로지르기의 과정에서 만난 것이 '별 볼일 없다'면 그런 가로지르기는 의미 없고 재미없게 된다.

그렇다면 그 이유는 또 어디에 있는가? 그것은 근대화 과정에서 우리가 이룩해놓은 것이 별로 실(實)하지 못했기 때문이다. 따라서 이는 다시금 전반적인 문명 발전 단계에 연관되는 문제다. 우리의 경우 각 단계 사이에 괴리가 있는 것이다.

이런 괴리 현상은 현재 우리 삶 곳곳에서 관찰된다. 아날로그의 부족함에도 디지털로 이전해야 하며, 오프라인 활용의 미진함을 놓아두고 온라인 세계의 현란함을 맞아야 한다. 텍스트에 대한 접근법이 제대로 되어 있지 못한 채로 하이퍼텍스트에 몰입해야 하며, 영세한 종이책의 출판계가 전자책의 기업으로 옮아가려고 부심한다. 모더니티의 인식이 부족한 채로 포스트모던 담론에 열을 올려야 하며, 산업 사회의 기반이 튼튼하지 못한데 후기 산업 사회의 요구가 밀려든다.

이에 엎친 데 덮친 격으로 지금까지의 문명 단계에서 수없이 많은 부실공사를 해왔다. 멀쩡한 건물이 붕괴되고 다리가 내려앉아서만 하는 말이 아니다. 무엇보다도 '지식인들의 부실 공사'를 생각하기 때문이다.

분과 학문 극복과 학제성을 주장하기 전에 우리는 지금까지 분과 학문이 자신의 성 안을 풍요하게 하면서 성곽을 쌓았는지 살펴보아야 한다. '학문-간(間)' 연구를 하려면 각 '학문'이 우선 내실 있게 존재해야 한다. 이에 전문성과 학제성의 문제가 부각한다.

우리나라에서 학문간 연구(Interdisciplinary Studies)■의 필요를 느낀 것은 서구 학계의 영향을 받았음을 쉽게 부인할 수 없을 것이다. 그런데 서구에서는 지난 역사 속에서 분과 학문이 전문화를 이루며 발전해왔고, 오히려 그러한 전문성이 각 학문 사이의 연계와 통합의 필요성을 촉발시켰다. 이런 전문성은 때론 경직성으로 나타날 수도 있지만 학문 사이의 교류에서 '쓸모 있는 것'들을 풍족하게 교환하게 한다.

물론 이와 함께, 20세기와 21세기에 걸쳐 연구 과제의 복합적 특성이라는 현상이 유난히 부각되면서 학제적 연구가 더욱 필요하게 된 것도 사실이다. 다시 말해 환경에 관한 문제, 전지구화(또는 세계화)의 문제, 생명 윤리의 문제, 각종 미디어의 문제, 보편적 인권의 문제, 다양한 문화 생산과 교류의 문제 등등에 관한 연구 과제를 연구 대상 중심으로 나누어진 기존의 각 분과 학문에 가두어 둘 수 없다는 의문은 당연히 부각된다. 인간 세상의 여러 차원에 연결되어 있는 과제를 해결하기 위해서는 전체를 보는 눈이 필요한데, 분과 학문의 전문성만으로는 부족하다는 문제가 제기된 것이다.■

이러한 상황을 고려해도 한 가지 분명한 점은 학제성에 전제되

---

■ **학문간 연구** 우리나라에서 이 말을 번역하면서 '학제간(學際間)' 연구라는 말을 사용하여 이제는 거의 일반화되어가는 경향이 있다. 그런데 '제(際)'라는 말에 이미 상호 교류나 'inter'의 뜻이 있는데, 유사한 의미를 갖는 '間'을 붙일 필요가 있는지 의심이 간다. '외갓집', '역전앞' 등의 오류를 범하는 것은 아닌지?

■ **'권력적 도구'로서 학문적 분업** 이에는 이데올로기적 차원에서 또 다른 입장도 있다. 학문적 분업 그 자체는 바로 전체를 보지 못하도록 하기 위한 권력적 도구라고 보는 입장이 그것이다. 다시 말해, 전문화된 지식은 계층 상승과 기존 사회에 적응의 도구는 될지 모르지만, 세상을 종합적 안목으로 보며 문제 의식을 키울 가능성을 억압하기 때문에 기존 사회에 대한 비판을 할 수 없게 만든다는 것이다.

는 전문성 확보의 문제는 학문의 구분이 연구 대상 중심인가, 연구 주제(또는 연구 과제) 중심인가 하는 문제에 선행한다는 것이다. 그것은 학문 발달의 역사로 보나, 현재의 실용적 적용의 관점에서 보나 필요 조건이다. 다만 충분 조건이 아닐 뿐이다. 여러 분야가 협동하기 위해서는 각 분야가 내실 있게 존재해야 한다.

각 분야가 실속 있기 위해서 할 일은 많겠지만 무엇보다도 그 자신의 현재 위상이 과거와 미래를 세로지르고 있어야 한다. 그것이 성 안을 풍요하게 하고, 성문을 열고 교류하고자 할 때 의미 있고 쓸모 있는 것들을 제공할 수 있다. 특히 학문 분야에서는 더욱 그러하다. 나는 이미 다른 글들에서 한국 인문학의 취약점으로 사상사적 천착의 부족과 미래학적 접목의 부재를 지적한 바 있다. 이는 우리나라 철학 교육에서 철학사의 부실과 철학사상의 미래 전망적 역할 결여를 보아도 알 수 있다.

각 전문 영역이 자기 분야에서 세로지르기가 안 되어 있는 것이다. 이런 관찰은 다시금 문명 전반으로 우리의 시각을 돌리게 한다. 문명사적 변동에서 우리가 혼합의 시대를 살아가기 힘겨울 것이라는 것을 암시하기 때문이다. 더 나아가 이는 가로지를 준비가 안 되어 있다는 것에 직결된다. 세로지르기와 가로지르기는 서로를 풍요하게 해줄 상호 상승적 변증의 관계에 있기 때문이다. 그리고 길고 넓게 보아야 세상이 눈에 들어오며 그럴 때 이 세상 문제의 깊이 있는 천착과 현실 상황에 대비한 최적의 해결이 가능한 것이다.

그러므로 현재의 상황에서 우리가 할 일은 많다. 지금까지의 부실을 보충하면서 오늘날의 시대 변화의 요구를 충족시켜야 하고,

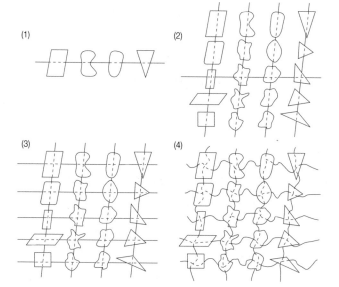

(1)

(2)

(3)

(4)

오늘날 우리는 다양성과 혼합성을 수평적 관점에서만 보는 경향이 있다. 수평적이라는 메타포를 사용하는 것은 인식의 지평이 주로 공시적(共時的) 차원에 열려 있다는 의미다. 다시 말해, '지금 이곳에서' 일어나는 현상들 사이의 다양성과 혼합성에 주안점이 있다는 뜻이다. 이를 달리 표현하면 가로의 관점에서만 보는 것이라고도 할 수 있다.

그러나 오늘날 우리에게는 수직적 관점에서, 세로의 관점에서, 즉 통시적(通時的) 차원에서 다양성과 혼합성을 볼 필요도 있다. 이것은 세계를 보는 눈을 다차원화하기 위해서도 필요하며, 어쩌면 오늘 우리의 문제를 더욱 잘 관찰할 수 있는 방법일 것이다.

(1) 가로지르기(Transversality)는 이질적인 것들 사이의 소통 · 연계 · 교환 · 통합을 자유롭게 추구하는 것이다.

(2) 이것이 세로의 관점과 연계되면 좀더 다양해진다. 공시적 차원과 통시적 차원을 동시에 갖추기 때문이다.

(3) 가로지르기와 세로지르기의 연계는 결국 종횡의 네트워크를 다양하게 이루는 것이다. 한 분야에서 과거－현재－미래를 세로지른 결과는 다른 분야의 과거－현재－미래와 연계되기 때문이다. 이런 의미에서 본문에서 말한 '십자지르기'의 메타포 역시 넘어서는 것이다.

(4) 또한 이런 다차원적 교류의 성격은 직선적이지만은 않다. 직선을 사용한 도표는 이해의 실마리를 풀기 위한 방편에 지나지 않는다. 표현되지 않은 생각과 상상 그리고 이미지가 중요하다는 것을 항상 잊지 않는 지혜가 필요함은 당연하다.

시시각각 현재로 변신하는 미래의 물결에 대처해야 하기 때문이다. 사실 이제 우리에게 필요한 것은 가로지르기, 세로지르기를 아우른 '십자지르기'이다. 그만큼 할 일이 정말 많다. 하지만 21세기 중반쯤 혼합의 시기를 거친 문명사적 항해의 희망봉을 보기 위해서는 이 십자지르기의 어려움을 이겨내야 한다.

### 다양성 확보의 길

전문성과 학제성은 또한 다양성의 문제와 깊이 연관되어 있다. 이런 연관성은 얼른 눈에 들어오지 않을지도 모른다. "다른 것이 아름답다"는 말로 대표되는 21세기의 문화 트렌드에서 보편적으로 추구해야 할 가치로서의 다양성을 확보하는 방식은 여러 가지다. 그 가운데서도 학술적 차원에서는 우선적으로 전문성과 학제성을 통해 가능하다.

각 전문 분야의 통시적 세로지르기는 우선 전문성 안에서 다양성을 확보해준다. 각 분야에서 과거와 미래를 세로지르는 학문적 관심과 천착은 분과 학문 분야를 내부적으로 다양하게 해서 내실 있게 해준다. 이는 다양한 세계 인식의 가능성, 즉 현실 문제를 지속적으로 재해석되는 역사라는 '오래된 새로움'으로 조명하고, 전망과 예측이라는 '미래의 거울로 역투영'할 가능성을 확보해준다.

더 나아가 지속적인 세로지르기 작업은 현재를 관통하며 과거와 미래를 줄기차게 비판적으로 재구성함으로써 기존의 인식을 타파하고 기존 지식의 허구를 밝히는 역할도 한다. 이것은 현대 사상에서 비판적 계보학(Genealogy)의 활용으로 나타나기도 했는데, 니체가 도덕의 계보학으로 기존 가치 체계의 전복을 시도했던 것이나, 푸코(M. Foucault)가 지식과 담론의 계보 추적이라는 호흡 긴 작업을 거쳐, 기존 지식 체계와 그것의 전달 체제(교육 제도 등) 내에서 이루어지는 권력 행사에 대한 비판에 이를 수 있었던 것 등이 그 예라고 할 수 있다.

외적으로는 각 분야의 통시적 세로지르기로 풍부해진 전문성 자체가 전체 지식 세계 안에서는 각각 특성 있는 구성 요소가 됨으로써 학제적 네트워크를 다양하게 하는 기반을 조성해 준다. 다시 말해, 전체적 안목에서는 전문적 특성 자체가 다양성을 구성하는 요소가 되는 것이다.

학제성과 다양성의 연관은 좀더 쉽게 포착될 수 있을지 모른다. 하지만 다양한 연계와 접촉을 전제하는 학제성이 현실에서 어떻게 획득될 수 있는지에 대해서는 사실 많은 오해가 있었던 것 같다. 아니면 최소한 학제성의 확보 방식에 대한 이해 부족과 그 실천의 결여를 지적하지 않을 수 없다. 지금까지 우리나라에서 학제적 연구가 가질 수 있는 다양성의 폭이 매우 축소된 경우를 보아왔기 때문이다.

학제 연구가 실효를 거두기 위해서는 여러 가지 필요 조건이 있는데, 우리나라에서는 가장 본질적인 것을 간과하고 있는 것 같다. 학제적 연구는 사람의 이동과 교환 및 소통을 바탕으로 해야 한다. 다시 말해, 각자 전문성과 특성을 가진 연구자들이 직접 만날 수 있는 기회가 많아야 한다. 좀더 쉽게 표현해서 연구자들의 '몸의 이동'이 수시로 있어야 한다. 그런데 우리나라에서는 이 당연한 요구가 쉽게 이루어지지 않는 것 같다.

학제 연구를 위한 사람의 이동이라는 것은 '상시적 교환'을 의미하기도 하는데, 예를 들어 서구 대학에서는 수학자가 경제학과 교수로, 물리학자가 철학과 교수로, 철학자가 문학을 비롯한 예술 대학에, 사학자가 법과대학에, 미술가가 이공대학에 재직하는 것 등이 별스런 일이 아니다. 전공자와 전공학과 또는 학부는 원칙적으로 일치시키되, 일정 부분은 이런 교류를 필요로 한다. 즉 분과 학문을 기반으로 하는 체제 안에서도 연구 인력을 교환 배치하는 것이다. 이는 일정한 전문 분야 안에서도 다양성을 바탕으로 한 학제 연구라는 자연스런 '분위기 조성'의 효과를 가져올 수 있어서 매우 유용하다. 또한 각 전공 분야의 학자 및 예술가 들 사이에서 (특히 기초 분야와 응용 분야 사이에서) 상호 참여·지원·개입·협동을 항시적으로 연습하면 산학 협동의 문제 해결에 효과적으로 접근할 수도 있다. 학문과 예술의 각 분야가 서로 소통하고 협력해 버릇해야 산학 협동을 위한 능력도 키워지기 때문이다.

이에 덧붙여 '만남'이 없는 '나 홀로' 학제 연구의 문제를 짚고 넘어갈 필요가 있다(이것은 나 자신의 문제이기도 하다). 이는 앞서 간단히 언급한, 연구 대상이 아니라 연구 과제(또는 주제, 문제라고 해도 좋다) 중심으로 연구에 접근하는 태도를 정해야 한다는 것과 연관이 있다. 어떤 학자가 기존의 다양한 전문 분야를 가로지르면서 학제적 연구를 할 수도 있다. 예를 들어 생명이란 주제를 한번 생각해보자. 나 홀로 생물학·화학·의학·철학·사회학·심리학·신학의 생명관을 종합하여 생명의 문제에 평생 천착할 수도 있다. 그 결과 매우 창조적인 성과에 이를 수도 있다.

하지만 **혼합의 시대에서 학제 연구**는 기존 분과 학문 체계를 이용하면서 반란과 탈주를 시도해야 효과적이다. 즉 연구 과정에서 기존의 전문가와 실질적으로 교류하는 것은 새로운 시도를 위해서도 방해가 되기보다는 도움이 된다는 말이다. 오랜 세월이 흐른 어느 날 기존의 전문 분야는 완전 해체되어 새로운 주제와 문제 중심으로 학술 분야가 재편성될 수도 있다. 하지만 지금 이곳의 가로지르기는 '혼합의 시대'에서 행하는 가로지르기라는 것을 잊지 않는 것이 효율적이고 실용적이다. 탐구 자유의 확보는 기존 학문 체계의 틀을 벗어나는 데에서도 있지만, 그것을 자신을 위해 이용하는 실용적 감각에서도 찾을 수 있기 때문이다.

학제 연구의 효율성 문제는 최근의 관심인 동서양 사상의 비교 연구나 두 사상 체계의 보완적 통합 시도에서도 관찰할 수 있다. 어떤 동양학자가 서양 사상을(또는 그 반대의 경우도) 자기 연구에서 비교 대상으로 삼거나 보완적 요소로 도입할 경우 그 분야 전문가와의 만남과 대화 및 협조라는 실질적 학제 연구 없이 독단적 탐구로는 좋은 성과를 얻기 어렵다. 그래서 필자는 오늘날 우리에게 필요한 것은 비교 연구의 의욕에 앞서 서양 사상과 동양 사상 자체에 대한 천착이 우선이고, 이와 함께 전문가끼리의 만남이 있어야 한다는 견해를 이미 표명한 바 있다.▪

이상에서 살펴보았듯이, 학제적 연구는 종합적인 안목을 갖고자 하는 필요를 반영한다. 하지만 전체를 잘 보는 방법은 혼자 전체를 보기보다는 여럿이서 '같이' 전체를 보는 것이다. 원래 전체는 함께 보아야 잘 보이는 것인지도 모른다.

▪ **서양 사상과 동양 사상 자체에 대한 천착**  졸저 《미녀와 야수 그리고 인간》, '혼화의 장면 사이 III'을 참조하기 바란다.

연구자 각 개인의 학제적 탐구는 다양성의 주제와 밀접한 다원주의(pluralism)의 관점에서도 재고할 필요가 있다. 쉬운 예를 들어, 각각의 학자에게 독립적으로 모든 학문을 엮을 수 있는 학제적 능력이 있다면 그러한 학자들의 모임은 획일성 그 자체이다. '다양하게 모든 것을 갖춘 사람들의 만남'은 모두 똑같은 자질을 가지고 있음으로 해서 다수일 뿐, 다양성과 다원성을 갖지 못한다. 즉 '익명의 다원주의'가 되는 것이다.■ 그래서 모든 분야에서 박식한 학자끼리 만나서는 아무 것도 이루어지지 않는다. 세상만사에 통달한 도사와 선사 들이 만나면 서로 아무 말도 안 하게 되는 것과 마찬가지다.

　반면 다원주의는 각각의 개성을 전제한다. 학문적 관점에서의 개성 또는 특성은 각각의 연구자가 관심과 능력이라는 점에서 어떤 부분에서는 특출하고 다른 부분에서는 그렇지 못하다는 것을 전제한다. 또한 앞서 든 생명에 관한 탐구의 예에서처럼, 각 분야의 전문가는 주제에 대한 관심과 문제화(問題化)의 성격 그리고 해결의 과정이 각기 다르다. 다시 말해, 던지는 물음의 성격과 찾아가는 해결의 방법론이 다르다. 그래서 그 개성과 특성이 '열린 개성'과 '열린 특성'이라면 학제적 연구의 가능성이 있는 것이다.

　이제 더 이상 말뿐인 학문간 연구는 지양되어야 한다. 실질적인 세로지르기와 가로지르기가 원활히 교차할 때 창조적이고 다양한 지식의 세계는 가능하기 때문이다. 그리고 '혼합의 시대'를 사는

---

■ **익명의 다원주의**　이는 필자의 조어인데, 영어로는 anonymous pluralism, 또는 colourless pluralism이라고 표현할 수 있다.

시점에서 중요하게 부상하는 것은 전문적 작업에서든(이 점은 앞에서 지적한 바 있다), 학제적 연구에서든 미래에 대한 지식의 확보이기 때문이다.

## 여명(黎明)에 귀소(歸巢)하는 부엉이

"어쨌든 철학은 항상 너무 늦게 도착한다. ……철학이 회색 위에 자신의 회색을 덧칠할 때면 삶의 모습은 이미 늙어버린다. 그리고 회색 위에 회색을 칠해가지고는 삶을 젊게 할 수 없다. 다만 삶을 알 수 있을 뿐이다. 미네르바의 부엉이는 땅거미 질 무렵에야 자신의 비행을 시작한다." 황혼에 나는 부엉이, 많이 인용되는 헤겔의 말이다.

헤겔(1770~1831)은 공교롭게도 18세기에서 한 세대 기간(30년)을, 그리고 19세기에서 한 세대 기간을 살았다. 자기 인생의 반반씩을 양 세기에 공평하게 나누어서 산 것이다. 산업 혁명이 확산되던 문명의 대전환기에서 그는 바로 혼합의 시대를 살았던 것이다. 그런데도 그에게 세로지르기는 철저하게 과거를 향해 있었다.

그에게 철학은 사후(事後)를 위한 것이지, 사전(事前)의 사유를 위해 준비되어 있는 것은 아니었다. 즉 이미 일어난 일에 대한 해석이 주임무였다. 그래서 — 헤겔이 살아 있다면 인정하고 싶지 않겠지만 — 그의 철학은 현실의 완성을 기다리는 수동태의 철학이었다. 하지만 21세기 초반 또 다른 성격의 '혼합의 시대'에 사는 우리에게는 미래를 통찰하는 '사전(事前)의 사유'가 역사적 시간을 세로지르는 긴 축의 한 부분을 담당해야 할 필요가 생겼다. 즉 현실에 대한 능동태의 철학이 필요하게 되었다.

헤겔은 과학이 꽤 발달한 시대에 살았지만, 과학과 기술이 결혼하여 수많은 문화 생산물을 낳아 퍼뜨리는 시대에 살지 않았다. 반면 우리는 그런 인간의 창조물이 우리 자신의 일상을 폭넓게 시시각각 변화시키는 시대에 살고 있다. 그래서 곧 현재로 바뀔 미래의 정황을 예측하고자 하는 필요가 커진다.

그리고 오늘날 예측의 필요성과 그 구체적 가능성이 부각되는 것은 무엇보다도 미래 예측의 기대치가 미래는 점점 더 인공적 미래일 것이라는 데에 준거하기 때문이다. 이는 또한 우리가 미래에 대해 어느 정도 알게 되면 우리의 현재가 무엇의 후(後)단계임뿐만 아니라 무엇의 전(前)단계임을 추정할 수 있기 때문에 중요하다.

과거는 사라지는 것이 아니라 평가로 회복되고, 미래는 기다리는 것이 아니라 예측으로 소환된다. 부르디외(P. Bourdieu)▪가 그랬던가. "과학은 앞으로 일어날 일을 예측하는 일이며 학자로서 자신이 예측한 일을 말하지 않는 것은 의무 방기"라고. 그리고 그것은 자연 과학자에만 해당되는 것이 아니라 사회 과학자에도 해당되는 것이라고.

이제 인문학도 예측을 준비해야 한다. 세로지르기가 길게 이어지기 위해서도 미래전망적 역할이 앞으로는 더욱 절실해진다. 그러기 위해서는 현재를 조건화하는 인공적 미래에 대한 지식이 있어야 한다. 그러므로 이제 그 어느 때보다도 인문학 연구에서 물질론('유물론[唯物論]'이 아니라)적 시각과 인식이 필요하다.

---

▪ 이 글의 마지막 추고를 하고 있는 중에 부르디외의 타계(2002년 1월 24일) 소식을 들었다. 고인의 명복을 빈다.

그리고 과학과의 대화도 절실하다. 과학은 현재 자신의 성과를 이루는 데는 능숙할지 모르지만 세로지르기와 가로지르기에는 미숙하다. 아니, 그것에 별 관심을 보이지 않는 경우도 많다. 그러므로 철학을 비롯한 인문학과 사회과학이 나서서, 과학의 세로지르기와 가로지르기가 서로 포섭되며 능숙한 십자지르기를 이루도록 선도(先導)해야 한다.

헤겔이 살아 있다면 철학자의 미래 예측을 비웃을 것이다. 해질 녘에야 나는 부엉이가 무엇을 하겠냐고. 하지만 헤겔이 생각하지 못한 것은 이 점이다. 미네르바의 부엉이는 땅거미 질 무렵에야 자신의 비행을 시작하지만, 새로운 하루를 여는 새벽빛을 보며 둥지로 돌아온다. 여명에 귀소하는 부엉이! 헤겔은 그것을 보지 못한 것이다. 부엉이가 '과거의 끝'을 본다는 것만 생각했지, '미래의 시작'을 본다는 것은 상상하지 못한 것이다.

부엉이는 귀소하면서 본 새벽빛을 미래로 투영하는 꿈의 화두로 삼는다. 철학자의 미래 예측은 미래학자의 연구에 비하면 공상의 수준일지도 모른다. 하지만 철학자의 미래 구상은 현실의 새벽빛을 보고 그것에 상상력을 부여하므로 때론 더욱 현실감이 있다는 점을 간과할 수 없다.

철학자는 과학자가 관찰하지 않는 역사적 시간과, 그 시간 위에서 명멸했던 수많은 사건들과, 그 사건들의 의미를 세로지르는 길고 긴 가지의 축 위에 단단히 둥지를 틀고, 깊은 잠 속 화려한 꿈을 꾸는 부엉이이기 때문이다. 꿈 속의 부엉이는 둥지의 든든함에 세로지른 가지 위를 날아 높게 비상한다. 그의 꿈 이야기는 이미 세로지르기 너머의 세계로 열려 있다.

## ■ 일러두기

이 책의 각 장(章)을 구성하는 글들은 사실 새로 작성되었다고 할 수 있다. 하지만 일부는 다른 곳에 기고했던 글들을 참고로 하거나, 기본 틀로 삼거나, 아니면 그 글들의 제목을 그대로 사용하거나 했다. 어떤 경우든 **새로운 문화 트렌드를 삽입하면서 대폭 개작**했다. 1막, 2막의 장들과 3막의 1, 2장은 월간 〈emerge 새천년〉에 2001년 연재 기고했던 글들을 골라 대폭 개작한 것이며, 4막 3장은 한국청소년문화연구소의 정기간행물 〈청소년 문화포럼〉(통권 3호)에 기고했던 글을 확장 개작한 것이고, 4막 4장은 월간 〈사목〉(통권 252호)에 기고했던 글을 일부 수정한 것이다. 4막 1장과 2장은 일부 신문 · 잡지 칼럼에서 그 아이디어가 제시된 적은 있으나 새로 작성한 것이고, 가장 긴 장(章)인 3막 3장과 4장은 완전히 새로 작성한 것이다. 프롤로그와 에필로그에 제시된 '혼합의 시대'와 '세로지르기'의 주제는 1990년대 초 디지털 문명이 세계적으로 확산되던 시기에 개발한 개념을 구체화한 것인데, 그후로 여러 번 다른 기고들에서 제시한 것을 이번에 새로운 기획 아래 다시 정리한 것이다.

이 책에서 나는 새로운 개념과 신조어 들을 제시했다. 원래 계획에는 이들을 위해 별도의 '용어 해설(glossary)'을 '색인' 앞에 첨가할 예정이었으나, 그 개념들을 좀더 호흡이 긴 작업으로 다루는 것이 낫다는 판단에서 별도의 과제로 미루었다. 다음 기회에 독자들과 좀더 깊고 넓게 만나기를 기대한다.

# ■ 인명 색인

## ㄱ

가다머(Gadamer, H.G.) 363
가아더(Gaarder, Jostein) 133
가이슬러(Geiβler, Karlheinz A.)
  315, 319
갈릴레오(Galileo Galilei) 133,
  187, 188, 195, 216, 236, 242
골맨(Geleman, Daniel) 334
괴테(Goethe, J.W.) 303, 311
그람시(Gramsci, A.) 283
그레이엄(Grahame, Kenneth) 54
그로스버그(Grossberg, L.) 281,
  283
김성호 176

## ㄴ

네그로폰테(Negroponte, N.) 94
네이스비트(Naisbitt, J.) 352
뉴턴(Newton, I) 236, 252
니어링(Nearing, Scott) 27, 29

니어링(Nearing, Helen) 27, 29
니체(Nietzsche, F.) 117, 128, 369,
  383

## ㄷ

다리오(Dario, Paolo) 268
다윈(Darwin, C.) 236, 242, 243
다이슨(Dyson, Freeman) 215,
  225, 236~238, 255, 256, 265,
  272, 291, 315
다치바나 다카시(立花隆) 154, 155
데닛(Denett, Daniel) 249, 250
데모크리토스(Demokritos) 43, 156
데카르트(Descartes, R.) 133
뒤랑(Durand, Gilbert) 170
듀이(Dewey, John) 186
디즈니(Disney, Walt) 19, 39, 59,
  60, 144, 161, 356

**깊이와 넓이 4막16장**

지은이 | 김용석

1판 1쇄 발행일 2002년 2월 19일
1판 5쇄 발행일 2010년 1월 18일

발행인 | 김학원
편집인 | 선완규
경영인 | 이상용
기획 | 정미영 최세정 황서현 유소영 유은경 박태근 김은영 김서연
디자인 | 송법성
마케팅 | 하석진 김창규
저자 · 독자 서비스 | 조다영(humanist@humanistbooks.com)
조판 | 새일 기획
표지 출력 | 이희수 com.
용지 | 화인페이퍼
인쇄 | 청아문화사
제본 | 경일제본

발행처 | (주)휴머니스트 출판그룹
출판등록 제313-2007-000007호(2007년 1월 5일)
주소 | 서울시 마포구 연남동 564-40호 121-869
전화 | 02-335-4422 팩스 | 02-334-3427
홈페이지 | www.humanistbooks.com

ⓒ 김용석, 2002

ISBN 978-89-89899-06-8  03100

만든 사람들

책임 기획 | 선완규(swk2001@humanistbooks.com)
책임 편집 | 박지홍
책임 디자인 | 이준용
표지 일러스트 · 책임 그래픽 | 김준희
사진 | 안해룡